国家重点研发计划项目(课题编号:2022YFB3706404)资助出版

钢桥面板疲劳问题：
理论、方法与工程应用

张清华　崔　闯　著

科学出版社

北　京

内 容 简 介

本书针对正交异性钢桥面板的疲劳问题，在其发展历史、评估方法、模型试验、工程应用与长寿命钢桥面板新结构、新细节研发等方面进行系统阐述。第1章综述钢桥面板的疲劳问题、发展历程及基本属性；第2章阐释钢桥面板疲劳性能评估理论方法，重点介绍广义结构应力法；第3章介绍钢桥面板的构造细节模型和节段模型疲劳试验，论述疲劳试验的相关关键问题；第4章梳理钢桥面板疲劳性能的主要影响因素，重点论述焊接残余应力、焊接缺陷和装配误差的实际效应；第5章为评估方法的工程应用示例；第6章和第7章为长寿命钢桥面板和组合桥面板结构体系研发，并结合实桥原位试验对长寿命组合桥面板的使用性能进行验证。

本书可作为高等院校土木工程专业教学用书，也可为桥梁工程设计、施工及科研人员提供技术参考。

图书在版编目(CIP)数据

钢桥面板疲劳问题：理论、方法与工程应用 / 张清华，崔闯著. --北京：科学出版社，2024.7. --ISBN 978-7-03-079078-1

Ⅰ. U448.36

中国国家版本馆 CIP 数据核字第 20243GW848 号

责任编辑：朱小刚 / 责任校对：彭　映
责任印制：罗　科 / 封面设计：陈　敬

科学出版社 出版

北京东黄城根北街16号
邮政编码：100717
http://www.sciencep.com

四川煤田地质制图印务有限责任公司 印刷

科学出版社发行　各地新华书店经销

*

2024 年 7 月第 一 版　　开本：787×1092 1/16
2024 年 7 月第一次印刷　　印张：24
字数：569 000
定价：248.00 元
(如有印装质量问题，我社负责调换)

序

正交异性钢桥面板的提出和应用是现代钢桥发展历程的里程碑。正交异性钢桥面板在高承载力和轻量化的矛盾之间取得了较好的平衡，兼具功能性、经济性、适用性和建造便利性等一系列突出优点，成为现代钢桥尤其是大跨度钢桥的首选桥面板结构。

从20世纪30年代至今，正交异性钢桥面板的结构体系、设计理念和制造技术不断发展演化改进，历时近百年，逐步形成了与结构初创期迥异的样貌。钢桥面板近百年的演进史，实质上是性能需求驱动下的桥梁工程发展史的缩影，即性能需求提出工程技术问题和难题，继而推动建造理念和技术水平不断发展的螺旋式进步过程。重大工程技术难题从出现到解决，都是以认知水平的逐步深化和理念的不断革新为先导，以分析理论、设计方法和施工技术的不断突破为支撑。具体到正交异性钢桥面板而言，制约其应用和发展的重大技术难题主要是疲劳问题。

钢桥面板的疲劳问题是认知不足导致结构病害的典型案例。20世纪60年代初，由于试验方法不成熟，人们得出了疲劳性能不是钢桥面板设计控制因素的错误结论，进而导致这一时期建造的钢桥面板在应用过程中大量出现疲劳开裂，其中以1971年英国塞文（Severn）桥钢桥面板开裂最为典型。此后，欧美和日本学者就此开展了系统研究，对钢桥面板疲劳问题的认识不断深化，确定了钢桥面板的关键疲劳易损构造细节，提出了构造细节疲劳性能的评估方法和设计方法，编制了相关技术规范和标准。我国钢桥面板的应用起步虽晚，但发展迅猛，当前采用钢桥面板的在役桥梁和年新增桥梁数量在全球范围内遥遥领先。

经过半个多世纪的研究和发展，钢桥面板的疲劳性能虽然得到大幅提升，但开裂问题仍不断出现，对钢桥面板疲劳问题的认识和对策方法亟待进一步深化。张清华教授及其团队长期聚焦钢桥疲劳问题，深度参与了国内十余座大型钢桥疲劳性能研究，完成数百个钢桥面板疲劳破坏试验，研究成果在系列重大桥梁工程中得以成功应用，显著提升了钢桥面板的抗疲劳性能。

该书针对正交异性钢桥面板疲劳的影响因素、分析理论、评估方法和长寿命结构进行系统论述，兼顾先进性、理论性、适用性和实用性，建立了统一指标，提出了适用于多构造细节和多开裂模式的疲劳性能评估方法，量化了焊接缺陷、残余应力和装配误差对疲劳性能的效应，基于多开裂模式疲劳寿命相容提出了长寿命钢桥面板新结构，有很强的学术和实践指导价值，相信该书的出版将有力推动钢桥的高质量发展。

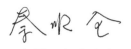

中国工程院院士

前　言

　　钢桥面板作为现代桥梁工程重要的标志性创新成就和大跨度桥梁的首选桥面板结构，具有自重轻、承载力高、适用范围广等突出优点，在全球范围内得到了广泛应用。但钢桥面板疲劳开裂问题在各国频发，并呈现普遍性、早发性、多发性、再现性的特征，导致了重大的经济损失和恶劣的社会影响。钢桥面板的疲劳问题作为长期困扰钢结构桥梁并制约其可持续发展的关键技术难题之一，受到了高度关注。

　　现代交通"高速、重载、大流量"的特性对钢桥面板的抗疲劳性能提出了更高的要求，同时，大量在役桥梁结构钢桥面板的实际性能随服役过程的延长而不断劣化，新建结构的实际疲劳强度与抗疲劳性能需求之间的矛盾问题仍然突出。我国经济持续高速发展，处于重大交通枢纽和经济发达区域的桥梁的交通流量和重载车辆比例远超发达国家，迫切需要提高钢桥面板的抗疲劳性能。在当前交通强国战略深入推进，我国正大力推广钢结构桥梁并推动其向"绿色、环保、可持续"方向发展的时代背景下，引入先进的设计理念、分析理论与方法、先进建造技术，深化钢桥面板疲劳问题研究，探究钢桥面板疲劳问题的有效解决方案，推动钢桥面板向高疲劳强度方向发展，具有重要的理论意义和现实意义。

　　钢桥面板疲劳开裂的大样本案例分析表明：设计建造以及服役条件和运维保障技术分别是疲劳问题的内因和外因。结构和构造细节抗疲劳设计欠妥或失当、难以避免的制造缺陷和服役期腐蚀均会显著降低结构的疲劳强度；大交通量和高重载车辆比例会加速疲劳损伤累积，降低结构的疲劳寿命。同时，钢桥疲劳开裂的监测检测、开裂预后、裂后性能强化等运维保障技术不能满足实际需求，无法在疲劳裂纹扩展的早期准确检出，并且无法在准确进行开裂预后的基础上进行科学合理的裂后性能强化处置，则是钢桥面板疲劳开裂成为钢结构桥梁服役性能决定性制约因素的根本原因。内因促使桥梁工程界在改进抗疲劳设计提高钢桥面板疲劳性能方面进行研究和实践，避免钢桥面板在服役过程中过早出现疲劳开裂；外因则有赖于构建钢桥面板疲劳智能监测检测运维保障体系，有效控制疲劳开裂病害及其危害。基于内因层面的"防"和外因层面的"控"是钢桥面板疲劳开裂难题的有效解决方案，前者是根本，后者是保障。本书主要讨论钢桥面板疲劳开裂的关键内因、抗疲劳设计方法及工程应用方面的关键问题。

　　在钢桥面板发展和应用的早期，人们对其疲劳问题的基本属性、关键影响因素和疲劳开裂模式认识不足，以及受限于钢结构桥梁建造技术的发展水平，进行钢桥面板疲劳问题研究和抗疲劳设计时，主要关注构造细节的疲劳强度和疲劳寿命问题。所以，工程实践中，钢桥面板抗疲劳设计和建造初始缺陷方面的不足客观存在。随着对钢桥面板的疲劳问题研究和认识的深入，人们发现该问题属于体系问题，多构造细节、多失效模式、多尺度、随机性和失效路径迁移是其基本属性，了解构造细节的疲劳性能仅是深刻认识钢桥面板疲劳特性的重要一环，当前亟须将理论研究与钢桥面板疲劳问题的基本属性有机结合，发展钢桥面板结构体系的疲劳强度评估方法，从结构体系的角度深化对其疲劳开裂机理、疲劳强度关键影响因素及其效应机制的认识，进而提出在役和新建桥梁钢桥面板疲劳性能不足与性能需求不断提高之间突出矛盾的有效解决方案。本书以钢桥面板结构体系疲劳强度评估理论方法的建立及其工程应用为主线，主要涉及方法的建立、钢桥面板构造细节和结构体系的疲劳开裂机理、在役桥梁钢桥面板结构的疲劳寿命和新型高疲劳强度钢桥面板结构体系等内容。

相对于构造细节而言，结构体系的疲劳问题涉及的因素更多，问题也更为复杂。其核心在于通过适用于表征钢桥面板各构造细节和多种疲劳开裂模式疲劳强度的指标，将钢桥面板所有可能的疲劳开裂模式纳入统一的评估框架下进行疲劳强度评估，据此确定控制结构体系疲劳性能的主导疲劳开裂模式。

全书的逻辑架构和内容安排主要出于以下方面的考虑：①理论与方法方面以建立适用于钢桥面板结构体系疲劳强度评估的理论基础为主要目标，兼顾先进性、适用性和实用性，主要包括提出广义结构应力新指标，构建基于广义结构应力的钢桥面板结构体系疲劳强度评估新方法；②以提高钢桥面板的疲劳强度为主要目标导向，将结构体系的主要疲劳开裂模式及其疲劳强度与新建结构钢桥面板的抗疲劳设计和在役结构的剩余疲劳寿命评估有机结合，对新建结构给出高疲劳强度钢桥面板解决方案意见，对在役结构给出剩余疲劳寿命评估流程意见；③提高方法的易用性和可操作性。如何便于广大工程技术人员理解，便于工程师应用所掌握的有限元方法和通用软件，通过建立板壳元模型，即能够实现构造细节和结构体系的疲劳强度评估，是作者在撰写过程中一直思考的问题。除在方法建立过程中充分考虑这一问题外，作者增加了必要的计算示例，以增加全书的可读性和在工程实践中的应用便利性。

作者在长期致力于钢结构桥梁疲劳问题的研究过程中，获得了国家科技支撑计划、国家重点研发计划、多项国家自然科学基金项目和十余项重大工程科技攻关项目的资助，作者对中华人民共和国科学技术部、国家自然科学基金委员会和重大工程建设项目相关单位的资助和大力支持诚致谢忱！

本书的内容是作者多年来从事钢桥面板疲劳问题研究所取得的科研成果和在工程实践中形成的认识和体会。在撰写过程中，作者参考了国内外学者的研究成果、工程资料和相关实践经验，基本标注了引用出处，或有遗漏，未能注明出处之处，诚请见谅。本书撰写过程中，得到了国内外同行专家的关心、帮助和大力支持，作者对此表示衷心的感谢！科研团队研究生袁道云、贾东林、韩少辉、马燕、魏川、李明哲、李俊、程震宇、庞斌忠、李亚鹏、谢加鑫等为本书的完成做了大量工作，在此对他们深致谢忱。

受限于作者认识和经验的局限性，书中不妥之处难免，敬请读者批评指正。

目　　录

第1章 概 述

正交异性钢桥面板作为现代桥梁工程重要的标志性创新成就,具有自重轻、承载力高、适用范围广等突出优点,已经成为大跨度桥梁的首选桥面板结构,在中等跨度桥梁、景观桥梁、梁高受到严格限制的城市和市政桥梁、既有桥梁加固工程等条件下同样具有较强的竞争力。据不完全统计,目前世界各国已建成的采用正交异性钢桥面板的各类大跨度桥梁已超过 1500 座,我国正在运营和规划中的该类型桥梁数量已达 200 余座,该结构的推广和应用大大推动了桥梁工程向大跨、重载和结构造型多样化等方向的发展。但钢桥面板在具有突出优势的同时,受结构特征、受力特性、建造技术和服役环境影响,其疲劳问题也十分突出。全球范围内频发的钢桥面板疲劳开裂问题,降低了钢桥的服役性能,导致了重大的经济损失和不良的社会影响,是长期困扰钢桥并阻碍其可持续发展的关键技术难题。为探究钢桥面板疲劳成因机理及应对措施,有必要对钢桥面板的提出、推广应用、发展历程及疲劳问题进行系统梳理,为钢桥面板疲劳性能相关研究奠定基础。

1.1 钢桥面板的提出

正交异性钢桥面板是用纵横向互相垂直的加劲肋(纵肋和横隔板)连同桥面顶板所组成的共同承受车轮荷载的结构。但初创期钢桥面板的结构形式与当前广泛采用的钢桥面板有显著差异,其发展大致经历了三个阶段[1]。

1. 梁格体系

梁格体系(gridworks)最早出现于 19 世纪末期,典型的钢桥梁格体系如图 1-1 所示[1]。针对梁格结构的受力分析,相关学者提出了两种方法:①首先假设横梁是纵梁的刚性支撑,承受车辆轮载,进而将纵梁传递的荷载作用于横梁,进行受力分析,最终将各部分受力叠加即可得到各杆件的受力状态;②直接建立各杆件内力的影响面,进而确定任意轮载下各构件的受力状态。

2. 密布纵梁体系

1934 年,德国工程师提出了密布纵梁体系(cellular system)[2],如图 1-2 所示。密布纵梁体系主要通过减小横向连接间距以提高其整体刚度,此设计思想与梁格体系类似。但密布纵梁体系的大量焊接工作需要必要的操作空间,导致不得不采用更大的面板。该类桥面板自身强度通常满足要求,但需要大量的人工焊接,且轮载作用下的局部变形较大,导致铺装容易开裂。

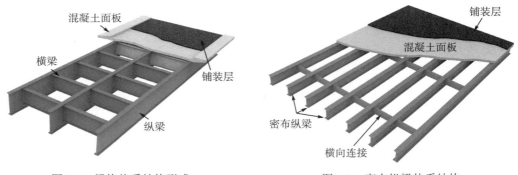

图 1-1　梁格体系结构形式　　　　　　　　图 1-2　密布纵梁体系结构

3. 加劲钢桥面

1938 年，美国钢结构协会（American Institute of Steel Construction，AISC）提出了一种加劲钢桥面（battledeck floor）[3,4]，如图 1-3 所示。加劲钢桥面是由标准的纵梁和钢板焊接而成的结构，而顶层钢板主要是传递车辆轮载至纵梁，并增加纵梁的有效宽度。1936～1938 年，美国里海大学针对加劲钢桥面进行了 1∶3 的缩尺试验，表明其实际承载能力高于采用经典薄板理论预测的承载能力。在此基础上，AISC 推导了此类结构半经验公式，研究结果表明相比于传统的钢板，加劲钢桥面可提高 40% 的容许应力。加劲钢桥面在大量实桥中得到应用，但工程师依然将其看成单独的 T 型或工字型梁进行设计，未充分发挥此类结构的经济性优势。

图 1-3　加劲钢桥面结构形式

在上述研究成果的基础上进行的深化研究表明：基于对上述结构的初步探索，只有当顶层钢板支撑间距较大，且钢桥面板作为桥梁主要承重构件充分参与结构受力时，才能显著减轻桥面板结构重量，提高其经济性。据此，美国学者 Ashton[5]于 1939 年提出了由钢板、纵肋、横梁与纵梁组成的全焊钢桥面板结构，如图 1-4 所示，此结构的受力形式为纵、横桥向的双向受力，因此可以大大增加顶层钢板横桥向和纵桥向支撑的间距或减少板厚。此结构与现阶段的正交异性钢桥面板较为类似，被认为是钢桥面板结构的雏形，并进一步发展为现代钢桥面板结构，后续在欧美发达国家及日本广泛使用。

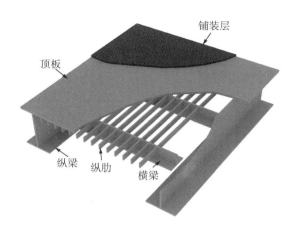

图 1-4　桥面板结构

1.2　钢桥面板的应用和发展历程

1.2.1　钢桥面板的总体发展概况

在 20 世纪 30 年代，德国和美国率先开展了密布纵梁体系与加劲钢桥面板研究。此类结构为现代钢桥面板结构的发端，但受实际制造条件和设计理念所限，其经济性优势并未得到充分体现。钢桥面板的发展虽然因第二次世界大战爆发而停滞，但战后物资极度匮乏和亟须重建的战略需求，使其再次被正式提出并飞速发展。此后，开口肋钢桥面板在各类型桥梁上广泛应用。开口肋形式多样，包含板肋、倒梯形肋、L 形肋等。首个开口肋的钢桁连续梁桥（Kurpfalz Bridge，库法尔茨大桥）于 1950 年在德国曼海姆内卡河上建成，如图 1-5 所示。

图 1-5　库法尔茨大桥(德国，1950 年修建)[6]

　　由于开口肋的焊接量大、局部抗扭刚度低，为提高整体刚度，横隔板间距一般不超过 2m，导致自重较大。为进一步提高整体刚度并减轻自重，1955 年闭口型加劲肋首次运用于连续钢箱梁（Weser Bridge，威悉大桥）[7]，如图 1-6 所示。1959 年闭口型 V 肋首次用于铁路钢结构桥梁中[8]。截至 20 世纪 50 年代，德国修建了超过 40 座正交异性钢桥面板桥梁。早期正交异性钢桥面板纵肋厚度大都约为 6.35mm，顶板厚度最薄至 6.35mm 左右。

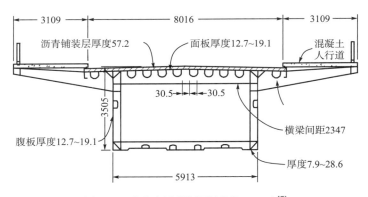

图 1-6　威悉大桥横断面（单位：mm）[7]

　　随着二战后各国经济的复苏与极速发展，参照德国的实践和发展经验，采用正交异性钢桥面板的桥梁于 20 世纪 50 年代在欧洲和北美洲各国大量修建。1957 年，钢桥面板首次应用于斜拉桥——杜塞尔多夫北大桥（Düsseldorf North Bridge）[9]，如图 1-7 所示。1963 年，AISC 出版了《正交异性钢板桥面桥梁设计手册》[6]，提出了正交异性钢桥面板的设计理论与简化计算方法。早期由于对钢桥面板疲劳问题认识有限，所开展的疲劳试验中开裂部位（纵肋与顶板连接焊缝的顶板顶部开裂）与实际开裂模式有本质差别，导致所确定的钢桥面板疲劳强度接近材料屈服强度，得出了"钢桥面板的疲劳不作为设计控制因素考虑，设计和施工仅需考虑强度和稳定问题"的错误认识和结论，为这一时期的钢桥面板设计建造发展给出了错误导向。尽管如此，该设计手册以钢桥面板强度设计为基准，极大地推动了欧洲和北美正交异性钢桥面板桥梁的推广应用，直接促成了正交异性钢桥面板在 20 世纪 60 年代迎来黄金发展期，但错误的导向和有限的认知为后续钢桥面板疲劳问题的爆发埋下了隐患。钢桥面板的疲劳问题，是工程界中由于认知和设计理念不足引发严重结构病害的典型案例之一。

图 1-7　杜塞尔多夫北大桥（德国，1957 年）[9]

　　1963 年，为进一步探究钢桥面板疲劳性能，英国交通与道路研究试验室在 A40 公路慢车道上铺设了两块足尺节段钢桥面板，1968 年在横隔板焊接位置发现了 3 处疲劳开裂[10,11]。研究结果表明，未考虑钢桥面板疲劳的结构设计存在严重缺陷。1971 年英国塞文桥（Severn Bridge，1966 年修建）出现疲劳开裂现象[12,13]，此后钢桥面板疲劳开裂案例显著增加，钢桥面板的疲劳问题逐步引起工程界和学术界广泛关注，钢桥面板设计理论与方法随着人们对相关问题认识水平的提高而不断转变，逐步从偏离的错误方向向正确方向回归；钢桥面板应用的中心也经历了从欧洲到日本，再到中国的发展历程。以强度和稳定为主、疲劳为辅的设计方法与理论开始被采用[1]：即在结构整体受力中采用强度和稳定理论进行设计的基础上，验算并改善构造细节的疲劳性能。20 世纪的 70～80 年代，欧洲学者对钢桥面板疲劳性能进行了系统的试验研究，确定了不同板厚、不同构造形式的钢桥面板构造细节疲劳强度[12,14]。同一时期，随着欧洲和北美经济增长速度趋缓与日本经济腾飞，钢桥面板应用与发展的重心由欧洲和北美转向日本。在此期间，日本修建了大量的正交异性钢桥面板桥梁，并进行了大量钢桥面板构造细节改进与疲劳试验。尽管日本参照了欧洲与美国的经验，但由于低估了本国的交通荷载，钢桥面板在 20 世纪 90 年代仍出现了大量疲劳开裂[15,16]。随后，日本基于大量钢桥面板构造细节疲劳试验，结合构造细节的刚度合理匹配原则，针对钢桥面板提出了改进措施，进行"合理化、标准化"改造，并制定了标准化设计规范[17]。随后，日本经济泡沫导致社会发展速度趋缓，而中国经济进入高速发展期，钢桥面板随着我国钢桥的快速推广得到广泛应用，并取得长足的发展。

　　从 21 世纪初开始，钢桥面板设计逐渐从"强度与稳定设计为主、疲劳设计为辅"向"强度、稳定和疲劳兼顾"转变，疲劳试验也逐渐从以构造细节试验为主，向重视足尺节段模型试验调整[18-33]。通过大量实践与经验教训总结，研究者和工程师们对钢桥面板构造细节参数进行了不断优化与性能提升。自动化、智能化制造技术大幅提升了焊接质量并降低了初始缺陷数量，提高了钢桥面板疲劳强度；同时，各国引入高性能新型混凝土材料，发展了高疲劳强度的高韧性混凝土-钢桥面组合结构[34]，显著降低了焊缝处的应力水平。近年来，中国发展了钢桥面板闭口纵肋与顶板双面焊技术[35]，并建立了世界上首条双面焊生产线，纵肋与顶板焊缝疲劳性能进一步提升。

1.2.2　钢桥面板在欧美的应用

　　第二次世界大战之前，钢桥面板的应用和发展较为缓慢；在第二次世界大战后的 20 年间，钢桥面板的强度和刚度不断提升，欧洲修建了超过 40 座正交异性钢桥面板桥梁，此阶段为欧洲钢桥面板发展的黄金期[1]。1948 年，德国建成了世界上首座正交异性钢箱梁桥，科隆-道依茨大桥（Cologne-Deutz Bridge）[6]；1950 年，德国修建了首座开口肋正交异性钢桥面板的拱桥——莱希河桥（Lech River Bridge）；1951 年，重建的米尔海姆桥是德国首座采用正交异性钢桥面板的悬索桥——科隆-米尔海姆桥（Cologne-Mülheim Bridge，主跨约 314m）；1955 年，德国威悉大桥（Weser Bridge）上首次采用 U 形加劲肋[7,36]。1957 年，钢桥面板首次应用于斜拉桥——德国杜塞尔多夫北大桥（Düsseldorf North Bridge，主跨约 260m）。1959 年，德国采用正交异性钢桥面板箱梁修建了单塔不对称斜拉桥——塞弗林桥

［Severin Bridge，两跨约 301.8m+150.6m，图 1-8（a）］。1964 年，英国修建了当时欧洲最大跨度正交异性钢桥面板钢桁架悬索桥——福斯公路大桥[37]［Forth Road Bridge，主跨1006m，图 1-8（b）］。同年，加拿大修建了首座主跨为 366m 的正交异性钢桥面板系杆拱桥——曼港大桥［Port Mann Bridge，图 1-8（c）］。为举办 1967 年世博会，加拿大于 1965年在蒙特利尔的阿弗尔城和圣海伦岛之间修建了一座正交异性钢桥面板单箱 3 室的连续梁桥——康科迪亚桥（Concordia Bridge，总长 690.4m）。1967 年，在美国修建了 2 座正交异性钢桥面板双箱双室连续钢梁桥［密歇根州圣路易斯的白杨街大桥（Poplar Street Bridge）和旧金山湾下游的圣马特奥-海沃德桥（San Mateo-Hayward Bridge），图 1-8（d）］。

(a) 塞弗林桥（德国，1959年）

(b) 福斯公格大桥（英国，1964年）

(c) 曼港大桥（加拿大，1964年）

(d) 圣马特奥-海沃德桥（美国，1967年）

图 1-8　各国早期典型钢桥面板桥梁

　　英国于 1966 年建成了首次采用流线型扁平钢箱梁的大跨度悬索桥——塞文桥（Severn Bridge）。1969 年，美国在圣迭戈建成跨海大桥——科罗纳多桥（Coronado Bridge），主梁为钢板梁和钢箱梁，其中通航孔道采用正交异性钢桥面板钢箱梁结构（图 1-9）。同年，加拿大在魁北克省 19 号高速公路上修建了第一座耐候钢正交异性钢桥面板的斜拉桥——帕皮诺-勒布朗大桥[38]（Papineau-Leblanc Bridge，图 1-10）。1970 年，在北美哈利法克斯半岛和新斯科舍省达特茅斯之间修建了主跨为 1200m 的默里·麦凯悬索桥（Murray MacKay Suspension Bridge，图 1-11），主梁首次采用正交异性钢桥面板加劲的钢桁梁[39]。1973 年，美国俄勒冈州在波特兰市威拉米特河（Willamette River）上修建了弗里蒙特桥（Fremont Bridge），系中承式钢桁拱桥，其桥面采用正交异性钢桥面板结构[40]，如图 1-12。

图 1-9　科罗纳多桥(美国，1969 年)

图 1-10　帕皮诺-勒布朗大桥　　　　图 1-11　默里·麦凯悬索桥　　　　图 1-12　弗里蒙特桥
　　　　(加拿大，1969 年)　　　　　　　(加拿大，1970 年)　　　　　　　(美国，1973 年)

　　土耳其于 1973 年、1988 年和 2016 年分别在伊斯坦布尔海峡修建了三座大跨度悬索桥梁[41]，如图 1-13 所示。1960～1980 年，悬索桥基本采用混凝土桥面板；因钢桥面板轻质高强、跨越能力强，设计理论和制造工艺也日趋成熟，1980 年以后，大跨度斜拉桥和悬索桥大都采用正交异性钢桥面板结构。1981 年，英国修建了当时跨度最大的悬索桥——亨伯桥[42](Humber Bridge)，连接林肯郡和约克郡，主梁为正交异性钢桥面板钢箱梁，采用 V 形纵肋。1992 年，挪威修建了长度为 931m 的正交异性钢桥面板钢管桁连续梁浮桥[43]——贝格索伊桥(Bergsøysund Bridge)，主跨为 106m，该桥为当时世界上最大跨度浮桥。1993 年，瑞典修建了主跨达 1210m 的高海岸大桥[44](High Coast Bridge)，其钢桥面板纵肋为厚度 6～8mm 的倒梯形闭口肋，顶板厚度为 9～14mm。1998 年，丹麦在哥本哈根修建了当时欧洲最大跨度悬索桥——大贝尔特桥[45](Storebaelt Bridge；主跨为 1624m；顶板厚度为 12mm；U 肋厚度为 6mm；横隔板间距为 4m)。2004 年，法国修建了欧洲最高的多塔斜拉桥——米洛高架桥[46](Viaduc de Millau Bridge)；2007 年，美国修建了新塔科马海峡大桥[47](New Tacoma Narrows Bridge)；2012 年，俄罗斯修建了当时世界上主跨最大(主跨为 1104m)的斜拉桥——俄罗斯岛大桥[48](Russky Island Bridge)，其主梁为正交异性钢桥面板钢箱梁。2022 年，土耳其建成了 1915 恰纳卡莱大桥(主跨为 2023m)，其主梁采用分体式钢箱梁[49]。

　　另一方面，钢桥面板作为早期大跨度悬索桥老化桥面的替代结构也被广泛应用，如乔治·华盛顿大桥(George Washington Bridge，1978 年)、金门大桥(Golden Gate Bridge，1986 年)、窄颈大桥(Throgs Neck Bridge，1987 年)、本杰明·富兰克林大桥(Benjamin Franklin Bridge，1987 年)、罗伯特·肯尼迪大桥(原名三区大桥，Triborough Bridge，2004 年，2020 年)和韦拉扎诺海峡大桥(Verrazano Narrows Bridge，2016 年)等均将早期的混凝土桥面板更换为正交异性钢桥面板结构[50]，如表 1-1 所示。

　　(a) 伊斯坦布尔海峡一桥

　　(b) 伊斯坦布尔海峡二桥

　　(c) 伊斯坦布尔海峡三桥

图 1-13　伊斯坦布尔海峡大桥

表 1-1　采用钢桥面板作为替换桥面板结构的典型桥梁

序号	时间	桥式	桥名	加劲肋形式	国家
1	1967	桁梁	Cornwall	闭口肋	美国
2	1975	板梁	Lions Gate	闭口肋	加拿大
3	1978	悬索桥	George Washington	闭口肋	美国
4	1986	悬索桥	Golden Gate	闭口肋	美国
5	1987	悬索桥	Throgs Neck	闭口肋	美国
6	1987	悬索桥	Benjamin Franklin	开口肋	美国
7	1988	悬索桥	Beauharnois	闭口肋	加拿大
8	1992	板梁	Sagticos Parkway	闭口肋	美国
9	1993	桁梁	Champlain	闭口肋	加拿大
10	1994	悬索桥	Rodenkirchen	闭口肋	德国
11	1998	悬索桥	Williamsburg	闭口肋	美国
12	1999	悬索桥	Wakato Ohashi	开口肋	日本
13	1999	悬索桥	MacDonald	闭口肋	加拿大
14	1999	桁梁	Songsu	闭口肋	韩国
15	2001	悬索桥	Tamar	闭口肋	英国
16	2001	桁梁	Maria Valeria	闭口肋	匈牙利
17	2002	桁梁	Tornionjoki	闭口肋	芬兰
18	2002	悬索桥	Lions Gate	闭口肋	加拿大
19	2002	悬索桥	Triborough	闭口肋	美国
20	2005	悬索桥	Bronx Whitestone	闭口肋	美国
21	2005	拱桥	Ohre River	闭口肋	捷克
22	2007	吊桥	Blagoveshchensky	开口肋	俄罗斯
23	2008	桁梁	Klodzko	开口肋	波兰
24	2012	悬索桥	Verrazano Narrows	闭口肋	美国
25	2012	吊桥	Congress Avenue	闭口肋	美国

1.2.3　钢桥面板在日本的发展

钢桥具有良好的抗震性能、便于装配化的建造、跨越能力强，属于绿色环保的可持续发展结构。日本因所处地理条件限制和本身国土资源有限，同时具有发达的钢铁工业，而大力发展钢桥。从 20 世纪 60 年代开始，日本开始大量使用正交异性钢桥面板，因吸取了欧美的经验和教训，其在设计方法和构造细节抗疲劳性能方面有明显提升。1954 年，日本建成第一座钢桥面板简支板梁桥，1959 年建成第一座五跨连续钢箱梁桥[51,52]；20 世纪 70 年代以后，钢桥面板开始用于钢桁梁和钢拱桥；20 世纪 80 年代起，钢桥面板开始用于大跨度悬索桥和斜拉桥的钢主梁。日本钢桥面板的纵肋经历了从板肋到 U 肋的发展历程。20 世纪 50 年代中期～70 年代初期多采用板肋，70 年代中期以后均采用 U 肋，在面板厚度、U 肋刚度、横隔板间距三者的匹配性，三者之间连接的构造设计(包括横隔板过焊孔尺寸、弧形切口形状和尺寸)、制造时的焊接和加工等方面进行了不断改进[53-55]。20 世纪 90 年代后，日本为了改善公路钢桥面板的疲劳性能和减少制造时的纵向加劲肋数量和焊接工作量，在保持钢桥面轻板型化的基础上，对钢桥面板(U 肋断面、面板厚度、横隔板处弧形切口形状和尺寸)进行了系统研究[50]，如表 1-2 所示。

表 1-2　日本 U 肋尺寸统计[50]

U 肋类型	上开口宽/mm	高度/mm	厚度/mm	数量/个	U 肋类型	上开口宽/mm	高度/mm	厚度/mm	数量/个
1	280	220	8	1	23	320	260	8	5
2	300	200	6	2	24	320	270	6	1
3	300	220	6	32	25	320	300	8	1
4	300	220	8	7	26	324.1	242	8	7
5	300	224.6	7.9	1	27	324.1	242	15	1
6	300	240	6	1	28	324.1	262	8	1
7	300	250	8	2	29	325	250	8	1
8	300	270	6	1	30	327.2	274	8	1
9	300	280	8	1	31	330	250	8	2
10	300	280	12	1	32	330	250	14	1
11	304.1	222	8	1	33	330	263	6	1
12	310	250	6	1	34	330	280	8	1
13	310	250	8	1	35	330	288	8	1
14	318	258	8	1	36	330	288	10	1
15	320	200	6	7	37	340	200	9	1
16	320	200	8	1	38	340	250	8	1
17	320	230	8	1	39	340	280	8	1
18	320	240	6	96	40	370	250	8	1
19	320	240	8	15	41	320	240	6	8
20	320	250	6	3	42	320	240	8	1
21	320	250	8	3	43	320	240	6	2
22	320	260	6	37	44	320	260	8	1

　　不完全统计数据表明，日本优化后的钢桥面板在保持 U 肋高度不变的基础上，加大了 U 肋宽度，上开口宽常用尺寸为 320mm；U 肋高度常取 240mm；早期 U 肋厚度以 6mm 居多，21 世纪后 U 肋厚度增加至 8mm，如图 1-14 所示。早期面板厚度、纵向 U 肋断面和横隔板间距的匹配性设计的常用取值组合如表 1-3 所示。

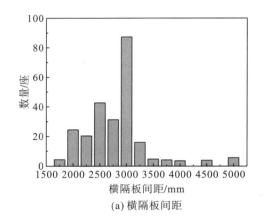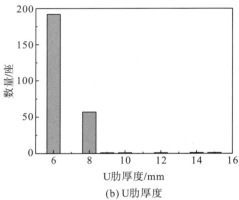

(a) 横隔板间距　　　　　　　　　　　(b) U肋厚度

图 1-14　钢桥面板参数统计

表 1-3　日本钢桥面板关键设计参数发展与演变[17]

面板厚度/mm	U 肋尺寸			横隔板间距/m	设计规范
	宽×高×厚/ (mm×mm×mm)	弯起半径 /mm	坡度		
12	320×6×240	40	1∶4.5	2.0～2.5	1983 版《鋼道路橋の疲劳设计指针》见参考文献第 17 条
14、16	320×8×240	40	1∶4.5	3.0～3.75	2002 版《鋼道路橋の疲劳设计指针》见参考文献第 17 条
18、19	440×8×343	40	1∶4.5	4.0～5.0	尚未纳入设计规范

　　日本钢桥面板疲劳问题的出现和发展与欧洲类似。随着日本经济腾飞，在 20 世纪 80 年代，钢桥面板疲劳病害严重程度达到峰值。随着 20 世纪 90 年代经济衰退，交通流量和荷载有所降低，钢桥面板疲劳问题有所缓解。这一时期，日本对钢桥面板结构体系进行了不断改进，提出了各类新型钢桥面板连接构造形式和加固强化方法[56-62]。

1.2.4　钢桥面板在我国的应用和发展

　　我国于 20 世纪 90 年代末期开始引入正交异性钢桥面板结构，被誉为"神州第一跨"的西陵长江大桥开启了我国现代大跨度钢桥发展的序幕[63]。此后，虎门大桥、江阴长江大桥、海沧大桥和礐石大桥均在 2000 年以前通车，其中钢桥面板设计基本沿用了日本和欧洲国家相关经验，采用 12mm 厚顶板、6mm 或 8mm 厚 U 肋、横隔板间距为 3～4.5m 不等。2001 年通车的南京长江二桥的钢桥面板结构采用了 14mm 厚的顶板，但仍然沿用了 6mm 厚的 U 肋设计，横隔板间距为 3.75m。2002 年虎门大桥开始出现纵肋与顶板连接的纵向疲劳裂纹，此后钢桥面板疲劳开裂病害案例逐步增加，引起了工程界和学术界的高度重视。2005 年后，为改善疲劳问题，顶板厚度逐步增加，2005 年开通的润扬长江大桥使用 14mm 厚的顶板。随着多座 2005 年以前通车的大跨度桥梁在 2010 年前后出现不同程度的疲劳裂纹，我国钢桥面板结构设计也由开始的顶板 12mm 厚、U 肋 6mm 厚、横隔板间距 3~6m，逐步过渡到顶板 14mm 或 16mm 厚、U 肋 8mm 厚、横隔板间距 2.5~3.75m，显著提升了桥面板刚度，减少了轮载作用下的局部面外变形和局部应力水平。与此同时，国内学者也针对钢桥面板结构进行了大量试验研究，对不同构造细节在不同板厚组合下的疲劳性能进行了深入研究，促进了钢桥面板的发展。当前，钢桥面板顶板厚度为 16mm、U 肋厚度为 8mm、U 肋上开口宽为 300mm、横隔板间距为 3000m 左右，为我国钢桥面板结构的主流设计参数。我国典型大跨度钢桥面板桥梁的主要参数不完全统计如表 1-4 所示，其中顶板厚度所示参数为最不利或最薄板厚参数。

表 1-4 中国典型大跨度桥梁钢桥面板设计参数发展与不完全统计

序号	名称	类别	主跨/mm	通车年份	顶板厚度/mm	U 肋厚度/mm	U 肋上开口宽/mm	横隔板间距/mm
1	西陵长江大桥	悬索桥	900	1996	12	6	320	2540
2	青马大桥	悬索桥	1377	1997	13	8	300	4500
3	虎门大桥	悬索桥	888	1997	12	8	320	4000
4	江阴长江大桥	悬索桥	1385	1999	12	6	300	3200
5	海沧大桥	悬索桥	648	1999	12	6	300	3500
6	碚石大桥	斜拉桥	518	1999	12	8	300	3000
7	武汉白沙洲长江大桥	斜拉桥	618	2000	12	8	320	3000
8	宜昌长江公路大桥	悬索桥	960	2001	12	6	300	4020
9	南京八卦洲长江大桥	斜拉桥	628	2001	14	6	300	3750
10	武汉军山长江大桥	斜拉桥	460	2001	12	6	300	3000
11	润扬长江大桥	悬索桥	1490	2005	14	6	300	3220
12	安庆长江大桥	斜拉桥	510	2005	16	8	300	2900
13	武汉阳逻长江大桥	悬索桥	1280	2007	14	6	300	3200
14	黄埔大桥南汉桥	悬索桥	1108	2008	16	8	300	3200
15	苏通长江公路大桥	斜拉桥	1088	2008	14	8	300	4000
16	西堠门大桥	悬索桥	1650	2009	14	8	300	3600
17	北盘江大桥	悬索桥	636	2009	14	8	300	2333
18	昂船洲大桥	斜拉桥	1018	2009	18	9	300	4500
19	上海长江大桥	斜拉桥	730	2009	16	8	300	3750
20	金塘大桥	斜拉桥	620	2009	14	8	300	3500
21	武汉天兴洲长江大桥	斜拉桥	504	2009	14	8	300	2240
22	鄂东长江大桥	斜拉桥	926	2010	16	8	300	3000
23	荆岳长江大桥	斜拉桥	816	2010	14	8	300	3000
24	闵浦大桥	斜拉桥	708	2010	14	8	360	3525

续表

序号	名称	类别	主跨/mm	通车年份	顶板厚度/mm	U 肋厚度/mm	U 肋上开口宽/mm	横隔板间距/mm
25	南京栖霞山长江大桥	悬索桥	1418	2012	16	8	300	3120
26	泰州长江大桥	悬索桥	1080	2012	14	8	300	3200
27	南溪长江大桥	悬索桥	820	2012	16	8	300	3200
28	青草背长江大桥	悬索桥	788	2013	14	8	300	3000
29	九江长江公路大桥	斜拉桥	818	2013	16	8	300	3750
30	中朝鸭绿江界河公路大桥	斜拉桥	636	2014	16	8	300	3200
31	黄冈公铁两用长江大桥	斜拉桥	567	2014	14	8	300	3900
32	安庆铁路长江大桥	斜拉桥	580	2015	16	8	300	2900
33	铜陵长江公铁大桥	斜拉桥	630	2015	16	8	300	3000
34	龙江大桥	悬索桥	1196	2016	16	8	300	3100
35	几江长江大桥	悬索桥	600	2016	16	8	300	3000
36	丰都长江二桥	斜拉桥	680	2017	14	8	300	3000
39	港珠澳大桥	—	—	2018	18	8	300	2500
40	南沙大桥	悬索桥	1688	2019	16	8	300	3200
41	嘉鱼长江大桥	斜拉桥	920	2019	16	8	300	3000
42	石首长江大桥	斜拉桥	820	2019	16	8	300	3000
43	长门大桥	斜拉桥	550	2019	16	8	300	3750
44	沪苏通长江公铁大桥	斜拉桥	1092	2020	16	8	300	2800
45	金安金沙江大桥	斜拉桥	1386	2020	16	8	280	2700
46	肇云大桥	悬索桥	738	2020	16	8	300	3000
47	五峰山长江大桥	悬索桥	1092	2020	16	8	300	2800
48	武汉青山长江大桥	斜拉桥	938	2021	16	8	300	2500
49	伍家岗长江大桥	悬索桥	1160	2021	16	8	300	3000
50	瓯江北口大桥	悬索桥	800	2022	16	8	300	3300
51	常泰长江大桥	斜拉桥	1208	预计 2025	16	8	300	2800

　　我国与日本和欧美国家的经济发展阶段和基础设施高速发展期不同，当前正处于经济和基础设施建设的高速发展时期，桥上交通流量和重载比例均处于较高水平。对长寿命钢桥面板的需求极为迫切，我国对如何提高钢桥面板疲劳性能进行了深入研究和大量工程实践，当前已成为推动钢桥面板技术进步的主体，在疲劳性能评估方法、设计理念和方法、制造技术和长寿命新结构等多个方面进行了探索。

　　(1)提出了钢桥面板疲劳性能评估新方法。传统基于名义应力的钢桥面板疲劳性能评估方法未考虑焊接局部区域应力集中、初始缺陷等问题，往往导致偏于不安全的评估结果。近年来，逐步在钢桥面板疲劳性能评估中采用船舶海洋工程的热点应力法、结构应力法、缺口应力法等方法，基于断裂力学深入研究了钢桥面板疲劳裂纹扩展的数值模拟问题，发展了裂纹扩展过程模拟方法，并通过系列试验对方法的适用性进行了验证，确定了关键基础参数。

（2）提出了钢桥面板设计新理念新方法。学者们认识到多焊接易损细节的多疲劳开裂模式是钢桥面板的基本属性，传统的以构造细节疲劳强度为设计主要目标导致个别构造细节强度显著高于其他构造细节，"木桶短板效应"突出，无法保证钢桥面板结构的疲劳性能。于是在此基础上，发展了适用于多开裂模式的疲劳性能评估方法。结构体系等强度设计理论逐步应用于钢桥面板，在保证经济性和可行性的前提下进行多构造细节抗疲劳和刚度合理匹配优化设计，确定钢桥面板关键设计参数的优化组合。如在港珠澳大桥等工程中，系统对比研究了顶板厚度、U 肋厚度、横隔板厚度和间距等不同参数组合条件下不同构造细节的疲劳性能，在此基础上优化确定了设计参数组合。

（3）在制造技术方面取得重大技术进步，实现产业升级。以港珠澳大桥钢桥面板制造为契机，国内大型桥梁制造厂全面升级了制造系统，建立了钢桥面板从板单元自动化切割、自动化组装到智能化焊接全过程控制系统，显著提升了钢桥面板制造质量，最大程度地降低了初始制造缺陷与装配误差，提高了钢桥面板疲劳性能；研发了自主知识产权的 U 肋双面焊技术，建成了高效自动化生产线，并于 2017 年将其首次用于武汉沌口长江大桥中。双面焊构造细节显著降低了钢桥面板中危害最大的构造细节——纵肋与顶板连接构造细节处内侧焊根的初始缺陷和面外变形，避免了传统单面焊接细节中裂纹萌生于焊根的可能性，大幅提升了钢桥面板的疲劳性能，如图 1-15 所示。

图 1-15　顶板与纵肋连接双面焊构造

（4）研发了多种长寿命桥面板新构造和新结构。针对纵肋与横隔板焊接连接构造易在端部焊趾和弧形切口处萌生疲劳裂纹，结合刚度匹配原则，提出了新型笑脸型开口横隔板与纵肋全焊接构造[64-67]，如图 1-16 所示。试验表明，此新型构造可有效强化纵肋与横隔板焊接连接构造疲劳性能。基于高性能混凝土提出了薄层高韧性混凝土组合桥面板和大纵肋组合桥面板，并逐步将其应用于新建桥梁和既有桥梁加固维护中，如岳阳洞庭湖二桥、肇庆马房大桥、中山西环高速联石湾大桥等。新型组合桥面板的出现大幅提升了钢桥面板的局部刚度，有效解决了局部轮载作用导致的钢桥面板局部应力过大问题，显著提高了钢桥面板疲劳寿命。

近年来，我国学者在钢桥面板新结构、新材料、新技术、新方法等方面的研究已走在世界前列，系列研究成果显著改善了钢桥面板静力和疲劳性能，为推动桥梁工程"轻质、经济、大跨、可持续"的发展奠定了坚实的基础。

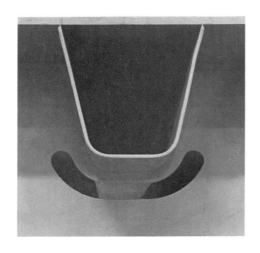

图 1-16　新型笑脸型开孔

1.3　钢桥面板的疲劳问题

1.3.1　问题的出现

自 1971 年英国 Severn 桥首次出现疲劳开裂现象以来，钢桥面板桥梁疲劳开裂问题层出不穷。此后，提升疲劳性能成为推动钢桥面板发展的主要驱动力。时至今日，钢桥面板仍然存在大量开裂现象。Severn 桥作为早期钢桥面板桥梁的代表，其开裂部位和模式具有代表性[13]。①钢箱梁节段端头封板与纵肋焊接连接开裂：为节省造价，Severn 桥省去储梁产地和运梁驳船的费用，将钢箱梁节段的正交异性钢桥面板端头采用 5mm 厚的横隔板作为"封头板"焊接，使梁段成为密封的浮体结构，采用拖船将其拖拽到指定桥位安装。在"封头板"与纵肋焊接连接处，在通车不到 5 年时便出现大量疲劳裂纹。②纵肋与横隔板焊接连接开裂：由于制造工艺限制，纵肋在横隔板处断开并焊接在横隔板上，此处焊缝应力集中程度和应力水平均较高；再加之装配误差和制造误差，导致此处易开裂。③纵肋与顶板焊接连接开裂：在通车 11 年后此类构造开始出现裂纹，角焊缝的焊脚尺寸为 6mm。此后，各国的钢桥面板结构陆续出现大量的疲劳裂纹，同时各国也对钢桥面板的构造细节进行了优化。疲劳裂纹出现的原因复杂，与社会经济发展、制造工艺、设计理念及运维管理水平等均有密切关系。

1.3.2　典型钢桥面板疲劳开裂案例分析

自钢桥面板首次出现疲劳裂纹以来，其开裂问题在全球范围内涌现，如英国的 Severn 桥[13]、德国的 Haseltal（哈塞尔塔尔）桥[68]、日本的 Maihama（舞滨）桥[56]、中国的虎门大桥等。大量实桥调研和系统梳理总结发现，钢桥面板疲劳损伤和开裂具有典型的早发性、隐蔽性、多发性、再现性特征。根据钢桥面板损伤特性和损伤部位，其疲劳易损部位主要包括：①纵肋与顶板连接构造细节；②纵肋与横隔板连接构造细节；③纵肋对接连接构造细节；④顶板与横隔板连接构造细节；⑤顶板与腹板竖向加劲肋连接构造细节。疲劳易损部位如图 1-17 所示。各疲劳易损细节的受力特性和疲劳开裂模式迥异，此处结合典型实桥开裂情况对各疲劳易损细节及其对应的开裂模式进行阐述。

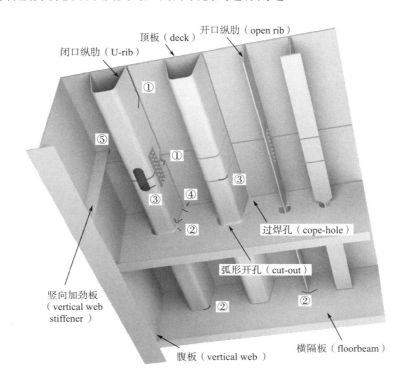

图 1-17　钢桥面板典型疲劳易损细节汇总

1. 纵肋与顶板连接构造细节

纵肋与顶板连接构造细节(rib-to-deck welded joint，RTD)直接承受轮载作用，是各类疲劳易损细节中，对结构服役性能危害最大的构造细节，常见的开裂模式主要有三类：RTD-1——从焊趾起裂沿顶板厚度方向扩展；RTD-2——从焊根起裂沿顶板厚度方向扩展；RTD-3——从焊根起裂沿焊喉方向扩展，如图 1-18 所示。究其外因，在车辆局部轮载作用下，无论轮载作用位于纵肋腹板正上方，还是偏左或偏右，纵肋与顶板腹板之间均存在较大的相对面外变形，且在焊趾和焊根处产生拉-压循环应力。尽管循环应力中拉应力比例较低，但焊趾和焊根处存在 150～250MPa 的横桥向焊接残余拉应力(见后文 4.2节)，即使考虑焊接残余应力的释放与消散，此处的循环应力幅值仍然较高。一方面，由制造工艺和焊接特性所决定，焊趾处存在缺陷如咬边、成型不良问题；焊根处未采用坡口焊、熔透深度不足或熔透过深等问题导致此处存在细小间隙或根部熔穿问题，降低了其疲劳强度。另一方面，焊趾或焊根刚度突变导致此处存在较高程度的应力集中。在结构构造应力内因和外部荷载作用外因耦合作用下，此处存在发生疲劳开裂的较高风险。

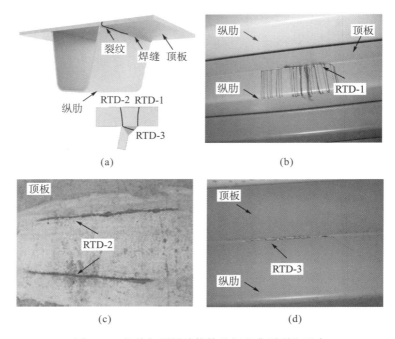

图 1-18   纵肋与顶板连接构造细节典型裂纹形态

2. 纵肋与横隔板连接构造细节

纵肋与横隔板连接构造细节(rib-to-floorbeam welded joint，RTF)在车辆行驶过程中承受面外和面内共同作用下的交变应力。对于有弧形开孔、纵肋在横隔板处连续的纵肋与横隔板连接构造，其主要开裂模式为：RTF-1——从弧形开孔的纵肋焊趾起裂沿纵肋腹板扩展；RTF-2——从弧形开孔的横隔板端部焊趾起裂沿隔板扩展；RTF-3——从弧形开孔母材边缘起裂沿横隔板扩展；RTF-4——从过焊孔处横隔板焊趾起裂沿隔板扩展；RTF-5——从过焊孔处纵肋焊趾起裂沿纵肋扩展，如图 1-19 所示。就纵肋与横隔板连接构造受力特性而言，开裂模式 RTF-1 是由纵肋腹板面外弯曲变形所引起的；开裂模式 RTF-2 主要由横隔板面内弯曲与剪切耦合作用引发；开裂模式 RTF-3 主要由移动车载作用下的横隔板面外变形所导致。开裂模式 RTF-4 和 RTF-5 主要是由过焊孔处刚度突变，导致局部轮载直接作用下应力集中程度较高所致。

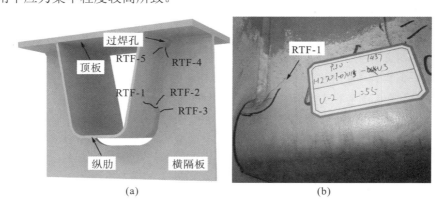

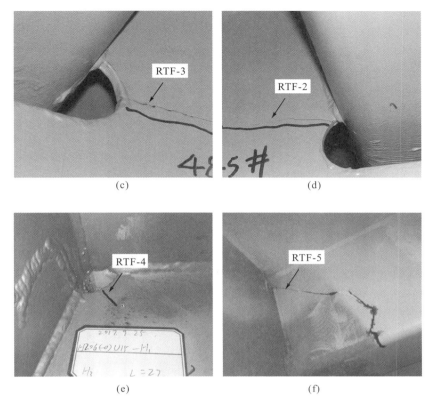

图 1-19　纵肋与横隔板连接构造细节典型裂纹形态(一)

对于早期无弧形开孔、纵肋在横隔板处连续的纵肋与横隔板连接构造，其主要的开裂模式为 RTF-6——纵肋底板或腹板焊趾起裂沿纵肋厚度方向扩展。对于早期无弧形开孔、纵肋在横隔板处断开的纵肋与横隔板连接构造，其主要的开裂模式为 RTF-6 或 RTF-7——横隔板焊根起裂沿焊喉方向扩展，如图 1-20 所示。根据此类构造结构特性，由于早期纵肋厚度以 6mm 为主，纵肋刚度相对较弱，焊接局部应力集中问题突出；另外，焊接技术落后易导致纵肋易烧穿，疲劳强度等级低，两者共同作用决定了此处易出现疲劳裂纹。

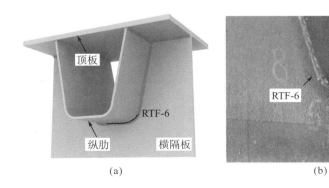

(a)　　　　　　　　　　　　　(b)

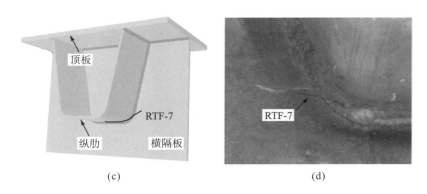

图 1-20　纵肋与横隔板连接构造细节典型裂纹形态(二)

3. 纵肋对接连接构造细节

纵肋对接连接构造细节(rib-to-rib joint，RTR)是早期钢桥面板的常见疲劳易损构造细节。但钢主梁节段现场拼接时需采用纵肋对接连接构造，当前，纵肋对接连接构造采用栓接或焊接。早期钢桥面板桥梁纵肋现场对接通常采用焊接。由现场焊接条件所决定，纵肋现场焊缝连接为仰焊，其开裂模式一般为 RTR-2——焊接对接焊缝开裂。尽管该连接构造细节在移动车辆作用下的循环应力幅值相对于其他易损细节而言偏小，但此处工地现场仰焊所导致的焊接缺陷多，焊接质量难以保障，构造细节疲劳强度较其他构造细节相差甚远，因此该焊接连接构造极易开裂(图 1-21)。

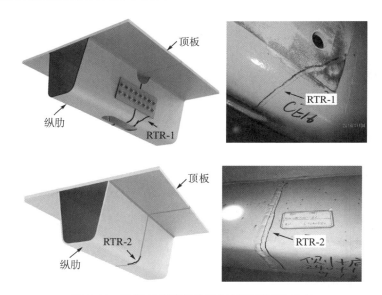

图 1-21　纵肋对接连接构造细节疲劳裂纹形态

4. 顶板与竖向加劲肋连接构造细节

顶板与竖向加劲连接构造细节(deck-to-vertical stiffener joint，DTVS)是早期钢桥面

板的常见构造细节。腹板加劲肋主要用于带纵梁的钢桥面板的加劲，以防止纵梁失稳，如图 1-17 所示。在顶板与腹板加劲肋连接构造细节的顶板焊趾处易出现 DTVS——焊趾起裂沿顶板厚度方向扩展的开裂模式，如图 1-22 所示。此处存在刚度突变，在轮载的直接作用下，焊趾部位应力集中程度高，导致此处易开裂。

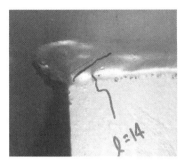 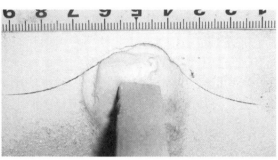

图 1-22　顶板与腹板加劲肋连接构造细节

分析前述钢桥面板发展中出现的典型疲劳易损细节可发现，钢桥面板各构造细节具有多模式疲劳开裂特性且开裂模式迥异。结合中国早期钢桥面板实桥开裂案例统计，各类型疲劳易损细节所占比例如表 1-5 所示。

表 1-5　钢桥面板典型疲劳易损部位占比

编号	位置	比例/%	编号	位置	比例/%
1	纵肋与顶板连接构造细节	17.6	4	顶板与竖向加劲肋连接构造细节	3.6
2	纵肋与横隔板连接构造细节	70.7	5	顶板与横隔板连接构造	1.5
3	纵肋对接连接构造细节	6.1	6	纵肋与端横隔板连接构造	0.5

根据钢桥面板实际构造特性，一些疲劳易损细节由于早期抗疲劳设计不合理已逐步取消，如下所示。

（1）顶板与竖向加劲连接构造（DTVS）。该类构造细节在实际桥梁中开裂比例较高，设置竖向加劲肋的主要目的是增强腹板刚度以防止腹板面外失稳，顶板与竖向加劲肋不需焊接连接即能达到这一目的。因此，该类构造细节已取消，现阶段腹板加劲肋已不与顶板相连接。

（2）顶板、纵肋与横隔板三向交叉焊接的过焊孔。该过焊孔已取消，改为在横隔板处开切角，以保证纵肋与顶板连接焊缝连续。随着过焊孔的取消，过焊孔处横隔板焊趾起裂沿隔板扩展（RTF-4）、过焊孔处纵肋焊趾起裂沿纵肋扩展（RTF-5）和顶板与横隔板连接焊趾起裂向顶板扩展（DTF）三类疲劳开裂模式不复存在。

（3）纵肋现场对接连接构造。纵肋现场对接连接构造因仰焊而疲劳强度低，易出现对接焊接焊缝开裂（RTR-2），现场对接焊接已逐步改为栓接连接构造。特别地，尽管实践检验纵肋栓接连接疲劳强度远高于纵肋焊接连接，但对于双层桥梁，因存在栓接螺栓延时断裂而掉落的问题，出于运营安全的考虑，当前下层交通上方的钢桥面板纵肋对接连接一般仍采用焊接构造。

根据实际经验和钢桥面板结构特性取消不合理构造细节后，现阶段钢桥面板典型疲劳易损细节和对应占比如表 1-6 所示。由表中数据分析可知，在取消不合理构造细节后，纵肋与横隔板连接构造细节和纵肋与顶板连接构造细节的疲劳开裂在所有开裂模式中占主导地位，总计占比超 85%，其余各开裂模式占比不超过 15%。其中，纵肋与顶板连接构造疲劳开裂对结构危害最大，特别是焊根起裂沿顶板扩展的开裂模式具有极强的隐蔽性，一般仅在裂穿顶板、损坏铺装层后才能发现，而此时该开裂模式的裂纹已发展至长大型裂纹，加固须中断交通，加固难度和维护成本显著增加。针对上述的两类主导的构造细节疲劳开裂与强度提升问题，各国开展了大量的钢桥面板疲劳构造和节段模型试验研究，以期确定各类构造细节的疲劳性能，相关研究成果为钢桥面板的疲劳性能提升奠定了基础。

表 1-6 取消不合理构造细节后钢桥面板典型疲劳易损部位占比

编号	位置	比例/%	编号	位置	比例/%
1	纵肋与顶板连接构造细节	21.2	5	顶板与横隔板连接构造	4.3
2	纵肋与横隔板连接构造细节	64.7	6	纵肋与端横隔板连接构造	0.6
3	纵肋对接连接构造细节	7.4			

1.3.3 钢桥面板疲劳问题的基本特性

正交异性钢桥面板作为现代桥梁发展的标志性成就，是大跨度桥梁的不二之选。钢桥面板疲劳裂纹普遍存在于各类型桥梁结构，因其结构体系为超高冗余度结构，局部疲劳开裂通常不直接威胁结构安全，但会严重降低结构的服役品质。根据前述调研情况，钢桥面板疲劳开裂呈现普遍性、早发性、全域性、多模式相似性等特征。

（1）普遍性。无论是小跨径的梁桥，还是大跨径的缆索承重桥梁，国内外钢桥面板均存在疲劳开裂问题。钢桥面板结构体系在承受车辆等往复荷载作用时作为第三体系受力，与主梁结构的宏观受力状态关联性不强。因此，其疲劳开裂问题不随结构体系改变而变化。典型的国内外不同桥梁形式的钢桥面板开裂案例如图 1-23 所示。

(a) 梁桥（德国Ketel桥，1968年建成）　　(b) 桁梁桥（荷兰Caland桥，1969年建成）

(c)拱桥（美国Fremont桥，1973年建成）　　(d)斜拉桥（中国军山长江大桥，2001年建成）

(e)悬索桥（日本明石海峡大桥，1998年建成）

图 1-23　不同桥式的钢桥面板疲劳开裂

(2)早发性。运营时间少于 10 年而出现疲劳裂纹的钢桥面板桥梁占比较大，特别在我国 2010 年以前修建的钢桥面板结构，主要参考日本和欧洲的设计经验，对我国交通量增长估计不足，导致此类型结构大量过早开裂，典型桥梁钢桥面板过早开裂时间如表 1-7 所示。

表 1-7　典型钢桥面板桥梁开裂时间调研[69]

序号	桥名	桥式	建成年份	设计参数/ mm				发现裂纹年份
				顶板厚度	U 肋厚度	隔板厚度	隔板间距	
1	虎门大桥	悬索桥	1997	12	8	10	4000	2003
2	江阴长江大桥	悬索桥	1999	12	6	8	3200	2011
3	白沙洲长江大桥	斜拉桥	2000	12	8	12	3000	2006
4	军山长江大桥	斜拉桥	2001	12	6	8	3000	2006
5	润扬长江大桥	悬索桥	2004	14	6	8	3220	2018

(3)全域性。钢桥面板结构的冗余度高，其焊接构造的横向与纵向影响线范围较短。其疲劳开裂问题通常出现在焊接构造局部小范围内。除非出现宏观长裂纹，否则各构造细节的相互影响较小，加之车辆荷载的随机性，导致钢桥面板结构体系沿桥纵向和横向的各构造细节均有出现疲劳裂纹的可能性，即疲劳裂纹的萌生和扩展具有全域性。典型斜拉桥和悬索桥疲劳裂纹分布特性如图 1-24 所示。其中，斜拉桥在靠近主塔的疲劳开裂程度相较于跨中更低，其主要原因在于斜拉桥钢桥面板的顶板厚度从跨中到主塔逐渐增加、局部刚度增加；而悬索桥梁的疲劳开裂现象在主梁纵向更为均匀，主因仍是钢桥面板参数沿纵向无变化。

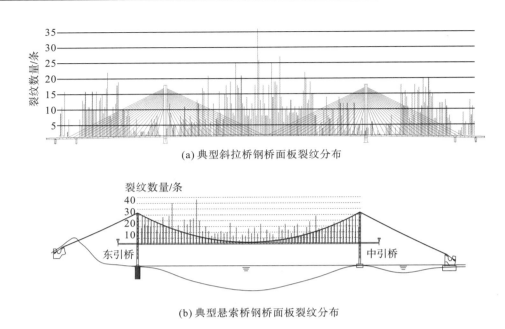

(a) 典型斜拉桥钢桥面板裂纹分布

(b) 典型悬索桥钢桥面板裂纹分布

图 1-24　典型钢桥面板桥梁裂纹分布图

（4）多模式相似性。进一步对钢桥面板疲劳开裂问题进行分析，可以发现，其各构造细节具有多疲劳开裂模式特性且疲劳强度存在显著差异。同时，无论是单个桥的不同部位，还是不同的桥式，疲劳开裂模式均具有相似重复性。此外，在钢桥面板构造细节与结构整体体系之间存在多尺度问题。在构造细节层面，构造细节设计、焊缝几何形态和初始制造缺陷等是构造细节应力集中程度的关键影响因素，共同决定各疲劳开裂模式的实际疲劳强度；在结构体系层面，结构体系设计参数决定构造细节的实际受力状态，进而决定各疲劳开裂模式的疲劳累积损伤度，疲劳开裂首先在疲劳累积损伤度达到临界值的开裂模式中出现，结构体系的疲劳强度由这一疲劳开裂模式对应的疲劳强度决定。构造细节层面和结构体系层面相互耦合作用，导致钢桥面板疲劳开裂具有强随机性，并存在主导开裂模式和失效路径迁移问题，如图 1-25 所示。为探究钢桥面板的失效机理，阐明其失效机制，有必要厘清钢桥面板疲劳性能的关键影响因素。

1.4　钢桥面板疲劳性能的关键影响因素

钢桥面板疲劳开裂问题是典型的受多种因素影响的复杂问题，其与设计方法、制造质量、运维管理水平、服役环境等密切相关。根据钢桥面板疲劳成因，可分为内因和外因：内因包含设计方法、材料性能及制造质量等引发的"基因缺陷"和先天不足；外因包含外部运营荷载和服役自然环境引起的后天制约。根据大样本实桥病害统计分析、理论对比和模型试验，钢桥面板疲劳性能的关键影响因素如下。

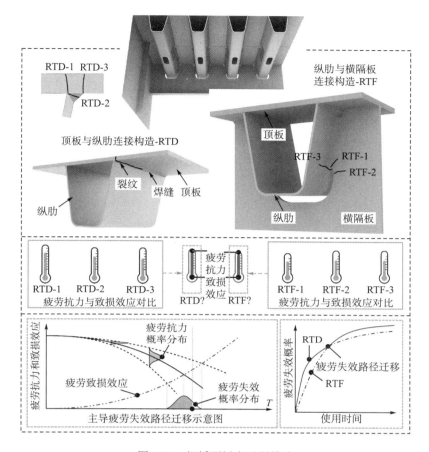

图 1-25　钢桥面板多开裂模式

（1）设计方法。目前各国规范仅规定各构造细节的疲劳细节类别和主要的设计原则，沿用名义应力法进行性能评价，但对于复杂的构造细节疲劳性能指标的确定方法未给出明确规定，系统性、针对性、实用性、适用性和易用性等方面仍存在不足。

（2）构造细节。钢桥面板由顶板、纵肋与横隔板纵向交错成形，必然涉及三向交叉或立体复杂焊缝，存在大量刚度突变和显著的应力集中问题，导致焊接局部为双向或三向等复杂受力状态。研发长寿命构造细节，是提升钢桥面板疲劳性能强化的重要前提。

（3）材料性能。材料强度、断裂韧性、冷弯成型性能、可焊性及热影响区材性是制约钢桥面板疲劳强度的关键因素。对于钢桥面板而言，大多数的疲劳裂纹萌生于焊接热影响区，其材料晶粒粗化程度、焊接夹杂或内部微观孔隙、显微组织结构等显著影响其疲劳性能。

（4）建造质量。因焊接制造导致的大量焊接缺陷、残余应力和装配误差是钢桥面板疲劳性能的决定性影响因素。在设计参数相同的条件下，钢桥面板制造的质量控制直接决定了其疲劳性能。因此，研发先进焊接工艺和制造技术，推动钢桥制造产业向自动化、数字化、智能化方向发展，是提升钢桥面板疲劳性能的有效途径。

（5）车辆荷载。运营期的循环荷载，如车辆荷载等是导致钢桥面板疲劳开裂的直接原因。随着经济的发展，我国多数跨江、跨海等交通枢纽的大跨度钢桥均处于超饱和运营状态，交通荷载具有大流量、重载、超饱和等特性，对钢桥面板的疲劳性能提出了较高要求。

（6）服役环境。运营期的环境温度、湿度、桥面铺装状态及海洋腐蚀环境均对钢桥面板的疲劳性能有不同程度的影响，且多种环境因素相互耦合，对钢桥面板疲劳性能的影响较为复杂。

1.5　小　　结

钢桥面板的疲劳开裂问题是当前制约钢桥高质量发展的世界性难题，提升钢桥面板疲劳性能进而寻求问题的有效解决方案，是桥梁工程界当前面临的重大课题。本章对钢桥面板的疲劳性能进行了系统梳理，阐述了钢桥面板的提出及其结构的发展演绎过程；探讨了钢桥面板在全球各国的发展历史和推广应用情况，明确了钢桥面板的发展趋势；通过典型的病害案例分析，明确了钢桥面板的易损疲劳开裂细节及其主要疲劳开裂模式，并对典型构造细节的开裂模式进行分类与归纳；总结了钢桥面板疲劳开裂的典型特征及问题基本属性，阐明了钢桥面板疲劳问题的基本属性和钢桥面板疲劳性能的关键影响因素。

参 考 文 献

[1] Troitsky M S. Orthotropic bridges-theory and design[M]. Cleveland: The Jame F. Lincoln Arc Welding Foudation, 1987.

[2] Tremble G E. Pneumatization of the temporal bone[J]. Archives of Otolaryngology-Head and Neck Surgery, 1934, 19（2）: 172-182.

[3] Hill H N, Moore R L, Jones J. Discussion of "hill and moore on rattle-deck floor systems"[J]. Transactions of the American Society of Civil Engineers, 1939, 104（1）: 267-273.

[4] De Backer H. Orthotropic steel decks[M]. Innovative Bridge Design Handbook. Amsterdam: Elsevier, 2022: 711-727.

[5] Ashton N L. Arc welding in design, manufacturing and construction[M]. Cleveland, OH: The James F. Lincoln Arc Welding Foundation, 1939.

[6] American Institute of Steel Construction. Design manual for orthotropic steel plate deck bridges[M]. Chicago: American Institute of Steel Construction, 1963.

[7] Dörnen A. Stahlüberbau der weserbrücke porta[J]. Stahlbau, 1955, 24: 97-101.

[8] SIVER P A, CHOCK J A N S. Darbaker prize paper: scaled chrysophycean algae from Pennsylvania I. Lake lacawac[C]//Proceedings of the Pennsylvania Academy of Science. Pennsylvania Academy of Science, 1985: 15-17.

[9] Bögle A. Cable-stayed bridges: The Düsseldorf bridge family[J]. Docomomo Journal, 2011（45）: 52-55.

[10] Nunn D, Morris S. Trials of experimental orthotropic bridge deck panels under traffic loading[R]. Crowthorne: Department of the Environment, TRRL Report LR 627, 1974.

[11] Nunn, D. E. An investigation into the fatigue of welds in an experimental orthotropic bridge deck panel[R]. Crowthorne: Department of the Environment, TRRL LR 629 Series, 1974.

[12] Cuninghame J R. Fatigue classification of welded joints in orthotropic steel bridge decks[R]. Wokingham: Transport and Road Research Laboratory, 1990.

[13] Cuninghame J R. Strengthening fatigue prone details in a steel bridge deck[J]. Fatigue of Welded Constructions, 1987: 127-137.

[14] Kolstein M H. Fatigue classification of welded joints in orthotropic steel bridge decks[M]. Spijkenisse: Gildeprint Drukkerijen B. V., 2007.

[15] Yamada K, Miki C. Recent research on fatigue of bridge structures in Japan[J]. Journal of Constructional Steel Research, 1989, 13(2/3): 211-222.

[16] Nishikawa K, Murakoshi J, Matsuki T. Study on the fatigue of steel highway bridges in Japan[J]. Construction and Building Materials, 1998, 12(2/3): 133-141.

[17] 日本道路協会. 鋼道路橋の疲労設計指針[M]. 東京: 日本道路協会, 2002.

[18] 钱冬生. 关于正交异性钢桥面板的疲劳[J]. 桥梁建设, 1996, 26(02): 9, 10-15.

[19] 童乐为, 沈祖炎. 开口纵肋的正交异性钢桥面板疲劳试验研究[J]. 中国公路学报, 1997, 10(3): 62-68.

[20] 童乐为, 沈祖炎. 钢桥面板纵肋现场对焊接头的疲劳性能[J]. 同济大学学报(自然科学版), 1998, 26(2): 130-133.

[21] 徐军, 陈忠延. 正交异性钢桥面板的结构分析[J]. 同济大学学报(自然科学版), 1999, 27(1): 24.

[22] 童乐为, 沈祖炎. 正交异性钢桥面板疲劳验算[J]. 土木工程学报, 2000, 33(3): 16-21.

[23] 李小珍, 任伟平, 卫星, 等. 现代钢桥新型结构型式及其疲劳问题分析[J]. 钢结构, 2006, 21(5): 50-55.

[24] 张德铭. 天兴洲大桥钢桁梁桥整节段架设技术[J]. 桥梁建设, 2006, 36(S1): 52-56.

[25] 孔祥福, 周绪红, 狄谨, 等. 钢箱梁斜拉桥正交异性桥面板的受力性能[J]. 长安大学学报(自然科学版), 2007, 27(3): 52-56.

[26] 周建林, 刘晓光, 张玉玲. 苏通大桥钢箱梁桥面板关键构造细节疲劳试验[J]. 桥梁建设, 2007, 37(4): 17-20.

[27] 钱慧. 钢桥面外变形疲劳损伤机理及维护策略研究[D]. 西安: 长安大学, 2008.

[28] 陶晓燕. 大跨度钢桥关键构造细节研究[D]. 北京: 中国铁道科学研究院, 2008.

[29] 冯亚成. 正交异性钢桥面板的疲劳性能研究[D]. 西安: 长安大学, 2009.

[30] 崔海军. 正交异性闭口加劲钢桥面板力学及疲劳性能研究[D]. 扬州: 扬州大学, 2009.

[31] 王春生, 冯亚成. 正交异性钢桥面板的疲劳研究综述[J]. 钢结构, 2009, 24(9): 10-13, 32.

[32] 张清华, 崔闯, 卜一之, 等. 正交异性钢桥面板足尺节段疲劳模型试验研究[J]. 土木工程学报, 2015, 48(4): 72-83.

[33] 张清华, 崔闯, 卜一之, 等. 港珠澳大桥正交异性钢桥面板疲劳特性研究[J]. 土木工程学报, 2014, 47(9): 110-119.

[34] 邵旭东, 曹君辉, 李嘉. 钢-STC 轻型组合桥面: 设计原理与工程实例[M]. 北京: 科学出版社, 2021.

[35] 张华, 范泽平, 王磊. 我国正交异性钢桥面板 U 肋焊接创新之路[J]. 金属加工(热加工), 2017(16): 46-49.

[36] Friedrich H. Orthotropic steel bridges in Germany[J]. Steel Construction, 2014, 7(1): 41-47.

[37] Colford B R, Cocksedge C P E. Forth Road Bridge-first internal inspection, strength evaluation, acoustic monitoring and dehumidification of the main cables[M]. Advances in Cable-Supported Bridges. Boca Raton: CRC Press, 2017: 201-214.

[38] Podolny W J, Fleming J F. Historical development of cable-stayed bridges[J]. Journal of the Structural Division, 1972, 98(9): 2079-2095.

[39] Sun Z, Zhang Y F. Failure mechanism of expansion joints in a suspension bridge[J]. Journal of Bridge Engineering, 2016, 21(10): 05016005.

[40] Koob M J, Hanson J M, Fisher J W. Post-construction evaluation of the Fremont Bridge[J]. Transportation Research Record, 1984, 950: 131-140.

[41] Bas S, Apaydin N M, Ilki A, et al. Structural health monitoring system of the long-span bridges in Turkey[J]. Structure and Infrastructure Engineering, 2018, 14(4): 425-444.

[42] Adanur S, Günaydin M, Altunişik A C, et al. Construction stage analysis of Humber Suspension Bridge[J]. Applied Mathematical Modelling, 2012, 36(11): 5492-5505.

[43] Solland G, Haugland S, Gustavsen J H. The bergsøysund floating bridge, Norway[J]. Structural Engineering International, 1993, 3(3): 142-144.

[44] Edwards Y, Westergren P. Polymer modified waterproofing and pavement system for the High Coast Bridge in Sweden: Research, testing and experience[M]. Statens väg-och transportforskningsinstitut, VTI rapport 430A, 2001.

[45] Ostenfeld K H. The Storebælt East Bridge[J]. Structural Control and Health Monitoring, 2004, 11(2): 125-139.

[46] Rat M, Givet O. Le viaduc de Millau[C]//The 9th ISRM Congress, 1999.

[47] Arzoumanidis S, Shama A A, Marlow S J, et al. The new Tacoma Narrows Suspension Bridge: critical issues in seismic analysis and design[C]//Structures Congress 2005: Metropolis and Beyond. 2005: 1-12.

[48] Syrkov A V, Krutikov O V. Lifecycle optimization for Vladivostok-Russky Isle Bridge by means of risk analysis and monitoring[J]. Automation and Remote Control, 2014, 75(12): 2217-2224.

[49] Apaydin N M, Bas S. Long-span orthotropic steel deck bridges of Turkey[J]. IOP Conference Series: Materials Science and Engineering, 2018, 419: 012023.

[50] Mangus A R, Sun S. Orthotropic steel decks[M]. Boca Raton: CRC Press, 2000.

[51] Nagai M, Okui Y, Kawai Y, et al. Bridge engineering in Japan[M]. Handbook of International Bridge Engineering. Boca Raton: CRC Press, 2013: 1037-1086.

[52] 藤野陽三, Dionysius. 日本钢桥的历史和技术发展综述(英文)[J]. 钢结构(中英文), 2020, 35(1): 34-58.

[53] 史永吉. 钢桥细部构造的标准化[J]. 铁道建筑, 1993, 33(3): 24.

[54] 史永吉. 钢结构疲劳设计规范[J]. 铁道建筑, 1990, 30(8): 37-38.

[55] 史永吉. 日本铁路钢桥近10年来的发展[J]. 铁道建筑, 1990, 30(2): 41.

[56] Miki C, Konishi T. Retrofit engineering for steel bridge structures in Japan[C]//IABSE Symposium, Weimar 2007: Improving Infrastructure Worldwide, IABSE Reports. September 19-15, 2007. Weimar, Germany. Zurich, Switzerland: International Association for Bridge and Structural Engineering (IABSE), 2007: 14-19.

[57] Ishikawa T, Shimizu M, Tomo H, et al. Effect of compression overload on fatigue strength improved by ICR treatment[J]. International Journal of Steel Structures, 2013, 13(1): 175-181.

[58] Makabe C, Murdani A, Kuniyoshi K, et al. Crack-growth arrest by redirecting crack growth by drilling stop holes and inserting pins into them[J]. Engineering Failure Analysis, 2009, 16(1): 475-483.

[59] Ono S, Hirabayashi Y, Shimozato T, et al. Fatigue properties and retrofitting of existing orthotropic steel bridge decks[J]. Doboku Gakkai Ronbunshuu A, 2009, 65(2): 335-347.

[60] Tabata A, Aoki Y, Takada Y, et al. Study on improvement of the fatigue durability by filling of mortar in U-shaped rib of orthotropic steel deck[M]. Bridge Maintenance, Safety, Management and Life-Cycle Optimization. Boca Raton: CRC Press, 2010: 548.

[61] Tabata A, Kishiro M, Nishioka T. Report of retrofit and investigation on fatigue crack penetration in an orthotropic steel deck bridge[R]. Osaka: Hanshin Expressway, 2006.

[62] Takada Y, Sakano M. Examination of methods for retrofitting existing orthotropic steel decks without need for traffic restriction[J]. Journal of Japan Society of Civil Engineers, 2011, 67(1): 13-26.

[63] 谭洁, 邓富甲. 长江上已建大桥设计情况及技术特点介绍[J]. 交通工程科技, 2002(5): 14-29.

[64] 张清华, 笪乐天, 李俊, 等. 纵肋与顶板新型双面焊构造细节的疲劳强度问题[J]. 中国公路学报, 2022, 35(8): 162-174.

[65] Da L T, Zhang Q H, Yuan D Y, et al. A new orthotropic steel deck system incorporating two novel structural details[J]. Journal of Constructional Steel Research, 2022, 107633: 1-15.

[66] 张清华, 李俊, 袁道云, 等. 高疲劳抗力钢桥面板的疲劳问题 I: 模型试验[J]. 中国公路学报, 2021, 34(3): 124-135.

[67] 张清华, 袁道云, 李俊, 等. 高疲劳抗力钢桥面板的疲劳问题 II: 结构体系抗力[J]. 中国公路学报, 2021, 34(11): 104-115.

[68] Martin J D. Sandwich plate system bridge deck tests[D]. Blacksburg: Virginia Tech, 2005.

[69] 吉林, 汪锋, 孙洪滨. 系统性预防管养苏式养护的实践与探索[J]. 大桥养护与运营, 2020, 01: 1-8.

第2章　钢桥面板疲劳性能评估理论方法

钢桥面板是钢结构桥梁的首选桥面板结构形式。其主要将面板、纵肋和横隔板通过焊接连接成在纵向和横向满足不同受力需求的正交异性板结构，板件间的立体交叉和几何不连续、焊接残余应力和制造缺陷等问题均不可避免。由服役环境、荷载条件、结构体系、构造细节设计和制造缺陷等多种因素所决定的钢桥面板的疲劳问题，属于典型的系统问题。如何准确评估其疲劳性能，从而指导工程设计和既有桥梁的性能评估，国内外专家学者进行了大量研究。本章主要以钢桥面板的疲劳评估理论基础为主线，重点介绍相关基本概念，详细阐述目前钢桥面板疲劳性能评估的主要方法和评估流程。

2.1　基　本　概　念

2.1.1　疲劳现象

疲劳现象是材料在反复荷载或由此引起的应力脉动作用下，由于缺陷或疵点处局部微细裂纹的形成和发展直到最后发生脆性断裂的一种进行性破坏过程[1]。钢材的疲劳破坏是拉应力、应力循环和塑性应变三者同时作用的结果。桥梁结构中的应力脉动主要是指由活载(车辆荷载、风荷载等)及其自振引起的桥梁振动。以下从金属材料微观结构性能和线弹性断裂力学两个角度分析钢桥疲劳的开裂机理。疲劳过程可以分为裂纹成核、裂纹扩展、宏观裂纹扩展和最终断裂四个阶段。其中，裂纹成核是疲劳过程的第一步；裂纹扩展是第二步。如图 2-1 所示，裂纹成核始于稳定滑移带中的最高应力集中区域。裂纹扩展又可以分为第一和第二两个裂纹扩展阶段：在第一阶段，认为初始微观裂纹的成核和扩展时在局部最大剪切应力面上沿着几个晶粒的有限长度扩展；在第二阶段，裂纹扩展是宏观裂纹扩展，主要在主拉应力面法向扩展，部分沿着最大剪切应力方向扩展。两阶段的裂纹相比，第二阶段的宏观裂纹特性受显微结构特性的影响较小，因第二阶段裂纹的裂纹尖端塑性区域要远大于材料的显微结构。

影响结构疲劳性能的关键因素主要包括结构材料性能、结构构件应力集中状况以及外荷载作用情况等。对于钢桥面板结构而言，疲劳性能的内因是钢材的材料性能、焊缝质量和构件局部的应力集中程度；外因则是应力反复的循环特征和作用次数。20 世纪美国公路合作研究组织(National Cooperative Highway Research Program，NCHRP) 第 102 号[2]和 147 号[3]试验报告证实了对于焊接桥梁结构而言，当前常用钢种对结构疲劳强度影响不大。钢桥面板局部应力集中程度主要取决于构件截面形式和构造形式，这些因素将会决定钢桥面板结构内应力流是否通畅。此外，对钢桥面板结构工作不利的环境(如高温、腐蚀介质等)也会加剧结构疲劳损伤甚至直接导致结构发生疲劳破坏。

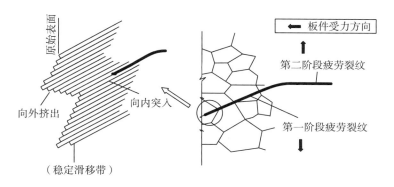

图 2-1　应力循环历程

2.1.2　疲劳应力

钢桥面板结构在使用过程中所承受的交通荷载是变化的，相应的应力也是变化的。这种变化的荷载称为疲劳荷载，疲劳荷载导致的应力称为疲劳应力[4]。荷载和应力随时间变化的历程分别称为荷载谱和应力谱。荷载谱和应力谱一般来说是规则的或随机的。最简单的应力谱是常幅的，如正弦曲线。与常幅应力谱相对应的是变幅应力谱，如图 2-2 所示。描述应力水平至少需要两个参量。一般来说，最大应力 σ_{max} 和最小应力 σ_{min} 是描述常幅应力谱的两个基本参量。此外，在疲劳问题的研究和分析中，还经常会用到式(2-1)～式(2-4)中的几个参量，这些参量可以通过最大应力和最小应力导出。

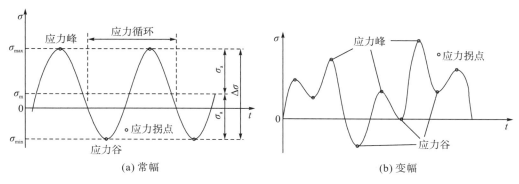

(a) 常幅　　　　　　　　　　　　　　(b) 变幅

图 2-2　应力循环历程

应力幅 $\Delta\sigma$ 是最大应力和最小应力之差，即

$$\Delta\sigma = \sigma_{max} - \sigma_{min} \tag{2-1}$$

半应力幅 σ_a 是最大应力和最小应力之差的一半，即

$$\sigma_a = \frac{1}{2}\left(\sigma_{max} - \sigma_{min}\right) \tag{2-2}$$

平均应力 σ_m 是最大应力和最小应力的平均值，即

$$\sigma_m = \frac{1}{2}\left(\sigma_{max} + \sigma_{min}\right) \tag{2-3}$$

应力比 R 是最小应力和最大应力之比，即

$$R = \frac{\sigma_{min}}{\sigma_{max}} \tag{2-4}$$

2.1.3　应力谱

　　原则上只要将荷载谱乘上一些系数(如冲击系数、截面几何特性、反映实际应力与计算应力差异的构造系数等)就可以得到设计基准期内运营荷载所产生的按大小和出现次数排列的实际应力集合，或称之为"应力谱"[5,6]。制定应力谱时，通常需对相应的内力或应力影响线进行加载，然后得到一大批不规则的应力历程，乘上累积次数后就形成了一组应力幅 $\Delta\sigma_i$、循环次数 n_i 的数据，对这些数据进行处理，就可以得到应力谱。应力历程的分析方法主要有雨流计数法和泄水法两种。

　　雨流计数法是将应力历程转动 90°，如图 2-3(a)所示，使时间坐标轴竖直向下，应力历程就像一系列屋面，雨水沿着各层屋面的谷点或峰点向下流动，据此将各应力幅加以调整，具体规则如下：①从谷点开始流动的雨水到达峰点时竖直下滴，流到下层屋面并继续往下流，当流到某一层屋面，遇到一个来源于比本次谷点更低的谷点的雨水，则停止流动。同理，从峰点开始流动的雨水到达谷点时竖直下滴，流到下一层并继续往下流，当流到某一屋面遇见一个来源比本次峰点更高的峰点的雨水，则停止流动；②任何情况下，在某一层屋面流动的雨水遇见上一层屋面流下的雨水，则停止流动；③每次雨流的起点和终点作为半个循环。

　　图 2-3(a)中，雨水首先从谷点 0 开始流动，到达峰点 1 时往下流到 1′，并继续往下流到达峰点 3；继续向下流动，遇见来源于比谷点 0 更低的谷点 4 的雨水时，便停止流动，形成 0—1—3 的半个应力循环。雨水从峰点 1 开始流动，到达谷点 2 时遇到来源于比本次峰点 1 更高的峰点 3 的雨水，便停止流动，形成 1—2 半个应力循环。雨水再从谷点 2 开始流动，到达点 1′时遇到上一层屋面流下的雨水，便停止流动，形成 2—1′半个应力循环，但它可与 1—2 半个应力循环配对，形成一个应力循环。以后继续按以上规则流动并计数得到 3—4、4—5 和 5—6 三个半应力循环。上述为雨流计数法的计数规则。

　　泄水法的计算规则如下：①对上述同样的应力历程再画一个应力循环图[图 2-3(b)]，将两个最大峰值点 5 和 5′用水平实线相连，把该实线以下部分图形看作一个水池的横断面；②选择最低的谷点泄水。如果有两个或更多相等的最低谷点，则可以选择任何一个谷点泄水，以水面到该谷点的泄水深度作为一次循环的应力幅；③对泄不出去的剩余水，重复第②步，直到水池的水全部泄完为止，并将每次泄水深度作为一次循环的应力幅。泄水法适用于应力历程较小的情况，而雨流计数法适用于大量应力历程和编程计算。

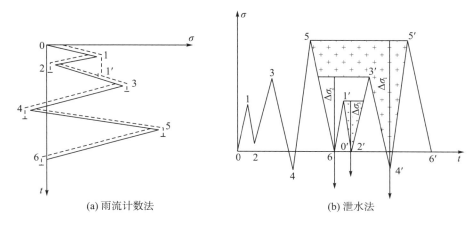

(a) 雨流计数法　　　　　　　　　　　　　(b) 泄水法

图 2-3　雨流计数法与泄水法

2.1.4　*S-N* 曲线

　　疲劳寿命是指在一定的应力幅值作用下疲劳开裂以前所经历的应力循环次数,一般用 N 表示。在一定的应力比 R、不同应力幅 $\Delta\sigma$ 的常幅应力下进行疲劳试验,测出试件断裂时对应的疲劳寿命 N,然后把试验结果绘制于以 $\Delta\sigma$ 为纵坐标,以 N 为横坐标的图纸上,连接这些点就得到相应于该应力比 R 的一条 *S-N* 曲线[7]。由于这种曲线表示中值疲劳寿命与常幅应力幅值之间的关系,所以也称为中值 *S-N* 曲线。*S-N* 曲线一般画在双对数坐标纸上,如图 2-4 所示。对于钢桥面板结构而言,在对数尺下,该曲线通常为一斜线,常用下式表达:

$$N = C \cdot \Delta\sigma^{-m} \tag{2-5}$$

式中,C 和 m 为材料常数。将上式两边取对数,得

$$\lg N = \lg C - m\lg\Delta\sigma \tag{2-6}$$

可见,式 (2-6) 在双对数坐标系中为直线,$1/m$ 为 *S-N* 曲线的负斜率。

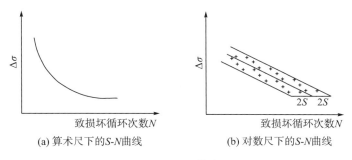

(a) 算术尺下的*S-N*曲线　　　　　(b) 对数尺下的*S-N*曲线

图 2-4　*S-N* 曲线

　　S-N 曲线的测定方法可分为单点法和成组法。单点法在每级应力水平下只试验一根试样,成组法则在每级应力水平下都试验一组试样。单点法主要用来测定疲劳极限,所测出的 *S-N* 曲线精确度不如成组法。此处仅扼要介绍成组法。

由成组法测定 *S-N* 曲线时，一般每组包括 3～5 根试样。每组的最少试样数 *n* 取决于变异系数 v_x 和置信度 *r*，可根据 v_x 及 *r* 由图 2-5 确定。当所用试样数满足图 2-5 的要求时，试验有效；否则应增加该组的试样数，直至满足图 2-5 所需的最少试样数为止。

图 2-5 中，v_x 为对数疲劳寿命的变异系数，用下式计算：

$$v_x = \frac{s}{\bar{x}} \tag{2-7}$$

式中，*s* 为对数疲劳寿命的标准差；$\bar{x}$ 为对数疲劳寿命的均值。

$\bar{x}$ 和 *s* 的计算公式为

$$\bar{x} = \frac{1}{n} \sum_{i=1}^{n} \lg N_i \tag{2-8}$$

$$s = \sqrt{\frac{\sum_{i=1}^{n} x_i^2 - \frac{1}{n}(\sum_{i=1}^{m} x_i)^2}{n-1}} \tag{2-9}$$

式中，*n* 为每组的试样数；x_i 为第 *i* 个试样的对数疲劳寿命 $\lg N_i$。

变异系数反映了疲劳寿命的相对离散性。变异系数愈大，则离散性愈大，因此试验所需的最少试样也愈多；反之，变异系数愈小，则相对离散性愈小，试验所需的最少试样数亦愈少。 *r* 为置信度，一般取为 90%或 95%。若取 90%，则意味着有 90%的把握，对数疲劳寿命的均值 $\bar{x}$ 的误差不超过 *δ*。这里的 *δ* 为相对误差，在工程上一般取 *δ*=5%，图 2-5 就是根据 *δ*=5%所画出来的。用式 (2-7)、式 (2-8) 和式 (2-9) 可计算出每 *j* 级应力水平下的中值寿命 $\bar{x}_j$、标准差 s_j 和变异系数 v_x，并检查 s_j 和 v_x 是否满足图 2-5 对最少试样数的规定，接着就可以根据各级应力水平下对数疲劳寿命的均值 $\bar{x}_j$ 和应力幅值 $\Delta\sigma_j$ 绘制 *S-N* 曲线。

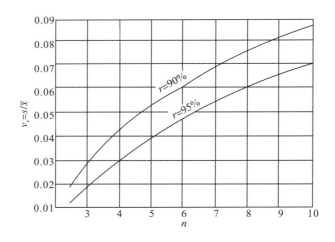

图 2-5 最小试样数 *n* 的确定

S-N 曲线左支在双对数坐标系中为一斜线，因此，可采用直线拟合法拟合这一直线。在用直线拟合数据点时，一般使用最小二乘法确定最佳的拟合直线。最小二乘法得出的拟合方程为

$$\lg N = a + b \lg \Delta\sigma \tag{2-10}$$

$$b = \frac{\sum\limits_{j=1}^{l} \lg \Delta\sigma_j \lg N_j - \dfrac{1}{l}(\sum\limits_{j=1}^{l} \lg \Delta\sigma_j)(\sum\limits_{j=1}^{l} \lg N_j)}{\sum\limits_{j=1}^{l} (\lg \Delta\sigma_j)^2 - \dfrac{1}{l}(\sum\limits_{j=1}^{l} \lg \Delta\sigma_j)^2} \tag{2-11}$$

$$a = \frac{1}{l}\sum\limits_{j=1}^{l} (\lg N_j) - \frac{b}{l}\sum\limits_{j=1}^{l} (\lg \Delta\sigma_j) \tag{2-12}$$

式中，$\Delta\sigma_j$ 为第 j 级应力水平下的应力幅值(或最大应力)；$\lg N_j$ 为 σ_j 下对数疲劳寿命的均值；l 为应力水平级数。

S-N 曲线是否可以用直线来拟合，可以用相关系数 γ 来检查。相关系数 γ 的定义为

$$\gamma = \frac{L_{SN}}{\sqrt{L_{SS}L_{NN}}} \tag{2-13}$$

其中，

$$L_{SS} = \sum\limits_{j=1}^{l} (\lg \Delta\sigma_j)^2 - \frac{1}{l}(\sum\limits_{j=1}^{l} \lg \Delta\sigma_j)^2 \tag{2-14}$$

$$L_{NN} = \sum\limits_{j=1}^{l} (\lg N_j)^2 - \frac{1}{l}(\sum\limits_{j=1}^{l} \lg N_j)^2 \tag{2-15}$$

$$L_{SN} = \sum\limits_{j=1}^{l} \lg \Delta\sigma_j \lg N_j - \frac{1}{l}(\sum\limits_{j=1}^{l} \lg \Delta\sigma_j)(\sum\limits_{j=1}^{l} \lg N_j) \tag{2-16}$$

γ 的绝对值越接近于 1 说明 $\lg\sigma$ 和 $\lg N$ 的线性相关性越好。表 2-1 中给出了相关系数的起码值 $\gamma_{\min}$。当用以上公式计算出的 $|\gamma|$ 值大于表中所给出的相关系数起码值时，S-N 曲线才能用直线拟合。

表 2-1　相关系数 γ 的起码值

$n-2$	起码值	$n-2$	起码值	$n-2$	起码值
1	0.977	14	0.479	27	0.367
2	0.95	15	0.482	28	0.361
3	0.878	16	0.468	29	0.355
4	0.811	17	0.456	30	0.349
5	0.754	18	0.444	35	0.325
6	0.707	19	0.433	40	0.304
7	0.666	20	0.423	45	0.283
8	0.632	21	0.413	50	0.273
9	0.602	22	0.404	60	0.25
10	0.576	23	0.396	70	0.232
11	0.553	24	0.388	80	0.217
12	0.532	25	0.381	90	0.205
13	0.514	26	0.374	100	0.195

　　S-N 曲线对铁路桥或公路桥来说，应是统一的。考虑到在变幅应力循环作用下，大于 $\Delta\sigma_D$ 的应力幅作用将会使细部原有的缺陷扩大，导致疲劳极限降至 $\Delta\sigma_D$ 以下，故相关规范中，根据断裂力学原理将 S-N 曲线在 $\Delta\sigma_D$ 以下的部分以更平的斜率 $1/(m+2)$ 向下延伸，其结果接近于预期的疲劳表现，如图 2-6 所示。

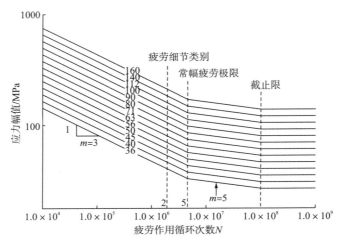

图 2-6　《公路钢结构桥梁设计规范》(JTG D64—2015) 中 S-N 曲线[8]

2.1.5　线性疲劳损伤累积理论

　　结构疲劳破坏是反复荷载作用的结果，其破坏机理与静力破坏存在显著差异。反复荷载单独一次作用在结构上会对结构产生一定的疲劳损伤，结构疲劳寿命期内所有荷载对结构造成的疲劳损伤不断累积，直至结构不能或不适合继续承载。在寿命期内，钢桥主要承受变幅疲劳荷载，而在变幅疲劳荷载作用下的疲劳强度(或使用寿命)计算，关键在于如何建立变幅疲劳强度和常幅度疲劳强度之间的联系[9,10]。对此，各国学者曾先后提出过不少工作假设。最早提出而且目前已被桥梁界普遍接受的假设源于 Palmgren(帕尔姆格伦)和 Miner(米内尔)两人的工作，并由 Miner 于 1945 年发表的"线性积伤律"准则，为钢桥的疲劳分析奠定了基础。该准则常被称为 Palmgren-Miner 线性准则或 Miner 准则，为疲劳破坏所制定的条件：

$$\sum \frac{n_i}{N_i} = \frac{n_1}{N_1} + \frac{n_2}{N_2} + \cdots + \frac{n_n}{N_n} = 1 \tag{2-17}$$

式中，n_i 为应力幅 $\Delta\sigma_i$ 作用的次数；N_i 为用 $\Delta\sigma_i$ 作常幅应力循环试验时的疲劳破坏次数，或由常幅疲劳强度曲线 "S-N" 中相应于 $\Delta\sigma_i$ 时的疲劳寿命(循环次数)。

　　由公式(2-17)所表达的 Miner 准则认为，变幅疲劳中各个应力幅 $\Delta\sigma_i$ 所造成的损伤可用 n_i/N_i 来定量表示，且可以线性叠加。因此，对任意构件在变幅应力循环($\Delta\sigma_i$，n_i，$i=1$，2，3，…)作用下的损伤度可定义为

$$D = \sum_{i=1}^{\infty} \frac{n_i}{N_i} \tag{2-18}$$

若 $D \geq 1$，则表明构件已疲劳破坏；若 $D < 1$，则表明构件尚未破坏。D 的大小由构件以往的应力历程确定。

大量试验结果表明[9,10]，疲劳破坏时 D 并不一定等于 1，而是大于或小于 1。这是由于 Miner 准则没有考虑不同应力幅作用的先后次序对构件疲劳寿命的影响，并把低于常幅疲劳极限 $\Delta\sigma_L$ 的应力幅视为无损伤作用。事实上，当为变幅疲劳时，即使其等效应力幅低于常幅疲劳极限 $\Delta\sigma_L$，但只要有少数循环中有若干应力幅 $\Delta\sigma_i > \Delta\sigma_L$，还是会使裂纹有所扩展的。所以，这种低应力幅的损伤作用实际上是存在的。所谓"等效应力幅 $\Delta\sigma_0$"的概念是：对于变幅循环应力幅 $\Delta\sigma_i$，n_i $(i=1,2,3,\cdots)$ 的重复荷载作用，可以运用 Miner 准则得到一个损伤度相同的常幅循环应力幅 $\Delta\sigma_0$，其循环次数为 $\sum n_i$，则称 $\Delta\sigma_0$ 为"等效应力幅"。构造细部的常幅疲劳曲线方程如式(2-6)所示，由此可得该构造细部在 $\Delta\sigma_i$，n_i $(i=1, 2, 3, \cdots)$ 重复荷载作用下的损伤度为

$$D_b = \sum_{i=1}^{\infty} \frac{n_i}{N_i} = \frac{1}{C} \sum n_i (\Delta\sigma_i)^m \tag{2-19}$$

由式(2-6)可得该构造细部在"等效应力幅 $\Delta\sigma_0$"应力循环作用下的疲劳破坏次数 N_0 为

$$N_0 = \frac{C}{(\Delta\sigma_0)^m} \tag{2-20}$$

则以 $\Delta\sigma_0$ 重复 $\sum n_i$ 次时的损伤度为

$$D_0 = \frac{\sum n_i}{N_0} = \frac{1}{C} (\Delta\sigma_0)^m \sum n_i \tag{2-21}$$

现令 $D_b = D_0$，则有

$$\frac{1}{C} \sum n_i (\Delta\sigma_i)^m = \frac{1}{C} (\Delta\sigma_0)^m \sum n_i \tag{2-22}$$

于是，

$$\Delta\sigma_0 = \left[\frac{\sum n_i (\Delta\sigma_i)^m}{\sum n_i} \right]^{1/m} \tag{2-23}$$

$\Delta\sigma_0$ 则为等效应力幅。

2.2　评　估　流　程

2.2.1　基于规范构造细节的性能评估

《公路钢结构桥梁设计规范》(JTG D64—2015)[8]对构造细节进行了详细的类别划分。根据构造细节的名义应力疲劳强度划分有 14 级：36、40、45、50、56、63、71、80、90、100、112、125、140、160。对于钢桥面板各构造细节，主要依据《公路钢结构桥梁设计规范》(JTG D64—2015)，采用名义应力法评估其疲劳性能，具体的评估流程如图 2-7 所示，详细的步骤如下：

(1)根据钢桥面板的结构体系设计参数和构造细节设计，建立仿真分析模型，分析确定各构造细节的应力影响面。

(2)根据《公路钢结构桥梁设计规范》(JTG D64—2015)选用标准疲劳车对应力影响面进行加载。

(3)当采用疲劳荷载计算模型Ⅲ计算钢桥面板疲劳应力时，应按《公路钢结构桥梁设计规范》(JTG D64—2015)考虑车轮在车道上的横向位置概率。加载区域1应布置在横向最不利位置，在此基础上确定应力谱。

(4)采用雨流计数法或泄水法计算不同横向加载位置的应力幅值。

(5)根据表 2-2 中对应的公式，计算等效常幅应力幅值。

(6)根据构造细节类别和图 2-6 中的 S-N 曲线验算构造细节的疲劳性能是否满足规范要求。

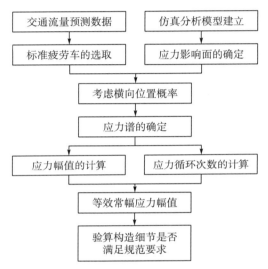

图 2-7　基于构造细节的疲劳性能评估流程

表 2-2　不同疲劳荷载模型疲劳强度计算公式

疲劳荷载	计算式	说明
疲劳荷载计算模型Ⅰ	$\gamma_{Ff}\Delta\sigma_p \leqslant \Delta\sigma_D / \gamma_{Mf}$ $\gamma_{Ff}\Delta\tau_p \leqslant \Delta\tau_L / \gamma_{Mf}$ $\Delta\sigma_p = (1+\Delta\phi)(\sigma_{pmax} - \sigma_{pmin})$ $\Delta\tau_p = (1+\Delta\phi)(\tau_{pmax} - \tau_{pmin})$	γ_{Ff} 为疲劳荷载分项系数，取 1.0； γ_{Mf} 为疲劳强度分项系数，对重要构件取 1.35，对次要构件取 1.15； $\Delta\sigma_p$、$\Delta\tau_p$ 为按荷载疲劳模型Ⅰ计算得到的正应力幅与剪应力幅； $\Delta\phi$ 为动力系数； $\Delta\sigma_D$ 为正应力常幅疲劳极限； $\Delta\tau_L$ 为剪应力幅疲劳截止限； σ_{pmax}、σ_{pmin} 为将疲劳荷载模型Ⅰ按最不利情况加载于影响线得出的最大和最小正应力，MPa； τ_{pmax}、τ_{pmin} 为将疲劳荷载模型Ⅰ按最不利情况加载于影

疲劳荷载	计算式	说明
		响线得出的最大和最小剪应力，MPa。
		$\Delta\sigma_c$、$\Delta\tau_c$ 为疲劳细节类别抗力，为对应于 200 万次常幅疲劳循环的疲劳应力强度，MPa
疲劳荷载计算模型 II	$\gamma_{Ff}\Delta\sigma_{E2} \leqslant \Delta\sigma_c / \gamma_{Mf}$ $\gamma_{Ff}\Delta\tau_{E2} \leqslant \Delta\tau_c / \gamma_{Mf}$ $\Delta\sigma_{E2} = (1+\Delta\phi)\gamma(\sigma_{pmax}-\sigma_{pmin})$ $\Delta\tau_{E2} = (1+\Delta\phi)\gamma(\tau_{pmax}-\tau_{pmin})$	$\Delta\sigma_{E2}$、$\Delta\tau_{E2}$ 为换算为 200 万次常幅疲劳循环的等效常值应力幅，MPa； $\Delta\phi$ 为动力系数； γ 为损伤等效系数； σ_{pmax}、σ_{pmin} 为将疲劳荷载模型 II 按最不利情况加载于影响线得出的最大和最小正应力，MPa； τ_{pmax}、τ_{pmin} 为将疲劳荷载模型 II 按最不利情况加载于影响线得出的最大和最小剪应力，MPa。
疲劳荷载计算模型 III	$\gamma_{Ff}\Delta\sigma_{E2} \leqslant \Delta\sigma_c / \gamma_{Mf}$ $\gamma_{Ff}\Delta\tau_{E2} \leqslant \Delta\tau_c / \gamma_{Mf}$ $\left(\dfrac{\gamma_{Ff}\Delta\sigma_{E2}}{\Delta\sigma_c / \gamma_{Mf}}\right)^3 + \left(\dfrac{\gamma_{Ff}\Delta\tau_{E2}}{\Delta\tau_c / \gamma_{Mf}}\right)^5 \leqslant 1.0$ $\Delta\sigma_{E2} = (1+\Delta\phi)\gamma(\sigma_{pmax}-\sigma_{pmin})$ $\Delta\tau_{E2} = (1+\Delta\phi)\gamma(\tau_{pmax}-\tau_{pmin})$	$\Delta\phi$ 为动力系数； γ 为损伤等效系数； σ_{pmax}、σ_{pmin} 为将疲劳荷载模型 III 按最不利情况加载于影响线得出的最大和最小正应力，MPa； τ_{pmax}、τ_{pmin} 为将疲劳荷载模型 III 按最不利情况加载于影响线得出的最大和最小剪应力，MPa。

注：当构件和连接不满足疲劳荷载模型 I 验算要求时，应按模型 II 验算。

桥面系构件的疲劳验算采用疲劳荷载模型 III。

在对伸缩缝附近构件进行疲劳验算时应考虑额外动力作用的影响，动力系数按下式进行取值。

$$\Delta\phi = \begin{cases} 0.3\left(1-\dfrac{D}{6}\right), & D<6 \\ 0, & D=6 \end{cases}$$，D 为验算截面到伸缩缝的距离，单位为 m。

2.2.2 基于结构体系的疲劳性能评估

深入系统的统计分析、试验和理论研究表明[11-18]：正交异性钢桥面板的疲劳性能由具有多疲劳开裂模式特性且疲劳性能存在显著差异的多个构造细节共同决定，其疲劳问题属于典型的构造细节与结构体系多尺度问题。在构造细节层面，构造细节设计、焊缝几何形态和焊接缺陷等是构造细节应力集中程度的关键影响因素，共同决定各疲劳开裂模式的实际疲劳强度；在结构体系层面，横隔板间距、横隔板厚度、顶板厚度、纵肋尺寸等结构体系关键设计参数决定各构造细节的受力特性，进而影响各疲劳开裂模式的疲劳损伤累积进程。钢桥面板疲劳开裂首先在其疲劳损伤度超过临界值的开裂模式出现，这一疲劳开裂模式即为钢桥面板结构体系的主导疲劳开裂模式，对应的疲劳寿命即为钢桥面板结构体系的疲劳寿命。因此，同时考虑构造细节层面的疲劳性能和关键设计参数对结构体系疲劳损伤累积进程的影响，才能准确确定钢桥面板结构体系的主导疲劳开裂模式和结构体系的疲劳强度、疲劳寿命。基于上述思路，提出基于主导疲劳开裂模式的结构体系疲劳性能评估方法。

钢桥面板结构体系疲劳强度评估方法的基本流程如下：

（1）通过对实桥车辆动态称重系统监测得到的交通流量信息进行统计分析得到疲劳荷载信息，如无实测交通流量信息，则可根据相关规范选用疲劳荷载。

（2）根据钢桥面板的结构体系设计参数和构造细节设计，通过理论分析确定各疲劳易损细节和结构体系的受力特性。

（3）对关键构造细节开展焊接工艺试验研究，在此基础上对构造细节开展切片分析和显微分析，确定不同焊接工艺条件下构造细节焊缝的几何形态和焊接微裂纹的分布特征。

（4）设计能够反映构造细节和结构体系受力特征的疲劳试验模型，并开展疲劳试验研究，确定关键构造细节各重要疲劳开裂模式的疲劳开裂机理及其实际疲劳强度。

（5）在焊接工艺试验研究和疲劳试验研究的基础之上，发展焊接微裂纹对构造细节各重要疲劳开裂模式疲劳强度劣化效应的量化方法。

（6）针对疲劳开裂机理存在显著差异的多个构造细节的多种疲劳开裂模式，基于钢桥面板结构体系疲劳强度评估方法，确定结构体系各重要疲劳开裂模式的疲劳累积损伤演化过程。

（7）根据构造细节层面各重要疲劳开裂模式的实际疲劳强度和结构体系层面各重要疲劳开裂模式的疲劳累积损伤，确定结构体系的主导疲劳开裂模式，并对结构体系的疲劳性能进行评估。

典型正交异性钢桥面板结构体系的疲劳开裂模式和疲劳强度评估流程如图 2-8 所示。鉴于正交异性钢桥面板结构体系涵盖多个疲劳开裂模式且名义应力疲劳强度不同，为在同

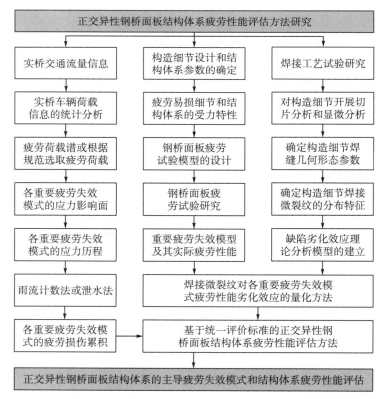

图 2-8　钢桥面板结构体系疲劳性能评估流程图

一尺度下进行正交异性钢桥面板结构体系疲劳开裂模式和疲劳强度评估研究,可采用基于单一 S-N 曲线的相关方法。此外,纵肋与顶板连接构造细节和纵肋与横隔板连接构造细节均为焊接构造细节,对于焊接构造细节而言,在其焊根和焊趾位置难以避免焊接微裂纹等缺陷,焊接微裂纹的存在将显著降低构造细节的疲劳强度。因此,可考虑焊接微裂纹劣化效应的疲劳强度评估方法是首选,此处推荐采用基于断裂力学理论的等效结构应力法,关于等效结构应力法的相关内容详见 2.3.6 节。

2.3　评　估　方　法

正交异性钢桥面板典型疲劳开裂模式中,构造细节局部最大应力起着主导作用。弧形切口和焊缝的焊趾或焊根处存在缺口或几何突变,导致局部应力集中。但由于制造过程中焊缝尺寸、几何形状和焊接缺陷等具有一定的随机性,所以精确计算关键构造细节局部最大应力是很困难的。为了分析关键构造细节的局部应力状态,评估正交异性钢桥面板构造细节的疲劳强度,国内外学者根据构造细节类型及焊缝处的局部应力行为特征,建立了多种疲劳性能评估方法。其中常用的主要有名义应力法、热点应力法、缺口应力法、断裂力学法、损伤力学法和广义结构应力法 6 种评估方法。

2.3.1　名义应力法

名义应力法是以疲劳荷载作用下结构某一部位的应力响应作为其疲劳寿命评估的依据,结合对应构造细节的疲劳强度等级 S-N 曲线[8],按照线性累积损伤理论进行疲劳性能评估的一种方法。名义应力定义为潜在裂纹处,母材或焊缝依据弹性理论计算得到的应力,该应力包含构件宏观几何形状引起的应力集中,但不包含焊接接头对应力集中的影响。名义应力法是最早形成的疲劳应力分析方法。对于受力明确的构件,名义应力法忽略了焊缝固有几何形状,使用简便且较为合理。在名义应力法中,影响焊接接头的疲劳强度主要因素是应力幅、结构构造细节和应力循环作用次数。对于简单结构,其名义应力可以采用材料力学公式[式(2-24)]计算。但对于复杂结构形式的名义应力,不可能使用解析方法,在排除任何能引起应力增加的焊接细节时,可以采用有限元方法计算。

$$\sigma_w \text{ or } \tau_w = \frac{F}{A_w} = \frac{F}{a \cdot l_w} \tag{2-24}$$

式中,σ_w 与 τ_w 为焊接细节不同受力状态下的名义应力;F 为焊接接头处的荷载;A_w 为特征面积;a 与 l_w 分别为焊喉尺寸与焊缝长度。

采用名义应力法评估构造细节的疲劳强度时,首先需根据待评估疲劳易损部位的焊缝形式、受力方向、焊接工艺等确定其疲劳强度等级并选取合适的等幅容许疲劳强度 S-N 曲线。在此基础上依据疲劳荷载和分析模型,计算其名义应力 $\Delta\sigma_i$ 和相应的循环次数 n_i,根据 Miner 准则,由式(2-25)确定等效应力幅 $\Delta\sigma_{eq}$ 和相应的循环次数 N_i(通常取 2×10^6 次),根据式(2-26)确定待评估疲劳易损部位的疲劳强度是否满足设计要求。其中[$\Delta\sigma_f$]为等幅容许疲劳强度。

$$\Delta\sigma_{eq} = \left[\frac{\sum \Delta\sigma_i^m n_i}{\sum N_i}\right]^{1/m}$$ (2-25)

$$\Delta\sigma_{eq} \leqslant [\Delta\sigma_f]$$ (2-26)

名义应力法应用简便，便于工程应用，是国内外规范中广泛采用的疲劳性能评估方法。但名义应力无法计入由几何构型不连续所导致的应力集中效应，应用名义应力法进行正交异性钢桥面板疲劳性能评估面临以下难题：①S-N 曲线的确定和选取问题。由同一关键构造细节的多疲劳开裂模式所决定，小试件模型在边界条件和局部力学行为特征等方面与实际结构存在差异，而对正交异性钢桥面板关键构造细节开展大量足尺节段疲劳试验具有较高难度。当前国内外规范中常用的等幅容许疲劳强度 S-N 曲线，主要是根据受力简单的构件疲劳试验结果确定，以此作为正交异性钢桥面板疲劳性能的评估依据，难以得出准确的评估结果。②名义应力的定义问题。正交异性钢桥面板关键构造细节的应力梯度较大，名义应力的取值位置稍有不同，所得到的疲劳强度等级和疲劳评估结果可能出现较大的差异，疲劳强度的评估结果与所依据的名义应力取值位置直接相关。理论上只有在待评估部位的名义应力取值位置与定义疲劳强度等级的位置完全一致时，基于名义应力法才能得到准确的评估结果。国内外研究及各国规范中，同一构造细节疲劳强度等级不同的根本原因在于名义应力的定义位置存在差异。因此，英国规范 BS5400 明确指出，其中基于名义应力法给出的构造细节疲劳强度分级不适用于正交异性钢桥面板，其应力幅的确定和构造细节的分级均需咨询专家或进行试验。基于上述考虑，国内外学者借鉴名义应力法的评估思路，提出了热点应力法和缺口应力法等多种疲劳性能评估方法。

2.3.2 热点应力法

国际焊接协会(International Institute of Welding, IIW)指出，热点应力法是一种以结构热点应力为参照条件进行构造细节疲劳试验、疲劳强度评定的疲劳评估方法[19]。结构热点是指在结构应力波动和焊缝几何形状以及相似缺口综合作用下疲劳裂纹可能起裂的部位。热点应力考虑由结构宏观几何特征变化与焊接细节带来的结构不连续引起的应力集中效应，但不考虑焊缝处局部几何特征的变化引起的缺口效应。实际结构中焊缝的几何特征参数具有随机性特性，导致非线性峰值应力实际效应的确定存在困难，但 S-N 曲线中不同的局部焊缝几何形状所导致的同一构造细节结果的离散性和随机性中，实质上包含了非线性峰值应力的影响，故可认为缺口效应已间接地包含在热点应力 S-N 曲线中。因此，热点应力由薄膜应力和弯曲应力两部分组成，而不包括缺口效应引起的非线性应力峰值。正交异性钢桥面板焊接细节的主要形式多为立板与平板的焊接，此种结构一般可根据热点在主板上的位置及所处焊缝焊趾方向分为以下两类：a 类位于板表面焊趾；b 类位于板厚边缘焊趾，如图 2-9 所示。

通常而言，结构的非连续部位及局部细节的热点应力是无法采用解析方法确定的。因此，当前主要采用有限元方法计算结构的热点应力。由于模型建立的局部不连续性，无法直接通过有限元模型的节点或单元获取热点应力，且要把缺口引起的非线性应力峰值分离出来，通常采用参考点应力并外推的方法确定焊趾处的热点应力，热点应力的计算方法如图 2-10 所示。

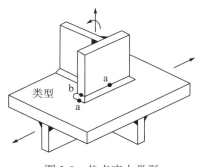

图 2-9　热点应力类型

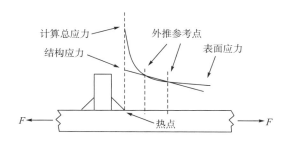

图 2-10　热点应力的计算方法

热点应力外推法，即根据距离焊趾适当远处点的表面应力，采用外推法得到焊趾处的热点应力。通常，距离焊趾 $0.3t \sim 0.5t$（t 为板的厚度）处点的应力不受缺口效应的影响。

对于 a 类热点，计算焊接结构焊趾处的热点应力的外推公式主要有以下几种。

(1) 在热点处划分的单元长度不超过 $0.4t$，将距焊趾 $0.4t$ 和 $1.0t$ 处的两个节点应力作为参考点，其外推公式为

$$\sigma_{\mathrm{hs}} = 1.67\sigma_{0.4t} - 0.67\sigma_{1.0t} \tag{2-27}$$

(2) 对于网格划分粗糙、单元长度为板厚的高阶单元热点，在距焊趾 $0.5t$ 和 $1.5t$ 两个参考点处分别用中节点或表面中心估算应力参考点位置，然后线性外推，其外推公式为

$$\sigma_{\mathrm{hs}} = 1.5\sigma_{0.5t} - 0.5\sigma_{1.5t} \tag{2-28}$$

(3) 当焊趾附近的应力呈非线性增长，所施加外力的方向剧烈变化或者是厚板的情形时，IIW 推荐采用 3 节点 2 次曲线外推法计算结构的热点应力，三个参考点的位置分别距离焊趾 $0.4t$、$0.9t$ 和 $1.4t$，其外推公式为

$$\sigma_{\mathrm{hs}} = 2.52\sigma_{0.4t} - 2.24\sigma_{0.9t} + 0.72\sigma_{1.4t} \tag{2-29}$$

而挪威船级社[20]建议取距焊趾 $0.5t$、$1.5t$ 和 $2.5t$ 处为参考点，其外推公式为

$$\sigma_{\mathrm{hs}} = 1.875\sigma_{0.5t} - 1.25\sigma_{1.5t} + 0.375\sigma_{2.5t} \tag{2-30}$$

对于 b 类热点，其焊趾热点应力分布不依赖于构件厚度，外推点位置以绝对数值确定，IIW 建议焊趾处前三个单元长度应等于或小于 4mm。三个参考点的位置分别距离焊趾 4mm、8mm 和 12mm，采用 2 次曲线外推法的公式为

$$\sigma_{\mathrm{hs}} = 3\sigma_{4\mathrm{mm}} - 3\sigma_{8\mathrm{mm}} + \sigma_{12\mathrm{mm}} \tag{2-31}$$

挪威船级社同时建议了在取距焊趾 5mm 和 15mm 处为参考点的情况下，采用两点线性外推的公式为

$$\sigma_{\mathrm{hs}} = 1.5\sigma_{5\mathrm{mm}} - 0.5\sigma_{15\mathrm{mm}} \tag{2-32}$$

对于正交异性钢桥面板结构可以采用 FAT90 作为焊趾部位的热点应力疲劳强度等级[21-27]。热点应力法主要适用于焊接接头焊趾处的疲劳强度评估，对于疲劳裂纹起裂于焊

根并沿焊喉或者板厚方向扩展的疲劳开裂模式不适应。此外，热点应力存在单元网格敏感性问题，有限元模型的建立对求解热点应力至关重要。

2.3.3 缺口应力法

缺口应力定义为焊趾或焊根处的热点应力与非线性应力幅值的综合，考虑焊趾局部缺口形状引起的应力集中[28]。为了准确计算焊趾或焊根处的局部应力特性并评估其疲劳性能，需在焊趾或焊根处虚拟建立开口角度不同的 V 形缺口。V 形缺口角度和半径选取的随机性，导致其裂纹尖端应力场的分析具有较高难度。为了消除裂纹尖端的约束效应，Neuber（诺伊贝尔）将局部范围内的平均应力等效为裂纹尖端的应力[19]，提出了一种缺口应力的简化计算方法：在缺口尖端确定一个特定半径的微结构约束，其中的平均应力即为缺口的等效应力，从而可以直接在缺口根部建立虚拟缺口，保证虚拟缺口中最大的缺口应力等于原缺口平均应力，即虚拟缺口和实际缺口等效。这一做法避免了对实际缺口的重复积分，且便于建立有限元模型，大大简化了缺口应力的求解过程。通过引入虚拟缺口曲率半径来反映焊趾或焊根的缺口效应时，虚拟缺口曲率半径 ρ_f 定义为

$$\rho_f = \rho + s\rho^* \tag{2-33}$$

式中，ρ 为实际缺口曲率；s 为约束系数；ρ^* 为材料微观结构尺度。

国际焊接协会（IIW）[19]推荐采用虚拟缺口曲率半径 ρ_f =1mm 的圆孔模拟缺口。对于厚度小于 5mm 的构件，建议采用虚拟缺口曲率半径 ρ_f =0.5mm 的圆孔模拟缺口。有效缺口应力或应力集中系数，可以通过参数方程、有限元或边界元计算方法得到。虚拟缺口尖端应力与实际缺口根部一致。通过引入虚拟缺口曲率半径 ρ_f，可以对各种类型接头的缺口应力进行分析，从而将用名义应力表示的焊接接头整体疲劳强度转化为用缺口应力表示的局部疲劳强度。IIW 指出焊接接头的缺口应力 S-N 曲线是基于相关焊接接头疲劳试验数据的统计分析得出的。由于三种基本裂纹形式和混合型裂纹存在差异，IIW 焊接接头疲劳指导建议中同时给出了焊接接头中对应疲劳强度等级 FAT225（200 万次常幅循环作用次数对应的疲劳强度为 225MPa，具有 97.7%的保证率，适用于板厚大于 5mm 的焊接结构）的焊趾和焊根处虚拟缺口尺寸及其半径的统一取值，以保证评估结构的准确性。相关研究表明[16]，正交异性钢桥面板纵肋与顶板连接构造细节，以及纵肋与横隔板连接构造细节的各疲劳开裂模式，参照 IIW 所推荐的网格尺寸，建立缺口模型并在此基础上计算其结构缺口应力，统一采用 FAT225 的缺口应力 S-N 曲线进行疲劳性能评估是可行的[29-32]，如图 2-11 所示。

但采用缺口应力法对正交异性钢桥面板结构的疲劳性能进行评估时，缺口处受力状态与其实际受力模式息息相关，而规范中所推荐的 S-N 曲线大多基于受力明确、模式单一的试验所确定，对于复杂结构如正交异性钢桥面板，其结果离散性较大，且分析结果受单元网格尺寸影响较大，缺口效应受结构本身尺寸影响较为明显。同时，焊接接头的焊趾和焊根处采用虚拟缺口半径进行分析时，焊趾截面被增大，可能会导致高估焊接接头焊趾的疲劳强度。而由于焊根截面被削弱，焊接接头焊根的疲劳强度被低估。

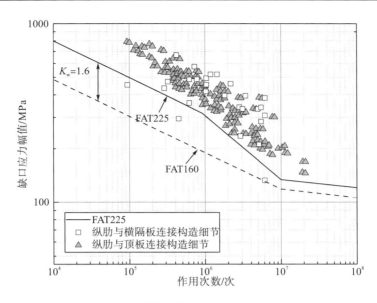

图 2-11　正交异性钢桥面板焊接细节缺口应力 S-N 曲线

2.3.4　断裂力学法

断裂力学是研究含裂纹的结构在外界条件(荷载、温度和介质腐蚀等)作用下裂纹的扩展、传播、失稳断裂和止裂规律的基础理论科学[33]。这里所说的裂纹,是指在材料制造或加工和使用过程中形成的类裂纹缺陷,除了物体中因开裂而产生的裂纹,还包括材料冶炼过程中夹渣以及加工过程中引起的刀痕、刻槽等。在实际结构中,这种裂纹是客观存在且难以避免的。区别于名义应力法、热点应力法等基于 Miner 准则的疲劳寿命评估方法,断裂力学法以裂纹的尺寸及裂纹扩展速率作为结构损伤的判据,据此估算疲劳寿命。断裂力学法给出了疲劳裂纹临界长度的明确定义,建立了描述宏观疲劳裂纹稳定扩展阶段的理论模型,为疲劳问题研究和剩余疲劳寿命评估提供了具有严谨理论基础的分析方法。

根据 Paris(帕里斯)公式,在已知初始裂纹深度 a_0 和临界裂纹尺寸 a_c 的条件下,Paris 公式积分可确定结构的疲劳裂纹扩展寿命。后续研究者在解决具体问题时,通常根据问题的属性对 Paris 公式进行修正。Paris 公式及其修正形式在正交异性钢桥面板疲劳性能、剩余疲劳寿命评估和运营期检修加固对策等方面得到了成功应用[34-39]。近年来,国内外学者将断裂力学方法与有限元方法有机结合,实现了宏观疲劳裂纹扩展过程的数值模拟,明确了控制正交异性钢桥面板典型构造细节宏观疲劳裂纹扩展寿命的主导疲劳开裂模式和扩展特性[40-42]。基于断裂力学的疲劳裂纹扩展特性和疲劳寿命评估流程如图 2-12 所示。通过断裂力学进行疲劳裂纹三维扩展数值模拟及裂纹扩展寿命分析主要涉及四个层面的问题:①初始裂纹及临界裂纹尺寸的确定;②有效应力强度因子的计算;③三维裂纹扩展过程的数值模拟方法;④疲劳寿命的预测。

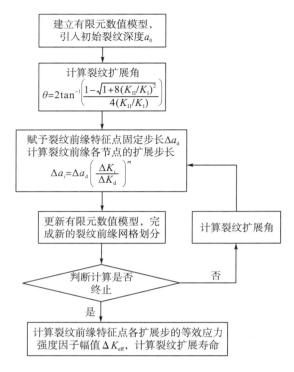

图 2-12　基于断裂力学的疲劳裂纹扩展特性和疲劳寿命评估流程

（1）初始裂纹及临界裂纹尺寸的确定。在线弹性断裂力学分析中，裂纹深度 a_0 与裂纹形状比 a_0/c_0（c_0 为裂纹长度的一半，如图 2-13 所示）是直接影响疲劳裂纹扩展过程的两个重要参数。国际焊接协会（IIW）[43]推荐 $a_0=0.15\mathrm{mm}$，$a_0/c_0=0.1$；BS7910[44]推荐 a_0 在 0.1～0.15mm 之间取值，a_0/c_0 由焊缝及裂纹的类型决定。相关研究表明，在线弹性断裂力学分析中 a_0 不宜取值过小，其取值不应小于 0.1mm。确定合理的临界裂纹尺寸 a_c 对于确保结构安全至关重要。临界裂纹尺寸取决于疲劳破坏准则，可按裂纹沿板厚方向扩展的深度，或按裂纹沿板件表面扩展的长度进行取值。对于钢结构而言，一般取板件厚度作为临界裂纹尺寸。鉴于表面裂纹的临界裂纹尺寸难以直接定义，而贯穿型疲劳裂纹易于统一标准，对于正交异性钢桥面板结构而言，常取疲劳易损细节沿板厚方向扩展至贯穿裂纹时的深度作为其临界裂纹尺寸（即板厚）。

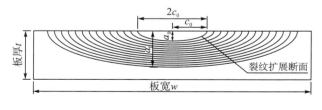

图 2-13　裂纹面特征

（2）等效应力强度因子幅值的计算。应力强度因子是表征裂纹尖端应力-应变场强度的特征参数和驱动裂纹扩展的重要因素。正交异性钢桥面板各构造细节的受力状态和加载模式均较为复杂，其典型疲劳易损细节的疲劳裂纹均为复合型开裂。疲劳裂纹扩展模拟需同时考虑张开型（I 型）、剪切型（II 型）、撕开型（III 型）3 种开裂模式的综合作用，通常用等效应力强度因子描述 3 种应力强度因子的综合作用，常采用 BS7910 所推荐的等效应力强度因子幅值计算公式，即

$$\Delta K_{\mathrm{eff}} = \sqrt{\Delta K_{\mathrm{I}}^2 + \Delta K_{\mathrm{II}}^2 + \frac{\Delta K_{\mathrm{III}}^2}{1-\nu}} \tag{2-34}$$

式中，ΔK_{eff} 为等效应力强度因子幅值；ν 为泊松比，钢材常取为 0.3；ΔK_{I}、ΔK_{II}、ΔK_{III} 分别为 I 型、II 型、III 型断裂应力强度因子幅值，可由相互作用积分法或能量释放率求得。

（3）三维裂纹扩展过程的数值模拟。复合型疲劳裂纹的三维扩展模拟，可根据裂纹扩展全过程中的裂纹尺寸与应力强度因子的关系曲线，通过采用逐步分析法实现。这一过程主要包括三个步骤：①计算裂纹扩展角度；②确定裂纹前缘各节点扩展步长；③更新裂纹前缘位置。裂纹扩展角度是裂纹扩展前后在法平面间的夹角，常用的确定方法有最大周向应力法、最小应变能密度法、最大能量释放率法等。其中，最大周向应力法假定裂纹将沿着具有最大周向拉应力的平面方向（剪应力为 0 的方向）扩展，计算相对简便、工程应用广泛。由最大周向应力扩展理论可得裂纹扩展角度 θ 的表达式为

$$\theta = 2\arctan\left(\frac{1-\sqrt{1+8(K_{\mathrm{II}}/K_{\mathrm{I}})^2}}{4(K_{\mathrm{II}}/K_{\mathrm{I}})}\right) \tag{2-35}$$

裂纹扩展步长可用于描述裂纹前缘上各离散节点在三维空间的扩展距离。通过选取裂纹前缘特征点并指定固定扩展步长（此处指定裂纹深度方向节点为特征点），使用耦合的 Paris 公式计算裂纹前缘各节点的扩展步长，即可通过指定特征点扩展步长预测裂纹前缘上各节点的扩展步长：

$$\Delta a_i = \Delta a_{\mathrm{d}} \left(\frac{\Delta K_i}{\Delta K_{\mathrm{d}}}\right)^m \tag{2-36}$$

式中，Δa_{d} 和 ΔK_{d} 分别为裂纹前缘特征点的扩展步长和应力强度因子幅值；Δa_i 和 ΔK_i 分别为裂纹前缘上第 i 个节点扩展步长和对应的应力强度因子幅值。确定裂纹扩展角度及裂纹扩展步长后，裂纹前缘上各点在空间中的位置可唯一确定，通过对所得各点进行曲线拟合便可确定裂纹扩展后的空间形态，典型的空间形态如图 2-14 所示。

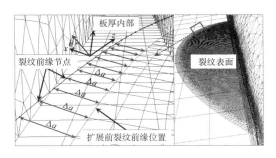

图 2-14　三维裂纹前缘位置的确定（纵肋与横隔板连接构造细节）[42]

(4)疲劳寿命的预测。焊接结构不可避免地存在一定的缺陷，在荷载反复作用下，疲劳裂纹通常由缺陷处开始扩展。基于式(2-36)，对于简单的复合型开裂问题，其疲劳寿命 N 可直接由下式积分得到：

$$\begin{cases} \dfrac{\mathrm{d}a}{\mathrm{d}N}=C\cdot\left(\Delta K_{\mathrm{eff}}\right)^m \\ N=\displaystyle\int_{a_0}^{a_{\mathrm{f}}}\left(\dfrac{\mathrm{d}a}{\mathrm{d}N}\right)\mathrm{d}a \end{cases} \Rightarrow N=\int_{a_0}^{a_{\mathrm{f}}}\frac{1}{C\cdot\left(\Delta K_{\mathrm{eff}}\right)^m}\mathrm{d}a \tag{2-37}$$

式中，C 与 m 为与材料相关的裂纹扩展参数，参照 BS7608 中的推荐值，可取 $C=5.21\times10^{-13}\mathrm{N/mm}^{3/2}$，$m=3$。

对于正交异性钢桥面板疲劳寿命评估问题，依据所求得的各扩展子步的等效应力强度因子幅值 ΔK_{eff} 与裂纹扩展步长 Δa，将式(2-37)转化为式(2-38)进行计算：

$$N_{j+1}=N_j+\frac{\Delta a}{C\left(\Delta K_{\mathrm{eff}}\right)^m} \tag{2-38}$$

式中，j 为裂纹扩展子步数。

2.3.5　损伤力学法

损伤力学有两个主要分支：①连续损伤力学，它利用连续介质热力学与连续介质力学的唯象学方法，研究损伤的力学过程。连续损伤力学主要研究损伤对材料宏观力学性质的影响，以及材料和结构损伤演化的过程和规律[45-66]，而不细察损伤演化的细观物理与力学过程。连续损伤力学主要追求所预计的宏观力学行为与变形行为符合试验结果和实际情况。②细观损伤力学，它通过对典型损伤基元，如微裂纹、微孔洞、剪切带等以及各种基元的组合，根据损伤基元的变形与演化过程，采用某种力学平均化的方法，确定材料变形和损伤过程与细观损伤参量之间的相关关系。接下来首先介绍损伤相关的基本概念，在此基础上分别介绍上述两类理论相应的疲劳损伤模型。

2.3.5.1　基本概念

在外部因素(包括力、温度、辐射等)作用下，材料内部将形成大量的微观缺陷(如微裂纹和微孔洞)，这些微缺陷的形核、扩展(或胀大)、汇合将造成材料的逐渐劣化直至破坏。从本质上讲，这些微缺陷是离散的，但作为一种简单的近似，在连续损伤力学中，所有的微缺陷均被连续化，并将它们对材料的影响用一个或几个连续的内部场变量来表示，这种变量称为损伤变量。1958 年，Kachanov(卡恰诺夫)在研究金属蠕变的过程中，第一个引入损伤的概念。尽管当时他并没有进一步深入研究，损伤力学这一提法也是经过若干年后才正式被引入，但他当时提出的概念形成了现在损伤力学的基本概念，并在此基础上发展成现在的损伤力学学科。因此，Kachanov 最初所提出的损伤概念奠定了其在损伤力学中的地位。考虑一均匀受拉的直杆，认为材料劣化的主要机制是微缺陷导致有效承载面积减小。设其无损状态时的横截面面积为 A，损伤后的有效承载面积减小为 $\tilde{A}$，定义连续度 ψ 的物理意义为有效承载面积与无损状态的横截面面积之比[46]，即

$$\psi = \frac{\tilde{A}}{A} \tag{2-39}$$

显然，连续度 ψ 是一个无量纲的标量场变量，$\psi=1$ 对应于完全没有缺陷的理想材料状态，$\psi=0$ 对应于完全破坏的没有任何承载能力的材料状态。

将外加载荷 F 与有效承载面积 $\tilde{A}$ 之比定义为有效应力 $\tilde{\sigma}$，即

$$\tilde{\sigma} = \frac{F}{\tilde{A}} = \frac{\sigma}{\psi} \tag{2-40}$$

式中，$\sigma = F/A$ 为 Cauchy（柯西）应力。连续度是单调减小的，假设当 ψ 达到某一临界值 ψ_c 时，材料发生断裂。

1963 年，著名力学家 Rabotnov（拉博特诺夫）同样在研究金属的蠕变本构方程问题时建议用损伤因子 D 描述损伤。

$$D = 1 - \psi = 1 - \frac{\tilde{A}}{A} \tag{2-41}$$

对于完全无损状态，$D=0$；对于完全丧失承载能力的状态，$D=1$。此外，有效应力 $\tilde{\sigma}$ 与损伤因子的关系为

$$\tilde{\sigma} = \frac{\sigma}{1-D} \tag{2-42}$$

现在损伤力学中通常使用的损伤变量的概念是 Rabotnov 推广后的概念，它的物理意义也更加清楚，表示由于损伤而丧失承载能力的面积与初始无损伤时的原面积之比。

在等应变幅（$\Delta\varepsilon$ 为常数）的循环加载过程中，测量每次循环中的应力增幅 $\Delta\sigma$，得

$$\frac{\Delta\sigma}{1-D} = E\Delta\varepsilon \tag{2-43}$$

假设 $\Delta\sigma^*$ 是在损伤以前（$D=0$ 时）的应力增幅。那么，

$$\Delta\sigma^* = E\Delta\varepsilon \tag{2-44}$$

则

$$D = 1 - \frac{\Delta\sigma}{\Delta\sigma^*} \tag{2-45}$$

同理，在等应力幅（$\Delta\sigma$ 为常数）的循环加载过程中，测量损伤前后的应变幅 $\Delta\varepsilon^*$ 和 $\Delta\varepsilon$，亦可间接测算出损伤：

$$D = 1 - \frac{\Delta\varepsilon^*}{\Delta\varepsilon} \tag{2-46}$$

2.3.5.2　基于连续损伤理论的疲劳损伤模型

疲劳损伤是在循环载荷作用下的损伤累积。一般分为低周疲劳损伤和高周疲劳损伤。低周疲劳是指疲劳过程中塑性应变足够大（可以测量），对应于应力高于屈服极限，循环次数一般不高于 10000 次。高周疲劳是指在疲劳过程中不可恢复的应变仅由微塑性构成，应力较低，一般低于屈服极限，而循环次数则可很高，一般高于 100000 次。由于微塑性应变很小，不能测量，也很难计算，所以高周疲劳的损伤演化方程必须用应力给出。无论是低周疲劳损伤还是高周疲劳损伤，在表征疲劳损伤方向时都有其局部性。即损伤一般发生

在一个局部的小区域内，并迅速累积，形成一个断裂带。钢桥面板结构的疲劳损伤基本都属于高周疲劳的范畴，因此主要以高周疲劳为重点，介绍疲劳损伤理论。

在考虑应力幅影响的情况下，常用的损伤演化模型[45]为

$$\frac{\delta D}{\delta N}=\left[\frac{\Delta\sigma}{2B(1-D)}\right]^{\beta}(1-D)^{-\gamma} \tag{2-47}$$

式中，B、β 和 γ 是与温度相关的材料参数，此外 B 还依赖于平均应力 $\bar{\sigma}$，$B=B(\bar{\sigma})$。

根据式 (2-47)，可以导出

$$D=1-(1-\frac{N}{N_{\mathrm{f}}})^{\frac{1}{1+\beta+\gamma}} \tag{2-48}$$

式中，疲劳寿命 N_{f} 的表达式为

$$N_{\mathrm{f}}=\frac{1}{1+\beta+\gamma}\left[\frac{\Delta\sigma}{2B(\bar{\sigma})}\right]^{-\beta} \tag{2-49}$$

根据式 (2-48) 和式 (2-49)，$\log(1-D)$ 与 $\log(1-N/N_{\mathrm{f}})$ 呈线性关系，而 $\log N_{\mathrm{f}}$ 与 $\log\Delta\sigma$ 也呈线性关系，如图 2-15 和图 2-16 所示。由此可以根据试验测定参数 $\beta+\gamma$ 和 B。

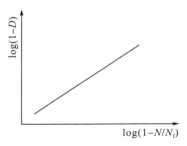

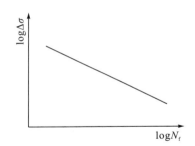

图 2-15　疲劳损伤的演化　　　　　　　　图 2-16　疲劳寿命与应力幅的关系曲线

Chaboche[47]提出了一种更复杂的疲劳损伤演化模型：

$$\frac{\delta D}{\delta N}=\left[1-(1-D)^{1+\beta}\right]^{\alpha}\left(\frac{\Delta\sigma}{M(1-D)}\right)^{\beta} \tag{2-50}$$

式中，α、β 和 M 是与温度相关的材料参数，$\alpha=\alpha(\Delta\sigma)$，$M=M(\bar{\sigma})$。由式 (2-50)，可得到损伤随载荷循环次数的变化关系式：

$$D=1-\left[1-(\frac{N}{N_{\mathrm{f}}})^{\frac{1}{1-\alpha}}\right]^{\frac{1}{\beta+1}} \tag{2-51}$$

式中，疲劳寿命 N_{f} 的表达式为

$$N_{\mathrm{f}}=\frac{1}{(1-\alpha)(1+\beta)}\left(\frac{\Delta\sigma}{M}\right)^{-\beta} \tag{2-52}$$

2.3.5.3　基于细观损伤理论的疲劳损伤模型

细观损伤力学，是从材料的细观结构出发，对不同的细观损伤机制加以区分，通过对

细观结构变化的物理与力学过程的研究来了解材料的破坏，并通过体积平均化的方法从细观分析结果导出材料的宏观性质。材料的细观损伤机制有多种，比较典型的有微裂纹、微孔洞、微滑移带、晶界滑移等，其中对前两种损伤的研究最重要而且已经比较深入，国内外学者对此进行了归纳总结[48-54]。对于焊接细节的高周疲劳问题，其损伤演化依赖于微裂纹的群体演化行为[55-59]。微裂纹的形核、扩展和连接是一类重要的细观损伤机制。微裂纹的细观损伤理论是一个较为复杂的问题，受到了固体力学、材料科学等的共同关注。关于微裂纹损伤材料的研究方法，已取得的主要成果可详见 Bazant[48]、Ke 等[49]、Bai 等[50]、Kachanov[51]、Yang 和 Lee[52]、冯西桥[53]、Krajcinovic[54]。此处主要介绍金属材料微裂纹的细观损伤理论。试验表明，金属材料在疲劳损伤初期处于短裂纹阶段，此时裂纹尺度与材料细观组织单元尺度相近[60]。在这种情况下，材料的损伤行为不是由个别裂纹控制，而是大量短裂纹共同作用的结果。利用 Bai 提出的相空间内微裂纹数密度守恒理论来描述疲劳损伤过程，微裂纹数密度演化可以由数密度守恒方程描述[49,50]。而微裂纹数密度 $n(c, N)$ 的定义是在单位相空间体积中，循环次数为 N 时，尺寸为 c 的微裂纹个数。

在循环加载次数 $(N, N+\Delta N)$ 区间内，微裂纹尺寸从 c 增长到 $c+\Delta c$，可以通过对微裂纹数密度变化进行积分，获得微裂纹数密度的增量 Δn。

$$\Delta n = \int_c^{c+\Delta c} \left[n(c', N+\Delta N) - n(c', N) \right] \mathrm{d}c' \tag{2-53}$$

微裂纹数密度的增量包含两部分[50,51]：第一个部分为 Δn_{I}，由微裂纹的成核所贡献，即单位加载周期内单位截面面积中新形成的微裂纹数目；第二个部分为 Δn_{II}，由微裂纹的扩展所贡献。通过式(2-54)和式(2-55)可分别计算两部分微裂纹数密度的增量。

$$\Delta n_{\mathrm{I}} = \int_N^{N+\Delta N} \mathrm{d}N' \int_c^{c+\Delta c} n_N(c', N') \mathrm{d}c' \tag{2-54}$$

$$\Delta n_{\mathrm{II}} = \int_N^{N+\Delta N} \left[n(c, N')\dot{c}(c, N') - n(c+\Delta c, N')\dot{c}(c+\Delta c, N') \right] \mathrm{d}N' \tag{2-55}$$

式中，$n_N(c', N')$ 为循环次数为 N' 时，裂纹尺寸为 c' 的微裂纹的成核率；$\dot{c}(\cdot)$ 为微裂纹的扩展率，其中 $\dot{c}(c, N')$ 代表循环次数为 N' 时，裂纹尺寸为 c 的微裂纹的扩展率。

根据式(2-53)～式(2-55)的平衡条件，微裂纹数密度的演化方程可表示为

$$
\begin{aligned}
& \int_c^{c+\Delta c} \left[n(c', N+\Delta N) - n(c', N) \right] \mathrm{d}c' \\
&= \int_N^{N+\Delta N} \mathrm{d}N' \int_c^{c+\Delta c} n_N(c', N') \mathrm{d}c' \\
&\quad + \int_N^{N+\Delta N} \left[n(c, N')\dot{c}(c, N') - n(c+\Delta c, N')\dot{c}(c+\Delta c, N') \right] \mathrm{d}N'
\end{aligned}
\tag{2-56}
$$

在式(2-56)两边同时除以 Δc 和 ΔN，则

$$
\begin{aligned}
& \frac{\int_c^{c+\Delta c} \left[n(c', N+\Delta N) - n(c', N) \right] \mathrm{d}c'}{\Delta c \cdot \Delta N} \\
&= \frac{\int_N^{N+\Delta N} \mathrm{d}N' \int_c^{c+\Delta c} n_N(c', N') \mathrm{d}c'}{\Delta c \cdot \Delta N} \\
&\quad + \frac{\int_N^{N+\Delta N} \left[n(c, N')\dot{c}(c, N') - n(c+\Delta c, N')\dot{c}(c+\Delta c, N') \right] \mathrm{d}N'}{\Delta c \cdot \Delta N}
\end{aligned}
\tag{2-57}
$$

令 $\Delta c \rightarrow 0$，$\Delta N \rightarrow 0$，根据式(2-57)，可以得到微裂纹数密度的演化方程。

$$\frac{\partial(n(c,N))}{\partial N} + \frac{\partial(n(c,N)\dot{c}(c,N))}{\partial c} = n_N(c,N) \tag{2-58}$$

既有研究表明[61-70]，微裂纹的成核率和扩展率均与外加应力和微裂纹尺寸密切相关。基于试验观察和统计分析结果，国内外学者针对不同情况建立了多种微裂纹成核率模型和微裂纹扩展率模型[49,50,61-70]。根据既有研究成果，确定微裂纹成核率模型和扩展率模型并分别代入式(2-58)，则微裂纹数密度 $n(c,N)$ 可以通过公式(2-58)确定。

确定微裂纹数密度演化的最终目的，是要揭示微损伤的物理过程和受损材料的宏观力学性质的关系。Bai 定义了一般形式的第 m 阶损伤函数[49,50]。

$$D_m = \int_0^\infty n(c,N)c^m \mathrm{d}c \tag{2-59}$$

实际应用上可能用到的是如下的低阶损伤函数。

$$D_0 = \int_0^\infty n(c,N)\mathrm{d}c \tag{2-60}$$

$$D_1 = \int_0^\infty n(c,N)c\,\mathrm{d}c \tag{2-61}$$

$$D_2 = \int_0^\infty n(c,N)c^2 \mathrm{d}c \tag{2-62}$$

$$D_3 = \int_0^\infty n(c,N)c^3 \mathrm{d}c \tag{2-63}$$

零阶损伤函数 D_0 的意义比较直观。根据微裂纹数密度的定义，D_0 代表微裂纹的总数。一阶损伤函数 D_1 可理解为微裂纹的总尺寸效应。如果平行裂纹都处于一个平面之中，那么 D_1 就相当于能支持拉伸载荷的承载面积的缩小。二阶损伤函数 D_2 具有如下物理意义：若微裂纹是圆盘状的，则 D_2 也相当于承载面积的减缩。但如果微裂纹是平面应变下的贯穿裂纹，则 D_2 隐含由于微裂纹的存在而引起的变形能的释放。因此，对于与能量有关的损伤度量，D_2 更为重要。三阶损伤函数 D_3，对于圆盘状裂纹，具有类似的能量含义。当然，对于不同具体问题，由于载荷形式及有关构形存在差异，损伤函数的具体表达式也将不同。笔者团队[71,72]近年来采用上述损伤力学方法对钢桥面板关键构造细节的疲劳性能开展了长期研究。损伤力学方法属于细观力学研究范畴，其可较好地考虑残余应力、焊接缺陷等对钢桥面板的影响，但其过程分析复杂，适合于科学研究，工程应用推广还需进一步发展。

2.3.6　广义结构应力法

2.3.6.1　结构应力

Dong 等根据大量焊接结构在不同荷载模式作用下的疲劳试验结果，提出将具有网格不敏感性的结构应力法用于焊接结构的疲劳性能评估[73-79]。笔者团队[15-18]系统研究该方法在钢桥疲劳性能评估中应用所面临的关键问题，对其进行了发展。结构应力法将焊接细节开裂面高度非线性应力分解为膜应力 σ_m、弯曲应力 σ_b 和局部缺口效应产生的非线性峰值应力 σ_{nl}。其中，开裂面上的结构应力由与外荷载满足相互平衡条件的膜应力和弯曲应力组成，由于该部分已经与外荷载平衡，所以由局部缺口效应产生的非线性峰值应力处于自平衡状态，如图 2-17 所示。

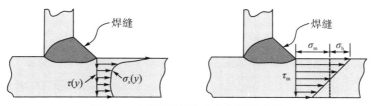

图 2-17 开裂断面的应力分解示意图

因结构应力满足平衡条件并且可以用结构力学方法计算得到，开裂截面沿板厚 t 方向的各结构应力分量可以按照下式计算：

$$\sigma_{\mathrm{m}} = \frac{1}{t}\int_{-t/2}^{t/2}\sigma_x(y)\mathrm{d}y = \frac{f_x}{t} \tag{2-64}$$

$$\sigma_{\mathrm{b}} = \frac{6}{t^2}\int_{-t/2}^{t/2}y\sigma_x(y)\mathrm{d}y = \frac{6m_z}{t^2} \tag{2-65}$$

$$\tau_{\mathrm{T}} = \frac{f_y}{t} \tag{2-66}$$

$$\sigma_{\mathrm{s}} = \sigma_{\mathrm{m}} + \sigma_{\mathrm{b}} \tag{2-67}$$

由式(2-64)～式(2-67)可知，在计算开裂面结构应力时，首先计算开裂面沿 x 方向和 y 方向的线力 f_x 和 f_y，以及绕 z 轴的线弯矩 m_z（线力和线弯矩是指焊线单位长度上的力与力矩，焊线通常定义在焊趾或焊根处）。如图 2-18 所示，焊线上节点 1 和节点 2 距离为 l，沿 x 轴方向的节点力及绕 z 轴弯矩分别为 $F_{x,1}$、$F_{x,2}$ 和 $M_{z,1}$、$M_{z,2}$；沿焊线方向单位长度的线力及线弯矩分别为 $f_{x,1}$、$f_{x,2}$ 和 $m_{z,1}$、$m_{z,2}$，根据力的平衡原理建立平衡方程：

$$\begin{cases} F_{x,1} + F_{x,2} = \dfrac{(f_{x,1} + f_{x,2})}{2}l \\ \sum M_{z,2} = F_{x,1}l = \left(\dfrac{1}{3}f_{x,1} + \dfrac{1}{6}f_{x,2}\right)l^2 \end{cases} \tag{2-68}$$

求解方程(2-68)，可得节点力与线力、节点弯矩与线弯矩的关系：

$$F_{x,1} = \frac{1}{3}f_{x,1} + \frac{1}{6}f_{x,2}, \quad F_{x,2} = \frac{1}{6}f_{x,1} + \frac{1}{3}f_{x,2} \tag{2-69}$$

$$M_{z,1} = \frac{1}{3}m_{z,1} + \frac{1}{6}m_{z,2}, \quad M_{z,2} = \frac{1}{6}m_{z,1} + \frac{1}{3}m_{z,2} \tag{2-70}$$

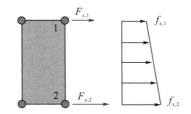

图 2-18 两个节点时节点力与线力分布

通常将焊缝划分为 n 个单元，节点编号为 $1 \sim n$，焊线上的各节点距离为 $l_1 \sim l_{n-1}$，如图 2-19 所示。根据力的平衡方程，可求得各节点力 $F_{x,n}$ 与线力 $f_{x,n}$ 的对应关系，如式 (2-71) 所示。

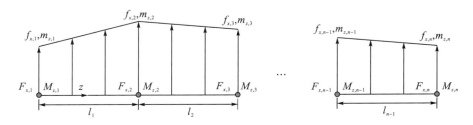

图 2-19　节点力、节点力矩、线力和线弯矩的分布示意图

$$\begin{Bmatrix} F_{x,1} \\ F_{x,2} \\ \vdots \\ F_{x,n} \end{Bmatrix} = \begin{bmatrix} \dfrac{l_1}{3} & \dfrac{l_1}{6} & 0 & 0 & \cdots & 0 & 0 \\ \dfrac{l_1}{6} & \dfrac{(l_1+l_2)}{3} & \dfrac{l_2}{6} & 0 & \cdots & 0 & 0 \\ 0 & \dfrac{l_2}{6} & \dfrac{(l_2+l_3)}{3} & \dfrac{l_3}{6} & \cdots & 0 & 0 \\ & & & \cdots\cdots & & & \\ 0 & 0 & 0 & 0 & \cdots & \dfrac{l_{n-2}}{6} & 0 \\ 0 & 0 & 0 & 0 & \cdots & \dfrac{(l_{n-2}+l_{n-1})}{3} & \dfrac{l_{n-1}}{6} \\ 0 & 0 & 0 & 0 & \cdots & \dfrac{l_{n-1}}{6} & \dfrac{l_{n-1}}{3} \end{bmatrix} \begin{Bmatrix} f_{x,1} \\ f_{x,2} \\ \vdots \\ f_{x,n} \end{Bmatrix} = [L] \begin{Bmatrix} f_{x,1} \\ f_{x,2} \\ \vdots \\ f_{x,n} \end{Bmatrix} \quad (2\text{-}71)$$

同理，节点力矩 $M_{z,n}$ 与线力矩 $m_{z,n}$ 的关系表达式与式 (2-71) 形式相同。

研究表明[33]，焊接结构在施加疲劳荷载之前，其焊根和焊趾处不可避免存在初始微裂纹，因此焊接结构的疲劳开裂行为可基于断裂力学理论开展相关研究，即通过应力强度因子幅值 ΔK 来描述裂纹尖端应力场的强弱程度和裂纹的扩展特性。按照疲劳裂纹的受力方向和开裂特征，断裂力学将裂纹分为三类：①I 型（张开型）裂纹：裂纹的上下表面承受垂直于裂纹面的正应力，裂纹在垂直于拉应力的方向扩展且出现张开位移；②II 型（滑开型）裂纹：裂纹承受垂直于裂纹前缘且平行于裂纹面的剪应力，裂纹的上下表面沿剪应力方向发生相对滑动；③III 型（撕开型）裂纹：裂纹承受平行于裂纹前缘及裂纹面的剪应力，裂纹的上下表面沿剪应力方向相对错开。Paris 基于疲劳裂纹扩展的大量试验数据，提出了采用裂纹应力强度因子幅值 ΔK 对疲劳裂纹的扩展进行定量描述，且将疲劳裂纹扩展过程分为三个阶段[36,37]，如图 2-20 所示。

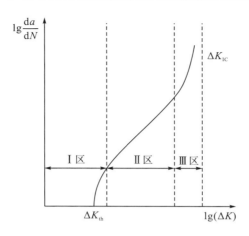

图 2-20　疲劳裂纹扩展阶段示意图

由 Paris 公式可知，当裂纹扩展参数确定以后，裂纹扩展速率仅与应力强度因子幅值 ΔK 有关。同时，前文指出焊趾或焊根在开裂面内的非线性应力可以分解为结构应力与缺口应力两部分，因此 ΔK 值也分解成为两部分：①基于结构应力的 ΔK 值；②基于缺口应力的 ΔK 值。此处，以焊接结构焊趾开裂模式的疲劳寿命预测为例进行阐述。

2.3.6.2　基于结构应力的 K 值求解

结构应力的确定过程中通过引入一种应力转换方法，将复杂结构的三维区域实际应力等效转换为二维几何简单应力状态，如图 2-21 所示。裂纹尖端应力强度因子可以通过计算开裂面的结构应力，将膜应力 σ_{m} 和弯曲应力 σ_{b} 作为远场应力，并采用叠加原理求解[76]。

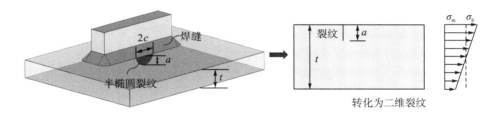

图 2-21　结构应力的三维状态简化为二维裂纹问题

1）板边裂纹形态下的 K 值求解

对于具有板厚为 t、边缘裂纹深度为 a、远端承受膜应力 $\sigma_{\mathrm{m}}^{\mathrm{t}}$ 和弯曲应力 $\sigma_{\mathrm{b}}^{\mathrm{t}}$ 的二维试样，在不考虑缺口效应时，I 型开裂应力强度因子 K_{n} 为膜应力的应力强度因子（K_{nm}）与弯曲应力的应力强度因子（K_{nb}）之和：

$$K_{\mathrm{n}} = K_{\mathrm{nm}} + K_{\mathrm{nb}} = \sqrt{t}\left(f_{\mathrm{m}}\sigma_{\mathrm{m}}^{\mathrm{t}} + f_{\mathrm{b}}\sigma_{\mathrm{b}}^{\mathrm{t}}\right) \tag{2-72}$$

式中，f_{m} 和 f_{b} 分别为膜应力和弯曲应力的形状参数，可通过权函数法或应力强度因子手册求得。

2) 椭圆裂纹形态下的 K 值求解

椭圆裂纹应力强度因子 K 值求解与板边裂纹求解方法相同，与简单拉伸的膜应力 σ_0^m 和简单弯曲的弯曲应力 σ_0^b 类似，沿着厚度方向分布的结构应力为

$$\sigma_0^b = \frac{2a}{t}\sigma_b^t, \qquad \sigma_0^m = \sigma_m^t + \sigma_b^t - \frac{2a}{t}\sigma_b^t \qquad (2\text{-}73)$$

椭圆裂纹应力强度因子 K 为

$$K = \sigma_s^t \sqrt{t} \sqrt{\frac{\pi\frac{a}{t}}{Q}} \left[Y_0 - 2r\left(\frac{a}{t}\right)(Y_0 - Y_1) \right] \qquad (2\text{-}74)$$

式中，$\sigma_s^t = \sigma_m^t + \sigma_b^t$；$r = \sigma_b^t / \sigma_s^t$；形状参数 Q、Y_0 和 Y_1 可以从应力强度因子手册获取。

2.3.6.3　基于缺口应力的 K 值求解

开裂面的自平衡应力反映了焊接细节缺口效应的影响，且不影响假定裂纹面的整体平衡，如图 2-22 所示。但当裂纹无限小时，自平衡应力分布将扩大从而使局部应力影响裂纹的扩展。为了使自平衡应力与裂纹应力强度因子求解相联系，利用平衡和叠加原理，在假定的裂纹面定义一个等效的裂纹面应力 p_m 和 p_b，即假定由缺口引起的自平衡应力可以根据具有任意裂纹深度 a，且以 p_m 和 p_b 表示的等效平衡应力得到[74]，如图 2-22 所示中任意给定的裂纹深度 a，可以通过 σ_m^t、σ_b^t、σ_m 和 σ_b 在另外一个交叉区域重新分配来完成对 p_m 和 p_b 的计算：

$$\begin{aligned}
p_m &= \frac{t^2 - 3at + 2a^2}{2at}\sigma_m' - \frac{t^2 - 3at + 2l^2}{2lt}\sigma_b' - \frac{t^2 - 5at + 2a^2}{2at}\sigma_m^t + \frac{t-a}{2a}\sigma_b^t \\
p_b &= \frac{t^2 + at - 2a^2}{2at}\sigma_m' - \frac{t^2 + at - 2a^2}{2at}\sigma_b' - \frac{t^2 - 3at + 2a^2}{2at}\sigma_m^t + \frac{t+a}{2a}\sigma_b^t
\end{aligned} \qquad (2\text{-}75)$$

式中，σ_m' 和 σ_b' 为裂纹深度 $a = t_1$ 时对应的结构应力分量。

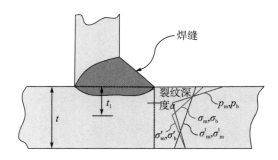

图 2-22　开裂面的自平衡应力对小裂纹应力强度因子的影响

缺口应力分布可以通过假定裂纹面的应力平衡和式(2-75)计算得到。在任意裂纹深度 a 条件下，包括缺口效应下 I 型开裂模式的板边裂纹应力强度因子由式(2-72)变换为

$$K = \sqrt{t}\left(f_m p_m + f_b p_b\right) = \sqrt{t}\, p_s\left[f_m - r\frac{t}{a}(f_m - f_b) \right] \qquad (2\text{-}76)$$

式中，$p_s = p_m + p_b$，$r = p_b / p_s$。同理，对于椭圆裂纹，考虑缺口效应的应力强度因子由式(2-74)变换为

$$K = p_s \sqrt{t} \sqrt{\dfrac{\pi \dfrac{a}{t}}{Q}} \left[Y_0 - 2r \left(Y_0 - Y_1 \right) \right] \tag{2-77}$$

Dong[74,76]以 $a/t = 0.1$ 作为特征深度来表达缺口效应的影响，即当 $a/t \leqslant 0.1$ 时，局部缺口效应影响显著。由缺口效应引起的应力强度因子放大系数 M_{kn} 表示为

$$M_{kn} = \dfrac{K(\text{有局部缺口效应})}{K_n(\text{基于厚度方向的} \sigma_m^t \text{和} \sigma_b^t)} \tag{2-78}$$

式中，K 为由远场应力和局部缺口效应引起的结构应力总和对应的应力强度因子；K_n 为远场应力对应的应力强度因子。

2.3.6.4　等效结构应力及主 S-N 曲线计算公式

为了在焊接结构的疲劳性能评估中使用基于结构应力的 K 解，需要确定一个合适的裂纹扩展模型。Dong[76]根据缺口效应引起的应力强度因子变化规律，将裂纹扩展划分为两个阶段，即 $a/t \leqslant 0.1$ 的小裂纹和 $0.1 < a/t \leqslant 1$ 的长裂纹，根据 Paris 公式将上述两阶段的裂纹扩展进行统一表示为

$$\dfrac{\mathrm{d}a}{\mathrm{d}N} = C \left(M_{kn} \right)^n \left(\Delta K_n \right)^m \tag{2-79}$$

式中，ΔK_n 为远场应力对应的应力强度因子幅值，通过试验数据分析得到(M_{kn})的指数 n 为 2。对式(2-79)进行积分，可以得到从小裂纹扩展至穿透板厚 t 的疲劳寿命评估表达式：

$$N = \int_{a/t \to 0}^{a/t = 1} \dfrac{t \mathrm{d}(a/t)}{C \left(M_{kn} \right)^n \left(\Delta K_n \right)^m} = \dfrac{1}{C} t^{1 - \frac{m}{2}} \left(\Delta \sigma_s \right)^{-m} I(r) \tag{2-80}$$

式中，$I(r)$ 为载荷弯曲比 r 的无量纲函数：

$$I(r) = \int_{a/t \to 0}^{a/t = 1} \dfrac{\mathrm{d}(a/t)}{\left(M_{kn} \right)^n \left[f_m \left(\dfrac{a}{t} \right) - r \left(f_m \left(\dfrac{a}{t} \right) - f_b \left(\dfrac{a}{t} \right) \right) \right]^m} \tag{2-81}$$

$$r = \dfrac{|\Delta \sigma_b|}{|\Delta \sigma_s|} = \dfrac{|\Delta \sigma_b|}{|\Delta \sigma_m| + |\Delta \sigma_b|} \tag{2-82}$$

式中，$\Delta \sigma_m$ 和 $\Delta \sigma_b$ 分别为膜应力幅值和弯曲应力幅值。

令等效结构应力幅值 ΔS_s 为

$$\Delta S_s = \dfrac{\Delta \sigma_s}{t^{(2-m)/2m} I(r)^{-1/m}} \tag{2-83}$$

式中，t 为相对厚度(板厚与 1mm 的比值)；裂纹扩展指数 $m = 3.6$，与 Pairs 公式中的 m 含义相同，但采用断裂力学分析时根据英国规范 BS7910[44]，常取 $m = 3$。

考虑应力比 R 对疲劳性能的影响[75,80]，则式(2-83)转换为

$$\Delta S_{s} = \begin{cases} \dfrac{\Delta \sigma_{s}}{(1-R)^{1/m} t^{(2-m)/2m} I(r)^{-1/m}}, & R \geqslant 0 \\[4mm] \dfrac{\Delta \sigma_{s}}{(1-R)^{2/m} t^{(2-m)/2m} I(r)^{-1/m}}, & R < 0 \end{cases} \tag{2-84}$$

因此，式(2-80)可以转换为由等效结构应力幅值求解疲劳寿命的主 S-N 曲线方程：

$$N = \left(\Delta S_{s}/C_{d}\right)^{-1/h} \tag{2-85}$$

式中，N 为疲劳寿命；C_{d} 和 h 为试验常数，如表 2-3 所示；ΔS_{s} 为等效结构应力幅值，与结构应力幅值 $\Delta \sigma_{s}$、板厚 t 和载荷弯曲比 r 的无量纲函数 $I(r)$ 有关；$I(r)$ 中含有初始裂纹参数且采用解析法求解困难，Dong[76,77,80]通过数值拟合曲线，在荷载控制条件下，$a=0$ 时 $I(r)$ 可拟合为式(2-86)：

$$I(r)^{\frac{1}{m}} = 0.0011r^{6} + 0.0767r^{5} - 0.0988r^{4} + 0.0946r^{3} + 0.0221r^{2} + 0.014r + 1.2223 \tag{2-86}$$

当 $a \neq 0$ 且 $a/t \leqslant 0.1$ 时，$I(r)$ 可拟合为式(2-87)：

$$I(r)^{\frac{1}{m}} = \frac{1.229 - 0.365r + 0.789\left(\dfrac{a}{t}\right) - 0.17r^{2} + 13.771\left(\dfrac{a}{t}\right)^{2} + 1.243r\left(\dfrac{a}{t}\right)}{1 - 0.302r + 7.115\left(\dfrac{a}{t}\right) - 0.178r^{2} + 12.903\left(\dfrac{a}{t}\right)^{2} - 4.091r\left(\dfrac{a}{t}\right)} \tag{2-87}$$

表 2-3　主 S-N 曲线参数表[77]

统计依据	C_{d}	h
中值	19930	
$+2\sigma$	28627	
-2σ	13876	0.3195
$+3\sigma$	34308	
-3σ	11578	

　　工程结构在使用过程中往往在几何突变处，如缺口或者焊接细节处处于多轴应力状态，即在加载过程中沿开裂面有两个或三个应力(或应变)分量独立地随时间发生变化，焊接细节处沿厚度方向的三维结构应力分量，如图 2-23 所示。与前述结构应力的计算公式一致，三维结构应力分量的定义如式(2-88)~式(2-90)[78,79]所示。

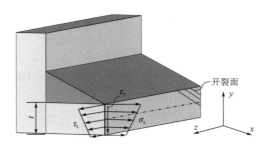

图 2-23　焊接细节三维结构应力分量定义

$$\sigma_s = \sigma_m + \sigma_b = \frac{f_x}{t} + \frac{6m_z}{t^2} \tag{2-88}$$

$$\tau_L = \tau_{Lm} + \tau_{Lb} = \frac{f_z}{t} + \frac{6m_x}{t^2} \tag{2-89}$$

$$\tau_T = \frac{f_y}{t} \tag{2-90}$$

在比例加载时，三维结构应力的各分量随时间的推移成比例地变化，由于各应力分量的波峰与波谷发生在同一时刻，所以用各应力分量的幅值确定等效应力幅值。如果不忽略面内剪切结构应力 τ_L 和 τ_T，等效剪切结构应力幅的计算方法与式 (2-83) 等效法向结构应力幅 ΔS_s 的计算方法相同，如式 (2-91) 所示：

$$\Delta \tau_s = \frac{\Delta \tau_L}{t^{(2-m_\tau)/2m_\tau} I(r_\tau)^{1/m_\tau}} \tag{2-91}$$

式中，$m_\tau=5$，在荷载控制条件下，考虑剪切弯曲比 r_τ 的 $I(r_\tau)$ 可拟合为式 (2-92)：

$$I(r_\tau)^{\frac{1}{m_\tau}} = 51.21r_\tau^4 - 39.813r_\tau^3 + 12.638r_\tau^2 + 0.0654r_\tau + 1.245 \tag{2-92}$$

$$r_\tau = \frac{|\Delta \tau_b|}{|\Delta \tau_m| + |\Delta \tau_b|} \tag{2-93}$$

采用式 (2-94) 定义三维结构应力的有效结构应力幅值 $\Delta \sigma_e$，即将开裂截面法向结构应力幅值 $\Delta \sigma_s$ 和面内剪切应力幅值 $\Delta \tau_L$ 和 $\Delta \tau_T$ 进行合并。

$$\Delta \sigma_e = \sqrt{(\Delta \sigma_s)^2 + \beta(\Delta \tau_L)^2 + \beta(\Delta \tau_T)^2} \tag{2-94}$$

式中，常数 β 的物理意义为基于疲劳试验的法向应力疲劳强度和基于疲劳试验的剪切应力疲劳强度的比值，Dong 通过一系列的多轴疲劳试验数据分析表明 $\beta=3$[78,79]。

因此，将式 (2-84) 中结构应力幅替换为公式 (2-94) 中有效结构应力幅值 $\Delta \sigma_e$，然后把有效结构应力幅值 $\Delta \sigma_e$ 代入公式 (2-85) 求解多轴应力状态下的疲劳寿命。对于钢桥面板结构多开裂模式的特性，部分开裂模式在车辆荷载或试验荷载的往复作用下处于多轴应力循环状态，因此，后续采用三维结构应力开展钢桥面板结构疲劳性能研究。

2.3.6.5　纵肋与顶板连接构造细节等效结构应力计算

钢桥面板结构纵肋与顶板连接构造细节主要有三类开裂模式：从焊趾起裂沿顶板厚度方向扩展 (RTD-1)、从焊根起裂沿顶板厚度方向扩展 (RTD-2) 和从焊根起裂沿焊喉方向扩展 (RTD-3)。此处以 RTD-1 为例详细介绍等效结构应力法的计算过程。根据三维结构应力可以将沿开裂面的应力分解为正应力 $\sigma_x(y)$、剪应力 $\tau_{xy}(y)$ 和剪应力 $\tau_{xz}(y)$，如图 2-24 所示。对于钢桥面板纵肋与顶板连接构造细节而言，车辆荷载作用下主要产生正应力 $\sigma_x(y)$ 和剪应力 $\tau_{xy}(y)$，沿桥梁纵向方向的剪应力 $\tau_{xz}(y)$ 可以忽略。沿板厚方向的正应力可以分解为线性部分和非线性部分，疲劳开裂面上的结构应力可以由式 (2-95) 和式 (2-96) 进行求解。

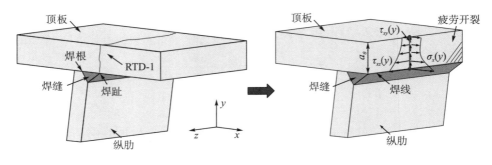

(a) 疲劳开裂面应力分布

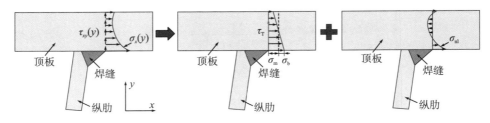

(b) 疲劳开裂面应力分解

图 2-24　纵肋与顶板连接构造细节疲劳开裂模式 RTD-1 的等效结构应力计算

$$\sigma_s = \sigma_m + \sigma_b = \frac{f_x}{a_\theta} + \frac{6m_z}{a_\theta^2} \tag{2-95}$$

$$\tau_T = \frac{f_y}{a_\theta} \tag{2-96}$$

式中，a_θ 为开裂面厚度（即对于疲劳开裂模式 RTD-2 和 RTD-3，a_θ 分别为顶板厚度和纵肋厚度；对于疲劳开裂模式 RTD-3，a_θ 为临界开裂角度对应的裂纹扩展路径长度）；f_x 和 f_y 分别为 x 方向和 y 方向的节点线力；m_z 是 z 方向的节点线弯矩。

　　以 RTD-1 开裂模式的结构应力法求解为例，纵肋与顶板连接构造细节部分实体单元（8 节点）有限元模型如图 2-25 所示，通过有限元模型计算开裂面的节点力，节点线力和节点线弯矩通过下述步骤进行求解：

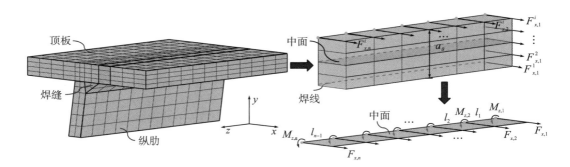

图 2-25　有限元模型采用实体单元求解结构应力分量示意图

（1）将开裂面的节点力转换为顶板中性面的等效节点力和等效节点力矩。以 RTD-1 开裂模式为例，根据有限元数值模型求解的开裂截面节点力（$F_{x,1}^1$，$F_{x,1}^2$，$\cdots$，$F_{x,n}^i$），将节点力分别采用式（2-97）和式（2-98）转换为等效节点力（$F_{x,1}$，$F_{x,2}$，$\cdots$，$F_{x,n}$）和等效节点弯矩（$M_{z,1}$，$M_{z,2}$，$\cdots$，$M_{z,n}$）。

$$F_{x,n} = \sum_{i=1}^{j} F_{x,n}^i \tag{2-97}$$

$$M_{z,n} = \sum_{i=1}^{j} F_{x,n}^i \left(y_i - \frac{a_\theta}{2} \right) \tag{2-98}$$

（2）等效节点力和等效节点弯矩转换为节点线力和节点线弯矩。x 方向的等效节点力与节点线力通过式（2-71）进行计算。同理，沿 y 方向的节点线力（$f_{y,1}$，$f_{y,2}$，$\cdots$，$f_{y,n}$）和沿 z 方向的节点线弯矩（$m_{z,1}$，$m_{z,2}$，$\cdots$，$m_{z,n}$）以相同的方式进行计算，如式（2-99）和式（2-100）。

$$\begin{bmatrix} F_{y,1} \\ F_{y,2} \\ \vdots \\ F_{y,n} \end{bmatrix} = \begin{bmatrix} L \end{bmatrix} \begin{bmatrix} f_{y,1} \\ f_{y,2} \\ \vdots \\ f_{y,n} \end{bmatrix} \tag{2-99}$$

$$\begin{bmatrix} M_{x,1} \\ M_{x,2} \\ \vdots \\ M_{x,n} \end{bmatrix} = \begin{bmatrix} L \end{bmatrix} \begin{bmatrix} m_{z,1} \\ m_{z,2} \\ \vdots \\ m_{z,n} \end{bmatrix} \tag{2-100}$$

将计算得到的节点线力和节点线弯矩代入式（2-95）和式（2-96），可以确定开裂截面的膜应力、弯曲应力和剪应力，在此基础上通过式（2-94）和式（2-84）分别计算有效应力幅 $\Delta\sigma_e$ 和等效结构应力幅 ΔS_s，在此基础上进行钢桥面板纵肋与顶板连接构造细节的疲劳强度评估。

钢桥面板纵肋与顶板连接构造细节各疲劳开裂模式的等效结构应力均可按照上述计算方法求解，其中疲劳开裂模式 RTD-1 和 RTD-2 的疲劳裂纹扩展方向基本垂直于顶板，其等效结构应力可直接求解；但对于疲劳开裂模式 RTD-3 的疲劳裂纹扩展方向与外荷载模式、熔透率和焊缝尺寸密切相关，即该开裂模式的疲劳开裂面不确定或不唯一，需要根据每个假定的疲劳开裂面建立有限元模型并计算其等效结构应力，进而确定纵肋与顶板连接构造细节的主导疲劳开裂模式，但计算烦琐且工作量大。为便于确定疲劳开裂模式 RTD-3 的疲劳开裂面并求解其等效结构应力，建立焊缝分析模型[17,81]，如图 2-26 所示。

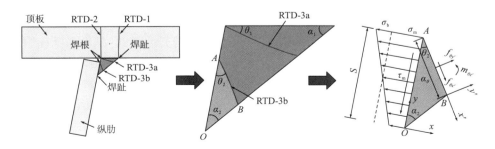

图 2-26 疲劳开裂模式 RTD-3b 的分析模型示意图

此处以 RTD-3b 为例，其有限元模型示意如图 2-27 所示。开裂面 OA 的结构应力分量（σ_m，σ_b 和 τ_T）由上述方法求解，并与任一开裂面 AB（开裂角度为 θ_2）上的线力和线弯矩满足力的平衡条件：

$$\sum F_x = 0 , \quad f_{\theta x'} \cdot \sin\theta_2 + f_{\theta y'} \cdot \cos\theta_2 - \sigma_\text{m} \cdot s = 0 \tag{2-101}$$

$$\sum F_y = 0 , \quad -f_{\theta x'} \cdot \cos\theta_2 + f_{\theta y'} \cdot \sin\theta_2 - \tau_\text{T} \cdot s = 0 \tag{2-102}$$

$$\sum M_z = 0 , \quad m_{\theta z'} + \frac{\sigma_\text{b} \cdot s^2}{6} - \frac{\sigma_\text{m} \cdot s^2}{2} + f_{\theta y'} \cdot \frac{a_\theta}{2} = 0 \tag{2-103}$$

其中，疲劳开裂面厚度 a_θ 为

$$a_\theta = \frac{s \cdot \sin\alpha_2}{\sin(\alpha_2 + \theta_2)} \tag{2-104}$$

由式(2-101)～式(2-103)可以求解任一开裂面 AB 上的结构应力分量：

$$\sigma_\text{m}(\theta_2) = \frac{f_{\theta y'}}{a_\theta} = \frac{\sigma_\text{m} \cdot s \cdot \cos\theta_2 + \tau_\text{T} \cdot s \cdot \sin\theta_2}{a_\theta} \tag{2-105}$$

$$\sigma_\text{b}(\theta_2) = \frac{6m_{\theta z'}}{a_\theta^2} = \frac{-\sigma_\text{b} \cdot s^2 + 3\sigma_\text{m} \cdot s^2 - 3a_\theta \cdot (\tau_\text{T} \cdot s \cdot \sin\theta_2 + \sigma_\text{m} \cdot s \cdot \cos\theta_2)}{a_\theta^2} \tag{2-106}$$

$$\tau_\text{T}(\theta_2) = \frac{f_{\theta x'}}{a_\theta} = \frac{\sigma_\text{m} \cdot s \cdot \sin\theta_2 - \tau_\text{T} \cdot s \cdot \cos\theta_2}{a_\theta} \tag{2-107}$$

纵肋与顶板连接构造细节开裂模式 RTD-3b 的等效结构应力可通过将结构应力分量 [$\sigma_\text{m}(\theta_2)$、$\sigma_\text{b}(\theta_2)$ 和 $\tau_\text{T}(\theta_2)$] 代入式(2-94)和式(2-84)进行求解。同理，疲劳开裂模式 RTD-3a 的等效结构应力求解过程与 RTD-3b 相同。

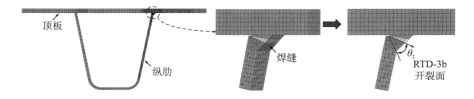

图 2-27   有限元模型示意图

2.3.6.6 纵肋与横隔板连接构造细节广义结构应力计算

纵肋与横隔板连接构造细节中最常见的三种典型疲劳开裂模式：从弧形开孔的纵肋焊趾起裂沿纵肋腹板扩展（RTF-1）、从弧形开孔的横隔板端部焊趾起裂沿隔板扩展（RTF-2）和从弧形开孔母材边缘起裂沿横隔板扩展（RTF-3）。其中，开裂模式 RTF-1 的疲劳裂纹主要由荷载作用下纵肋发生横向扭转畸变及纵向弯曲，进而在焊趾端部的面外变形引起，其扩展方向基本垂直于纵肋腹板，其等效结构应力可按上述的纵肋与顶板连接构造细节开裂模式 RTD-1 的方法直接求解。对于开裂模式 RTF-2 和 RTF-3 的疲劳裂纹，当荷载作用于

在横隔板正上方时，此两类开裂模式属于横隔板面内弯曲主导的疲劳开裂，面内弯曲应力和剪应力均较大；当荷载作用于两横隔板之间时，纵肋挠曲变形迫使横隔板发生面外变形，且在纵肋与横隔板连接部位产生较大的次弯曲应力，此两类开裂模式属于面外变形导致的疲劳开裂，但开裂模式 RTF-2 和 RTF-3 的疲劳裂纹均在横隔板面内扩展，其疲劳开裂面厚度裂纹扩展的临界裂纹长度需要根据断裂力学原理判断，即当裂纹扩展至临界裂纹尺寸 a_c 时，产生失稳扩展而快速断裂[22,23]。

根据疲劳荷载作用位置，该构造细节发生疲劳断裂时的临界裂纹尺寸 a_c 可通过式 (2-108) 确定：

$$a_c = \frac{1}{\pi}\left(\frac{K_c}{f \cdot \Delta\sigma}\right)^2 \tag{2-108}$$

式中，$\Delta\sigma$ 为开裂部位的应力幅；K_c 为材料的断裂韧度；f 一般是构件几何与裂纹尺寸的函数，可由应力强度因子手册查得。对于无限大中心裂纹板，$f=1$；对于单面裂纹无限大板，$f=1.12$。试验研究表明[22]，对于韧性金属材料，可采用式 (2-109) 计算裂纹扩展速率从 II 区向 III 区转变时的断裂韧度 K_c：

$$K_c = 0.00637\sqrt{E_s\sigma_{ys}} \tag{2-109}$$

式中，E_s 为钢材弹性模量；σ_{ys} 为屈服极限。基于线弹性断裂力学理论及 Pairs 公式，分别计算初始裂纹深度 a_0 在 $0.5 \sim 2.0$mm 之间变化和疲劳断裂韧度在 $0.5K_c \sim 2K_c$ 之间变化时的疲劳寿命，根据 BS7910[44]裂纹扩展参数取 $C=5.21\times10^{-13}$ 和 $m=3$。当疲劳断裂韧度在 $0.5K_c \sim 2K_c$ 之间变化时，对应的疲劳寿命相差小于 10%，即材料的疲劳断裂韧度增大使得临界裂纹长度发生较大的变化，但对疲劳裂纹扩展寿命的影响较小，远小于初始裂纹深度 a_0 变化对疲劳裂纹扩展寿命的影响。对于多冗余度的钢桥面板结构而言，既有研究表明，其疲劳开裂部位的裂纹前缘应力强度因子远小于疲劳断裂韧度 K_c，裂纹贯穿板厚时仍能继续服役，且当裂纹扩展至一定长度后远离局部应力集中区，疲劳裂纹尖端应力强度因子随裂纹扩展可能降低；通常不会发生应力强度因子大于 K_c，而裂纹尖端失稳扩展的情况。此时，无法直接采用断裂韧度 K_c 来定义钢桥面板结构的临界裂纹尺寸 a_c。因此，考虑临界裂纹尺寸 a_c 对疲劳裂纹扩展寿命的影响较小，此处将纵肋与横隔板连接构造细节开裂模式 RTF-2 和 RTF-3 的开裂面厚度 a_θ 取 1.0 倍横隔板厚度 t_f，这样也便于与钢桥面板结构沿板厚扩展的开裂模式的取值进行统一。研究结果表明，纵肋与横隔板连接构造细节开裂模式 RTF-3 的疲劳开裂对应的裂纹长度难以确定，考虑贯穿横隔板厚度之前的疲劳寿命较长，因此将开裂模式 RTF-3 的开裂面厚度取 0.5 倍或 1.0 倍横隔板厚度均可。但疲劳裂纹未贯穿横隔板厚度或刚贯穿时，疲劳裂纹长度不易观测和测量，且裂纹应力强度因子在裂纹扩展至 1.0 倍横隔板厚度时基本处于稳定并随后降低，同时考虑钢桥面板结构其他开裂模式采用等效结构应力进行疲劳性能评估时一般取为 1.0 倍板厚。综合考量，后续统一将纵肋与横隔板连接构造细节开裂模式 RTF-3 的开裂面厚度取为 1.0 倍横隔板厚度（$1.0t_f$），开裂模式 RTF-2 与其相同，如图 2-28 所示。

需要特别说明的是，虽然 RTF-2 为焊缝处结构应力，但仍和 RTF-3 一致，为横隔板面内弯曲主导的疲劳开裂，因此其与传统的结构应力有所区别。但 RTF-2 和 RTF-3 处的应力仍按结构应力的概念求解，因此，此处定义传统的焊缝焊线处的等效结构应力（RTD-1、RTD-2、RTD-3 和 RTF-1）和非焊缝处的等效结构应力（RTF-2 和 RTF-3）统一为广义结构应力。

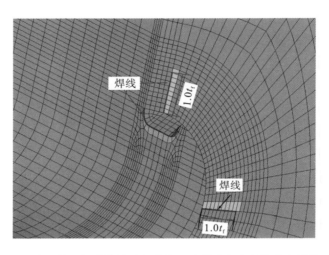

图 2-28　纵肋与横隔板连接构造细节各开裂模式广义结构应力计算示意图

2.3.6.7　钢桥面板结构多模式的疲劳性能评估流程

正交异性钢桥面板结构体系的疲劳失效机理与疲劳性能具有结构体系与构造细节多尺度耦合特性和疲劳失效多模式特性[18]。在构造细节层面，构造细节设计、焊缝几何形态和初始制造缺陷决定各疲劳开裂模式疲劳性能；在结构体系层面，结构体系设计参数决定各疲劳开裂模式在具有随机特性的疲劳荷载遍历作用下的疲劳损伤累积过程，即决定了疲劳致损效应（各疲劳开裂模式疲劳损伤逐步累积及其剩余疲劳寿命逐步降低的效应）。

结构体系所包含的全部疲劳开裂模式的疲劳致损效应与疲劳性能的对比关系决定着结构体系的疲劳失效机理，即结构体系疲劳失效最先发生在疲劳致损效应超过相应疲劳性能的开裂模式中，该开裂模式定义为结构体系的主导疲劳开裂模式，对应的疲劳性能即为结构体系的疲劳性能。结构体系疲劳性能评估方法基本分析过程如下：

（1）根据交通量预测信息结合实际交通流组成特点和车辆特征信息，得到交通流量特征、车辆荷载几何特征、车辆总重及轴重特征等疲劳致损效应的关键影响参数，并基于此采用 Monte Carlo（蒙特卡罗）方法抽样得到随机车流荷载谱。

（2）建立包含各疲劳易损细节的三维实体有限元模型，施加单位轮载得到各重要疲劳开裂模式的影响面。

（3）将所得到的随机车流荷载进行影响面加载，得到正交异性钢桥面板结构体系各重要疲劳开裂模式的应力响应。

（4）采用雨流计数法及线性累计损伤原理计算各重要疲劳开裂模式疲劳致损效应及疲劳性能，并剖析结构体系的主导开裂模式及其疲劳性能。主要分析流程如图 2-29 所示。

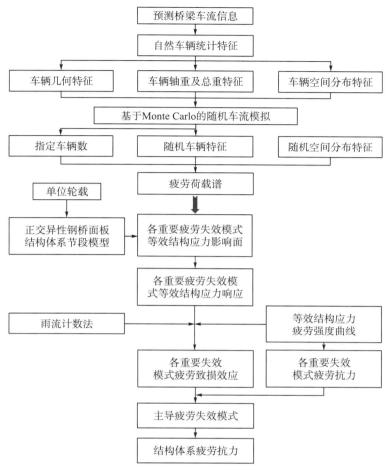

图 2-29　钢桥面板结构体系疲劳性能评估流程

2.3.6.8　疲劳强度曲线的确定

为准确地评估钢桥面板疲劳性能与寿命，首先需确定钢桥面板各构造细节疲劳强度。根据前述章节确定的钢桥面板疲劳性能统一评估方法，结合足尺疲劳试验模型确定钢桥面板疲劳强度，以便后续进一步的钢桥面板疲劳性能评估。为此，首先需开展钢桥面板疲劳试验，并通过试验确定钢桥面板各构造细节的疲劳强度曲线和等级。同时，考虑试验模型大小、焊接和制造工艺、初始缺陷水平、焊接残余应力和构造细节参数等，确定可包络上述影响参数效应的钢桥面板的统一抗力曲线。基于笔者团队近十年完成的大量钢桥面板疲劳足尺模型试验和收集的国内外相关试验案例进行重分析，以建立基于等效结构应力法的钢桥面板疲劳性能评估统一抗力曲线。

基于对既有钢桥面板疲劳性能研究的试验数据统计结果，根据试验模型构造尺寸建立有限元模型，进行试验数据重分析并计算开裂模式的等效结构应力。用于重分析的试验模型共计 658 个（共统计 880 个，剔除部分模型参数不完整、难以重分析的数据）[81]，涵盖了钢桥面板纵肋与顶板连接细节和纵肋与横隔板连接构造细节的 7 种典型开裂模式。由于不同学者在试验研究中的疲劳开裂判据难以统一，且部分试验结果中未给出裂纹尺寸或关键测点应变变化幅度，无法在统一尺度开展疲劳性能评估，故对部分钢桥面板结构的关键构造细节疲劳性能进行评估时采用既有文献试验研究的最终作用次数。计算各组试验模型开裂模式的等效结构应力，并将相关数据结果绘制在主 *S-N* 曲线中，如图 2-30 所示。

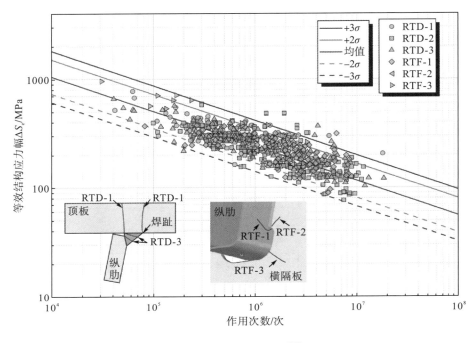

图 2-30　主 *S-N* 曲线[81]

　　研究结果表明：①采用主 *S-N* 曲线进行钢桥板结构纵肋与顶板单面焊细节和纵肋与横隔板连接构造细节的疲劳性能评估时，试验结果基本位于主 *S-N* 曲线 $-2\sigma \sim \pm 2\sigma$ 之间，即基于等效结构应力的主 *S-N* 曲线可以较为准确地预测钢桥面板结构关键构造细节各开裂模式的疲劳寿命；②基于等效结构应力的主 *S-N* 曲线由断裂力学理论推导出来，考虑了关键构造细节的应力集中、板厚和荷载模式等关键影响因素，进而实现钢桥面板结构多开裂模式统一评估；③等效结构应力积分下限可以根据制造工艺和焊接质量导致初始微裂纹具体尺寸或尺寸概率分布特征进行选取，进而可以考虑焊接结构的焊根和焊趾在应力水平相近的情况下，初始微裂纹尺寸效应导致的构造细节主导开裂模式迁移问题。

2.4　小　　结

　　正交异性钢桥面板自发明以来经历了应用和不断完善的过程，早期建造的钢桥面板对构造细节设计和制造工艺的研究还不够深入，在运营使用过程中出现了疲劳开裂问题，并且修复比较困难，修复后也存在再开裂问题。在应用过程中，工程界和学术界根据问题不断总结经验教训，正交异性钢桥面板中诸多构造细节得到了优化和改进，甚至取消了部分细节，其疲劳性能是在应用推广过程中不断强化的。随着研究的不断深入，计算技术的进步和工程经验的不断积累，正交异性钢桥面板结构体系的疲劳计算理论基础和评估方法不断完善。本章主要内容和结论如下：

（1）钢桥面板结构疲劳寿命的关键影响因素主要包括内因和外因两个方面，前者主要包括结构体系、构造细节设计、焊缝几何形态参数、焊接残余应力、焊接缺陷和制造误差等，后者主要指服役环境和随机交通荷载条件。对于钢桥面板疲劳性能研究而言，Miner准则是适用的。

（2）多构造细节和多模式特性是钢桥面板结构的疲劳开裂问题的基本属性。即多个构造细节均可能发生疲劳开裂，且构造细节可能包含多个疲劳开裂模式，而疲劳致损效应最先超过其疲劳损伤度临界值的重要开裂模式表现为结构的主导开裂模式。

（3）当前各国规范中主要采用名义应力法进行钢桥面板结构疲劳性能的评估，随着研究的深入，断裂力学法、等效结构应力法和损伤力学等方法在钢桥面板结构疲劳性能评估方面的适用性得到了验证。

笔者团队基于十余年的研究成果，在既有等效结构应力的基础上，提出了广义结构应力法，将焊接构造和非焊接构造的评估方法统一，在系统试验验证的基础上，统一了所有构造细节评估应力的计算方法（广义结构应力）和评估强度（主 S-N 曲线），为钢桥面板结构体系的疲劳性能评估奠定了基础。

参 考 文 献

[1] Henry D L. A theory of fatigue-damage accumulation in steel[J]. Journal of Fluids Engineering, 1955, 77(6): 913-918.

[2] Fisher J W, Frank K H, Hirt M A, et al. Effect of weldments on the fatigue strength of steel beams[R]. Washington DC: Highway Research Board, National Academy of Sciences, 1970.

[3] Fisher J W, Albrecht P, Yen B T, et al. Fatigue strength of steel beams with welded stiffeners and attachments[J]. Washington DC: Highway Research Board, National Academy of Sciences, 1974.

[4] Miller K J. Fatigue under complex stress[J]. Metal Science, 1977, 11(8/9): 432-438.

[5] Fu T T, Cebon D. Predicting fatigue lives for bi-modal stress spectral densities[J]. International Journal of Fatigue, 2000, 22(1): 11-21.

[6] Ye X W, Ni Y Q, Wong K Y, et al. Statistical analysis of stress spectra for fatigue life assessment of steel bridges with structural health monitoring data[J]. Engineering Structures, 2012, 45: 166-176.

[7] Sonsino C. Course of SN-curves especially in the high-cycle fatigue regime with regard to component design and safety[J]. International Journal of Fatigue, 2007, 29(12): 2246-2258.

[8] 中华人民共和国交通运输部. 公路钢结构桥梁设计规范: JTG D64—2015[S]. 北京: 人民交通出版社, 2015.

[9] Lv Z Q, Huang H Z, Zhu S P, et al. A modified nonlinear fatigue damage accumulation model[J]. International Journal of Damage Mechanics, 2015, 24(2): 168-181.

[10] Lee Y L. Fatigue testing and analysis: theory and practice[M]. Amsterdam: Elsevier Butterworth-Heinemann, 2005.

[11] 张清华, 卜一之, 李乔. 正交异性钢桥面板疲劳问题的研究进展[J]. 中国公路学报, 2017, 30(3): 14-30, 39.

[12] 范传斌, 吴玉刚, 张清华, 等. 正交异性钢桥面板抗疲劳关键技术和工程应用[M]. 北京: 人民交通出版社, 2023.

[13] 孟凡超, 张清华, 谢红兵, 等. 抗疲劳钢桥面板关键技术[M]. 北京: 人民交通出版社, 2018.

[14] BS EN1993-1-9: 2005. Eurocode 3: Design of steel structures-Part 1-9: Fatigue[S]. London: British Standards Institution, 2005.

[15] 李俊, 张清华, 袁道云, 等. 基于等效结构应力法的正交异性钢桥面板体系疲劳抗力评估[J]. 中国公路学报, 2018, 31(12): 134-143.

[16] 张清华, 李俊, 郭亚文, 等. 正交异性钢桥面板结构体系的疲劳破坏模式和抗力评估[J]. 土木工程学报, 2019, 52(1): 71-81.

[17] Li J, Zhang Q H, Bao Y, et al. An equivalent structural stress-based fatigue evaluation framework for rib-to-deck welded joints in orthotropic steel deck[J]. Engineering Structures, 2019, 196: 109304.

[18] 张清华, 笪乐天, 李明哲, 等. 基于多失效模式损伤度相容的钢桥面板抗疲劳设计方法[J]. 土木工程学报, 55(12): 80-93.

[19] Fricke W. IIW recommendations for the fatigue assessment of welded structures by notch stress analysis: IIW-2006-09[M]. Cambridge: Woodhead Publishing, 2012.

[20] Fatigue Strength Analysis of Offshore Steel Structures[S]. Oslo: DNV, 2005.

[21] 崔闯, 卜一之, 张清华, 等. 基于热点应力法的正交异性钢桥面板疲劳寿命评估[J]. 桥梁建设, 2014, 44(4): 62-67.

[22] Zhu Z W, Li J P, Huang Y, et al. Hot-spot stress models of cutout detail on orthotropic steel bridge decks[J]. Journal of Constructional Steel Research, 2021, 183: 106762.

[23] Abdelbaset H, Cheng B, Tian L, et al. Reduce hot spot stresses in welded connections of orthotropic steel bridge decks by using UHPC layer: Experimental and numerical investigation[J]. Engineering Structures, 2020, 220: 110988.

[24] Chan T H T, Zhou T Q, Li Z X, et al. Hot spot stress approach for Tsing Ma Bridge fatigue evaluation under traffic using finite element method[J]. Structural Engineering and Mechanics, 2005, 19(3): 261-279.

[25] Liu R, Liu Y Q, Ji B H, et al. Hot spot stress analysis on rib-deck welded joint in orthotropic steel decks[J]. Journal of Constructional Steel Research, 2014, 97: 1-9.

[26] Yokozeki K, Miki C. Fatigue evaluation for longitudinal-to-transverse rib connection of orthotropic steel deck by using structural hot spot stress[J]. Welding in the World, 2016, 60(1): 83-92.

[27] Chen B, Chen Z, Xie X, et al. Fatigue performance evaluation for an orthotropic steel bridge deck based on field hotspot stress measurements[J]. Journal of Testing and Evaluation, 2020, 48(2): 1175-1187.

[28] Sim H B. Effective notch stress method for fatigue evaluation of welded joints in a steel bridge deck[J]. International Journal of Railway, 2012, 5(2): 89-92.

[29] Cai S Y, Chen W Z, Kashani M M, et al. Fatigue life assessment of large scale T-jointed steel truss bridge components[J]. Journal of Constructional Steel Research, 2017, 133: 499-509.

[30] Wang Q D, Ji B H, Gao T, et al. Effective-notch-stress-based fatigue evaluation of rib-deck welds integrating the full-range S-N curve concept[J]. Journal of Constructional Steel Research, 2021, 179: 106541.

[31] Cui C, Zhang Q H, Bao Y, et al. Fatigue performance and evaluation of welded joints in steel truss bridges[J]. Journal of Constructional Steel Research, 2018, 148: 450-456.

[32] Lazzarin P. Notch stress intensity factors and fatigue strength of aluminium and steel welded joints[J]. International Journal of Fatigue, 2001, 23(3): 225-232.

[33] Maddox S J. Fatigue strength of welded structures[M]. Cambridge: Woodhead Publishing, 1991.

[34] Mashayekhi M, Santini-Bell E. Fatigue assessment of a complex welded steel bridge connection utilizing a three-dimensional multi-scale finite element model and hotspot stress method[J]. Engineering Structures, 2020, 214: 110624.

[35] Cao B Y, Ding Y L, Geng F F, et al. Parametric study and fatigue life evaluation using effective notch stress approach for rib-to-deck welded joints in orthotropic steel decks[J]. Journal of Performance of Constructed Facilities, 2021, 35(3): 4021014.

[36] Paris P, Erdogan F. A critical analysis of crack propagation laws[J]. Journal of Basic Engineering, 1963, 85(4): 528-533.

[37] Irwin G R, Liebowitz H, Paris P C. A mystery of fracture mechanics[J]. Engineering Fracture Mechanics, 1968, 1(1): 235-236.

[38] Cheung M S, Li W C. Probabilistic fatigue and fracture analyses of steel bridges[J]. Structural Safety, 2003, 25(3): 245-262.

[39] Fisher J W, Roy S. Fatigue of steel bridge infrastructure[J]. Structure and Infrastructure Engineering, 2011, 7(7/8): 457-475.

[40] 朱劲松, 郭耀华. 正交异性钢桥面板疲劳裂纹扩展机理及数值模拟研究[J]. 振动与冲击, 2014, 33(14): 40-47.

[41] Kiss K, Dunai L. Fracture mechanics based fatigue analysis of steel bridge decks by two-level cracked models[J]. Computers & Structures, 2002, 80(27/28/29/30): 2321-2331.

[42] 刘益铭, 张清华, 崔闯, 等. 正交异性钢桥面板三维疲劳裂纹扩展数值模拟方法[J]. 中国公路学报, 2016, 29(7): 89-95.

[43] Hobbacher A F. Recommendations for fatigue design of welded joints and components[M]. Cham: Springer International Publishing, 2016.

[44] BS 7910 2019, Guide to Methods for Assessing the Acceptability of Flaws in Metallic Structures, BSI, London, 2019.

[45] 李灏. 损伤力学基础[M]. 济南: 山东科学技术出版社, 1992.

[46] Kachanov L M. Introduction to continuum damage mechanics[M]. Dordrecht: Springer, 1986.

[47] Chaboche J L. Continuous damage mechanics-a tool to describe phenomena before crack initiation[J]. Nuclear Engineering and Design, 1981, 64(2): 233-247.

[48] Bazant Z P. Mechanics of distributed cracking[J]. Applied Mechanics Reviews, 1986, 39(5): 675-705.

[49] Ke F J, Bai Y L, Xia M F. Evolution of ideal micro-crack system[J]. Science in China, Ser A, 1990, 33(12): 1447-1459.

[50] Bai Y L, Ke F J, Xia M F. Formulation of statistical evolution of microcracks in solids[J]. Acta Mechanica Sinica, 1991, 7(1): 59-66.

[51] Kachanov M. Effective elastic properties of cracked solids: critical review of some basic concepts[J]. Applied Mechanics Reviews, 1992, 45(8): 304-335.

[52] Yang W, Lee W B. Mesoplasticity and its applications[M]. Heidelberg: Springer Berlin, 1993.

[53] 冯西桥. 脆性材料的细观损伤理论和损伤结构的安定分析[D]. 北京: 清华大学, 1995.

[54] Krajcinovic D. Damage mechanics[M]. Amsterdam: North-Holland, 1996.

[55] Hu Y N, Wu S C, Song Z, et al. Effect of microstructural features on the failure behavior of hybrid laser welded AA7020[J]. Fatigue & Fracture of Engineering Materials & Structures, 2018, 41(9): 2010-2023.

[56] Krewerth D, Lippmann T, Weidner A, et al. Influence of non-metallic inclusions on fatigue life in the very high cycle fatigue regime[J]. International Journal of Fatigue, 2016, 84: 40-52.

[57] Hong Y S, Lu Y H, Zheng Z M. Initiation and propagation of short fatigue cracks in a weld metal[J]. Fatigue & Fracture of Engineering Materials & Structures, 1989, 12(4): 323-331.

[58] Sun B, Xu Y L, Zhu Q, et al. Concurrent multi-scale fatigue damage evolution simulation method for long-span steel bridges[J]. International Journal of Damage Mechanics, 2019, 28(2): 165-182.

[59] 白以龙, 柯孚久, 夏蒙棼. 固体中微裂纹系统统计演化的基本描述[J]. 力学学报, 1991(3): 290-298.

[60] 洪友士, 方飚. 疲劳短裂纹萌生及发展的细观过程和理论[J]. 力学进展, 1993, 23(4): 468-486.

[61] Curran D R, Seaman L, Shockey D A. Dynamic failure of solids[J]. Physics Reports, 1987, 147(5/6): 253-388.

[62] 赵永翔, 高庆, 王金诺. 不锈钢管道焊缝金属疲劳短裂纹行为的实验研究Ⅰ. 材料微观结构和研究方法[J]. 金属学报, 2000, 36(9): 931-936.

[63] 赵永翔, 高庆, 王金诺. 不锈钢管道焊缝金属疲劳短裂纹行为的实验研究Ⅱ. 裂纹萌生、扩展与交互作用[J]. 金属学报, 2000, 36(9): 937-943.

[64] Miller K J. Short fatigue cracks[M]//Branco C M, Rosa L G. Advances in Fatigue Science and Technology. Dordrecht: Springer, 1989.

[65] Miller K J, Gardiner T. High-Temperature cumulative damage for stage I crack growth[J]. The Journal of Strain Analysis for Engineering Design, 1977, 12(4): 253-261.

[66] David H P. The growth of short fatigue cracks in a medium carbon steel[D]. Sheffield: University of Sheffield, 1985.

[67] 史生良, 王赞芝, 林德深. 42CrMo 钢缺口疲劳裂纹萌生及短裂纹扩展规律的研究[J]. 铁道学报, 1997, 19(2): 96-101.

[68] Tomkins B. Fatigue crack propagation-an analysis[J]. Philosophical Magazine, 1968, 18(155): 1041-1066.

[69] Frost N E, Dugdale D S. The propagation of fatigue cracks in sheet specimens[J]. Journal of the Mechanics and Physics of Solids, 1958, 6(2): 92-110.

[70] Frost N E. Propagation of fatigue cracks in various sheet materials[J]. Journal of Mechanical Engineering Science, 1959, 1(2): 151-170.

[71] Cui C, Zhang Q H, Bao Y, et al. Fatigue damage evaluation of orthotropic steel deck considering weld residual stress relaxation based on continuum damage mechanics[J]. Journal of Bridge Engineering, 2018, 23(10): 04018073.

[72] Yuan D, Cui C, Zhang Q H, et al. Fatigue damage evaluation of welded joints in steel bridge based on meso-damage mechanics[J]. International Journal of Fatigue, 2022, 161: 106898.

[73] Dong P. A structural stress definition and numerical implementation for fatigue analysis of welded joints[J]. International Journal of Fatigue, 2001, 23(10): 865-876.

[74] Dong P S, Hong J K, Cao Z. Stresses and stress intensities at notches: 'anomalous crack growth'revisited[J]. International Journal of Fatigue, 2003, 25(9/10/11): 811-825.

[75] Zhou W Q, Dong P S, Pei X J, et al. Evaluation of magnesium weldment fatigue data using traction and notch stress methods[J]. International Journal of Fatigue, 2020, 138: 105695.

[76] Dong P, Hong J K, Osage D A, et al. Master S-N curve method for fatigue evaluation of welded components[R]. Welding Research Council, 2002.

[77] Osage D A, Dong P S, Spring D. Fatigue assessment of welded joints in API 579-1/ASME FFS-1 2016-existing methods and new developments[J]. Procedia Engineering, 2018, 213: 497-538.

[78] Dong P S, Wei Z G, Hong J K. A path-dependent cycle counting method for variable-amplitude multi-axial loading[J]. International Journal of Fatigue, 2010, 32(4): 720-734.

[79] Dong P, Hong J K. A robust structural stress parameter for evaluation of multiaxial fatigue of weldments[J]. Journal of ASTM International, 2006, 3(7): 1-17.

[80] Kim J S, Kim C, Jin T E, et al. Mean load effect on fatigue of welded joints using structural stress and fracture mechanics approach[J]. Nuclear engineering and technology, 2006, 38(3): 277-284.

[81] 李俊. 钢桥面板结构主导疲劳失效模式的形成机制与性能评估问题研究[D]. 成都: 西南交通大学, 2021

第3章 钢桥面板疲劳性能模型试验

前述章节建立了钢桥面板疲劳性能评估理论方法，为准确地评估钢桥面板疲劳性能，还需确定钢桥面板各构造细节的疲劳强度等级和曲线，而疲劳试验是确定钢桥面板疲劳强度的基础和前提。为此，本章基于笔者科研团队近十年以来所完成的钢桥面板疲劳试验和国内外相关试验案例，以广泛采用构造细节模型和节段模型为重点，首先概述钢桥面板疲劳试验的模型设计方法，明确模型设计、加载和测试原则；其次针对钢桥面板关键构造细节的疲劳试验进行梳理总结，分析确定钢桥面板关键构造细节的实际疲劳性能和开裂模式；最终基于等效结构应力法建立钢桥面板疲劳性能评估统一抗力曲线，为钢桥面板疲劳性能统一评估奠定基础。

3.1 疲劳试验方法

模型试验是开展正交异性钢桥面板疲劳性能研究的重要方法，通过合理的疲劳试验模型、加载和测试方案设计，准确模拟钢桥面板关键疲劳易损部位在车辆反复作用下的实际受力状态和疲劳损伤累积过程，从而确定其疲劳开裂模式和实际疲劳性能是试验方法研究的核心内容[1-8]。钢桥面板疲劳试验研究的主要目的在于通过多个关键疲劳易损部位的对比分析确定钢桥面板结构体系的主导疲劳开裂模式，进一步揭示钢桥面板疲劳破坏机理，为钢桥面板的疲劳设计和性能评估提供依据。然而若研究对象和构造细节相同，但试验模型设计和加载方案不同，则可能导致完全不同的疲劳开裂模式，得到具有误导性甚至偏于不安全的试验结果。合理的模型、加载和测试方案设计是开展钢桥面板疲劳试验研究的基础和关键。同时，疲劳试验耗费大量的时间、人力和物力资源，应确保试验结果能够反映实桥疲劳性能且经济可行，因此，本节首先重点介绍钢桥面板疲劳试验的模型设计、加载和测试等方面的关键内容。

3.1.1 模型设计

模型设计是开展钢桥面板疲劳试验的基础和前提，合理的模型设计不仅要反映构造细节的实际疲劳性能，而且需具有经济可行性和可操作性，其主要原则在于模型能够较为准确地反映实际结构的主要力学特征，忽略试验的部分次要影响因素。同时，试件在加工、制造和试验过程中应尽量避免与实际结构和构造细节不符的制造误差、加载位置偏差等次要因素的影响，当次要因素无法避免时，应分析并监测次要因素对于模型受力特征的影响，以避免发生因次要因素导致的试件疲劳开裂。通常试验模型的受力特性及其应力分布与实际结构间不可避免地存在一定程度的差异，设计试验模型时应遵循如下原则以控制上述差异[3-8]：①该差异应在可以接受的范围内，切实避免因次要因素而影响试验研究目标的实现；②模型待研究部位的应力应略大于或等于实际结构的应力，以便得到偏于安全的试验结果。设计模型时，应通过试验模型与对应的实桥疲劳关注细节处的几何相似、质量分布相似、物理相似和受力模式相似来保证试验结果的可信度。

根据模型试件的几何特征，试验模型可分为缩尺模型试件和足尺模型试件，缩尺或足尺模型试件的选择与试验室条件、研究对象受力模式和几何尺寸相关。当研究对象承受整体荷载作用且尺寸较大时，为便于疲劳试验研究的开展，通常可采用缩尺模型试件，即将其在长度、宽度、高度(厚度)等方向进行一定比例的缩尺。对于正交异性钢桥面板的疲劳性能而言，由前述研究可知，局部受力特征是导致其发生疲劳开裂的主要因素，并且正交异性钢桥面的疲劳易损细节多由焊接工艺制造，疲劳开裂多发生于焊缝位置，采用缩尺模型时，试件的焊缝尺寸、焊接工艺和热影响区等无法与实桥保持一致，导致试件的疲劳性能发生变化；而缩尺模型与实际结构疲劳性能之间的相关关系又难以确定，试验结果无法反映实际结构的疲劳性能。因此，正交异性钢桥面板疲劳性能试验研究应优先采用足尺模型试件。足尺模型试件对应主要板件的板厚、构造细节尺寸与实桥疲劳关注细节处完全一致，从而保证几何相似；模型试件的板件材料应与实桥一致以保证质量分布相似；模型试件的制造和焊接工艺应与实桥完全一致，且试件与实桥疲劳关注细节处的局部比例为1∶1以保证物理相似。

模型试件中仅包含单个构造细节时，可称之为构造细节模型，当模型试件中包含两个及以上构造细节时，可称之为节段模型。无论是构造细节模型还是节段模型，模型试件的尺寸均需根据研究目标、试验设备及场地情况等综合确定，通常构造细节模型尺寸较小，节段模型的尺寸较大。典型的足尺构造细节模型和足尺节段模型如图3-1所示。为保证模型试件与实桥构件在关键构造细节处受力模式相似，模型设计时，需首先针对模型试件和实桥构件建立有限元分析模型，分析关键构造细节的应力分布特征，基于应力等效原则初步确定模型试件的几何尺寸。相关规范中并未明确规定模型试件的数量，不同学者所开展的疲劳试验试件数量也存在较大差异。对于小型焊接接头而言，由于单个试件的尺寸较小、加载频率高且试验费用低，可基于可靠度理论确定试件数量，对应试件数量通常较多；研究的主要目的通常是，进行单个构造细节的疲劳性能的因素影响对比分析、效应量化、开裂模式和裂纹扩展过程和疲劳寿命研究。当模型试件尺寸较大时，尤其对于足尺节段模型而言，疲劳试验加载的时间较长和费用较高，一般以结构体系疲劳性能的综合验证、主导疲劳开裂(失效)模式的确定、疲劳性能的综合评估为主要目的，并通过少数几个模型实现。总体而言，模型试件的数量与试验目的、试件尺寸和经费等因素相关，需综合考虑研究目标、问题复杂性、试验结果的离散性、经费预算、研究时限等多种因素。

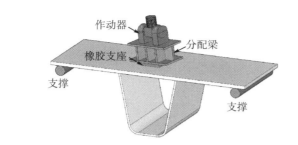

(a) 纵肋与顶板连接构造细节模型

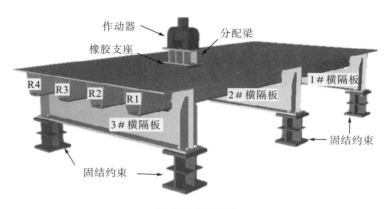

(b) 足尺节段模型

图 3-1　典型构造细节和足尺节段模型示意图

　　另一方面，试验模型通常来源于实桥结构的某一局部区域，需要设计对应的边界条件以满足试验模型的实际加载需求，边界条件设计不当不仅会影响模型的实际受力状态，而且会阻碍疲劳试验的顺利进行、增加试验耗费和时间成本，甚至难以达到试验目的。为此，疲劳模型设计中应重视边界条件的设计问题。应本着合理、适用、安全的原则将试验模型和边界条件作为有机整体统一考虑。合理的边界条件，可以保证试验模型加载的正确性和稳定性，避免因试验过程中边界条件失效而影响甚至中断试验。随着数位仿真分析技术的发展，包含复杂边界条件的有限元模型计算已成为可能，初步设计试验模型时，可采用理想约束计算模型的应力状态，如简支、悬臂或固结等，完成试验模型的初步设计之后，可建立包含实际边界条件的有限元模型，再次计算试验模型的应力状态，分析不同边界条件对于目标构造细节应力状态的影响，对比分析确定适用合理的试验边界条件和附属结构。根据计算结果确定边界条件的应力状态和变形行为，尤其是试验模型与边界条件连接位置的应力状态，保证疲劳开裂首先发生于目标构造细节，并确保试验过程中边界条件一致，附属结构不发生过早失效破坏。

　　实际上，虽然经过细致系统的优化设计，有限元模型计算结果与试验结果之间仍然可能存在差异，为尽可能减小上述差异，应保证有限元模型的边界条件与实际约束保持一致；同时，为使疲劳试验模型加载时能够真实反映实际桥梁的受力状态，在进行疲劳荷载加载前，应首先进行静载加载以消除安装、接触间隙，并确定试验模型各个疲劳易损目标位置的主拉应力最大值实测结果与理论计算结果是否等效，综合验证试验模型其他位置处主拉应力分布情况是否与理论计算结果相同。试验过程中，加强试验模型的测试并校核理论模型与试验结果之间的差异大小，确保差异在可接受范围内。

3.1.2 模型加载

钢桥面板试件模型设计完成后，还需确定疲劳试验的加载位置和荷载大小，钢桥面板实际疲劳荷载主要为沿桥纵向移动的车辆荷载，同时公路桥梁桥上车辆的横向位置也是变化的。限于实验室加载条件，试验过程中通常用固定的加载位置进行加载，具体位置可由理论计算结果确定，保证目标构造细节处于最不利受力状态，从而提高疲劳试验的加载效率。实际上，疲劳试验加载位置与模型设计过程密切相关，模型尺寸和边界条件的变化均会导致加载位置变化，加载位置与模型设计为有机统一整体，二者相辅相成；同时，疲劳试验加载位置的确定还需综合考虑场地条件、加载设备性能等，避免理论加载位置在试验过程中无法实现。疲劳试验荷载大小的确定与试验目的相关，根据疲劳试验目的的不同，可分为以下三类疲劳试验：①验证性疲劳试验，即采用疲劳试验验证目标构造细节在疲劳荷载作用下是否满足服役性能要求，疲劳试验加载达到一定次数后终止，试验终止时模型试件不一定发生疲劳开裂；②验证和破坏二阶段疲劳试验，即首先采用疲劳试验验证目标构造细节在疲劳荷载作用下是否满足服役要求，通常按 200 万次验证试验完成对应的等效荷载幅，先进行 200 万次疲劳试验，完成第一阶段的验证性疲劳试验。若疲劳试验加载到一定次数后构造细节未发生疲劳开裂，则提高疲劳荷载并继续加载，进行第二阶段疲劳破坏试验，直至构造细节发生疲劳开裂，确定构造细节的实际疲劳开裂模式、疲劳强度；③破坏性疲劳试验，以疲劳性能研究为主要目的确定疲劳荷载，直接加载至模型试件发生疲劳开裂，确定构造细节的疲劳开裂模式和疲劳强度，通常用于采用新材料、制造新技术、新工艺等的新型构造细节的疲劳性能研究。

针对上述三类疲劳试验目的，疲劳荷载的确定方法是不同的。当开展破坏性疲劳试验时，主要确定构造细节的疲劳强度，如纵肋与顶板双面焊、横隔板开孔等新型钢桥面板构造细节，其疲劳强度和 S-N 曲线处于未知状态，需首先确定其疲劳强度。一般可参照既有或类似构造细节的疲劳强度并根据预计加载次数确定疲劳荷载大小，在疲劳试验开始之后通常保持模型试件的疲劳荷载不变，直至发生疲劳开裂，从而得到一组疲劳试验数据点。当预计加载次数不同时，对应的疲劳荷载存在差异，因此，对于相同的构造细节可采用不同的疲劳荷载进行加载，从而得到多组疲劳试验数据点，进而采用名义应力或等效结构应力评估方法确定构造细节的疲劳强度。若研究经费充足且研究时间充足，亦可针对每一级疲劳荷载作用下的模型试件开展多组疲劳试验，通过试验结果的统计分析，确定疲劳试验结果样本的离散性和疲劳强度的概率统计特征。

当开展验证性疲劳试验时，需要考虑钢桥面板的交通量信息，根据钢桥面板在实际服役过程中承受随机车流荷载作用，以及不同车辆的重量和几何尺寸，确定一系列随时间连续变化的应力值，即应力谱，该应力谱可通过荷载谱叠加影响面(线)加载计算分析得到；另外，在实桥的目标构造细节位置布置应变片，也可以得到实际的应力谱，进而采用雨流计数法或泄水法确定大小不同的应力幅值及对应循环次数。对于新建桥梁或实际桥梁而言，通常可以参考预测的交通量及其增长量，当具体的交通信息如车辆类型、车辆总重等无法确定时，可采用《公路钢结构桥梁设计规范》（JTG D64—2015）中的标准疲劳荷载模型 III 作为荷载输入，标准疲劳荷载模型 III 是根据实测交通数据利用概率统计方法分析确定的疲劳验算荷载模型，能够一定程度反映所研究桥梁的交通荷载情况。在实际服役过程中，钢桥面板的损伤累积过程属于变幅疲劳损伤累积过程，而试验室加载通常采用恒幅疲劳荷载，因此，需要将变幅疲劳荷载转换为恒幅疲劳荷载，根据 Miner 准则，恒幅应力幅值 $\Delta\sigma_0$ 可根据式(3-1)计算确定：

$$\Delta\sigma_0 = \left[\frac{\sum\left(\Delta\sigma_i^m n_i\right)}{\sum n_i}\right]^{1/m} \tag{3-1}$$

式中，$\Delta\sigma_0$ 为恒幅应力幅值；$\Delta\sigma_i$ 为第 i 个应力幅值；n_i 为应力幅值 $\Delta\sigma_i$ 对应的循环次数；m 为疲劳强度 S-N 曲线对应段反斜率。

采用式(3-1)计算得到的恒幅应力幅值 $\Delta\sigma_0$，通常对应的疲劳荷载作用次数可达数亿次。但限于试验条件和加载周期，当前结构疲劳试验不可能按照实际车辆加载次数进行数亿次的疲劳加载，对于单个构造细节一般加载次数为 200 万～500 万次。因此，还需考虑可行的加载次数，根据式(3-1)将恒幅应力幅值进一步转化为更高幅值的等效应力幅值 $\Delta\sigma_{eq}$，降低疲劳加载次数。当加载次数确定为 200 万次时，等效应力幅值 $\Delta\sigma_{eq}$ 的计算如式(3-2)所示，当 S-N 曲线斜率不一致时，根据 Miner 准则按照式(3-1)和式(3-2)进行类似计算即可确定等效应力幅值 $\Delta\sigma_{eq}$。

$$\Delta\sigma_{eq} = \sigma_0\left[\frac{\sum n_i}{2\times10^6}\right]^{1/m} \tag{3-2}$$

疲劳试验加载位置和载荷大小确定后，即可选择合适的加载系统开展疲劳试验研究，按照加载频率和加载方式的不同，疲劳试验加载系统大体可分为三种类型：超声疲劳试验机、电磁谐振式高频疲劳试验机和电液伺服疲劳试验机。超声疲劳试验机采用压电和磁致伸缩原理将电压信号转换成机械振动，用超声波振动引起试样共振从而实现疲劳加载，加载频率可达 20kHz 甚至更高，能够大大缩短疲劳试验时间，提高加载效率，可实现超高周疲劳加载[9-11]。然而，超声疲劳试验机对试件类型和尺寸要求较高。与常规疲劳试验相反，超声疲劳试验需要根据试验系统给定的工作频率来合理设计试样的尺寸，且试件尺寸较小，试件中几乎难以包括构造细节几何特征，通常用于高强度金属材料的母材疲劳性能研究。电磁谐振式高频疲劳试验机的工作原理为机械系统共振，当电磁激振力的频率等于系统的主振频率时，整个系统产生等幅谐振从而实现疲劳加载，加载频率通常为 50～300Hz。试件尺寸和形状不同导致对应加载频率不同，加载频率由试件类型和试验机自身刚度自动确定，无法人为干预。由于试件与试验机必须形成闭环系统，一般适用于 T 型、十字型等小型焊接接头疲劳性能试验。

电液伺服疲劳试验机采用恒压伺服泵站作为动力源，加载频率一般介于 0～100Hz 之间。根据试验需求加载频率可在一定范围调整，适用于低周和高周疲劳试验。根据试验机类型和加载吨位的不同，可用于小型焊接接头和大型足尺焊接结构的疲劳试验加载。因此，对于钢桥面板各类构造细节而言，考虑到模型尺寸、边界和加载条件，通常采用电液伺服疲劳试验机加载，其中 MTS793 疲劳试验加载系统应用最为广泛，如图 3-2 所示，其优点在于适用于多种尺度模型，通过合理布置易于实现模型需要的边界条件，且试验荷载易于施加和控制。MTS793 疲劳试验加载系统主要由疲劳试验机和试验台架系统组成，加载行程较大时加载频率一般低于 10Hz。电液伺服疲劳试验机通常与试验台架共同组成加载系统。试验台架应具有与试验机加载性能匹配的强度、刚度和稳定性，台架下试验空间满足试验要求，其自振频率应避开与加载系统发生共振的频率区间。不但要保证加载吨位和试验空间，而且要具有足够的刚度，否则加载频率将会进一步降低甚至产生共振。不同于电磁谐振式高频疲劳试验机和超声疲劳试验机，电液伺服疲劳试验机加载过程中应避免发生共振，若产生共振则只有降低加载频率进行疲劳加载，从而增加试验成本和耗时，试验设计时应确定加载系统的动力特性，尽量避免试验过程中发生共振。模型设计时，试件刚度不宜过小，加载时试件位移过大必然导致加载行程长、频率低、耗时长。

图 3-2　MTS793 疲劳试验加载系统

　　值得注意的是，实际开展疲劳试验时，应尽量保证电液伺服式疲劳试验机的作动器处于受压状态，避免作动器受拉。作动器受拉或受压均可，但受拉加载时一般试件较难严格对中，加载过程中作动器易发生偏载和震动，加载效率低，且作动器易损坏；而作动器承受压应力时，则不存在上述问题。因此，确定加载方案时作动器宜采用受压状态来施加荷载。同时，试验台架中承受拉应力的构件和承受剪应力的螺栓连接位置在长期疲劳荷载作用下容易发生疲劳开裂，应重点关注上述部位的服役状态并定期开展试验台架的保养维护。对于 MTS793 疲劳试验加载系统，应根据试验荷载幅值选择合适的作动器吨位，并综合考虑疲劳试验机加载行程和台架受力状态，试验荷载幅值一般不宜超过最大动态试验值的 90%，也不宜小于最大动态试验值的 10%，以免加载过程中动态疲劳载荷不稳定。

　　疲劳试验通常采用静载和动载相结合的方式。首先通过一组静载试验确定模型试件的实际受力状态和疲劳试验实际的疲劳加载幅值，然后进行疲劳加载，在疲劳加载过程中每间隔一定的荷载循环次数需进行一次静载试验以确定试件的实际状态。静载试验的目的在于确保疲劳试验模型加载时能够真实反映实际桥梁的受力状态，确定各个疲劳易损细节试验模型目标位置的主拉应力最大值实测结果是否与实际桥梁等效，并且验证试验模型目标位置处及其附近处主拉应力分布情况是否与实桥相同，消除模型试件与支撑之间的装配间隙，检查各测试点测试设备是否正常工作。理论模型和实际模型在边界条件等方面必然存在一定差异，根据静力试验测试结果确定差异值，然后调节疲劳荷载幅值消除差异，如果理论值和实际值的差异过大，应分析产生差异的原因并重复调试工作，直至差异在可接受范围内。荷载调试完成之后可进行疲劳加载，加载过程中应监测试验载荷以及各个测点的应力状态是否正常。典型加载步骤如下所述：

（1）施加疲劳荷载前先分级施加一组静载，加载方式为 $0P \to 0.25P \to 0.50P \to 0.75P \to P \to 0.75P \to 0.50P \to 0.25P \to 0P$，其中 ΔP 为理论计算疲劳荷载幅值，每级静载需持荷 5 分钟，待结构受力稳定后再进行应变测试。

（2）对比试验实测应变与理论值的差异，分析差异来源和原因，确定应施加的实际疲劳荷载幅值 $\Delta P'$。

（3）按调整后的荷载 $\Delta P'$ 对试件施加幅值为 20kN～$\Delta P'$+20kN 的正弦波形荷载，根据具体试验条件确定加载频率，在满足试验加载条件的前提下尽量提高加载频率，设置疲劳荷载加载间隔次数为 ΔN 万次（例如 20 万次或 50 万次）。

（4）疲劳荷载加载次数达到 N 万次（例如 20 万次）后，停止疲劳荷载加载，按照步骤（1）的静载方案进行一次静载加载。

（5）对比分析当前静载试验结果与疲劳加载前的静载试验结果，若两次测试结果差异在容许范围内，则继续施加疲劳荷载；当结果差异较大时分析相关原因，采用超声波探伤和声发射探伤等多种方法对关键构造细节进行裂纹检测。

（6）步骤（5）确定可以继续施加疲劳荷载时，按照步骤（3）确定的疲劳荷载幅值加载 ΔN 万次疲劳荷载，若步骤（5）发现模型试件开裂则停止加载。

（7）重复步骤（4）和步骤（5）的内容，其间疲劳加载达到一定次数时分级施加静载后暂停试验并对试验模型采用超声波探伤和声发射探伤对构造细节进行探伤，并不断重复上述操作，同时对应变、变形及疲劳裂纹实时监测，直至试验模型破坏。

3.1.3　模型测试

疲劳试验加载过程中，需要确定模型试件在疲劳开裂前、疲劳开裂后等不同阶段的整体和局部受力状态。不同受力状态对应的测试指标不同，通常可采用模型试件不同位置的位移变形来反映结构的整体受力状态，采用模型试件对应位置的应变反映局部受力状态；模型试件发生疲劳开裂后，还需采用适用的方法监测荷载作用下疲劳裂纹的扩展特性。因此，疲劳试验应针对模型试件的位移、应变、裂纹形态等物理量进行测试，布置相应的测试设备。对于疲劳试验而言，模型试件疲劳开裂发生于构造细节的应力集中位置，由局部应力、应变引起，应力、应变和裂纹扩展状态是试验中需要测试的主要目标物理量；而疲劳开裂对于模型试件位移的影响较小，模型试件的位移测试对于局部疲劳开裂监测效果并不明显。位移测试结果作为结构实际受力特征的表现，可用于反映模型实际加载的正确性，分析整体受力模式是否与预期一致，对比验证理论模型计算结果与实测结果的差异，辅助分析结构关键目标位置的应力状态。因此，模型试件位移测试仍然是必要的。

应力、应变是疲劳试验过程中的首要测试目标，用于确定各类构造细节关键疲劳易损位置的受力状态，监测模型试件是否发生疲劳开裂，以及辅助位移测试，以检测边界条件等外部因素是否发生改变。应变测试时需要确定模型的关键测点，可参照以下原则：①测点处与疲劳易损部位目标位置相距较近，确保测试结果能够有效反映目标位置的实际受力状态；②所选测点处便于布置应变测试设备；③测点处主拉应力较大，确保测试结果不会被系统测试误差湮没。对于钢桥面板而言，关键测试部位通常位于焊缝附近，常用的应变传感器类型有应变片、应变花、光纤传感器等，随着测试技术的发展，非接触式三维应变测量系统也逐步应用于疲劳试验应变测试。对于应变片等接触式应变测量系统，通常需要一直依附于试件表面，应变片与试件持续承受疲劳荷载作用，存在稳定性下降甚至先于试件失效破坏的情况，实际应用时必须保证应变片质量与粘贴技术符合疲劳试验要求。而非接触式三维应变测量系统是应用计算机视觉技术的一种图像测量方法，即三维数字图像相关（3D digital image correlation，3D DIC）技术，利用图像处理中的数字相关算法，计算出试件表面的面内位移和应变，测试设备与试件表面并不接触，不存在测试设备疲劳开裂的问题，极具发展潜力，但其对于复杂结构应变测试的准确性有待验证，不同类型的应变测试系统如图 3-3 所示。

(a) 应变片测量系统

(b) 光纤应变测量系统

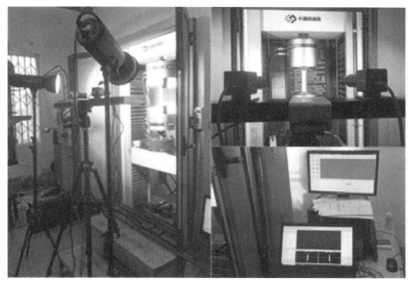

(c) 非接触式三维应变测量系统

图 3-3　典型应变测试系统类型

　　相对于光纤应变测量系统和非接触式三维应变测量系统,应变片测试系统具有测试精度高、适用范围广、价格低廉等优点,当应变片自身质量和粘贴质量良好时,可以承受 500 万次及以上的循环作用,具有优异的稳定性和耐久性,目前广泛应用于各类大型复杂结构的疲劳试验应变测试。应变片和应变花用于单点的应变测试,通过二者的组合以及多个应变片布置可以确定构造细节各关键目标位置的应变变化,同时,不同评估方法对应的应变片测点布置是不同的,名义应力评估方法主要关注目标位置的平均应变,热点应力评估方法则需根据规范标准中的定义确定外推点应变,如距离热点 $0.5t$ 和 $1.5t$ 位置或距离热点 $0.4t$ 和 $1.0t$ 位置(t 为模型试件板厚),然后采用线性外推确定目标位置热点应力。因此,应变片的具体布置需根据构造细节计算结果和评估方法类型综合确定。应变片的位置确定并有效与结构表面粘贴后,连接到采集系统即可采集应变。由于疲劳试验作用时间长,数据采集量大,一般可联合采用静态和动态数据采集仪。静态数据采集仪可用于 3.1.2 节加载步骤中的静载加载测试。静态数据采集仪具有测试速度快、测试通道多、应变测试分辨率高和测试量程大等特点。典型的高速静态数据采集仪 UCAM-60B 如图 3-3(a)所示,由测试主机和外接线箱组成。测试主机带有 30 个测试通道,可使用外接接线箱扩展通道数,最多可扩展 1000 个测试通道,应用广泛。在此基础上,还可采用动态采集系统针对部分关键测点进行动应变实时监测,以确定疲劳试验过程中动态疲劳荷载的实际作用和模型试件的真实反应。考虑到实际情况,部分应变片难免因为自身质量和粘贴方法而有所损坏,测试结果出现明显异常时,应首先排除局部发生开裂或结构受力状态发生显著变化的情况,如无上述两种情况,则表明该测点应变片已无法正常工作,选取合适的时机及时处理。鉴于不同应变测试系统各有优缺点,如何结合使用不同应变测试系统,从而保证关键目标位置应变测试结果更加稳定和准确,是未来疲劳试验应变测试的发展方向。

　　构造细节疲劳裂纹检测与裂纹扩展监测是钢桥面板疲劳试验过程中的重要任务之一。确定疲劳裂纹萌生位置和对应作用次数，监测疲劳裂纹的扩展形态与特征，是评估钢桥面板疲劳性能的关键，也是开展疲劳性能理论分析、方法验证和失效机制研究的基础。疲劳试验加载一定次数后，构造细节存在发生疲劳开裂的可能时，需要进行疲劳裂纹检测。钢桥面板中通常采用无损检测技术，目前针对钢结构的裂纹检测方法主要有超声体波、X射线、磁粉、渗透、涡流、声发射和超声导波等。超声体波技术成熟，是最常用的缺陷检测方法之一，但只能进行单点检测，检测效率低且对技术经验有一定要求；X射线检测能够穿透物体检测且成像结果直观，但受仪器容积影响，无法对大型结构进行检测，且通常用于试件缺陷检测，难以在试验过程中进行裂纹检测；磁粉、渗透和涡流主要用于表面裂纹检测，磁粉、渗透只能在易接触位置进行局部检测，而涡流的主要特点在于属于非接触检测；声发射属于被动监测手段，受环境噪声影响较大；超声导波通常用于管线等长距离等截面构件疲劳裂纹检测。上述检测与监测方法用于钢桥面板疲劳裂纹检测时各有优缺点。鉴于声发射和超声导波可检测结构的内部裂纹，在确定模型试件的实际开裂时间时有一定优势。随着检测技术的发展，声发射和超声导波技术已逐步应用于钢桥面板疲劳裂纹检测，此处对声发射和超声导波检测技术进行简要介绍。

　　声发射技术通过接收疲劳裂纹扩展过程释放的能量进行监测，在疲劳裂纹探伤和疲劳裂纹监测方面具有以下特点：①它是一种动态无损检测方法，可以长期连续地在线监测工程结构主要部位缺陷的发展变化，并及时发出安全状态预警报；②它是一种"被动"探伤技术，即无须发射探测信号，而是利用传感器监听结构内部发出的声波信息，对工程结构不会造成影响和损伤。以深中通道钢桥面板疲劳试验为例，引入声发射检测技术进行疲劳裂纹检测和监测，声发射传感器设备和试验模型测点布置如图3-4所示，测点布置完成后进行参数设置和标定，试验过程中对关注区域实时监测，在试验加载至340万次之前，声发射测点未监测到关注区出现疲劳开裂。当加载至345万次时，声发射测点出现显著的信号定位，如图3-5所示，进一步的检测表明模型试件已发生疲劳开裂。

　　超声导波是一种高效快速的无损检测技术，具有检测范围大、效率高和缺陷识别能力强等特点，备受关注。其原理为：超声波在有限弹性介质（例如板）中传播时，受上下板面约束作用，横波与纵波在界面间会不断发生反射、折射与波形转换而形成一簇能够沿着该介质整截面稳定传播的弹性波，即超声导波。超声导波在板状结构中按其质点振动和传播机理可分为Lamb波和SH波，由于纯净的SH波难以激发，因此，通常选择技术成熟的

图3-4　声发射传感器设备和试验模型测点布置

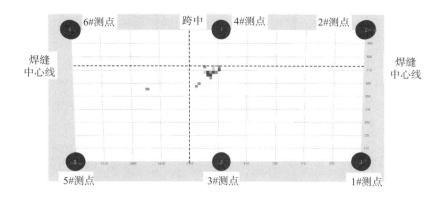

图 3-5　声发射测点布置图与监测结果

PZT 压电陶瓷激发超声 Lamb 波开展检测。以该技术在纵肋对接焊缝疲劳裂纹检测中的应用为例进行介绍。根据超声导波的传播特性和纵肋对接焊缝构造细节的结构特性，压电测点在纵肋上布置时受到如下几点限制：①纵肋长度较长且与顶板连接，在端面激励不利于信号监测；②纵肋内侧封闭，用于激励的压电换能器测点只能设置在板面一侧；③纵肋对接焊缝结构周围板件和焊缝众多且交错，布置时应避免待测区的信号与其他板件反射信号重叠。以常泰长江大桥钢桥面板疲劳试验研究为例，纵肋对接焊缝构造细节的超声导波监测系统如图 3-6 所示，系统主要由超声导波换能器、任意波形发生器、数字示波器和功率放大器等组成。

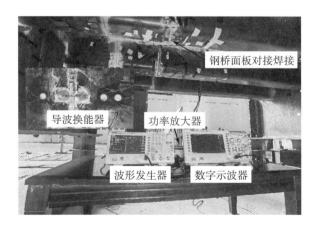

图 3-6　超声导波试验监测系统

　　钢桥面板各个构造细节几何构造和受力特性均较为复杂，确定其裂纹扩展特性有助于进一步提高对于钢桥面板疲劳性能的认识，因此，疲劳裂纹萌生位置和萌生时间确定后，还需开展疲劳裂纹扩展特性研究。模型试件发生疲劳开裂后，可基于 Beach Marking 方法[12]对疲劳裂纹扩展路径进行标记。Beach Marking 方法最主要的工作是设计合理的交替加载序列，一般分为应力幅值较大的基准荷载和应力幅值较小的标记荷载，正常的基准荷载用于疲劳裂纹扩展。由于应力幅值较大，对应断面的扩展带颜色较浅，而标记荷载应力幅值较小，裂纹扩展速率较慢(几乎可以忽略不计)，对应断面的扩展带颜色较深从而留下清晰的标记。模型试件首次出现疲劳裂纹后，通常在保持最小应力值不变的前提下采用25%的应力幅值(标记荷载)进行加载，加载完毕后，继续正常加载保证裂纹稳定扩展，从而在疲劳断面上留下肉眼可见的疲劳弧线标记等典型特征。同时，在构造细节出现肉眼可见裂纹后，采用刻度尺贴纸进行标记，如图 3-7 所示。随着作用次数的不断增加，疲劳裂纹稳定扩展，裂纹长度和深度的增加使得裂纹处发生应力释放，并进而导致其周围区域发生应力重分配，裂纹扩展角度和方向也逐渐发生变化。裂纹扩展一定长度后，结构存在失稳破坏的可能，应停止疲劳试验加载。疲劳试验加载完毕后，可切割模型试件局部开裂区域，观察断口形貌进一步研究裂纹扩展过程。疲劳裂纹扩展试验结果可用于基于断裂力学的理论分析结果对比验证，为后续疲劳寿命断裂进一步研究裂纹扩展过程力学评估奠定基础。

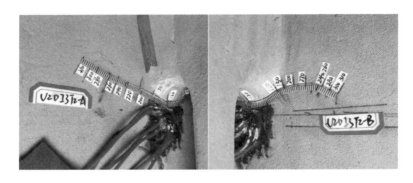

图 3-7　纵肋与横隔板连接构造细节疲劳裂纹扩展特性

随着科学技术的快速发展，结构的几何构造和疲劳开裂类型越来越复杂，对应的测试方法和设备的种类也越来越多，各类新型测试设备逐渐应用于疲劳试验研究，测试精度越来越高，测试设备趋向于自动化和智能化，如笔者团队提出的智能涂层传感器等。同时，单一测试手段已无法满足精细化研究需求，合理利用多种测试设备，达到优势互补，形成数字化、智能化、体系化的疲劳试验测试方案是未来的发展趋势。

3.2　构造细节模型疲劳试验

构造细节模型疲劳试验针对某个构造细节的疲劳性能开展研究，通常仅包含单个构造细节，具有模型尺寸小、针对性强、加载方便、对于试验场地要求较低等特点，是一种常见的疲劳性能试验研究方法。通过合理的加载位置和边界约束条件设计，构造细节模型可在一定程度上反映实际结构受力状态，通过改变边界约束条件，可以灵活地开展不同受力状态下构造细节的疲劳试验研究。同时，单个构造细节模型疲劳试验加载频率高，可节约时间和人力成本，大幅降低试验耗费，在试验总经费不变的条件下，可开展更多数量的模型试件疲劳试验研究。因此，国内外研究学者针对正交异性钢桥面板的纵肋与顶板、纵肋与横隔板和纵肋对接等构造细节开展了大量的构造细节模型疲劳试验研究，为钢桥面板疲劳性能评估奠定了坚实的基础。不同学者的疲劳试验研究中构造细节模型的类型和尺寸不统一，相同构造细节亦存在多种疲劳开裂模式，导致疲劳性能存在较大差异。为此，笔者针对国内外研究学者的相关研究和笔者团队近十年完成的钢桥面板构造细节模型疲劳试验进行统计分析，简述针对纵肋与顶板、纵肋与横隔板和纵肋对接等开展的构造细节模型疲劳试验，对钢桥面板的主要构造细节的疲劳性能试验结果进行统计分析，为后续建立基于等效结构应力法的钢桥面板疲劳性能评估统一抗力曲线奠定基础。

3.2.1　纵肋与顶板连接构造细节

正交异性钢桥面板典型疲劳开裂案例分析结果表明[2,13,14]：纵肋与顶板连接构造细节的疲劳裂纹数量占纳入大样统计总裂纹数量的比例约为 30.2%，是正交异性钢桥面板中的关键疲劳易损部位，同时，纵肋与顶板连接构造细节的疲劳裂纹多起始于焊缝焊趾或焊根，并沿顶板厚度方向扩展，疲劳裂纹一旦贯穿顶板，往往会引起铺装层损坏和钢桥面板腐蚀等次生病害，其疲劳开裂危害尤为严重。为此，国内外学者针对纵肋与顶板连接构造细节开展了大量疲劳试验研究，典型的纵肋与顶板连接构造细节模型疲劳试验如图 3-8 所示。模型类型主要可分为：焊缝模型、全 U 肋模型和半 U 肋模型。其中，焊缝模型仅由顶板和部分纵肋腹板组成，类似于 T 型接头；全 U 肋模型中包含顶板和整个 U 肋；半 U 肋模型则由顶板和半个 U 肋组成。下面分别就各类模型进行简要概述。

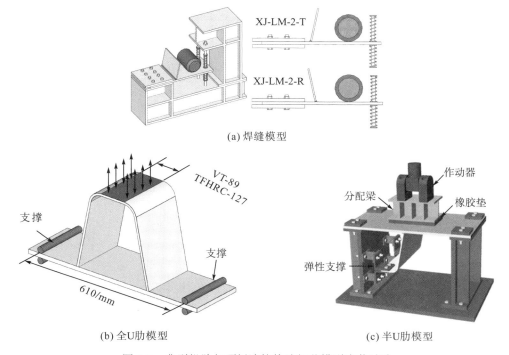

(a) 焊缝模型

(b) 全U肋模型　　　　　　　　　　(c) 半U肋模型

图 3-8　典型纵肋与顶板连接构造细节模型疲劳试验

3.2.1.1　焊缝模型

纵肋与顶板连接构造细节焊缝模型加载示意图如图 3-9 所示。焊缝模型的边界约束和加载模式主要有三种：①约束顶板，纵肋腹板完全自由，采用四点弯曲试验的方式进行疲劳加载（W-LM-1），如图 3-9（a）所示；②约束顶板一端，疲劳荷载施加在另一端，纵肋腹板完全自由（W-LM-2），如图 3-9（b）所示，该加载模式根据纵肋与顶板连接构造细节焊趾和焊根的位置及其受力状态，可以分为开裂模式 RTD-1 的加载方式（W-LM-2-T）和开裂模式 RTD-2 的加载方式（W-LM-2-R）；③约束顶板，疲劳荷载施加在纵肋腹板（W-LM-3），如图 3-9（c）所示。相关研究学者采用焊缝模型开展纵肋与顶板连接构造细节疲劳性能研究的相关参数（顶板厚度 t_d、纵肋厚度 t_r 和熔透率 ρ）和主要试验结果如表 3-1 所示。

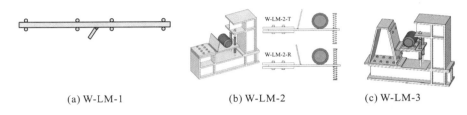

(a) W-LM-1   (b) W-LM-2   (c) W-LM-3

图 3-9　焊缝模型加载示意图[15-18]

表 3-1　焊缝模型的试验模型参数和主要试验结果

加载方式	完成人-时间/年	模型参数			数量 A/B	模型开裂模式		
		t_d/mm	t_r/mm	ρ/%		RTD-1	RTD-2	RTD-3
W-LM-1	Maddox-1974[15]	11	6.35	100[b]	6/6	1	5	—
W-LM-2-R	Yamada-2008[16]	12	6/8	75[a]	15/21	1[c]/2	1[c]/12	—
W-LM-2-T	Ya-2011[17]	16	8	80[a]	10/11	—	10	—
W-LM-2-R	Ya-2011[17]	16	8		10/11	—	10	—
W-LM-2-R	吕彭民-2013[19]	16	8	75[b]	9/13	—	9	—
W-LM-2-T	Fu-2017[20,21]	14	8	100[a]	9/10	1[c]	1[c]/8	—
W-LM-2-R	Fu-2017[20,21]	14/16	8	80[a]/100[a]	37/50	—	37	—
W-LM-3	Ya-2009[18]	12/14/16	6/8	30[a]/75[a] 80[a]/100[a]	18/29	—	—	15

注：完成人仅列出文献的第一作者和文献出版时间。

　　上标 a 表示数据为制造时理论值，b 表示数据为试验模型实测值，c 表示试验模型同时发生 2 类开裂模式；A 为有效的试验结果数量，B 为总计开展的试验模型数量；—表示试验模型未发生相应的开裂模式。

　　对焊缝模型三种加载方式的疲劳试验结果进行统计分析，结果表明：①加载方式 W-LM-1 和加载方式 W-LM-2 的试验模型，纵肋与顶板连接构造细节发生 RTD-1 和 RTD-2 的开裂模式，其主要原因是加载方式 W-LM-1 和加载方式 W-LM-2 在顶板焊趾和顶板焊根产生较大的弯曲应力。所统计的 96 个有效试验数据中，仅有 5 个试验模型发生 RTD-1

的开裂模式，有 93 个模型发生 RTD-2 的开裂模式，且有 2 个模型在纵肋与顶板连接构造细节同时发生 RTD-1 和 RTD-2 的开裂模式，因此焊缝模型在加载方式 W-LM-1 和加载方式 W-LM-2 下，纵肋与顶板连接构造细节的主导开裂模式为 RTD-2；②加载方式 W-LM-3 的试验模型，纵肋与顶板连接构造细节的开裂模式为 RTD-3，其主要原因是在该加载方式下焊缝根部和纵肋焊趾部位产生较大的弯曲应力；③焊缝模型采用加载方式 W-LM-2 时，加载方式 W-LM-2-T 下主要关注疲劳裂纹起裂于顶板焊根并沿顶板厚度方向扩展的开裂模式 RTD-1，加载方式 W-LM-2-R 下主要关注疲劳裂纹起裂于顶板焊趾并沿顶板厚度方向扩展的开裂模式 RTD-2，但两种加载方式下纵肋与顶板连接构造细节的主导开裂模式均为 RTD-2，与试验模型设计预期结果存在差异；采用加载方式 W-LM-3 时，不同的板件厚度、熔透率和焊缝尺寸条件下，纵肋与顶板连接构造细节的主导开裂模式也发生迁移。因此，根据试验模型尺寸分别建立了相应的有限元模型并计算焊缝模型中各开裂模式的等效结构应力，以确定不同加载方式下纵肋与顶板连接构造细节的主导开裂模式，并与试验模型的开裂模式进行对比，以验证等效结构应力法在确定纵肋与顶板连接构造细节主导开裂模式的适用性，在此基础上阐明焊缝模型在不同加载方式下的主导开裂模式及其迁移的原因。

　　研究学者采用焊缝模型开展疲劳性能研究时，试验模型在板件厚度和模型尺寸等方面存在差异，但试验模型中纵肋与顶板连接构造细节的受力状态基本一致，此处以 Ya 等[17,18] 开展的焊缝模型为例进行相关研究分析。Ya 等[17,18]采用加载方式 W-LM-2 和加载方式 W-LM-3 的试验模型几何尺寸如图 3-10 所示，试验模型 1 和 2 纵向长 300mm，横向宽 570mm，顶板厚度为 16mm，纵肋厚度为 8mm，熔透率主要为 $\rho=80\%$（部分熔透）和 $\rho=100\%$（全熔透）；根据距纵肋与顶板连接构造细节焊趾或焊根 5mm 位置处的名义应力相对大小，试验模型共分为两类，试验模型 1 采用加载方式 W-LM-2-T，试验模型 2 采用加载方式 W-LM-2-R。试验模型 3 纵向长 500mm，横向宽 315mm，顶板厚度分别为 12mm、14mm 和 16mm，纵肋厚度为 6mm 和 8mm，熔透率变化范围为 30%～100%。在各组试验模型的加载条件下，纵肋与顶板连接构造细节主导开裂模式与焊缝尺寸（l 和 h）和熔透率（ρ）密切相关，因此采用上述关键参数的实测值（若文献没有相关参数实测值，则采用理

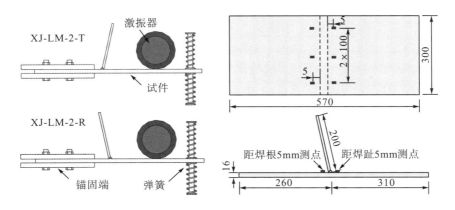

(a) 试验模型1（左上）和试验模型2（左下）（加载方式W-LM-2）

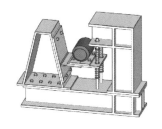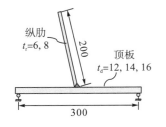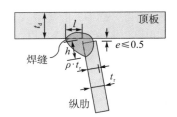

(b) 试验模型3（加载方式W-LM-3）

图 3-10 Ya 等开展的疲劳试验模型几何尺寸[17,18]（单位：mm）

论值)建立有限元模型，计算纵肋与顶板连接构造细节各开裂模式等效结构应力并确定其主导开裂模式时，此处主要通过试验模型验证等效结构应力法来确定纵肋与顶板连接构造细节的主导开裂模式的适用性，试验结果仅列出各组试验模型的开裂模式，纵肋与顶板连接构造细节的详细参数和试验结果如表 3-2 所示。

表 3-2 焊缝模型的几何参数及试验结果[17,18]

试验模型	板厚/mm		焊接细节参数			开裂模式
	t_d	t_r	熔透率 ρ/%	l/mm	h/mm	
1	16	8	80[a]	3.6[b]	7.8[b]	RTD-2
2	16	8	80[a]	3.6[b]	7.8[b]	RTD-2
3-1	12	6	30[a]	4.0[a]	4.0[a]	RTD-3
3-2	14	8	75[a]	6.0[a]	6.0[a]	RTD-3
3-3	16	8	80[a]	6.0[a]	6.0[a]	RTD-3
3-4	16	8	100[a]	6.0[a]	6.0[a]	RTD-3
3-5	16	8	80[a] 和 100[a]	6.0[a]	6.0[a]	RTD-3

注：上标 a 表示数据为制造时理论值，b 表示数据为试验模型实测值。

由试验结果可知模型 1 和 2 加载条件下，纵肋与顶板连接构造细节仅出现开裂模式 RTD-1 和 RTD-2。因此，主要讨论这两类开裂模式的等效结构应力，进而基于等效结构应力确定试验模型的主导开裂模式。试验模型 1 和 2 在单位荷载作用下（$F=1$kN），纵肋与顶板连接构造细节疲劳开裂模式 RTD-1 和 RTD-2 的等效结构应力如图 3-11 所示。研究表明：①对于试验模型 1，开裂模式 RTD-1 的等效结构应力大于开裂模式 RTD-2 的等效结构应力，与焊趾和焊根实测的名义应力幅值（距焊趾或焊根 5mm）趋势相同（顶板焊趾的名义应力幅值比顶板焊根的名义应力幅值大 5%），如预测试验模型 1 的主导开裂模式为 RTD-1，但与试验结果不一致；②对于试验模型 2，开裂模式 RTD-1 的等效结构应力小于开裂模式 RTD-2 的等效结构应力，与相关位置实测名义应力幅值趋势相同，此时预测试验模型 2 的主导开裂模式为 RTD-2，则与试验结果一致。

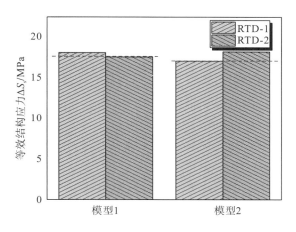

图 3-11　试验模型 1 和 2 中开裂模式的等效结构应力

　　基于上述分析,采用等效结构应力法和名义应力法进行纵肋与顶板连接构造细节的主导开裂模型评估时,出现了预测结果与试验结果不一致的现象。究其原因,对于焊接结构而言,焊接细节的焊趾和焊根均存在初始缺陷,且焊根位置的焊缝成型和焊接质量难以控制,导致焊根位置的初始缺陷尺寸显著大于焊趾位置,后续章节中将进一步讨论其对钢桥面板构造疲劳性能的影响。基于断裂力学理论[22,23],初始缺陷类型和尺寸对开裂模式的疲劳寿命影响显著,当构造细节焊趾和焊根应力水平接近时,初始缺陷的类型和尺寸将决定构造细节的主导开裂模式。因此,预测构造细节的主导开裂模式时,应充分考虑焊趾和焊根初始缺陷的影响,而名义应力法和热点应力法等评估方法无法考虑焊接细节初始缺陷对钢桥面板结构疲劳性能的影响。上述分析中计算的等效结构应力没有考虑初始缺陷的影响,是导致预测结果与试验结果不符的主要原因。

　　同样地,试验模型 1 和 2 在单位荷载作用下($F=1$kN),考虑初始微裂纹计算等效结构应力,纵肋与顶板连接构造细节开裂模式 RTD-1 和 RTD-2 的等效结构应力,如图 3-12所示。研究结果表明:①对于试验模型 1,考虑初始微裂纹对开裂模式的等效结构应力效应后,开裂模式 RTD-2 的等效结构应力大于开裂模式 RTD-1 的等效结构应力,预测试验模型 1 的主导开裂模式为 RTD-2,与试验结果一致;②对于试验模型 2,考虑初始微裂纹的影响后,开裂模式 RTD-1 和 RTD-2 的等效结构应力分别增大约 2%和 5%,开裂模式RTD-2 的等效结构应力大于开裂模式 RTD-1 的等效结构应力,预测试验模型 2 的主导开裂模式为 RTD-2,与试验结果一致;③纵肋与顶板连接构造细节初始微裂纹的存在将使开裂模式等效结构应力幅增大进而降低其疲劳寿命。在开裂模式 RTD-1 和 RTD-2 的应力水平差异较小时,考虑焊接细节不同位置的初始微裂纹尺寸差异后,构造细节主导开裂模式将发生迁移,因此焊缝模型在加载方式 W-LM-2 中的主导开裂模式为 RTD-2;另外,初始微裂纹在尺度和分布面均具有随机性,并非所有试验模型的焊根微裂纹尺寸均大于焊趾微裂纹尺寸,因此焊缝模型在疲劳试验中也会发生 RTD-1 的开裂模式,但发生概率小于前者。根据试验模型 3 的加载方式可知,纵肋与顶板连接构造细节在该加载方式下仅可能出现开裂模式 RTD-3,此处不作进一步讨论。

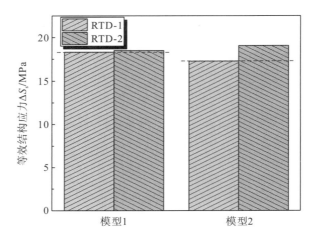

图 3-12　考虑初始微裂纹下开裂模式 RTD-1 和 RTD-2 的等效结构应力

3.2.1.2　全 U 肋模型

纵肋与顶板连接构造细节全 U 肋模型的约束和荷载类型主要有三类：①FU-LM-1：采用铰接或固结的方式约束顶板横向两端，纵肋处于完全自由状态，疲劳荷载施加在顶板顶面，如图 3-13（a）所示；②FU-LM-2：采用铰接或固结的方式约束顶板横向两端，疲劳荷载施加在纵肋底板或通过工装施加在纵肋腹板，如图 3-13（b）所示；③FU-LM-3：约束纵肋，疲劳荷载施加在顶板，如图 3-13（c）所示。

(a) FU-LM-1　　　　　　　　(b) FU-LM-2　　　　　　　　(c) FU-LM-3

图 3-13　全 U 肋模型加载示意图[24-26]

国内外研究学者采用焊缝模型针对纵肋与顶板连接构造细节，开展了不同参数（顶板厚度 t_d、纵肋厚度 t_r、熔透率 ρ）组合条件下的疲劳性能研究，主要试验结果如表 3-3 所示。对全 U 肋模型三种加载方式的疲劳试验结果进行统计分析，结果表明：①全 U 肋模型三种加载模式中，采用加载方式 FU-LM-1 开展纵肋与顶板连接构造细节疲劳性能研究的学者较多，研究内容主要是熔透率 ρ 和顶板厚度 t_d 等因素对该构造细节疲劳性能的影响问题。②加载方式 FU-LM-2 下，纵肋与顶板连接构造细节主要发生 RTD-1、RTD-2 和 RTD-3 三类开裂模式；Yuan 采用加载方式 FU-LM-2 开展了 185 个疲劳试验，开裂模式 RTD-1 的占比较高，RTD-3 开裂模式也有发生且占比较低，而在该组疲劳试验中未发生 RTD-2 开裂模式。③加载方式 FU-LM-1 下，纵肋与顶板连接构造细节主要发生 RTD-1 和 RTD-3

开裂模式，且随着熔透率 ρ 的提高，该构造细节的主导开裂模式由 RTD-3 迁移至 RTD-1；并且，在该加载方式下仅各有一组试验出现 RTD-2 和 RTD-3 开裂模式。④纵肋与顶板连接构造细节单面焊和双面焊的疲劳性能主要通过加载方式 FU-LM-1 和 FU-LM-3 开展相关研究，其中单面焊在加载方式 FU-LM-3 下，主要出现开裂模式 RTD-1 和 RTD-3 的疲劳裂纹，且开裂模式 RTD-3 的占比较高。

综上所述，采用全 U 肋模型开展的纵肋与顶板连接构造细节疲劳性能研究，主要开裂模式是 RTD-1 和 RTD-3，尤其是在 FU-LM-1 和 FU-LM-2 的加载条件下更是如此。因此，基于等效结构应力指标重点对于纵肋与顶板连接构造细节在上述加载模式下的共性特征、熔透率等参数对各开裂模式的影响问题，以及主导开裂模式迁移问题进行讨论。

表 3-3　全 U 肋模型的试验模型参数和主要试验结果

加载方式	完成人-时间/年	模型参数			数量 A/B	RTD-1~RTD-3 的数量		
		t_d/mm	t_r/mm	ρ/%		1	2	3
FU-LM-1	Maddox-1974[27]	11	6.35	0[a]	30/30	—	—	30
	Janss-1988[28]	12	6	20[b]~85[b]	31/36	6	—	25
	Bruls-1990[27]	12	6	50[b]~75[b]	14/17	4	—	10
	Bigonnet-1990[27]	12	6	75[b]~85[b]	9/17	17	—	—
	Dijkstra-2000[27]	10	8	/	6/6	6	—	—
	田洋-2011[29]	16	10	0[a] 和 100[a]	14/14	6	—	2
	Li-2014[14,30]	12	6	15[b]/75[b]	11/12	4	—	7
	Ding-2016[31]	14/16/18	8	75[a]	9/12	9	—	—
	Wang-2017[32-33]	15	6	75[a]	9/11	9	—	—
	Cheng-2017[34]	16	8	80[a]	5/6	6	—	—
	Heng*-2017[25]	16	8	75[a]	7/7	7	—	—
	Siwowski-2019[35]	12	8	20[b]	6/6	—	—	6
	由瑞凯*-2019[36]	18	8	80[a]	8/14	7	1	—
	张清华*-2020[37]	16	8	75[a]	12/12	—	12	—
	Wang-2021[38]	14	6	80[a]	5/5	—	5	—
FU-LM-2	Maddox-1974[27]	11	6.35	0[a]	11/11	—	—	11
	荣振环-2009[39]	18	9	75[a]	18/20	—	1[c]/14	—
	赵欣欣-2010[40]	12/14/16	8	75[a]	15/15	12	—	—
	Yuan-2017[24]	16/19	8	0[a]/20[a]/40[a] 60[a]/80[a]/100[a]	153/185	124	0	16
FU-LM-3	刘晓光-2015[41]	16	8	65[a]/75[a]/85[a]	16/18	4	—	12
	鞠晓臣*-2019[26]	16	8	100[a]	5/8			

注：上标 a 表示数据为制造时理论值，b 表示数据为试验模型实测值，c 表示试验模型同时发生 2 类开裂模式；A 为有效的试验结果数量，B 为总计开展的试验模型数量；—表示试验模型未发生相应开裂模式的疲劳裂纹；*表示纵肋与顶板连接构造细节采用双面焊构造细节。

1. 加载方式 FU-LM-1

相关学者主要通过提高焊接细节的熔透率ρ和降低纵肋与顶板之间的装配误差e等措施，提高纵肋与顶板连接构造细节的疲劳性能，常采用的加载方式为 FU-LM-1。但不同研究学者开展试验研究时顶板和纵肋等结构设计参数存在差异[14,27,28,32]。Li 等[30]通过 10 个试验模型研究了不同熔透率ρ下纵肋与顶板连接构造细节的疲劳性能，顶板厚度为 12mm，纵肋厚度为 6mm；其中，试验模型 1 的熔透率ρ=15%，试验模型 2 的熔透率ρ=75%，模型详细尺寸如图 3-14 所示。试验模型采用 SM400 钢材，屈服强度为 281MPa，抗拉强度为 424MPa。

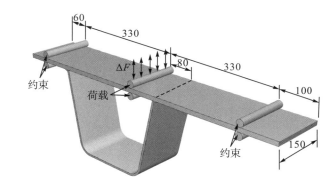

(a) 试验模型边界条件和荷载模式示意图

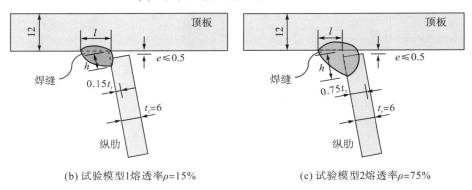

(b) 试验模型1熔透率ρ=15%　　　　　　(c) 试验模型2熔透率ρ=75%

图 3-14　Li 等[30]开展的疲劳试验模型示意图（单位：mm）

纵肋与顶板连接构造细节的主导开裂模式与焊缝尺寸(顶板焊脚l和纵肋焊脚h)、熔透率(ρ)和装配误差(e)等密切相关，采用如表 3-4 所示的关键参数l、h、ρ和e的试验模型实测值(若文献没有相关参数实测值，则采用理论值)建立有限元模型，并根据试验模型 1 和 2 的加载方式分别计算各疲劳开裂模式的等效结构应力（单位荷载F=1kN 作用下），如图 3-15 所示。研究表明：①试验模型 1 中开裂模式 RTD-3 最大等效结构应力为 68MPa，发生在θ_2=22°处，远大于其他疲劳开裂模式的等效结构应力，因此疲劳开裂模式 RTD-3b 为试验模型 1 的主导开裂模式；②试验模型 2 中开裂模式 RTD-1 的等效结构应力最大，

为其主导开裂模式；③试验模型 1 的实际开裂模式为 RTD-3，开裂角度为 21°，如图 3-16（a）
所示；试验模型 2 的实际开裂模式为 RTD-1，如图 3-16（b）所示；两组试验的结果与基于
等效结构应力法的预测结果基本一致。

表 3-4　疲劳试验模型焊接细节的几何参数及试验结果[30]

试验模型	ρ /%		l /mm	h /mm	e /mm	开裂模式
	理论值	实测值				
1	15	18	9.2[b]	5.5[b]	<0.5[a]	RTD-3
2	75	73	7.4[b]	8.5[b]	<0.5[a]	RTD-1

注：a 表示数据为制造时理论值，b 表示数据为试验模型实测值。

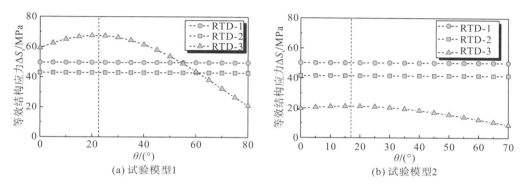

(a) 试验模型1　　　　　　　　　　　　(b) 试验模型2

图 3-15　试验模型 1 和 2 各开裂模式的等效结构应力

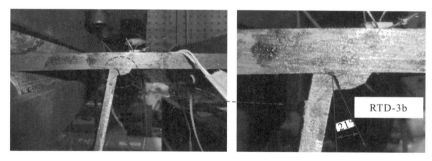

(a) 试验模型1

(b) 试验模型2

图 3-16　试验模型 1 和 2 的实际疲劳开裂模式[30]

　　熔透率 ρ 和焊缝尺寸(l 和 h)是常用于检测纵肋与顶板连接构造细节焊接质量的关键指标，采用试验模型 1 和 2 的模型尺寸，研究熔透率 ρ 对纵肋与顶板连接构造细节开裂模式的迁移机制，试验焊缝尺寸(对于试验模型 1，l=9.2mm 和 h=5.5mm；对于试验模型 2，l=7.4mm 和 h=8.66mm)、荷载模式和边界条件保持不变，熔透率 ρ 取 0%～100%进行分析。该焊接细节熔透率 ρ 对各开裂模式等效结构应力的影响如图 3-17 所示。研究表明：①熔透率 ρ 对于开裂模式 RTD-3 的等效结构应力幅影响显著，但对于开裂模式 RTD-1、RTD-2 的等效结构应力幅影响较小；②基于试验模型 1 的焊缝几何尺寸，当熔透率 ρ<37%时，RTD-3 是该构造细节的主导开裂模式，当熔透率 ρ>37%时，RTD-1 是该构造细节的主导开裂模式，熔透率 ρ=37%为该构造细节开裂模式迁移的临界值，即临界熔透率 ρ_{cr}=37%；对于试验模型 2，临界熔透率 ρ_{cr}=2%，其主要原因在于试验模型 1 和 2 的焊缝尺寸不同；③不同开裂模式对应的等效结构应力幅值不同，焊缝尺寸(l 和 h)和熔透率 ρ 的变化均会引起焊接细节主导开裂模式迁移，进而影响该构造细节的疲劳寿命，因此对纵肋与顶板连接构造细节进行疲劳寿命评估时，首先需要根据试验模型的关键参数和加载方式确定开裂模式。

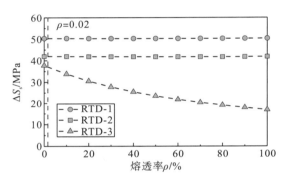

图 3-17　Li 等[30]试验模型参数下焊缝熔透率对各疲劳开裂模式的影响

　　此外，Janss[28]和文献[27]中 Bruls 和 Bignonnet 等人采用类似的试验模型开展该构造细节疲劳性能研究，但纵肋构造尺寸、熔透率 ρ 和装配误差 e 等与前述研究参数存在差异，各试验模型的主要参数如表 3-5 所示。试验模型的焊缝尺寸(l 和 h)未知，因此根据当时焊接制造工艺和其他学者研究成果，焊缝尺寸(l 和 h)均取为 6.0mm；装配误差分别按照 e=0.3mm 和 e=2mm 取值，其他构造尺寸按照 Janss[28]的试验模型进行选取并建立有限元模型。

表 3-5　试验模型的主要参数及试验结果

完成人	熔透率 ρ /%	t_d /mm	纵肋/(mm×mm×mm)	l /mm	h /mm	e /mm	开裂模式
Janss	30～50	12	300×250×8	6.0[a]	6.0[a]	0.0[a]/2.0[a]	RTD-3
Bruls	60～70	12	300×250×8	6.0[a]	6.0[a]	<0.5[a]	RTD-3 RTD-1
Bignonnet	75～85	12	322×226×8	6.0[a]	6.0[a]	0.0[a]/2.0[a]	RTD-1

注：a 表示数据为制造时理论值。

不同装配误差 e 条件下，纵肋与顶板连接构造细节熔透率 ρ 对各开裂模式等效结构应力的影响如图 3-18 所示。研究结果表明：①在相同构造尺寸条件下，不同装配误差对应临界熔透率不同，即装配误差 e=0.3mm 时，其临界熔透率 ρ_{cr}=63%；装配误差 e=2mm 时，其临界熔透率 ρ_{cr}=76%。因此，随着装配误差的增大，为保证纵肋与顶板连接构造细节不发生 RTD-3b 模式的疲劳开裂，则需要更大的熔透率 ρ；②根据各组试验模型的实际熔透率，采用等效结构应力法可以准确预测各组试验模型的主导开裂模式，进而评估其疲劳性能。即 Janss 开展的试验模型熔透率 ρ 均明显小于临界熔透率 ρ_{cr}，试验结果主要发生的开裂模式为 RTD-3；而 Bruls 开展的试验模型实际熔透率 ρ 在临界熔透率 ρ_{cr} 左右附近，试验结果主要出现的开裂模式为 RTD-1 和 RTD-3；③当装配误差 e=0.3mm 时，Janss 试验模型的临界熔透率 ρ_{cr} 与 Li[14]试验模型的临界熔透率 ρ_{cr} 具有显著差异，其主要原因是纵肋构造尺寸和焊缝尺寸的差异导致焊接细节各开裂模式的等效结构应力幅存在差异。因此，当 e=2.0mm 时，对于 Bignonnet 开展的试验模型熔透率 ρ 范围涵盖临界熔透率 ρ_{cr}，但该组试验模型仅产生开裂模式 RTD-1。综上分析，钢桥面板纵肋与顶板连接构造细节的主导疲劳开裂模式与纵肋构造尺寸、顶板厚度和焊接细节构造尺寸相关，因此进行该构造细节合理设计时需要综合考虑上述关键影响参数。

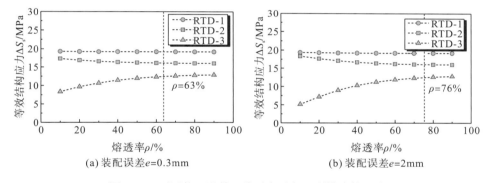

(a) 装配误差 e=0.3mm　　　　　　　(b) 装配误差 e=2mm

图 3-18　不同装配误差下熔透率对各开裂模式的影响

随着纵肋与顶板连接构造细节制造工艺的提高，采用现代自动化焊接技术较容易实现构造细节熔透率 ρ 达到 75% 以上。为此，研究学者探究了纵肋与顶板连接构造细节达到上述熔透率时，纵肋与顶板连接构造细节的开裂模式及其疲劳性能。当试验模型采用全 U 肋模型时，疲劳荷载加载在纵肋中心或纵肋腹板正上方对该结构细节的疲劳性能更为不利。试验模型横向两端采用铰接约束或固结约束，纵肋完全处于自由状态(无约束)，如图 3-19 所示，该类试验模型结果中开裂模式 RTD-1 占主导，这也是国内外学者通常认为钢桥面板纵肋与顶板连接构造细节的主导开裂模式为 RTD-1 的主要原因。

采用等效结构应力法研究该类试验模型横向加载位置改变对各开裂模式的影响，参考 Cheng 等[34]开展的试验模型尺寸(纵向长 400mm，横向宽 1000mm)，如图 3-19 所示，加载面积设置为 200mm×200mm，横向加载位置由纵肋中心向支撑位置移动，每次移动 25mm，共设置 9 个荷载工况。纵肋与顶板连接构造细节典型开裂模式的等效结构应力幅随荷载横向位置的变化规律如图 3-20 所示。研究结果表明：采用全 U 肋模型开展纵肋与顶板连接构造细节疲劳性能(熔透率 $\rho \geqslant 75\%$)研究，各开裂模式最大等效结构应力幅的横向加载位置不同，但开裂模式 RTD-1 的等效结构应力幅均大于其他开裂模式的等效结构应力幅，即各种横向加载位置条件下该类试验模型均会出现 RTD-1 开裂模式，通过该类试验模型的结果判定"钢桥面板纵肋与顶板连接构造细节的主导开裂模式为 RTD-1"是片面的。

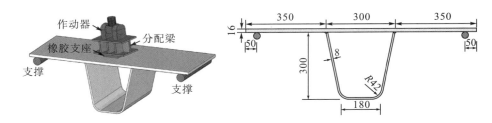

图 3-19　试验模型加载示意图[34](单位：mm)

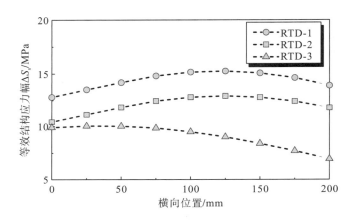

图 3-20　典型开裂模式的等效结构应力幅随横向加载位置的变化

2. 加载方式 FU-LM-2

有 4 位学者采用加载方式 FU-LM-2 开展纵肋与顶板连接构造细节疲劳性能的试验研究[27,39-41]，其中 Yuan[24]在 2017 年围绕该构造细节熔透率 ρ、装配误差 e 和焊缝尺寸(l 和 h)等关键参数完成了多组试验模型，试验模型数量总计 185 个，涵盖开裂模式 RTD-1、RTD-3,此处采用等效结构应力法分析各组试验模型的开裂模式。试验模型纵向长 100mm，宽 660mm，纵肋几何尺寸主要有 Type-1 和 Type-2 两种类型，加载模式为 U 肋正向放置从底部向上加载和 U 肋反向放置向下加载，根据纵肋与顶板连接构造细节的熔透率和制造工艺共分为 14 组，试验模型主要参数和各组试验结果如图 3-21 和表 3-6 所示，其他相关详细信息见文献[24]。

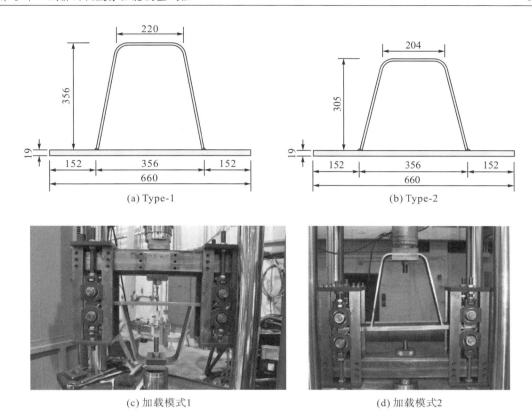

(a) Type-1　　　　　　　　　　　　　(b) Type-2

(c) 加载模式1　　　　　　　　　　　(d) 加载模式2

图 3-21　Yuan 试验模型示意图[24]（单位：mm）

表 3-6　Yuan 试验模型主要参数和试验结果[24]

| 编号 | 纵肋类型 | 加载模式 | 数量 A/B | 熔透率 ρ/% | | 焊缝尺寸/mm | | 开裂模式 | | |
				目标值	实测值	l	h	RTD-1	RTD-2	RTD-3
1		1	16/16	80	37～83	5.5～10.3	3.6～7.3	8	—	8
2			13/16	80	59～100	3.4～6.1	6.9～10.4	12	—	1
3			8/8	60	35～82	5.3～8.1	5.8～9.2	8	—	—
4			8/8	40	25～100	4.8～7.3	5.3～10.4	8	—	—
5	Type-1	2	8/8	20	46～89	4.6～7.4	6.3～11.8	8	—	—
6			8/8	—	23～100	5.9～7.8	7.8～10.7	8	—	—
7			14/14	100	—	—	—	14	—	—
8			12/13	100	—	—	—	12	—	—
9			14/14	100	—	—	—	14	—	—
10	Type-2	1	16/16	—	29～95	5.8～10.3	7.0～8.9	4	—	12
11			15/16	—	42～78	5.8～9.3	7.5～10.3	8	—	7

注：Yuan 共开展了 185 个试验模型，但有 48 个模型的相关加载数据未知，因此表中仅列出 137 个试验模型的数据。

　　A 为有效的试验结果数量，B 为总计开展的试验模型数量；焊缝尺寸为试验模型每条焊缝两端的平均值；—表示信息不详或未开裂。

　　Yuan 的试验结果统计分析表明：①采用加载模式 2(U 肋反向、荷载向下)的试验模型均发生 RTD-1 开裂模式(仅有 1 条开裂模式为 RTD-3 的疲劳裂纹)，每组试验模型的焊缝尺寸(l 和 h)与熔透率 ρ 均有差异，但焊缝尺寸整体呈 h 大于 l 的趋势；②试验模型 SA80 采用加载模式 1(U 肋正向、荷载向上)时，开裂模式 RTD-1 和 RTD-3 的疲劳裂纹数量各占 1/2，该加载模式 1 和 2 的主要区别在于纵肋底板加载面积不同；③试验模型系列 11 和 12 采用加载模式 1 时，开裂模式 RTD-1 和 RTD-3 在试验模型中均有发生，这两类试验模型与其他组试验模型的差异在于，纵肋与顶板连接构造细节焊接前焊根分别处于张开状态(试验模型系列 11)和闭合状态(试验模型系列 12)，能够考虑装配误差对该构造细节开裂模式及其疲劳性能的影响。针对上述试验结果进行统计分析，基于 Yuan 的试验模型尺寸建立有限元模型并采用等效结构应力法对各组试验模型结果进行对比分析。根据每组试验模型焊缝尺寸(l 和 h)的统计结果，有限元模型焊缝尺寸选取 l 和 h 两者的最小值并取 $l=h$，计算试验模型在加载模式 2 下各开裂模式的等效结构应力幅(单位荷载作用下 F=1kN)，当 $l=h$=6mm 和 $l=h$=7mm 条件下的计算结果如图 3-22 所示。计算结果表明：在纵肋与顶板连接构造细节板厚和纵肋尺寸相同且加载方式也相同的情况下，构造细节焊缝尺寸的不同将导致该构造细节临界熔透率 ρ_{cr} 不同，即 $l=h$=6mm 对应该构造细节的临界熔透率 ρ_{cr}=49%；$l=h$=7mm 对应的临界熔透率 ρ_{cr}=31%。

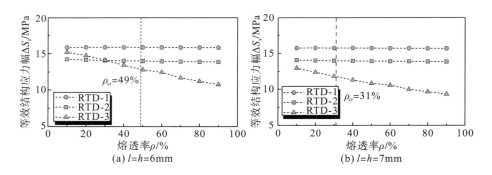

图 3-22　不同焊缝尺寸对各开裂模式等效结构应力幅的影响

　　根据每组试验模型焊缝尺寸(l 和 h)的统计结果，分别建立有限元模型并计算典型焊缝尺寸对应的临界熔透率 ρ_{cr}，如图 3-23 所示。由于试验模型采用对称的方式加载，每个试验模型两条焊缝对应的构造细节均有可能发生开裂，因此将两条焊缝的焊缝尺寸(l 和 h)及其对应熔透率 ρ 均绘制于图 3-23 中。结果表明：① 纵肋与顶板连接构造细节开裂模式 RTD-3 的临界熔透率 ρ_{cr} 随焊缝尺寸的增大而减小；② 在加载模式 2 下，试验模型的焊缝尺寸及其对应的熔透率在临界熔透率上方，即采用等效结构应力法预测上述试验模型均不会发生 RTD-3 开裂模式，预测结果与试验结果基本一致(试验结果中，仅有 1 例发生开裂模式 RTD-3)。

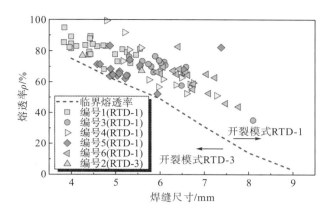

图 3-23　加载模式 2 下临界熔透率 ρ_{cr}

3.2.1.3　半 U 肋模型

采用纵肋-顶板构造细节焊缝模型和全 U 肋模型开展纵肋-顶板疲劳试验研究时，由于缩小了模型尺寸，大幅降低了试验成本且对试验设备场地要求较低，具有突出优势。但其中的纵肋往往没有受到约束，与实桥中纵肋的受力模式不同，不能反映出关注构造细节的实际受力情况。鉴于上述问题，笔者研发了一种既能模拟钢桥面板实际受力模式，又能大幅缩减试件模型尺寸的疲劳试验装置，以解决现有试验技术中传统半 U 肋和单 U 肋模型无法模拟实际受力状态的问题。所研发的纵肋与顶板连接构造细节半 U 肋模型的试验装置如图 3-24 所示[37]。整套疲劳试验装置能够通过改变边界条件的约束方式和约束刚度，如钢棒直径大小、钢棒间距和纵肋连接角钢厚度等，改变纵肋-顶板构造细节半 U 肋模型的受力模式，达到模型中纵肋与顶板连接构造细节的受力状态与实际结构一致的目的。

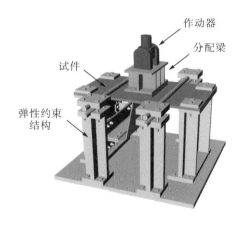

图 3-24　新型半 U 肋模型疲劳试验加载装置

由正交异性钢桥面的构造特性所决定，采用 U 肋的正交异性钢桥面板时，桥面板纵桥向抗弯刚度大，而横桥向抗弯刚度小，在轮载作用下横桥向弯曲变形大，导致纵肋与顶板在连接处的相对转角较大。同时，在当前的正交异性钢桥面板制造工艺水平下，纵肋与顶板的连接构造为纵肋外侧的单面角焊缝，其抗弯强度低，导致焊缝处应力集中程度显著；再加上在纵肋单面开坡口进行纵肋与顶板的焊接，焊根处初始制造缺陷多且难以检测，导致该构造细节疲劳性能差，易于出现疲劳开裂。对纵肋与顶板焊缝构造细节疲劳性能进行的理论和试验研究表明：刚度突变和难以避免的焊接初始缺陷是该细节疲劳问题突出的根本原因；局部轮载作用下纵肋与顶板之间较大的面外变形导致该构造细节出现较高的局部弯曲应力，焊接初始缺陷进一步放大应力集中效应，并最终导致该构造细节出现疲劳开裂。提高其疲劳性能的主要途径在于改善焊缝几何构型、增大焊缝局部刚度和控制焊接初始制造缺陷。为此，我国工程技术人员攻克了 U 肋内狭小空间内难以自动焊接的难关，研发了 U 肋内焊接专用装备和自动化生产线，提出了新型纵肋与顶板连接双面焊接构造细节，以提高正交异性钢桥面板的疲劳性能，如图 3-25 所示。通过专用自动焊接设备在纵肋-顶板焊接接头内侧焊接一道角焊缝，使纵肋-顶板焊接接头由单侧角焊缝改变为双侧角焊缝形式。

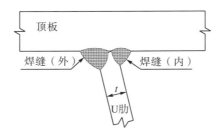

图 3-25　新型纵肋与顶板连接双面焊接构造细节

为保证半纵肋试验模型与实桥受力的一致性，对下部支撑角钢厚度和上部支撑钢棒间距进行研究，对于新型纵肋与顶板双面焊接构造细节，当新型试验装置中角钢厚度取为 12mm、支撑钢棒间距取为 400mm 时，半纵肋试验模型与实桥节段模型受力模式基本一致[42,43]。基于新型双面焊接构造细节合理熔透率理论研究成果和已研发的新型双面焊接构造细节试验装置，针对 0%、75%和 100%三种熔透率设计三组疲劳试验模型，每组 2 个试件，共 6 个试件。模型宽度为 900mm，纵向长度为 500mm，顶板厚 16mm，纵肋厚 8mm。新型纵肋与顶板双面焊构造细节模型的三种不同熔透率模型细部尺寸如图 3-26 所示；试验模型试件模型如图 3-27 所示。

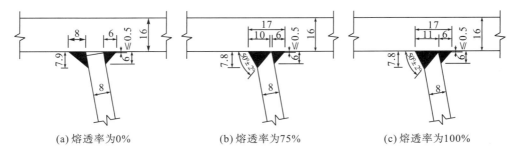

(a) 熔透率为0%　　　　　　(b) 熔透率为75%　　　　　　(c) 熔透率为100%

图 3-26　新型纵肋-顶板双面焊细部尺寸（单位：mm）

图 3-27　纵肋-顶板新型双面焊细节试验模型

　　纵肋与顶板双面焊接构造细节模型疲劳试验加载和测试情况如图 3-28 所示，根据疲劳加载方案对每个模型进行疲劳加载，疲劳加载过程中每隔 5 万次加载进行一次动态数据采集，以监测模型关键测点应变数据的变化情况，据此判断模型是否发生疲劳开裂。纵肋与顶板双面焊构造细节模型疲劳试验结果如表 3-7 所示。试验结果表明，采用内焊技术后，纵肋与顶板连接构造细节的疲劳强度有所提升；尽管采用了内焊技术，大部分试件的开裂部位仍为内侧焊趾处。可能的原因为，试件纵向较短，自动化内焊不稳定。

(a) 试验机加载系统

(b) 试验机控制系统

图 3-28　双通道高频疲劳试验机

表 3-7　纵肋与顶板连接双面焊接构造细节在不同熔透率条件下的疲劳试验结果汇总表

试件编号	加载方式	处理方式	开裂模式	开裂次数/万次	加载总次数/万次	换算为 200 万次疲劳加载常幅应力幅/MPa	
						名义应力	热点应力
PR0%-1	常幅	正常	内侧焊趾	30	50	99.7	108.7
PR0%-2	常幅	正常	内侧焊趾	55	80	102.7	111.9
PR75%-1	常幅	正常	外侧焊趾	955	1175	187.3	195.1
PR75%-2	变幅	正常	内侧焊趾	375	465	128.4	140.0
PR100%-1	变幅	正常	内侧焊趾	290	490	104.1	120.1
PR100%-2	常幅	正常	内侧焊趾	490	530	117.9	122.4

注：PR 代表熔透率(penetration rate)，PR0%、PR75% 和 PR100% 分别代表熔透率为 0%、75% 和 100%。

　　内侧焊趾代表由内侧顶板焊趾起裂、沿顶板厚度方向扩展的疲劳裂纹；外侧焊趾代表由外侧顶板焊趾起裂、沿顶板厚度方向扩展的疲劳裂纹；开裂次数为出现肉眼可见裂纹时所对应的加载总次数；名义应力代表距内侧或外侧顶板焊趾 6mm 处测点处的应力。

3.2.2   纵肋与横隔板连接构造细节

国内外相关研究表明[2,13,14]：现代正交异性钢桥面板纵肋系列与横隔板构造细节的疲劳裂纹占开裂总案例的比例高达 61%，位于正交异性钢桥面板关键疲劳易损部位之首。对该构造细节的疲劳特性研究表明[2,4,5]：在纵向移动的局部轮载作用下，纵肋反复挠曲变形迫使横隔板产生反复的面外变形，当轮载直接作用于横隔板正上方时，横隔板面内产生竖向挠曲变形，两类不一致的变形直接在纵肋与横隔板焊接部位产生较大的弯曲次应力和剪应力；由于横隔板弧形开孔几何构造不连续，纵肋与横隔板之间连接焊缝只能采用人工焊接，其焊接质量难以保证，进一步加剧了其应力集中问题。多重因素耦合导致纵肋与横隔板构造细节成为钢桥面板中最易发生疲劳开裂的部位。纵肋与横隔板连接构造细节典型裂纹如图 1-19 所示。随着钢桥面板结构的发展，其疲劳开裂模式主要包括从弧形开孔的纵肋焊趾起裂沿着纵肋腹板扩展(RTF-1)、从弧形开孔的横隔板端部焊趾起裂沿隔板扩展(RTF-2)和从弧形开孔母材边缘起裂沿横隔板扩展(RTF-3)等 3 类疲劳开裂模式。鉴于纵肋与横隔板构造细节的疲劳开裂问题的普遍性，国内外学者对其疲劳性能问题开展了大量疲劳试验研究。此处主要介绍笔者团队开展的疲劳试验和国内其他研究团队开展的疲劳试验。试验主要分为以面内变形为主和以面外变形为主的疲劳试验。

3.2.2.1   以面内变形为主的疲劳试验

笔者团队[3,4]依托港珠澳大桥，根据多节段模型仿真分析结果，设计了面内荷载作用下纵肋与横隔板构造细节模型，试件几何尺寸和加载如图 3-29 所示。为使试件构造简单可靠，并保证试件测试部位受力行为与实桥具有良好的相似性，试件都采用了简支梁的形式，试件均通过张拉钢绞线与地锚连接，采用简支梁受力形式进行约束。所有试件所用材料与实桥相同，采用 Q345qD 的钢材。试件的顶板、横隔板和闭口加劲肋的板厚均与实桥一致：顶板板厚 18mm；横隔板厚 12mm；U 肋板厚 8mm。闭口加劲肋大小、形状和构造细节均与实桥一致，同时要求试件制造和焊接工艺与实桥制造和焊接工艺一致。

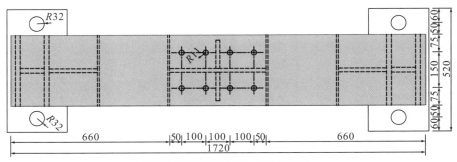

(a) 纵肋与横隔板连接构造细节平面图

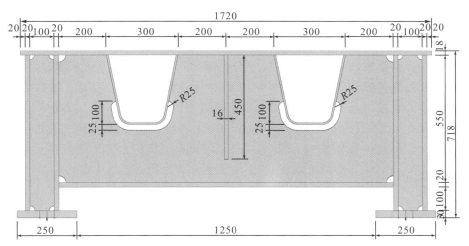

(b) 纵肋与横隔板连接构造细节立面图（单位：mm）

(c) 现场试验加载图

图 3-29　纵肋与横隔板连接构造细节模型

　　试验采用以应变测试为主、位移测试为辅的测试手段，并通过试验过程中的探伤检测疲劳易损部位是否发生疲劳损伤。疲劳试件关键测点选取原则为：①在与疲劳易损部位目标位置相距较近区域布置测点，确保测试结果能够有效反映目标位置的实际受力状态；②所选位置便于布置应变片；③测点处应力较大，确保测试结果不会被系统测试误差湮没。此外，必要情况下在试件应力最大点处布置关键点以了解结构的实际受力状态。在试验中试件上除了布置关键测点用于测试对应的疲劳关注细节外，还会布置其他关键测点，用于与仿真分析结果对比和试验过程监控。试验前依据规范通过多节段模型仿真分析计算确定各疲劳细节对应于作用 200 万次的等效常幅应力幅值，再通过对模型的仿真分析计算确定各试件的加载位置及荷载幅值ΔP，然后按正弦波方式加载 0 万次、50 万次、75 万次、100 万次、125 万次、150 万次、175 万次、200 万次结束后分别进行一次静载试验并测试数据。试验加载和测试的步骤参照 3.1.2 节相关步骤执行。但此类以面内变形为主的疲劳试验模型刚度较大，在纵肋与横隔板连接构造细节处的焊缝和母材均难以出现疲劳裂纹。在加载超过 1000 万次后，停止了疲劳试验。除笔者团队开展了此类疲劳试验外，王春生等[44]也开展了类似的疲劳试验，模型包含 6 个 U 肋。其顶板厚度为 14mm，横隔板厚度为 10mm，U 肋厚度为 8mm。整体模型刚度相对较小，因此在疲劳加载过程中，纵肋与横隔板连接构造细节处出现了开裂模式 RTF-1。具体失效位置详见参考文献[44]，此处不再赘述。

3.2.2.2 以面外变形为主的疲劳试验

在上述研究成果的基础上，笔者团队[45]开展了面外荷载作用下纵肋与横隔板连接构造细节模型疲劳试验，模型试验设计如图 3-30 所示。试验模型长 1.0m、宽 1.4m、高 0.6m，模型包含 1 道横隔板和 2 个 U 肋，U 肋顶板部分基于横隔板中心线左右各对称外伸 0.5m，以准确反映实桥结构 U 肋与端隔板连接的构造特点，并与实际结构中构造细节的受力特性吻合，试验模型的设计参数、加工精度和制造工艺均与实桥一致。试验模型采用横向两点加载，加载区中心线距离为 920mm。试验模型的分配梁与试验模型之间设置两个 200mm×200mm 的橡胶支座，试验模型约束与加载如图 3-31 所示。根据试验研究目的确定各试件试验荷载幅，兼顾疲劳破坏试验的加载效率问题。其中，试件前 200 万次加载按 1.0 倍等效荷载幅 ΔP 进行，以验证设计寿命期疲劳特性，试验模型的荷载幅值 ΔP 取为 108kN。设计寿命期疲劳特性验证完成后对试件模型提高荷载值至 2 倍荷载幅（ΔP=216kN）。疲劳试验过程中每加载 25 万次进行一次静载试验，采集应变与位移数据。

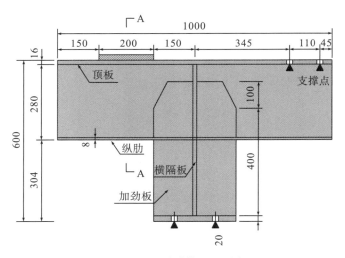

(a) 试验模型立面图

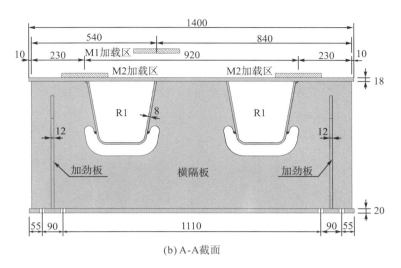

(b) A-A截面

图 3-30 纵肋与横隔板连接构造细节模型设计图(单位：mm)

图 3-31 试验模型约束与加载

根据全桥多阶段模型以及所设计的纵肋与横隔板连接构造细节试验模型,建立了相应的精细化仿真分析模型,通过理论分析指导应变测点的布置。对于各个疲劳易损细节的最不利区域、高应力区域以及模型中焊缝众多、面内外变形较大的部位,在满足所采用的钢结构桥梁疲劳评价方法对测点布置要求的条件下,多布置了一定数量的应力和面内外位移测试点,通过与理论计算数据的对比充分验证模型设计的合理性。纵肋与横隔板连接构造细节试件的应变测点主要集中于局部焊缝与横隔板弧形开孔周围。200 万次疲劳加载验证试验完成后采用超声波所进行的无损探伤表明整个试件模型均未出现疲劳裂纹。

大量实桥案例的调研与统计均表明,纵肋与横隔板连接构造细节是易于萌生疲劳裂纹的关键部位。为进一步深入探究该疲劳细节在设计使用寿命期限内的疲劳特性以及疲劳裂纹萌生和扩展过程,在疲劳验证试验的基础上继续开展疲劳破坏试验研究。疲劳破坏试验过程中间隔一定加载次数对整个试件模型进行详细检查,必要时采用超声波进行探伤。当疲劳加载次数达 410 万次时，纵肋与横隔板连接构造细节出现开裂模式为 RTF-1 的疲劳裂纹，如图 3-32 所示。

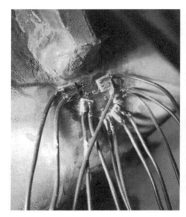

图 3-32　纵肋与横隔板连接构造焊缝端部焊趾疲劳开裂模式(RTF-1)

3.2.2.3　纵肋与横隔板连接构造细节开裂模式分析

对纵肋与横隔板连接构造细节疲劳性能开展研究的试验主要分为在两横隔板之间加载的面外作用和横隔板正上方加载的面内作用。疲劳试验结果统计分析表明：采用面外加载方式时，该构造细节主要发生的开裂模式为 RTF-1 和 RTF-2；采用面内加载方式时，该构造细节主要发生的开裂模式为 RTF-3。不同加载模式导致该构造细节发生不同的开裂模式，其主要原因是不同的疲劳荷载位置在该部位产生的效应差异较大。以 Zhou 等[46]开展的疲劳试验为例(横隔板正上方加载)，试验模型纵向长度为 300mm，横向宽度为 3000mm，具体参数如图 3-33 所示。根据试验模型尺寸建立有限元模型，采用等效结构应力法分析典型开裂模式的应力分量，在此基础上基于相同的开孔形式建立多个横隔板有限元模型，并将疲劳荷载作用于两个横隔板之间，系统分析两种加载方式下各开裂模式结构应力分量的变化。

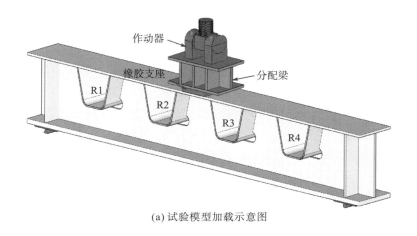

(a) 试验模型加载示意图

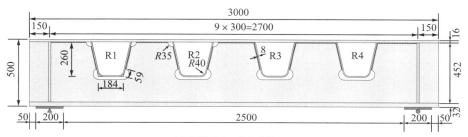

(b) 试验模型立面图(单位：mm)

图 3-33　Zhou 等开展的疲劳试验模型参数[46]

　　试验模型采用面内加载方式，对于纵肋与横隔板连接构造细节开裂模式 RTF-2 和 RTF-3，以 1.0 倍横隔板厚度作为开裂面厚度计算等效结构应力。在试验模型加载条件下，R2 纵肋与横隔板连接构造细节和 R2 纵肋弧形开孔的等效结构应力幅如图 3-34(a)所示，R1 纵肋与 R2 纵肋横隔板等效结构应力幅沿弧形开孔周边分布如图 3-34(b)所示。研究结果表明：①在面内加载条件下，构造细节中开裂模式 RTF-3 的等效结构应力远大于其他开裂模式，因此该组试验加载条件下该构造细节主要产生开裂模式 RTF-3 的疲劳裂纹；②试验模型中 4 个纵肋弧形开孔的等效结构应力差异较小，因此每个弧形开孔均有可能发生疲劳开裂，但等效结构应力达到峰值的位置不同导致开裂部位存在差异，预测结果与试验结果基本一致。

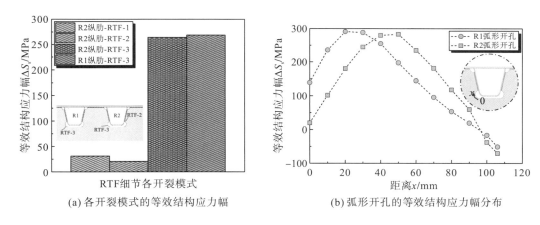

(a) 各开裂模式的等效结构应力幅　　　　　　(b) 弧形开孔的等效结构应力幅分布

图 3-34　RTF 细节的等效结构应力幅(单位：MPa)

　　分别在横隔板正上方加载与两个横隔板之间加载，导致 RTF 构造细节出现不同的开裂模式，为了探明不同加载方式对该构造细节各开裂模式的影响，以 Zhou 等试验模型参数建立有限元模型，横向 4 个纵肋，纵向 4 个横隔板，横隔板间距设置为 3000mm，与 Zhou 等试验模型加载面积相同的荷载作用于横隔板之间跨中位置，横隔板开孔和纵肋尺寸等关键构造参数与试验全部一致，横向位置按照三种典型工况分别进行加载，如图 3-35 所示。该构造细节受力较复杂且处于多轴受力状态，因此需按多轴疲劳考虑并计算不同加载工况下各开裂模式的应力分量，如图 3-36～图 3-38 所示。研究结果表明：①横隔板正上方加载时，其构造细节开裂模式 RTF-1 和 RTF-3 主要是法向结构应力 σ_s 占主导，而开裂模式 RTF-2 主要是面内剪切应力 τ_T 占主导。②当采用横隔板之间跨中加载时，三类开裂模式均为法向结构应力 σ_s 占主导，开裂模式 RTF-1 和 RTF-3 的面内剪应力占比均较小，但开裂模式 RTF-2 的面内剪切应力 τ_L 相比横隔板正上方加载时显著增大，约为法向结构应力的 0.3 倍，面内剪切应力对该开裂模式的贡献不容忽略，因此开裂模式 RTF-2 在两横隔板之间加载处于多轴疲劳受力状态。③采用节段模型开展钢桥面板疲劳试验研究，一般将疲劳荷载作用于两横隔板之间的跨中加载重点，关注 RTD 细节和 RTF 细节的疲劳开裂问题。在该加载条件下，开裂模式 RTF-1 和开裂模式 RTF-2 的结构应力均显著大于开裂模式 RTF-3，因此试验模型中多出现开裂模式 RTF-1 或 RTF-2 的疲劳裂纹（与开孔形式有关）。④对于开裂模式 RTF-2，在上述两种加载条件下其法向结构应力 σ_s 出现由负值到正值的转变，则对于实际桥梁结构而言，在移动车辆荷载作用下，该开裂模式的法向结构应力 σ_s 将处于拉-压循环状态；而开裂模式 RTF-1 在疲劳试验中占比较高，其主要原因是该开裂模式在试验加载条件下具有较高的结构应力幅。但在移动车辆荷载作用下，RTF-1 开裂模式的受力基本处于拉-拉循环状态，且其应力幅值相比开裂模式 RTF-2 的应力幅值小（与开孔形式和疲劳荷载作用面积相关），这也是实际桥梁结构中开裂模式 RTF-2 的疲劳裂纹数量较多的主要原因。

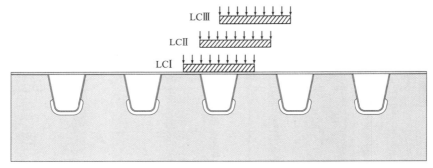

图 3-35　横向加载位置示意图

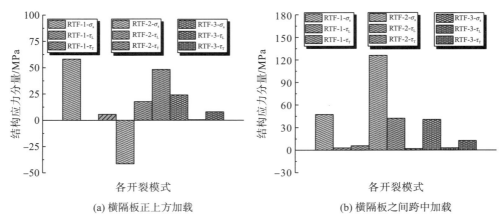

(a) 横隔板正上方加载　　　　　　　　(b) 横隔板之间跨中加载

图 3-36　LCI 作用下各开裂模式的等效结构应力

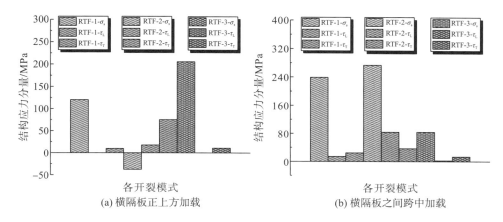

图 3-37　LCII 作用下各开裂模式的等效结构应力

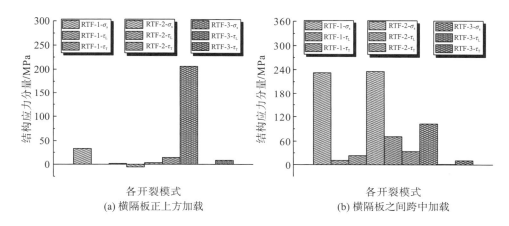

图 3-38　LCIII 作用下各开裂模式的等效结构应力

试验模型的疲劳荷载一般是采用正弦曲线的方式施加，其各开裂模式的结构应力分量 σ_s、τ_L 和 τ_T 同时达到最大值或最小值，即结构应力分量随时间的推移成比例变化，相应的主应力方向保持不变，由于各应力分量的波峰与波谷发生在同一时刻，所以可直接计算各开裂模式的等效结构应力幅。但对于实桥钢桥面板结构中 RTF 细节，结构应力分量 σ_s、τ_L 和 τ_T 存在相位差，如图 3-39 所示(开裂模式 RTF-2)，属于异相多轴疲劳问题，该问题的疲劳性能评估尚缺乏普遍认可的统一方法。

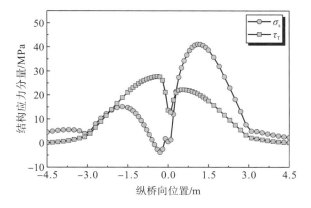

图 3-39　开裂模式 RTF-2 的结构应力分量随纵向位置的变化

3.2.3 纵肋对接构造细节

正交异性钢桥面板的纵肋现场连接主要有带衬垫板焊接及高强螺栓连接两种方式。其中，采用高强螺栓连接的疲劳性能优于采用衬垫板的焊接。然而，高强螺栓连接存在延迟断裂风险，如果钢结构桥梁下面通行列车，则通常采用纵肋焊接连接。同时，目前国内外已建成的采用正交异性钢桥面板的早期钢桥，其纵肋连接大多采用焊接，如润扬长江大桥、德国 Haseltal（哈塞尔塔尔）桥、日本 Kinuura（衣浦）桥南部结构、武汉天兴洲长江大桥等大跨度桥梁。然而，纵肋对接焊缝细节因在现场单面施焊且仰焊作业，施工质量较难保证，易产生焊缝的熔透深度不足、咬边等焊接缺陷，车辆荷载作用下，纵肋底部焊缝将承受较大弯曲拉应力，加剧了疲劳开裂的风险。纵肋对接构造细节的疲劳性能受焊接初始缺陷、车辆荷载和应力集中程度等多种因素的制约，目前在实桥中纵肋对接焊缝已经出现大量疲劳开裂案例，引起了桥梁工程界的高度关注，国内外学者对正交异性钢桥面板纵肋对接构造细节开展了疲劳试验研究，确定了纵肋对接构造细节的疲劳强度、疲劳开裂模式及裂纹扩展特性。

笔者团队[3,4]依托港珠澳大桥共设计了两组构造细节模型，分别考察纵肋焊接和纵肋栓接构造细节疲劳性能。为使试件构造简单可靠，并保证试件测试部位受力行为与实桥具有良好的相似性，试件都采用了简支梁形式，试件通过张拉钢绞线与地锚连接。所有试件所用材料与实桥相同，采用 Q345qD 钢。试件的顶板、横隔板和闭口加劲肋的板厚均与实桥一致：顶板板厚 18mm；横隔板厚 12mm；U 肋板厚 8mm。闭口加劲肋大小、形状和构造细节均与实桥一致，同时要求试件制造和焊接工艺与实桥制造、焊接工艺一致。各组试件的加载位置和加载荷载幅值 ΔP 通过有限元模型仿真分析确定。当试件在加载位置作用荷载幅值 ΔP 时，对应疲劳关注细节会达到 200 万次的等效试验常应力幅值，此时试件上的其他高应力区的应力幅值超过容许值。为节约试验成本和试验时间，试验中根据试验模型尺寸和试验场地要求设计了荷载分配梁，在一次试验中能够同时加载两个试件，纵肋焊接与纵肋栓接构造细节的模型和加载如图 3-40 所示。纵肋栓接构造细节模型同样在试件跨中加载，在加载垫板与顶板之间放置橡胶垫块模拟车轮的接触面。

图 3-40　纵肋焊接构造细节模型疲劳试验加载

　　疲劳加载过程中进行的测试结果表明：纵肋焊接对接试件关键测点位置荷载应力关系满足线性关系；所有关键测点加载应力曲线与卸载应力曲线几乎重合；所有关键测点在疲劳加载所有阶段荷载应力曲线吻合良好。疲劳荷载加载到 100 万次和 200 万次时分别对试件进行了探伤，探伤结果表明试件未出现疲劳裂纹，加载完成的试件未发生疲劳开裂。

　　陈世鸣等[47-49]针对正交异性钢桥面板纵肋对接焊接构造细节开展了疲劳试验研究，疲劳试验节段模型横向设置 2 个纵肋，纵向设置 1 道横隔板，试验模型尺寸为 2160mm×1200mm×432mm（长×宽×高），纵肋嵌补段位于跨中部位，纵肋嵌补段长度为 400mm，顶板厚度为 16mm，纵肋截面尺寸为 300mm×260mm×8mm，横隔板厚度为 14mm，横隔板加劲肋厚度为 12mm，横隔板下翼缘厚 16mm，试验模型为两端简支，通过横隔板底部两侧每个部位的滚轴支座模拟真实的桥面受力，模型采用液压脉动试验机通过分配梁进行四点加载，加载面积为 140mm×320mm，试验现场加载如图 3-41 所示。

图 3-41　节段模型尺寸及试验模型加载

　　试验模型 1 疲劳加载至 302 万次时，在纵肋对接焊缝圆弧过渡区出现疲劳裂纹，裂纹长 16cm，随后向纵肋底部和腹板扩展。试验模型 2 疲劳加载至 189 万次时，在焊缝圆弧过渡区出现疲劳裂纹，裂纹长约 4cm；之后裂纹向纵肋底部和腹板扩展，加载到 200 万次时，裂纹贯通，试验模型 2 的疲劳裂纹如图 3-42 所示。由现场疲劳开裂处可知，虽未见明显的表观缺陷，但其局部焊缝部位存在刚度突变和较大的应力集中。采用名义应力法评估，2 个试件可取为 Eurocode 3（欧洲规范）中的 71 级。

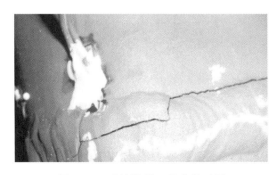

图 3-42　试验模型 2 的疲劳开裂

3.3　节段模型疲劳试验

构造细节模型具有尺寸小、加载方便等特点，疲劳试验费用较低，主要用于构建构造细节疲劳强度曲线，或确定新型构造细节的实际疲劳性能，而节段模型中则包含多个构造细节，不但能够确定各个构造细节的疲劳性能，而且能够明确钢桥面板结构体系的主导疲劳开裂模式，从而确定钢桥面板结构体系的实际疲劳性能。通常足尺节段模型尺寸较大，能够弱化试验边界条件和制造工艺差异对于构造细节力学特征的影响，在一定程度上能更好地模拟实桥受力，目标构造细节的受力特征与实际受力特征更相似。另一方面，节段模型对于疲劳试验的条件要求较高，模型制作周期和疲劳试验加载时间较长，疲劳试验费用高于构造细节模型，因此，构造细节模型与节段模型各有特点，二者互为补充。国内外学者通常依托于实际桥梁工程项目开展节段模型疲劳试验研究，为此，本节基于笔者团队所开展的部分典型代表性大跨度钢结构桥梁的钢桥面板节段模型疲劳试验，以模型设计方法、加载与测试方案、典型疲劳开裂模式与成因为主要内容进行介绍。

3.3.1　港珠澳大桥

港珠澳大桥跨越珠江口伶仃洋海域，是连接香港特别行政区、珠海市和澳门特别行政区的大型跨海通道，桥长约 22.9 公里，双向 6 车道设计，设计使用寿命为 120 年。桥梁结构形式主要包括斜拉桥(通航孔桥)和连续梁桥(非通航孔桥，标准联和非标准联分别为 6×110m 和 110m+150m+110m 整幅钢箱连续梁桥)，其主梁的主要形式为大悬臂正交异性钢桥面板钢箱梁。非通航孔桥标准联主梁采用 4.5m 等高度设计；非标准联主梁采用变高度设计方案，支座和跨中处梁高分别为 6.5m 和 4.5m，如图 3-43 所示。系统的对比研究表明：非通航孔桥正交异性钢桥面板的疲劳问题更为突出，标准联边跨跨中梁段为结构疲劳性能的控制梁段。因此，选取这一梁段作为研究对象进行相关研究。

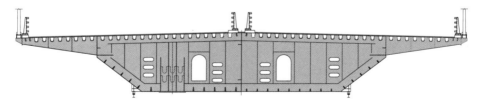

图 3-43　港珠澳大桥某标段标准断面示意图

在控制模型规模的条件下实现试验模型关键疲劳易损部位的疲劳性能等效于实际结构，同时兼顾试验加载和测试的便利性，是模型设计的重要研究课题。采用通用有限元软件 ANSYS 建立了以标准联边跨跨中部位为中心、长 30m 的梁段三维板壳元理论模型，对各疲劳易损部位的受力特性进行了系统研究，将分析结果作为试验模型设计的重要依据。

模型设计过程中综合考虑以下因素：①模型中各重要疲劳易损部位的疲劳特性与实际结构等效；②能够同时满足多个疲劳易损部位的疲劳特性试验研究的需要；③能够实现多点异步加载，以便更为准确地模拟车辆走行效应对于各关键疲劳易损部位的影响。为满足上述要求，试验模型采用足尺节段模型方案。在对多个模型设计方案进行系统深入的对比研究的基础上，确定了最终的试验模型，如图 3-44 和图 3-45 所示。

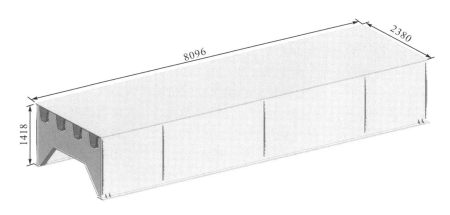

图 3-44　试验模型设计图(单位:mm)

　　试验模型横向设置 4 个 U 形纵向加劲肋，纵向设置 5 道横隔板，中间 3 道横隔板间距为 2500mm，两端横隔板间距则取为 1500mm。试验模型所用钢材为 Q345qD，与实桥相同；顶板、横隔板、U 肋和腹板等板件厚度与实桥一致，分别为 18mm、16mm、8mm 和 20mm；U 肋的形状和间距等关键设计参数与实桥相同。同时要求模型的加工精度、加工和焊接工艺与实桥一致。采用在不同位置加载的方式对上述各疲劳易损部位的疲劳特性进行研究。为满足这一要求，对试验模型的支撑方式进行了研究，最终确定的支撑方式为：在模型两端横隔板和中间横隔板三个不同的纵向各布置一道滑道梁，将试验模型置于滑道梁上，试验模型可在滑道梁上进行纵向和横向移动。各滑道梁通过专用固定装置与试验室反力地板固结，如图 3-45 所示。

图 3-45　节段试验模型图

笔者团队对疲劳荷载的确定问题进行了深入研究：通过对《港珠澳大桥工程可行性研究阶段交通需求分析研究报告》中实际交通荷载信息的统计分析，获取了原始荷载谱和等效标准车辆荷载谱。根据所确定的等效标准车辆荷载谱和梁段三维板壳元理论模型，取冲击系数为 1.2，考虑 70mm 厚铺装层的扩散效应，确定了各疲劳易损部位的位置及其相应的影响面；根据线性疲劳累积损伤理论，确定了各疲劳易损部位 200 万次的等效疲劳荷载幅和相应的名义应力幅。对每个待研究疲劳易损部位，均通过两点异步加载的方式模拟车辆的走行效应，通过改变加载位置对各待研究疲劳易损部位的疲劳特性进行研究。此处针对三类构造细节进行了深入研究：纵肋与顶板连接构造细节、纵肋与横隔板连接构造细节和纵肋对接连接构造细节，单个模型累计加载超 2000 万次。

研究结果表明：①纵肋与顶板连接构造细节处未出现疲劳裂纹。港珠澳大桥的钢桥面板结构首次采用自动化流水线焊接，尽管采用的是单面焊，但顶板厚度达到 18mm，导致焊接部位局部应力显著降低。②纵肋与横隔板连接构造细节出现 RTF-1 开裂模式，主要由荷载的面内与面外的耦合作用导致，其开裂模式与前述的构造细节模型疲劳试验中出现的 RTF-1 开裂模式完全一致，典型的疲劳裂纹如图 3-46 所示。③纵肋对接连接构造细节处出现 RTR-1 开裂模式，如图 3-47 所示。其可能的原因为对接时，对接装配误差导致局部存在较大的装配应力，同时发现在裂纹萌生处存在切割毛刺和缺陷，因此提升钢桥面板制造质量可有效增强其疲劳性能，后续章节将进一步讨论装配误差及制造质量的实际效应。

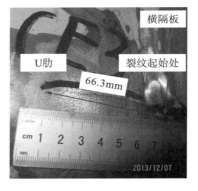

图 3-46　纵肋与横隔板连接构造细节处 RTF-1 开裂模式

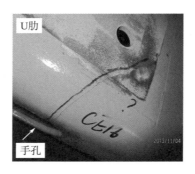

图 3-47　纵肋对接连接构造细节处 RTR-1 开裂模式

3.3.2　青山长江大桥

青山长江大桥为大跨度斜拉桥，主梁采用钢箱梁，桥跨布置为 98m+120m+132m＋938m＋132m+120m+98m，钢箱梁高 4.5m，宽 47m，双向 8 车道设计，钢箱梁标准断面如图 3-48 所示；主跨桥面板采用典型的正交异性钢桥面板，钢材为 Q370qE，顶板厚 16mm、横隔板厚 14mm，纵肋尺寸为 300mm×280mm×8mm，纵肋中心距为 600mm，横隔板间距 2.5m。由结构特点和桥址所决定，该桥具有大跨、宽幅、交通量特别大和重载车辆比例高等特点。由于交通量和重载交通比例是正交异性钢桥面板疲劳强度的决定性影响因素，所以该桥正交异性钢桥面板的疲劳问题较为突出。鉴于纵肋与顶板连接构造细节和纵肋与横隔板连接构造细节是正交异性钢桥面板的关键疲劳易损部位，针对以上两类构造细节设计试验模型，研究两类构造细节的主导疲劳开裂模式和实际疲劳性能，在此基础上结合该桥受力特点系统研究正交异性钢桥面板结构体系的疲劳问题。其中，纵肋与顶板连接构造细节包含传统纵肋与顶板连接构造细节和新型镦边纵肋与顶板新型焊接细节两类，主要构造参数如图 3-49 所示。

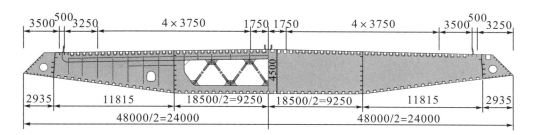

图 3-48　钢箱梁标准断面(单位：mm)

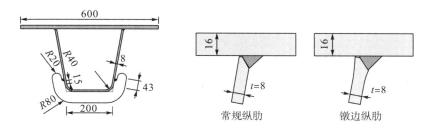

(a) 纵肋与横隔板连接构造细节几何参数　　(b) 纵肋与顶板连接构造细节几何参数

图 3-49　两类构造细节的关键构造参数(单位：mm)

为准确模拟待研究疲劳易损部位的实际受力状态，采用节段模型研究纵肋与顶板、纵肋与横隔板连接构造细节的疲劳开裂模式和实际疲劳强度，在此基础上研究结构体系的主导疲劳开裂模式和疲劳性能，正交异性钢桥面板节段模型分为两类：单跨节段模型和三跨节段模型，U 肋间距为 600mm，横隔板间距为 2500mm，横隔板厚度为 14mm，如图 3-50 所示。上述两类足尺节段模型，均包含两类构造细节，即纵肋与顶板连接构造细节(传统纵肋和镦边纵肋)和纵肋与横隔板连接构造细节，试验模型的设计参数、加工精度和制造工艺均与实桥一致。

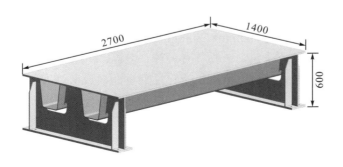

(a) 单跨节段模型整体示意图

(b) 三跨节段模型整体示意图

图 3-50　两类节段模型设计图（单位:mm）

3.3.2.1　单跨节段模型疲劳试验研究

单跨节段模型采用分配梁在纵向两点加载，加载区中心线距离为 900mm，试验模型的分配梁与试验模型之间均设置两个 200mm×200mm 的橡胶支座，试验模型加载如图 3-51 所示，设计传统 U 肋节段模型和镦边 U 肋节段模型各 3 个。根据试验研究目的确定各试件试验荷载幅，兼顾疲劳破坏试验的加载效率问题：其中传统 U 肋节段模型 1 和镦边 U 肋节段模型 1 的前 200 万次加载按 1.0 倍等效荷载幅 ΔP 进行，以验证设计寿命期疲劳特性，荷载幅值 ΔP 取为 116kN。设计寿命期疲劳特性研究完成后，对传统 U 肋节段模型 1 和镦边 U 肋节段模型 1 分阶段逐步提高荷载幅直至加载结束。为提高加载效率，剩余 4 个模型分别采用 $2.5\Delta P \sim 3.25\Delta P$ 的常幅加载，各试件荷载幅如表 3-8 所示。

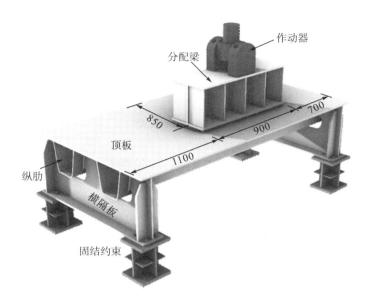

(a) 加载示意图

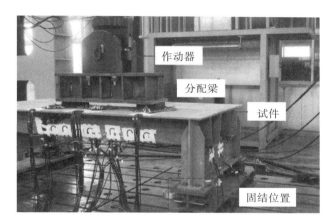

(b) 加载现场图

图 3-51　试验模型约束与加载示意图(单位：mm)

表 3-8　各试验模型的试验荷载幅

试件编号	荷载类型	荷载幅 ΔP /kN
传统 U 肋单跨节段模型-1	变幅	116~348
传统 U 肋单跨节段模型-2	常幅	348
传统 U 肋单跨节段模型-3	常幅	377
镦边 U 肋单跨节段模型-1	变幅	116~348
镦边 U 肋单跨节段模型-2	常幅	290
镦边 U 肋单跨节段模型-3	常幅	348

　　根据试验加载方案和有限元数值分析结果，在典型疲劳易损部位布置多个应变花，关键测点布置及编号如图 3-52 所示。此处仅示出各细节关注测点的布置，其余非关注测点不再一一列出。在 R1 纵肋处的焊根位置对应的顶板上表面的关键测点记为 R1DT-1～R1DT-4；在 R1 纵肋、F2 横隔板处的 U 肋关键测点记为 R1F2-1～R1F2-2。

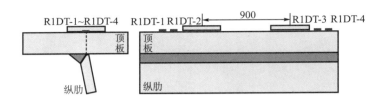

(a) RTD 细节关键测点布置图

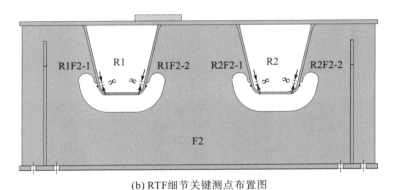

(b) RTF 细节关键测点布置图

图 3-52　试验模型关键测点布置图（单位：mm）

　　试验过程中对各试验模型两类构造细节的关键测点的应力实测结果进行系统分析。因 RTD-2 开裂模式的疲劳裂纹萌生于焊根并沿顶板厚度方向扩展时，其疲劳裂纹位于纵肋内部无法直接观测，故而采用关注细节关键测点主应力变化和超声波探伤联合判断各细节疲劳开裂及裂纹扩展情况。易损细节开裂后关键测点的主应力变化曲线如图 3-53 所示。图中各测点应力为垂直于焊缝方向或裂纹扩展方向的正应力。试验结果研究表明：①纵肋与顶板连接构造细节的 R1DT-1～R1DT-4 测点应力、纵肋与横隔板连接构造细节焊趾端部 U-2 测点应力随作用次数的增加均发生明显变化，表明疲劳裂纹在疲劳易损细节处萌生并扩展使得局部刚度降低，导致局部应力重分布。②各试验模型开裂模式如图 3-54 所示，纵肋与顶板连接构造细节的顶板焊趾和纵肋焊趾均没有出现疲劳裂纹，该细节疲劳裂纹萌生于焊根并沿顶板厚度方向扩展，纵肋与横隔板连接构造细节疲劳裂纹萌生于焊趾端部并沿纵肋腹板扩展，表明以上两种疲劳开裂模式是两类细节的主导疲劳开裂模式。③对比传统单面焊和镦边的纵肋与顶板连接构造细节，镦边后的该构造未提升其疲劳性能，也未改变其开裂模式。④各试验模型疲劳加载完成后，联合超声波探伤、钻芯切片技术确定疲劳裂纹萌生位置及疲劳裂纹几何形态。试验结束时，纵肋与横隔板焊缝端部焊趾疲劳裂纹深度方向约 4.5mm，表面裂纹长 25.8mm；细节顶板焊根疲劳裂纹深度方向约 4.3mm，表明通过关键测点应力变化趋势可判断疲劳易损细节开裂。参考 Kolstein[27]对钢桥面板易损细节疲劳强度评估时建议采用关键测点应力变化幅度 10%和 25%两个疲劳破坏准则，各试件关键测点应力变化幅度 10%、25%和试验完成时分别对应的作用次数如表 3-9 所示。

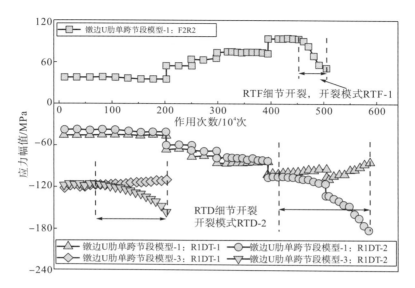

图 3-53　关键测点应力幅值随作用次数的变化

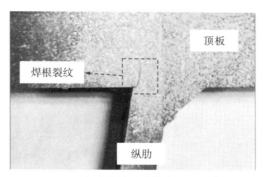

(a) RTD细节疲劳开裂模式（RTD-2）

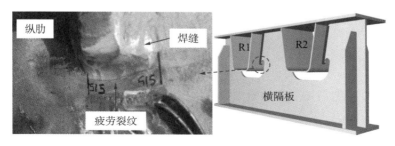

(b) RTF细节疲劳开裂模式（RTF-1）

图 3-54　两类细节主导疲劳开裂模式

表 3-9　各模型疲劳试验结果　　　　　　　　　　（单位：万次）

试件编号	顶板焊根开裂(RTD-2)		U 肋焊趾开裂(RTF-1)		试验结束
	N_{10}	N_{25}	N_{10}	N_{25}	N_f
传统 U 肋单跨节段模型-1	730	763	600	610	813.5
镦边 U 肋单跨节段模型-1	490	540	475	490	690
传统 U 肋单跨节段模型-2	50	70	12	28	80
传统 U 肋单跨节段模型-3	110	156	31	35	166
镦边 U 肋单跨节段模型-2	90	140	60	80	270
镦边 U 肋单跨节段模型-3	140	190	100	135	210

注：表中 N_{10}、N_{25}、N_f 分别表示应力变化幅度为 10%、25% 和试验结束时所对应的疲劳荷载作用次数。

3.3.2.2　三跨节段模型疲劳试验研究

　　三跨节段模型疲劳试验加载和测试的步骤与单跨节段模型疲劳试验相同。200 万次以前，按正弦波方式疲劳加载，加载次数每累计 20 万次进行一次静载试验并测试数据。200 万次以后，按正弦波方式疲劳加载，加载次数每累计 10 万次进行一次静载试验并测试数据。足尺节段模型现场加载情况如图 3-55 所示。

图 3-55　三跨节段模型试件加载

　　足尺节段模型疲劳易损部位的测点布置如图 3-56 所示，加载时在加载位置放置橡胶支座，本次试验在重点关注区域及应力较大的区域均布置了应变测点，图 3-56(a) 为横隔板上应力较大位置的应变测点布置，本次试验在两个中隔板均布置测点，因为实际操作中无法在隔板开孔弧口边缘粘贴应变片，故选取在离弧口边缘 5mm 处粘贴应变片，且横隔板两侧均布置了测点。

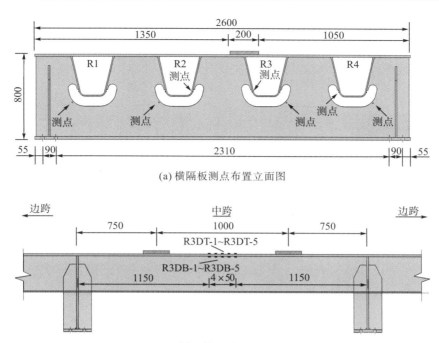

(a) 横隔板测点布置立面图

(b) U肋与顶板测点布置立面图

图 3-56　三跨节段模型关键测点布置图(单位：mm)

　　根据足尺节段模型仿真分析和试验模型设计的相关内容进行静载试验，静载试验中每级加/卸载均应测试应变数据并记录位移计读数。根据整个疲劳验证试验过程中的实测应变数据，三跨节段模型试件的疲劳易损细节在设计寿命期内抗疲劳性能验证试验完成以后，逐步增加荷载幅以加速破坏过程。加载位置及加载方式与疲劳验证性阶段一致，为保证试验过程的安全性和结构稳定性，疲劳荷载幅由 116～348kN 逐步增大，加载频率为 3.5～4.0Hz。三跨节段模型在破坏试验阶段，试验 200 万～400 万次时按 290kN 荷载幅进行加载，试验 400 万次之后按 348kN 荷载幅进行加载。整个疲劳试验加载过程中主要关注细节各测点的应力变化趋势，如图 3-57 所示。图中各测点应力为垂直于焊缝方向或裂纹扩展方向的正应力。从图中可以看出，在累计加载到 420 万次后顶板焊趾测点及焊根顶板测点应力逐渐变化。顶板焊趾和焊根顶板测点应力值逐渐减小，局部应力得到释放。对测点附近区域进行仔细观察，未发现肉眼可见裂纹。通过超声波探伤，结果显示应力出现变化的测点附近存在焊根起裂并向顶板扩展的裂纹。各测点的应力值变化幅度逐渐增大，表明顶板焊根裂纹随着加载次数的增加在不断扩展且扩展速度越来越快。

　　三跨节段模型试验研究结果表明：①模型中主要关注细节各测点在不同疲劳加载作用次数下的主应力随荷载的变化呈线性关系，在静载荷载作用下各测点主拉应力均未达到材料的屈服强度，表明疲劳试验中各测点主拉应力仍处于线弹性范围；②在破坏试验阶段，当累计加载次数达到 420 万次后，随着疲劳荷载次数的增加，U 肋顶板连接焊缝顶板焊趾测点及焊根测点的应力值出现不同程度的变化，且变化幅度逐渐增大，表明疲劳裂纹在顶板焊根萌生并扩展，对应 200 万次疲劳强度为 121.5MPa；③随着顶板焊根疲劳裂纹的不断扩展，局部刚度降低，各测点应力值呈现非线性变化趋势，裂纹扩展速度逐渐加快；
④由于焊根焊接缺陷具有难控制、难检测等特点，钢桥面板与纵肋焊缝疲劳易损细节的疲劳裂纹更易在焊根萌生并扩展。

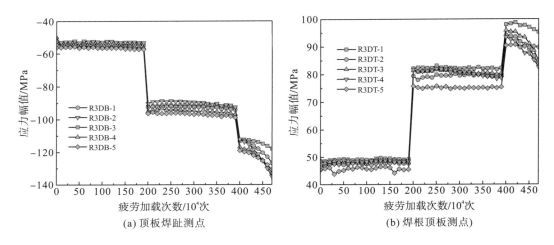

(a) 顶板焊趾测点　　　　　　　　　　　　　　(b) 焊根顶板测点)

图 3-57　三跨节段模型关键测点应力变化趋势

3.3.3　清云高速西江特大桥

　　清云高速公路起于清远市清新区，途经肇庆四会市、高要区、德庆县，云浮市云安区、云城区，终于云浮市新兴县。西江特大桥为该线路上跨越西江的重要节点工程。西江特大桥全长 1668m，主桥跨度为 202m+738m+202m 的双塔双跨吊悬索桥，双向六车道 30m 宽，加劲梁全宽 38.4m。清云高速为粤西地区与珠三角西部、粤北地区联系的主要快速通道，其交通特点为"重载、大交通量"。"重载、大交通量"条件下的正交异性钢桥面板结构疲劳问题尤为突出。因此，西江特大桥钢箱梁引入纵肋机器人自动内焊技术，这是全国首例在全桥顶板上使用纵肋机器人自动内焊技术。将纵肋与顶板连接焊缝由单侧角焊缝改为双侧角焊缝形式，降低焊根处及桥面板焊趾处的拉应力值，从而避免从焊缝焊根处萌生的疲劳裂纹问题，大幅提高桥面板焊趾处的疲劳性能，降低桥梁寿命周期内的维护成本。为给青云高速西江特大桥重载交通钢桥面的构造设计提供科学依据，笔者团队进行了新型双面焊钢桥面板的疲劳试验研究。加载面积选用欧洲规范 Eurocode1 所规定的标准疲劳车型加载面积，采用分级正弦波荷载进行循环动态加载，加载过程与前述加载过程一致。其中 0～200 万次加载为疲劳强度验证加载，该阶段疲劳荷载幅 ΔP=200kN；200 万次后进行分级疲劳破坏加载，200 万～450 万次加载阶段疲劳荷载幅 ΔP=300kN，450 万～725 万次加载阶段疲劳荷载幅 ΔP=400kN。为结合新型纵肋与顶板双面焊构造细节模型疲劳试验，确定并验证新型桥面板结构体系疲劳性能，结构体系疲劳性能试验阶段按照同时使纵肋与顶板连接构造细节和纵肋与横隔板连接构造细节局部受力较为不利的加载工况进行加载，加载布置方案如图 3-58 所示。

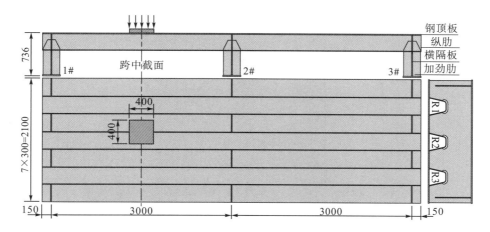

图 3-58　足尺试验模型加载工况布置图(单位：mm)

新型正交异性钢桥面板足尺模型结构体系疲劳强度测试以应变测试为主，疲劳试验模型关键测点选取原则为：①测点处与疲劳易损部位目标位置相距较近，确保测试结果能够有效反映目标位置的实际受力状态；②所选测点处便于布置应变片；③测点处主拉应力较大，确保测试结果不会被系统测试误差湮没。测点布置如图 3-59 所示。

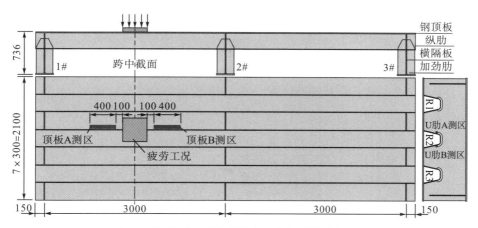

(a) 足尺模型试验疲劳加载应变测点布置平面图

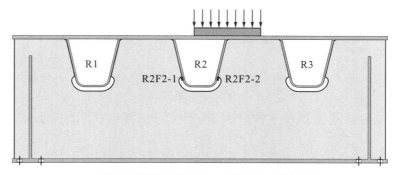

(b) 纵肋与横隔板连接构造细节局部应变测点布置

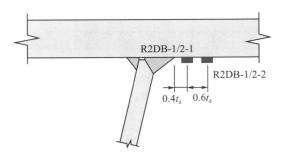

(c) 纵肋与顶板连接构造细节焊缝局部应变测点布置

(d) 应变布置现场实图

图 3-59　足尺试验模型疲劳加载测点布置图（单位：mm）

纵肋与顶板双面焊构造细节关注区域在本试验疲劳加载全过程均未出现疲劳开裂，因此此处以加载结束时的等效换算疲劳强度作为评估该构造细节疲劳性能的标准，选取对应测点处关键测点动态应力数据随加载次数变化规律如图 3-60 所示。

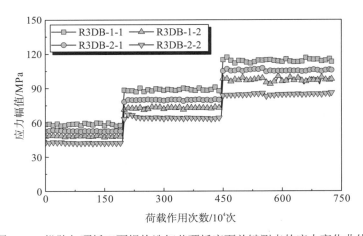

图 3-60　纵肋与顶板双面焊构造细节顶板底面关键测点的应力变化曲线

由图 3-60 可知各测点应力幅值在疲劳加载全过程中未出现明显降低，由此可判断试验过程中并未发生疲劳开裂。将结束疲劳加载时的荷载循环次数 725 万次作为循环次数，选取距焊趾 0.4t(即 6mm 处)测点应力值作为名义应力提取点，根据国际焊接协会推荐的外推公式按照 0.4t_d 和 1.0t_d 测点应力外推得到热点应力，换算足尺模型纵肋与顶板双面焊构造细节 75%熔透率下的等效名义应力疲劳强度(200 万次常幅加载)为 146.13MPa，等效热点应力疲劳强度(200 万次常幅加载)为 161.66MPa。

　　纵肋与横隔板连接构造细节在疲劳加载过程中发生了疲劳开裂，开裂模式为裂纹起裂于横隔板端部焊趾沿纵肋腹板扩展(RTF-1)，疲劳裂纹发展情况见图 3-61，疲劳开裂处关键测点应力幅值随加载次数变化情况如图 3-62 所示。足尺模型疲劳加载至 365 万次时，纵肋与横隔板连接构造细节(R2 纵肋与 F1 横隔板)区域处局部应力开始出现显著降低，但此时未发现肉眼可见的裂纹，暂定为疑似开裂点并重点监测；随着疲劳加载的不断进行，该点处局部应力持续降低，当疲劳加载至 375 万次时出现肉眼可见的疲劳裂纹，此时疲劳裂纹长度为 45mm，裂纹贯穿了端部焊趾区域；疲劳裂纹的出现和不断扩展导致局部刚度得到释放和持续降低，因此该处测点主应力幅随着疲劳荷载加载不断降低，且当裂纹由纵肋与横隔板连接焊缝的端部焊趾扩展至纵肋腹板一段距离后，也即疲劳加载至 425 万次时主应力幅降低至约为零应力状态。鉴于该处发生疲劳开裂对足尺模型整体刚度无明显影响，因此在裂纹发生失稳扩展前仍继续加载；当疲劳加载至 625 万次时纵肋与横隔板连接构造细节(R2 纵肋与 F2 横隔板)区域处局部应力幅出现明显降低，疲劳加载至 640 万次时发现肉眼可见疲劳裂纹，类似于前面疲劳裂纹发展规律，当发现该处疲劳裂纹时其已经贯穿了纵肋与横隔板连接焊缝端部焊趾，并当裂纹扩展至纵肋腹板时局部应力幅达到最小值；前述两处疲劳裂纹在疲劳加载全过程中均稳定扩展，其中 R2 纵肋与 F2 横隔板区域疲劳裂纹扩展速率随荷载幅增加略有增加，但未发生失稳扩展。

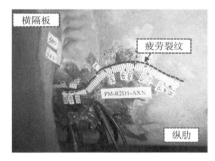

(a) 纵肋与横隔板连接构造细节（R2纵肋与F1横隔板）疲劳裂纹

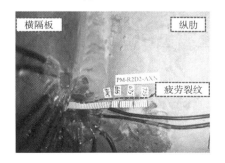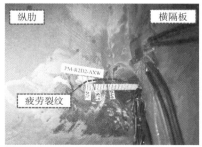

(b) 纵肋与横隔板连接构造细节（R2纵肋与F2横隔板）疲劳裂纹

图 3-61　纵肋与横隔板连接构造细节疲劳裂纹发展情况概貌

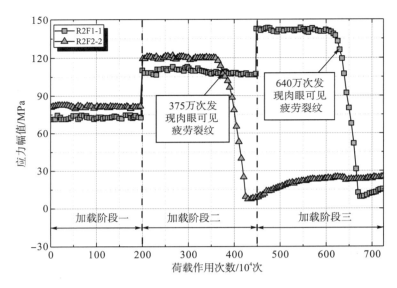

图 3-62　纵肋与横隔板连接构造细节关键测点应力与荷载作用次数关系

基于线性疲劳累计损伤原理，以出现肉眼可见的裂纹为疲劳开裂准则，取纵肋与横隔板连接构造细节距离包角焊焊趾 1.0t 处（即 8mm 处）测点作为名义应力提取点，基于实测应变数据可换算足尺模型纵肋与横隔板连接构造细节（R2 纵肋与 F1 横隔板、R2 纵肋与 F2 横隔板）两处等效名义应力疲劳强度（200 万次常幅加载）分别为 126.1MPa 与 167.1MPa。

3.3.4　深中通道

深中通道是国家"十三五"重大工程和国务院批复的《珠江三角洲地区改革发展规划纲要（2008～2020 年）》中确定实施的重大基础设施项目，其桥梁采用正交异性钢桥面板结构。《深圳至中山跨江通道工程可行性研究报告》的交通量预测数据表明：到 2047 年，日均交通量将超过 10 万辆，其中货车比例高达 40%。其机动车全年日平均交通量指标和重载货车比例指标远超全国国道和高速公路平均水平，具有"交通量特别大"和"重载货车比例高"两大突出特点，因此，深中通道项目对于钢桥面板结构的疲劳性能提出了较高的要求，亟须发展长寿命钢桥面板结构。因此，深中通道在设计阶段，即将钢桥面板结构作为研究重点，期望在钢桥面板结构疲劳问题最新研究成果的基础上，通过同时引入纵肋与顶板连接双面焊构造细节和纵肋与横隔板新型连接构造细节，以提高钢桥面板结构的疲劳强度。

对正交异性钢桥面板典型构造细节疲劳试验研究的统计分析表明：足尺节段模型由多个纵肋与多个横隔板组成，结构尺寸、边界条件和焊缝残余应力分布等与实际结构更为接近。结合试验目的，此处采用足尺节段试验模型研究新型双面焊细节和新型隔板细节的疲劳开裂模式及其实际疲劳强度。设计 2 个两跨节段试验模型，两跨节段试验模型-1 为传统钢桥面板模型，包含传统单面焊细节和纵肋与横隔板传统连接构造细节，两跨节段试验模型-2 为新型钢桥面板模型，包含新型双面焊细节和新型隔板细节两类新型构造细节。两类模型主要设计参数一致，几何轮廓尺寸为 6000mm×2700mm×738mm（长×宽×高），横向设置 4 个纵肋，纵向设置 3 个横隔板。试验模型顶板厚度为 18mm，横隔板厚度为 14mm，纵肋尺寸为 300mm×300mm×8mm，纵肋中心距为 600mm，横隔板间距为 2500mm，试验模型详细设计参数如图 3-63 所示。其中，传统单面焊细节熔透率为 75%，新型双面焊细节为双面全熔透。试验模型采用 Q345qD 钢材、板单元加工精度和自动化焊接工艺等均与实桥生产一致。

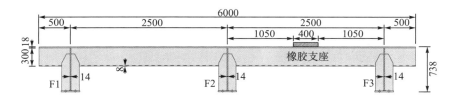

(a) 两跨节段试验模型立面图

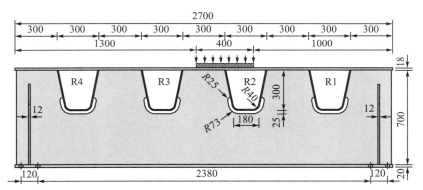

(b) 两跨节段试验模型-1横截面图

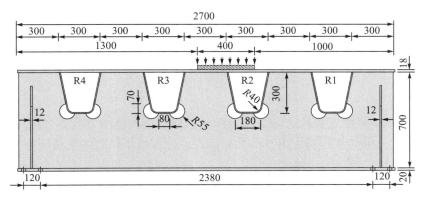

(c) 两跨节段试验模型-2横截面图

图 3-63　试验模型设计参数（单位：mm）

　　疲劳试验采用单点加载方式,作动器与试验模型之间设置 400mm×400mm×54mm(长×宽×厚)的橡胶支座。加载位置纵向中心位于 2#横隔板与 3#横隔板的跨中,横向中心位于 R2 纵肋腹板正上方。试验模型的 3 个横隔板下翼缘两端采用 2 点固结约束,约束位置通过高强螺栓与地锚梁连接,试验模型加载与约束如图 3-64 所示,两类试验模型的加载方式和疲劳荷载一致。

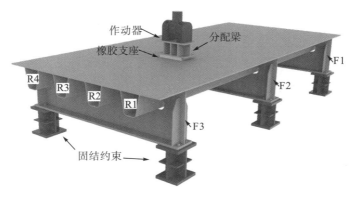

(a) 试验模型加载三维示意图

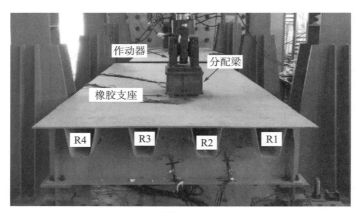

(b) 试验模型现场加载

图 3-64　试验模型加载示意图

　　由于纵肋与横隔板连接构造细节和纵肋与顶板连接构造细节的受力状态存在较大差异,在试验研究过程中采用分工况变幅加载的方法进行两个构造细节的疲劳性能研究。试验阶段 I 主要关注纵肋与横隔板连接构造细节,确定纵肋与横隔板连接构造细节的疲劳强度之后,开展试验阶段 II,即纵肋与顶板连接构造细节的疲劳强度性能试验研究。为提升加载效率,采用分阶段增大荷载幅值的方式进行加载,即 0～200 万次疲劳荷载幅 ΔP 为 300kN(20～320kN),200 万～300 万次疲劳荷载幅 ΔP 为 400kN(20～420kN),300 万～500 万次疲劳荷载幅为 450kN(20～470kN)。根据试验加载方案及有限元仿真分析结果,在关注区域的疲劳易损部位布置关键应变测点以监测关键构造细节的实际疲劳性能和疲劳裂纹扩展过程。纵肋与顶板连接构造细节的应变测点分别距顶板焊趾 7.2mm($0.4t_d$，t_d 为顶板厚度)。由于单面焊焊根和双面焊内侧焊趾位于闭口纵肋内部，无法直接布置测点，所以分别在单面焊焊根和双面焊内侧焊趾对应的顶板顶面布置应变测点。应变测点布置和测点编号如图 3-65 所示，DB 表示顶板底面位置，其后数字表示应变片编号。

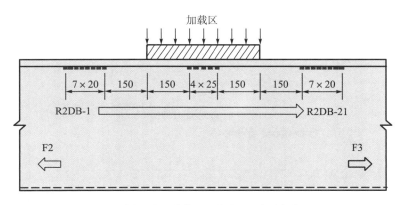

(a) 纵肋与顶板连接构造细节应变测点纵向位置

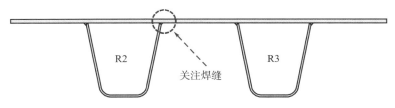

(b) 纵肋与顶板连接构造细节应变测点横向位置

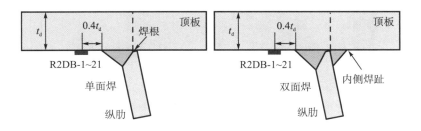

(c) 传统单面焊和新型双面焊应变测点布置示意图

图 3-65　纵肋与顶板连接构造细节测点布置图(单位：mm)

在开展疲劳试验前，先根据试验模型的设计参数、边界条件和加载工况建立足尺节段有限元模型，对试验模型各构造细节的受力状态进行理论分析和试验验证。确定在外部荷载作用下的理论值与试验值偏差不超过 10%。鉴于试验模型的制造误差、关键测点的布置误差和加载测试误差均无法避免，10%的误差为可接受的范围。鉴于纵肋与顶板传统单面焊疲劳裂纹起裂于焊根并沿顶板厚度方向扩展和新型双面焊细节疲劳裂纹起裂于内侧焊趾并沿顶板厚度方向扩展，上述两类疲劳裂纹均位于纵肋内部无法直接观测，试验过程中采用间接法监测关注区域疲劳裂纹扩展情况。而纵肋与横隔板连接构造细节的疲劳裂纹便于直接观测。因此，对于纵肋与横隔板连接构造细节可以通过观测其宏观疲劳裂纹的方式直接判断构造细节是否开裂。对于纵肋与顶板连接构造细节，试验过程联合采用关键测点应力(应变)变化和超声相控阵探伤方法综合判断关注区域疲劳裂纹扩展情况，两类试验模型的纵肋与顶板连接构造细节关键测点应力(应变)随荷载作用次数的变化曲线如图 3-66所示。

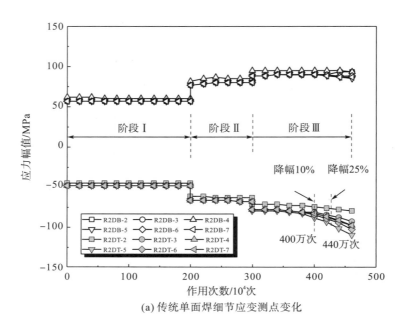

(a) 传统单面焊细节应变测点变化

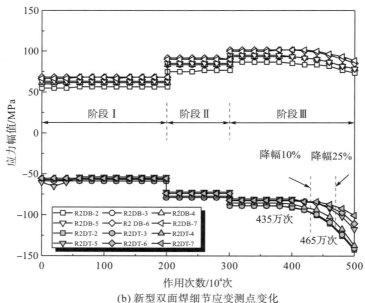

(b) 新型双面焊细节应变测点变化

图 3-66　纵肋与顶板连接构造细节测点应力变化

　　传统钢桥面板（两跨节段试验模型-1）和新型钢桥面板（两跨节段试验模型-2）疲劳试验结果如表 3-10 所示，钢桥面板的疲劳强度明显高于传统钢桥面板。根据模型试验结果，对比分析了传统构造细节和新型构造细节的疲劳开裂模式和疲劳性能，但正交异性钢桥面板的疲劳开裂问题属于涵盖多个疲劳开裂模式的结构体系疲劳问题，结构体系的疲劳开裂首先在致损效应超过相应的疲劳强度的疲劳开裂模式中出现，该疲劳开裂模式的疲劳强度决定了结构体系的疲劳强度。基于这一基本特性，对传统钢桥面板和新型钢桥面板在疲劳荷载作用下的体系疲劳性能进行分析，各结构疲劳开裂模式对应的作用次数如表 3-11 所示。对于纵肋与顶板连接构造细节，当关键测点的应力变化幅度达到25%时，其疲劳裂纹的扩展深度约为板厚的 73%（对于足尺节段模型，其疲劳裂纹沿轴向其形状较为平坦，裂纹较难穿透顶板厚度，因此选取顶面关键测点应力变化幅度为 25%作为疲劳开裂判据）；对于纵肋与横隔板连接构造细节，由于纵肋板厚较薄，在外荷载作用下疲劳裂纹较易穿透板厚，选取疲劳裂纹贯穿板厚作为纵肋与横隔板连接构造细节的疲劳开裂判据。

表 3-10　疲劳试验结果

试件	开裂模式	理论值 /MPa	实测值 /MPa	作用次数/万次			疲劳强度 /MPa
				N_{10}	N_{25}	N_{f}	
两跨节段试验模型-1	焊根开裂	52.3	48.5	400	440	460	98.7
两跨节段试验模型-2	内侧焊趾开裂	50.0	56.1	435	465	500	123.2

表 3-11　钢桥面板结构体系疲劳性能

结构体系	开裂位置	疲劳开裂作用次数/万次	结构体系的主导疲劳开裂模式
传统钢桥面板	2#横隔板与 2#纵肋连接构造细节	200	3#横隔板与 2#纵肋腹板连接焊缝端部焊趾
	3#横隔板与 2#纵肋连接构造细节	160	
新型钢桥面板	2#横隔板与 1#纵肋连接构造细节	220	2#横隔板与 1#纵肋底板连接焊缝端部焊趾
	2#横隔板与 4#纵肋连接构造细节	390	
	3#横隔板与 1#纵肋连接构造细节	350	

　　钢桥面板结构体系疲劳性能研究结果表明：①在疲劳试验加载工况条件下，传统钢桥面板结构体系的主导疲劳开裂模式为 3#横隔板与 2#纵肋腹板连接焊缝端部焊趾。新型钢桥面板的主导疲劳开裂模式为 2#横隔板与 1#纵肋底板连接焊缝端部焊趾，两类钢桥面板结构体系的主导疲劳开裂模式不同；②从结构体系疲劳寿命角度分析，在疲劳试验加载工况条件下，传统钢桥面板结构体系的疲劳寿命为 160 万次，高疲劳强度钢桥面板的疲劳寿命为 220 万次，疲劳寿命显著提高。

3.3.5　常泰长江大桥

常泰长江大桥采用六车道高速公路+(双线城际铁路+四车道普通公路)双层公铁合建方案。其中跨江主航道桥采用主跨 1176m 的双塔双索面钢桁梁斜拉桥，常泰长江大桥为公路和铁路交通枢纽，交通量大、重载比例高，对结构安全性和服役要求高。常泰长江大桥所采用的正交异性钢桥面板具有自重轻、承载力高、适用范围广等突出优点，但疲劳问题突出。作为世界级超大跨度钢桥，常泰长江大桥对于正交异性钢桥面板的疲劳性能提出了较高的要求。通过试验研究，确定钢桥面板疲劳性能，是确保常泰长江大桥高质量服役的基本前提。采用与常泰长江大桥钢桥面板相同的加工制造工艺，对纵肋与顶板连接构造细节、纵肋对接构造细节，以及纵肋与横隔板连接构造细节的疲劳性能开展试验研究。根据钢桥面板合理构造参数的研究成果，设计足尺节段疲劳试验模型，按照钢桥面板实际加工制作工艺，通过模型试验确定各疲劳易损细节的实际疲劳性能，并考虑车辆超载对构造细节疲劳性能的影响，建立钢桥面板全寿命评估体系，为常泰长江大桥正交异性钢桥面板设计寿命期内的高质量运营提供直接支撑。

根据试验模型设计基本原则和国内外试验模型设计经验，以模拟常泰长江大桥正交异性钢桥面板实际受力特征为目标，在前期研究的基础上，针对纵肋与顶板连接构造细节、纵肋对接构造细节和纵肋与横隔板连接构造细节，考虑三类典型疲劳易损部位设计试验模型进行研究，疲劳试验模型三维示意图如图 3-67 所示。试验模型宽度为 2700mm，纵向长度为 $500 + 2800 + 2800 + 500 = 6600$mm，高度为 936mm，整个模型包含 3 道横隔板和 4 个纵肋，纵肋面板部分自两侧横隔板中心线外伸 0.5m，涵盖常泰长江大桥正交异性钢桥面板三类典型疲劳易损细节，为能够更为准确地模拟各待研究疲劳易损部位的实际受力状态，试验模型中各主要板件的厚度等参数均与实桥一致。

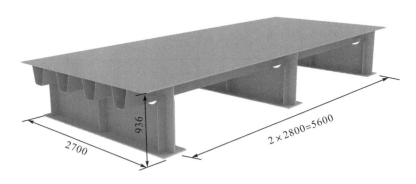

图 3-67　足尺节段模型尺寸(单位：mm)

常泰长江大桥正交异性钢桥面板疲劳试验采用美国进口的 MTS530 试验系统进行疲劳加载，加载垫板与试验模型之前设置 400mm×400mm 的橡胶支座，为准确模拟关键构造细节实际受力状态，试验模型横隔板下翼缘采用 6 点固结约束，各约束位置的地锚梁通过高强螺栓与地锚连接。通过节段模型的仿真分析计算确定各疲劳细节对应的最不利荷载位置，进一步确定试验加载位置。对于纵肋与顶板连接构造细节，传统疲劳试验一般在跨中直接加载，加载区域局部受压，致使疲劳试验纵肋与顶板细节开裂一般发生在距离加载区域一定距离的拉应力区，与实桥疲劳开裂存在差异，为更接近实桥疲劳荷载历程，采用两个 MTS 作动器进行多点加载，作动器 1 在试验全过程中施加恒定的静力荷载，距中间横隔板 1.4m，使跨中局部受拉，在此基础上利用作动器 2 施加疲劳荷载，其纵向距中间横隔板 2m。两个作动器横向加载位置均为距模型边界 1.2m 处，加载面积为 0.4m×0.4m，试验加载工况 1 的纵向和横向加载位置如图 3-68 所示。

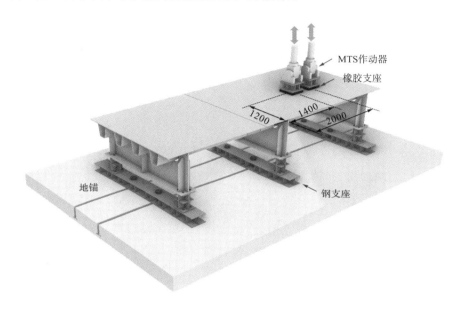

图 3-68　试验工况 1 加载示意图（单位：mm）

对于纵肋对接连接构造细节，在模型加工制作过程中已严格按照实桥对接焊接要求，采用仰焊的方式完成，通过有限元计算，并采用对仰焊对接细节最不利的荷载工况，在对接焊缝上方加载，即可满足实际荷载历程的要求；纵向加载位置为距离中间横隔板 1m 处，横向加载位置为距模型边界 1.5m 处，加载面积为 0.4m×0.4m，试验加载工况 2 的纵向和横向加载位置如图 3-69 所示。

疲劳试验过程中，纵肋与顶板连接构造细节、纵肋与横隔板构造细节，以及纵肋对接构造细节均发生疲劳开裂，如图 3-70 所示。在纵肋与顶板焊缝加载区域下方 400mm 区域内进行切割，通过断面分析发现该细节疲劳开裂模式为焊根起裂，与理论分析相吻合。同时，纵肋与顶板焊缝整体质量高，熔透率均超过 80%，未发现咬边、气孔等肉眼可见的初始缺陷。在纵肋对接焊缝开裂区域进行切割，通过断面分析可发现该细节疲劳开裂模式为对接焊缝内部起裂。纵肋对接焊缝采用仰位手工焊接，焊接质量差，焊缝中发现大量咬边、夹渣和气孔等初始缺陷。同时，纵肋直线段的拼装间隙约为 1mm，U 肋曲线段的拼装间隙约为 3mm，导致嵌补段对接出现拼装误差。试验中此细节强度虽然满足要求，但其焊接品质控制较为困难，因此对接焊缝疲劳开裂是后续检测与监测须重点关注的区域。

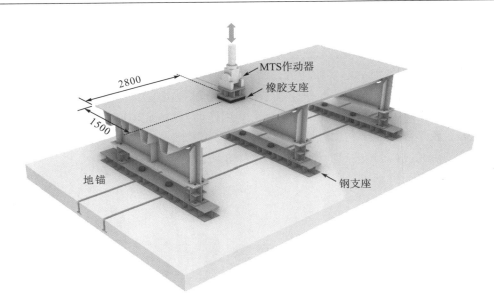

图 3-69　试验工况 2 加载示意图（单位：mm）

(a) 纵肋与顶板连接构造细节开裂模式（RTD-2）

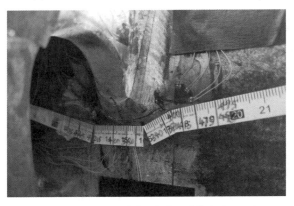

(b) 纵肋与横隔板连接构造细节开裂模式（RTF-1）

(c) 纵肋对接连接构造细节开裂模式（RTR-1）

图 3-70　常泰长江大桥节段模型疲劳开裂

对常泰长江大桥正交异性钢桥面板足尺节段模型疲劳试验开裂结果进行了深入分析，结果表明：纵肋与顶板、纵肋与横隔板和纵肋对接连接构造细节的实际疲劳强度(热点应力)分别为 149.9MPa、136.8MPa 和 140.1MPa，如表 3-12 所示，均满足 FAT90 要求。通过断面分析表明：纵肋与顶板焊缝整体质量高，熔透率均超过 80%，未发现咬边、气孔等肉眼可见的初始缺陷；纵肋对接焊缝疲劳开裂模式为对接焊缝内部起裂，焊缝中发现大量咬边、夹渣和气孔等初始缺陷，焊接质量难以保证，嵌补段对接存在拼装误差，对接焊缝疲劳开裂是后续检测与监测须重点关注的区域。

表 3-12　常泰长江大桥钢桥面板疲劳开裂模式与疲劳强度

项目	纵肋与顶板连接构造细节	纵肋与横隔板连接构造细节	纵肋对接连接构造细节
细节示意图	RTD-2	RTF-1	RTR-1
实际疲劳强度(热点应力)	149.9MPa	136.8MPa	140.1MPa
按规范疲劳荷载 III 对应疲劳寿命	2965 万次	3096 万次	5915 万次

在钢桥面板足尺节段模型疲劳试验的基础上，开展超声导波测试试验和测试元件研发研究。钢桥面板足尺节段模型正立面和测点局部剖面布置图如图 3-71 所示。在进行疲劳加载应变测试的同时，通过自主研发的超声导波测试元件进行超声导波测试试验，并在关键易损部位——纵肋对接焊接部位布置超声导波压电换能器。超声导波的压电测点在纵肋上布置时受到如下几点限制：①纵肋长度较长且与顶板连接，在端面

激励不利于信号监测；②纵肋内侧封闭，用于激励的压电换能器测点只能设置在板面一侧；③纵肋对接焊缝结构周围板件和焊缝众多且交错，布置时应避免待测区的信号与其他板件反射信号重叠；④受焊接初始缺陷等因素影响，疲劳开裂位置存在较大离散性。综合考虑上述因素设计一发两收式的测点布置方案，用于接收信号的 2 个测点分别位于焊缝两侧 50mm 处，信号激励点位于焊缝一侧距焊缝中心 70mm 处，同时在纵肋对接焊缝两侧布置应变测点，辅助判定纵肋的开裂情况，编号为 Q1～Q5，两侧各布置 2 个应变测点，共 4 个测点(a～d)，如图 3-71 所示。

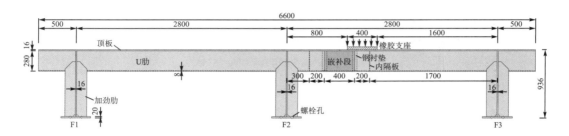

(a) 节段模型正立面图

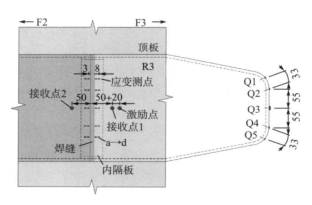

(b) 测点局部剖面布置图

图 3-71　常泰长江大桥节段模型正立面图及测点布置(单位：mm)

每加载 20 万次进行一次静载试验，应用上述超声导波试验监测系统对纵肋对接焊缝进行超声导波试验测试，并辅助应变片进行焊缝局部的应变测试。超声导波测试信号与参考信号的畸变程度采用信号差异系数(signal difference coefficient, SDC)表征，超声导波信号差异系数和关键测点应力随加载次数的变化如图 3-72 所示。测试结果表明，在疲劳试验加载至 480 万次时，发现超声导波信号差异系数变化显著，同时应力历程发生突发性急剧下降，经现场检查发现 Q3 应变测点位置的对接焊缝中心出现了疲劳浅层裂纹，表明超声导波能够用于钢桥面板疲劳裂纹萌生监测。

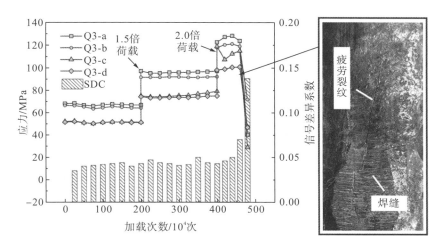

图 3-72　超声导波信号差异系数与关键测点应力历程

3.3.6　节段模型疲劳试验汇总

　　节段模型一般由多个纵肋和多个横隔板组成且板件的构造尺寸与实际结构基本一致，该类试验模型通常包含多个关键构造细节。研究者采用节段模型主要围绕关键构造细节熔透率 ρ、制造工艺和构造参数优化其疲劳性能，以及提出多个新型构造细节并对其开裂模式等开展研究。按照不同学者采用节段模型的研究目的、荷载类型和加载方式可以将试验分为两类：①用于研究纵肋与顶板连接构造细节的开裂模式（RTD）及其疲劳性能；②用于研究纵肋与横隔板连接构造细节的开裂模式（RTF）及其疲劳性能。疲劳荷载加载方式主要有采用单点或分配梁两点加载方式，纵向加载中心位置一般位于两个横隔板之间跨中位置或横隔板正上方，如图 3-73（a）所示；采用多点异步加载或轮式加载可以模拟车辆行走效应，如图 3-73（b）所示。同时，根据疲劳荷载横向加载中心位置又可分为三种典型工况，分别为纵肋正上方加载（LCI），跨纵肋腹板加载（LCII）和两纵肋间加载（LCIII），如图 3-74 所示。国内外学者采用足尺模型开展钢桥面板疲劳性能研究的相关参数（顶板厚度 t_d、纵肋厚度 t_r 和横隔板厚度 t_f）和主要试验结果如表 3-13 所示。

(a) 横隔板间加载[7]

(b) 轮式加载[50]

图 3-73　节段模型加载示意图

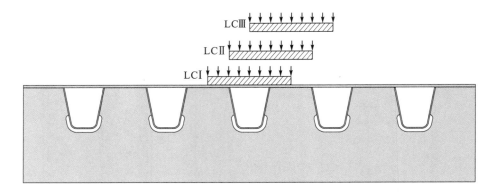

图 3-74　钢桥面板横向加载典型工况

表 3-13　足尺节段模型的试验模型参数和主要试验结果

类别	完成人-时间/年	模型参数 /mm			数量 A/B	裂纹数量					
						RTD			RTF		
		t_d	t_r	t_f		1	2	3	1	2	3
1	Vis-1976[27]	10	6	—	0/1	—	—	—	—	—	—
	Mori-2006[51]	12	6	9	2/2	1	3	2	—	—	—
	Sim-2007[52]	16	8	16	6/6	1^c/5	1^c	—	6	—	—
	唐亮-2014[53]	14	8	10	1^d/1	—	—	—	—	—	—
	Kainuma-2017[54,55]	12/14/16	6/8	/	19/19	4^c	4^c/9	—	—	—	—
	Heng*-2017[25]	18	8	14	2/2	3	—	—	4	—	—
	张清华*-2017	16/18	8	14	14/18	—	13	—	13	—	1
	张清华*-2019	18	8	14	9/9	12*	8*	—	53*	—	—
	张清华*-2020	16	8	14	4/4	—	4	—	6	1*	—
	Miki-1995[27]	12	6	9	5/5	—	—	—	—	2	—
	Terao-1996[27]	12/16	6	9	5/6	2	—	—	—	—	—
	Kolstein-1999[27]	12	6	10	2/2	7	—	—	—	—	—
	De Jong-2006[56]	10	6	10	2/2	18	—	—	—	—	—
	Nakagawa-2008[57]	12/14/16	8	12	4/4	12	—	—	—	—	—
	Ono-2009[50]	12	8	12	1/1	1	—	—	—	—	—
	Mori-2011[58]	12	6	12	4/4	8	—	—	—	—	—
	Murakoshi-2012[59]	16	6/8	9	1/1	4	—	—	—	—	—
	Tamakoshi-2013[60]	12/14/16/19	6/8	12	8/8	32	—	—	—	—	—
	Mori-2015[61]	12/16	6	12	17/20	66	—	—	—	—	—
	Dung-2015[62]	12	6	9	4/4	8	—	—	—	—	—
	Hirayama-2015[63]	12	6	8	2/2	1^c/3	1^c/2	1	—	—	—
2	Hansch-1961[27]	—	—	—	17/17	—	—	—	—	—	—
	Nunn-1974[27]	—	—	—	20/20	—	—	—	—	—	—
	Haibach-1983[27]	—	—	—	1/7	—	—	—	—	—	1

续表

类别	完成人-时间/年	模型参数 /mm			数量 A/B	裂纹数量					
						RTD			RTF		
		t_d	t_r	t_f		1	2	3	1	2	3
2	Lehrke-1989[27]	—	—	—	3/3	—	—	—	5	1	10
	Beales-1990[64]	—	—	—	8/15	—	—	—	8	9	—
	Kolstein-1991[27]	—	—	—	6/6	—	—	—	4	8	—
	Lehrke-1995[27]	—	—	—	3/3	—	—	—	3	—	—
	Mang-1995[27]	—	—	—	2/2	—	—	—	—	—	6
	Kolstein-1995[27]	—	—	—	1/1	—	—	—	—	—	3
	Kolstein-1998[27]	—	—	—	7/7	—	—	—	8	12	—
	Fisher-2003[65-66]	15.9	9.5	8	1/1	—	—	—	—	1	—
	Choi-2008[67]	14	8	10	2/2	1	—	—	1	—	—
	赵欣欣-2010[40]	14	8	12	3/4	—	—	—	4	—	—
	Alapati-2012[68]	16	8	19	1/1	—	—	—	2*	—	—
	Zhou-2013[46]	14	8	10	1/1	2	—	—	4	—	—
	陶晓燕-2013[69]	12/14/16	8	10/14	3/3	—	—	—	4	—	1
	顾萍*-2014[70]	16	8	14	2/2	—	—	—	6	—	—
	Sugiyama-2014[71]	16	6	9	2/2	—	—	—	2	—	—
	陈一馨-2014[72]	16	8	12	9/13	—	—	—	9	—	3
	张清华-2015[32]	18	8	16	6/10	—	—	—	6	—	—
	刘晓光-2015[73]	16	8	10	9/12	—	—	—	5	4	—
	Zhou-2016[46]	16	8	16	3/3	—	—	—	—	—	10
	赵博-2017[74]	18	6	10	3/3	—	—	—	—	—	3
	Yokozeki-2017[75,76]	16	6	12	2/4	—	—	—	—	3	—
	Zhu*-2018[77]	14	8	14	2/2	—	—	—	2	—	—
	Shi-2019[78]	16	10	16	1/1	—	—	—	2	—	—
	王伟*-2020[79]	16	8	16	1/1	—	—	—	—	4	—

注：上标 a 表示数据为制造时理论值，b 表示数据为试验模型实测值，c 表示试验模型同时发生 2 类开裂模式，d 表示其他构造细节开裂；*表示试验模型含有新型构造细节；A 为有效的试验结果数量，B 为总计开展的试验模型数量；—表示试验模型未发生相应开裂模式的疲劳裂纹。

表中未对 RDF 细节过焊孔的裂纹进行统计（现阶段设计已取消过焊孔）。

表中部分试验的相关文献（Hansch-1961 至 Kolstein-1998）无法获取，试验结果等主要来自文献[27]。

对节段模型的疲劳试验结果进行统计分析，结果表明：①在第 1 类试验模型中，当纵向加载中心位置位于两个横隔板之间跨中时，试验模型采用的横向加载位置不同，其纵肋与顶板连接构造细节开裂模式亦不同，即采用图 3-74 中的 LCⅡ进行加载时，纵肋与顶板连接构造细节主要是开裂模式 RTD-2 或 RTD-3 占主导；采用 LCⅢ进行加载时，纵肋与顶板连接构造细节主要是开裂模式 RTD-1 占主导；同时，采用 LCⅡ和 LCⅢ加载时，纵肋与横隔板连接构造细节主要是开裂模式 RTF-1 占主导；②试验模型采用横隔板正上方单点加载或轮式加载，横向加载位置主要采用 LCI 和 LCⅡ进行加载，其主导开裂模式为 RTD-2 或 RTD-3（与该构造细节熔透率 ρ 和焊缝尺寸有关）；在该类试验模型加载条件下纵肋与横隔板连接构造细节基本没有发生疲劳开裂，仅一组试验模型发生的开裂模式为 RTF-1；③在第 2 类试验模型中，主要用于研究横隔板不同开孔形式对纵肋与横隔板连接构造细节疲劳性能的影响。在 2000 年以前开展该构造细节的疲劳试验，开裂模式 RTF-1、RTF-2 和 RTF-3 均有发生，且占比差异较小；但近 20 年开展的疲劳试验，试验结果中开裂模式 RTF-1 占比较高。针对上述试验结果的统计分析，基于等效结构应力法建立有限元模型开展相关数值分析并围绕试验结果进行讨论。其中，Hansch 和 Nunn 等[27]开展的试验模型中，纵肋在横隔板处非连续且焊接在横隔板两侧，与现阶段该构造细节的疲劳性能差异较大；另外，2000 年以前纵肋与横隔板连接构造细节的部分试验模型参数不完整，因此对上述两类试验结果此处不做讨论。

Heng 等[25]和张清华等[7]针对纵肋与顶板连接构造细节的疲劳性能开展了足尺模型试验，两者试验模型均包含 4 个纵肋和 3 个横隔板，如图 3-75 所示，纵肋与顶板连接构造细节的熔透率 ρ 均不低于 75%，两组疲劳试验的主要差异在于横隔板间距和疲劳荷载横向加载位置。既有研究表明，纵肋与顶板连接构造细节的开裂主要由疲劳荷载在该构造细节产生的横向弯曲应力导致，与横隔板间距的大小无关；而横隔板间距主要对纵肋与横隔板连接构造细节的受力状态具有显著影响。两组试验模型的疲劳荷载横向加载位置不同导致发生的开裂模式不同，其中，在纵肋与顶板连接构造细节位置，Heng 等的试验模型发生的开裂模式为 RTD-1；张清华等的试验模型发生的开裂模式为 RTD-2；在纵肋与横隔板连接构造细节位置，两组试验模型均发生开裂模式为 RTF-1，且纵肋与横隔板连接构造节的疲劳裂纹发生更早。为探明两组试验因疲劳荷载作用位置不同而在关键构造细节发生开裂模式不同的原因，分别建立有限元模型并计算相同荷载作用（$F=100\text{kN}$）下关键构造细节各开裂模式的等效结构应力。

(a) Heng等试验模型加载示意图   (b) 张清华等试验模型加载示意图

图 3-75   试验模型示意图[7,25]

两类试验模型的开裂模式对应的等效结构应力如图 3-76 所示。研究结果表明：①两类加载模式作用下，纵肋与横隔板连接构造细节开裂模式 RTF-1 的等效结构应力幅最大，且为试验模型中关键构造细节开裂模式的峰值应力，因此两组试验模型在加载过程中，均先发生开裂模式 RTF-1，进而导致纵肋与横隔板连接构造细节端部焊趾局部内力重分布，没有发生开裂模式 RTF-2 和 RTF-3。②由于疲劳裂纹发生在构造细节局部并对结构整体受力没有影响，当试验模型发生开裂模式 RTF-1 后继续加载，进而在纵肋与顶板连接构造细节发生疲劳开裂。③当疲劳荷载横向位置为 LC-Ⅱ加载位置时，纵肋与顶板连接构造细节发生开裂模式 RTD-2；当横向位置为 LC-Ⅲ加载位置时，纵肋与顶板连接构造细节发生开裂模式 RTD-1，且开裂模式 RTD-1 和 RTD-2 的等效结构应力差异较小；当焊接质量问题导致焊根具有较大的初始微裂纹或初始缺陷时，两类开裂模式均可能发生。Sim 等[52]和 Kainuma 等[54,55]的试验即在纵肋与顶板连接构造细节同时出现了开裂模式 RTD-1 和 RTD-2。④采用节段模型开展疲劳性能研究时，试验模型纵肋与顶板连接构造细节的开裂模式与横向加载位置相关。

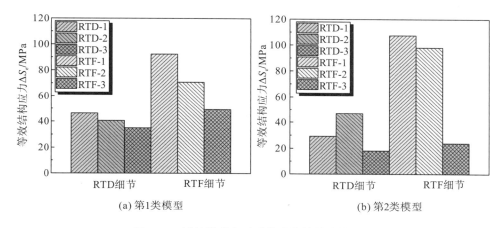

(a) 第1类模型　　　　　　　　　　　　(b) 第2类模型

图 3-76　试验模型各开裂模式的等效结构应力

3.4　钢桥面板多开裂模式统一评估方法

3.4.1　疲劳开裂判据

失效一般指结构或材料不能满足预期设计要求的状态，疲劳开裂主要指结构或材料在远低于强度极限的往复循环应力作用下发生的疲劳破坏。钢桥面板结构的疲劳开裂部位主要发生在焊接细节或切割边缘，且焊接结构的焊趾和焊根不可避免存在初始微裂纹，因此焊接结构的疲劳开裂行为可基于断裂力学理论开展相关研究。根据断裂力学理论，当疲劳荷载幅一定时构造细节的疲劳寿命与初始裂纹尺寸 a_0 和临界裂纹尺寸 a_c（疲劳断裂韧度 K_c 对应的裂纹尺寸）密切相关。既有研究表明钢桥面板结构疲劳开裂部位的裂纹前缘应力强度因子远小于疲劳断裂韧度 K_c，且钢桥面板属于多冗余度结构，即使裂纹贯穿板厚仍能够继续服役。另外，试验研究还表明[50]：纵肋与顶板连接构造细节发生疲劳开裂至贯穿板厚的作用次数较多，不同学者对疲劳开裂判据取值不同直接导致试验的作用次数不同，进而引起相同构造细节的疲劳强度离散性较大。

　　钢桥面板结构的疲劳开裂主要发生在纵肋与顶板连接构造细节和纵肋与横隔板连接构造细节，其中纵肋与横隔板连接构造细节的疲劳裂纹在试验中均可以直接测量出长度，可以直接选取合适的疲劳裂纹长度作为疲劳开裂判据。但纵肋与顶板连接构造细节开裂模式 RTD-1 和 RTD-2 的疲劳裂纹深度无法直接测量，同时开裂模式 RTD-2 的疲劳裂纹具有隐蔽性（在纵肋内部），因此纵肋与顶板连接构造细节的疲劳裂纹深度多采用超声波探伤确定，但在试验过程中每隔数万次停机一次进行超声波探伤测量裂纹尺寸较为繁琐。钢桥面板疲劳试验过程中多在关键部位布置应力、应变测点，用于分析构造细节的受力特征和确定其疲劳强度，且当构造细节发生疲劳开裂后引起内力重分布，关键测点的应力、应变通常随着裂纹的扩展逐步变化。因此，构造细节疲劳裂纹扩展过程中关键测点的变化情况与裂纹尺寸存在一定的关系，这里采用线弹性断裂力学开展纵肋与顶板连接构造细节疲劳裂纹扩展分析，并建立裂纹深度与关键测点应力、应变的关系。

　　用于纵肋与顶板连接构造细节疲劳性能研究的试验模型主要有构造细节模型和节段模型，此处分别选取构造细节模型中的焊缝模型和全 U 肋模型、节段模型三类试验模型，并以 Fu 等、Heng 等和张清华等的试验模型尺寸和加载方式开展相关研究，如图 3-77 所示，试验模型详细尺寸见文献[7]、[20]、[25]。

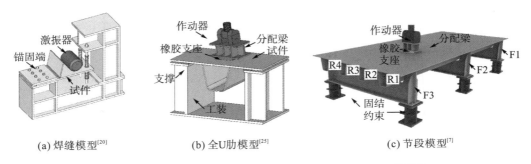

(a) 焊缝模型[20]　　　　　(b) 全U肋模型[25]　　　　　(c) 节段模型[7]

图 3-77　Fu 等、Heng 等和张清华等的试验模型示意图[7,20,25]

　　根据各试验模型尺寸、关键构造细节参数和加载方式建立有限元模型，并基于线弹性断裂力学开展开裂模式 RTD-1 和 RTD-2 的三维疲劳裂纹扩展分析。建立含有疲劳裂纹的有限元模型，裂纹关键参数选取及裂纹扩展步骤详见文献[22]、[80]、[81]、[82]、[83]等，同时纵肋与顶板连接构造细节疲劳裂纹扩展特性的研究成果较多[84-86]，此处均不再赘述。不同学者常在纵肋与顶板连接构造细节的顶板底面距焊趾或焊根 5mm、$0.4t$ 和 $1.0t$ 等位置布置关键测点；采用足尺模型时无法在纵肋内部布置测点，常在焊根和焊趾对应的顶板顶面布置关键测点，此处结合热点应力测点布置方法，在距焊趾和焊根 $0.4t$ 和 $1.0t$，以及足尺模型的顶板顶面布置关键测点进行分析，关键测点及测点编号如图 3-78 所示。不同类型试验模型裂纹深度最大的截面处关键测点的应力、应变变化与疲劳裂纹尺寸的关系如图 3-79～图 3-81 所示，图中竖坐标为疲劳裂纹不同尺寸的应力 $\Delta\sigma_f$ 与初始应力 $\Delta\sigma_0$ 的比值，横坐标是裂纹深度 a 与顶板板厚 t 的比值。

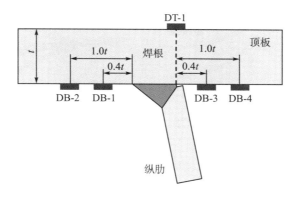

图 3-78　试验模型的关键测点示意图

研究结果表明：①三类试验模型出现开裂模式 RTD-1 或 RTD-2 的疲劳裂纹后，距焊趾或焊根不同距离的关键测点的应力、应变均有不同程度的变化，其中距开裂位置较近的关键测点 DB-1 和 DB-3 的应力、应变变化幅度最大。②在裂纹扩展初期（$a/t \leqslant 0.1$）时，关键测点 DB-1 和 DB-3 的应力、应变变化幅度较小，随着裂纹深度增加（$0.1 < a/t < 0.6$），应力、应变的变化幅度逐步变大；在裂纹扩展后期（$a/t \geqslant 0.6$），关键测点 DB-1 和 DB-3 的应力、应变变化幅度又逐步减小，关键测点的应力、应变变化幅度的数值计算结果与 Li 等[14] 和 Wang 等[33] 试验模型关键测点的实测变化规律基本一致。③发生上述现象的主要原因是，纵肋与顶板连接构造细节发生疲劳开裂后，疲劳裂纹开口随着裂纹深度的增加而逐渐增大，表面刚体位移进一步增大而弹塑性变形进一步减小，导致关键测点的应力、应变逐步降低；在裂纹扩展后期，裂纹沿深度方向扩展缓慢或不明显，进而关键测点的应力、应变的变化幅度趋于稳定，但裂纹长度方向继续扩展，构造细节的顶板有效承载厚度逐步降低并最终发生瞬断且贯穿板厚。

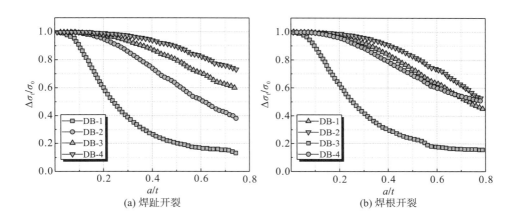

图 3-79　焊缝模型关键测点应力、应变与裂纹深度的对应关系

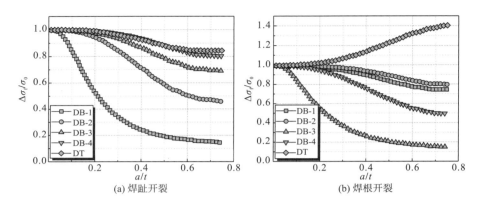

图 3-80   全 U 肋模型关键测点应力、应变与裂纹深度的对应关系

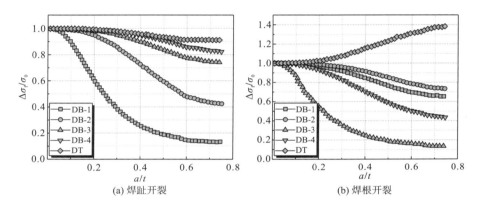

图 3-81   节段模型关键测点的应力、应变与裂纹深度的对应关系

由纵肋与顶板连接构造细节的关键测点的应力、应变与裂纹深度的对应关系可知，各关键测点随裂纹深度的变化规律受试验模型类型的影响较小，为此将三类试验模型的各关键测点与裂纹深度的对应关系取平均值进行统一表示、并将文献[18]、[33]、[38]的试验数据绘制于图中，如图 3-82 所示。其中，距开裂部位 $0.4t$ 表示关键测点距裂纹面的距离为 $0.4t$（即若发生开裂模式 RTD-1，则为距焊趾 $0.4t$；若发生开裂模式 RTD-2，则为距焊根 $0.4t$）；距未开裂部位表示关键测点关注的位置未发生开裂，如构造细节发生开裂模式 RTD-1，则距未开裂部位 $0.4t$ 为距焊根 $0.4t$ 的关键测点；其余以此类推。

研究结果表明：①文献[18]、[33]、[38]试验数据基本位于距开裂部位或未开裂部位 $0.4t$ 和 $1.0t$ 之间，其主要原因是实际测点位置与数值计算位置存在误差。例如，对于纵肋与顶板连接构造细节，采用部分熔透单面焊，发生开裂模式 RTD-2，焊根的实际位置难以准确确定导致关键测点实际位置多位于 $0.4t$ 与 $1.0t$ 之间。②在试验加载条件下，纵肋与顶板连接构造细节发生疲劳开裂的位置往往是某一区域而并非固定不变的位置，存在发生开裂部位或裂纹面最深的截面处未布置关键测点的情况，即实际布置的测点与开裂位置存在一定距离的偏差；同时，既有研究表明纵肋与顶板连接构造细节疲劳裂纹扩展是多裂纹融合并发展为主裂纹的过程，但数值模拟时是采用一条裂纹进行扩展分析，这也是数值计算

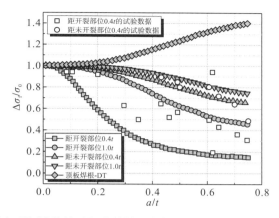

图 3-82   纵肋与顶板连接构造细节关键测点的应力、应变与裂纹深度的对应关系

结果与实测数据存在差异的原因。③钢桥面板结构关键构造细节发生疲劳开裂后可继续承载且发生开裂至贯穿板厚或不能承载的寿命较长，不同学者在试验中的具体定义方式与试验研究目的、科研经费和试验加载条件等相关，难以对疲劳开裂判据进行统一，这也是导致钢桥面板结构的疲劳试验结果离散性较大的原因之一。基于关键测点的应力、应变变化与裂纹深度的对应关系，纵肋与顶板连接构造细节的疲劳开裂判据可以取关键测点的应力、应变的变化幅度逐步稳定时，即裂纹深度与板厚的比值为 $a/t=0.6$ 或其对应的关键测点的应力、应变的变化幅度。例如，距开裂部位 $0.4t$ 的关键测点应变的变化幅度为 $\Delta\sigma_f / \Delta\sigma_0 = 0.2$，但钢桥面板结构关键构造细节的疲劳开裂判据还需进一步研究，以确定更为科学的取值，而后续试验研究可依据该研究成果开展并对其进行试验验证。

3.4.2   疲劳性能统一评估 S-N 曲线

大量研究表明：基于等效结构应力法能够准确确定纵肋与顶板连接构造细节的主导疲劳开裂模式，能够准确确定裂纹扩展方向；并且，量化焊缝几何参数对各开裂模式的影响，基于试验模型确定该焊接细节的临界焊缝尺寸，可以考虑不同初始微裂纹尺寸对构造细节主导疲劳开裂模式的影响。为绘制基于等效结构应力法的主 S-N 曲线以对钢桥面板疲劳性能进行评估，对前述钢桥面板疲劳性能研究的试验数据进行统计，再根据试验模型尺寸建立有限元模型，进行试验数据重分析，并计算开裂模式的等效结构应力。用于重分析的试验模型共计 646 个（共统计 880 个，但由于部分模型参数不完整，无法用于重分析），其中构造细节模型 508 个，足尺模型 138 个（部分足尺模型含多条疲劳裂纹），涵盖了钢桥面板纵肋与顶板连接构造细节和纵肋与横隔板连接构造细节的七种典型开裂模式。计算各组试验模型开裂模式的等效结构应力，并将相关数据结果绘制在主 S-N 曲线中[87]，如图 3-83 所示。由于不同学者在试验研究中的疲劳开裂判据难以统一，且部分试验结果中未给出裂纹尺寸或关键测点的应变变化幅度，无法在统一尺度开展疲劳性能评估，故此部分开展钢桥面板结构的关键构造细节疲劳性能评估时，基本采用既有文献试验研究中明确给出的作用次数。

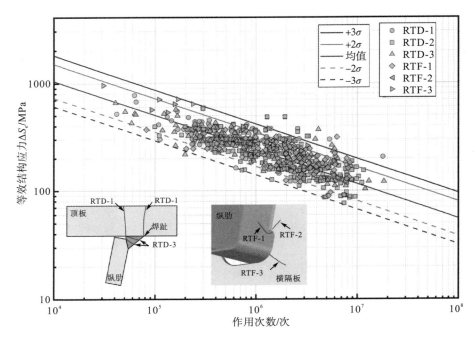

图 3-83　主 $S\text{-}N$ 曲线[87]

　　分析结果表明：①采用主 $S\text{-}N$ 曲线进行钢桥板结构纵肋与顶板连接构造细节和纵肋与横隔板连接构造细节的疲劳性能评估时，试验结果基本位于主 $S\text{-}N$ 曲线 $-2\sigma \sim +2\sigma$ 之间，即基于等效结构应力的主 $S\text{-}N$ 曲线可以较为准确地预测钢桥面板结构关键构造细节各开裂模式的疲劳寿命。②等效结构应力的理论基础是断裂力学，考虑了关键构造细节的应力集中、板厚和荷载模式等关键影响因素，进而实现了钢桥面板结构多开裂模式统一评估。③等效结构应力积分下限可以根据制造工艺和焊接质量导致的初始微裂纹具体尺寸或尺寸概率分布特征进行选取，进而可以考虑焊接结构的焊根和焊趾在应力水平相近的情况下，初始微裂纹尺寸效应导致构造细节的主导开裂模式发生迁移。

3.5　小　　结

　　疲劳试验研究是探明正交异性钢桥面板疲劳开裂模式并确定其疲劳性能的主要方法之一，本章针对正交异性钢桥面板疲劳试验中广泛采用的构造细节模型和节段模型，系统梳理总结了钢桥面板多种类型构造细节模型和节段模型疲劳试验研究方法，分析了钢桥面板关键构造细节的实际疲劳性能和开裂模式，确定了基于等效结构应力法进行评估时的钢桥面板疲劳性能评估统一抗力曲线。主要研究结论如下：

　　(1)合理的模型、加载和测试方案是开展钢桥面板疲劳试验研究的基础和关键，针对正交异性钢桥面板疲劳试验模型设计方法，分析了不同模型设计、边界条件、加载方式和测试方案对于疲劳试验研究的影响，明确了钢桥面板疲劳试验模型设计的主要流程，确定了钢桥面板疲劳试验模型设计、加载和测试方案原则。疲劳试验耗费大量的时间、人力和物力资源，应确保试验结果能够反映实桥疲劳性能且经济可行；随着试验技术的快速发展，各类新型加载和测试设备逐渐应用于疲劳试验研究，加载和测试设备趋向于智能化，合理利用多种疲劳试验设备，达到优势互补，形成数字化、智能化、体系化的疲劳试验方案是未来的发展趋势。

（2）对国内外学者的研究和笔者团队近十年完成的钢桥面板构造细节模型疲劳试验进行统计分析，简述了纵肋与顶板、纵肋与横隔板和纵肋对接等三类典型疲劳易损位置的构造细节模型疲劳试验研究，构造细节模型疲劳试验具有模型尺寸小、针对性强、加载方便、试验费用低等优点，通过合理的加载位置和边界约束条件设计，可在一定程度上反映实际结构受力状态。对于构造细节模型而言，由于焊根初始微裂纹尺寸相比焊趾初始微裂纹尺寸较大，在两者应力水平差异较小时，初始微裂纹尺寸可导致纵肋与顶板连接构造细节的主导开裂模式发生迁移，考虑初始微裂纹的等效结构应力计算方法可以准确确定其主导开裂模式。

（3）简要介绍了笔者团队所开展的部分代表性钢桥面板节段模型疲劳试验研究，并统计分析了国内外文献中的典型钢桥面板节段模型疲劳试验，基于等效结构应力方法阐明了焊缝几何形态和初始微裂纹对各开裂模式的影响机制，揭示了各类试验模型的主导开裂模式的规律；对试件模型横向加载位置进行分析，揭示了开裂模式 RTD-1 是该类试验模型的主导开裂模式的原因。同时，钢桥面板结构的主导开裂模式与加载方式相关，尤其是纵肋与横隔板连接构造细节在不同加载方式下，各开裂模式对应的结构应力分量差异较大，开裂模式 RTF-2 属于多轴疲劳开裂，剪应力分量不容忽视。

（4）针对钢桥面板结构多开裂模式的疲劳特性，发展了基于等效结构应力的钢桥面板结构多开裂模式统一评估方法。首先讨论了纵肋与顶板连接构造细节的疲劳开裂判据，建立了关键测点应力变化与裂纹深度的对应关系，确定了纵肋-顶板焊接细节的疲劳开裂判据；对统计的钢桥面板结构疲劳试验进行重分析，试验结果基本位于主 S-N 曲线中 $-2\sigma \sim \pm2\sigma$ 之间，即基于等效结构应力的钢桥面板结构多开裂模式统一评估方法可以准确预测其疲劳寿命；等效结构应力积分下限可以根据制造工艺和焊接质量导致初始微裂纹具体尺寸或尺寸概率分布特征进行选取，进而可以考虑在应力水平相近的情况下，因焊根和焊趾初始微裂纹尺寸效应导致的构造细节的主导开裂模式迁移问题。

参 考 文 献

[1] Lee Y L, Pan J, Hathaway R B, et al. Fatigue testing and analysis: Theory and practice [M]. Burlington: Elsevier Butterworth-Heinemann, 2005.

[2] 张清华, 卜一之, 李乔. 正交异性钢桥面板疲劳问题的研究进展[J]. 中国公路学报, 2017, 30(3): 14-30.

[3] 孟凡超, 张清华, 谢红兵, 等. 钢桥面板抗疲劳关键技术[M]. 北京: 人民交通出版社, 2018.

[4] 张清华, 崔闯, 卜一之, 等. 港珠澳大桥正交异性钢桥面板疲劳特性研究[J]. 土木工程学报, 2014, 47(9): 110-119.

[5] 张清华, 崔闯, 卜一之, 等. 正交异性钢桥面板足尺节段疲劳模型试验研究[J]. 土木工程学报, 2015, 48(4): 72-83.

[6] 叶华文, 史占崇, 肖林, 等. 大跨钢桥疲劳试验模型整体设计及控制方法研究[J]. 土木工程学报, 2015, 48(S1): 58-66.

[7] 张清华, 李俊, 袁道云, 等. 深圳至中山跨江通道钢桥面板结构疲劳试验研究[J]. 土木工程学报, 2020, 53(11): 102-115.

[8] 张清华, 李俊, 袁道云, 等. 高疲劳抗力钢桥面板的疲劳问题Ⅰ: 模型试验[J]. 中国公路学报, 2021, 34(3): 124-135.

[9] 倪金刚. 超声疲劳试验技术的应用[J]. 航空动力学报, 1995, 10(3): 245-248.

[10] 王清远. 超声加速疲劳实验研究[J]. 四川大学学报(工程科学版), 2002, 34(3): 6-11.

[11] 彭文杰, 余立, 陈一鸣, 等. 超声疲劳试验技术的应用和研究[J]. 物理测试, 2014, 32(3): 54-58.

[12] 傅宇光, 童乐为, 刘博. 基于 Beach Marking 方法的钢结构疲劳裂纹检测研究[J]. 工程力学, 2016, 33(8): 93-100, 131.

[13] Sim H B, Uang C M. Stress analyses and parametric study on full-scale fatigue tests of rib-to-deck welded joints in steel orthotropic decks[J]. Journal of Bridge Engineering, 2012, 17(5): 765-773.

[14] Li M, Suzuki Y, Hashimoto K, et al. Experimental study on fatigue resistance of rib-to-deck joint in orthotropic steel bridge deck[J]. Journal of Bridge Engineering, 2018, 23(2): 4017128.

[15] Maddox S J. Fatigue of welded joints loaded in bending (Supplementary report 84UC) [R]. Crowthorne: Transport and Road Research Laboratory, 1974.

[16] Yamada K, Ya S. Plate bending fatigue tests for root crack of trough rib of orthotropic steel deck[J]. Journal of Structural Engineering, 2008, 54A: 675-684.

[17] Ya S, Yamada K, Ishikawa T, et al. Fatigue evaluation of trough rib to deck plate joint failed in weld throat[J]. Steel Construction Engineering, 2009, 16(64): 11-20.

[18] Ya S, Yamada K, Ishikawa T. Fatigue evaluation of rib-to-deck welded joints of orthotropic steel bridge deck[J]. Journal of Bridge Engineering, 2011, 16(4): 492-499.

[19] 吕彭民, 李大涛. 正交异性钢桥面板 U 肋与桥面板焊缝连接处疲劳试验研究[J]. 郑州大学学报(工学版), 2013, 34(2): 89-93.

[20] Fu Z Q, Ji B H, Zhang C Y, et al. Fatigue performance of roof and U-rib weld of orthotropic steel bridge deck with different penetration rates[J]. Journal of Bridge Engineering, 2017, 22(6): 4017016.

[21] Fu Z Q, Ji B H, Zhang C Y, et al. Experimental study on the fatigue performance of roof and U-rib welds of orthotropic steel bridge decks[J]. KSCE Journal of Civil Engineering, 2018, 22(1): 270-278.

[22] 陈传尧. 疲劳与断裂[M]. 武汉: 华中科技大学出版社, 2002.

[23] Schijve J. Fatigue of structures and materials[M]. Dordrecht: Kluwer Academic, 2001.

[24] Yuan H. Optimization of rib-to-deck welds for steel orthotropic bridge decks[D]. Iowa: The University of Iowa, 2011.

[25] Heng J L, Zheng K F, Gou C, et al. Fatigue performance of rib-to-deck joints in orthotropic steel decks with thickened edge U-ribs[J]. Journal of Bridge Engineering, 2017, 22(9): 4017059.

[26] 鞠晓臣. U 肋-面板全熔透焊接接头疲劳性能试验[J]. 中国公路学报, 2019, 32(11): 176-183.

[27] Kolstein M H. Fatigue classification of welded joints in orthotropic steel bridge decks[D]. Delft: Delft University of Technology, 2007.

[28] Janss J. Fatigue of welds in orthotropic bridge deck panels with trapezoidal stiffeners[J]. Journal of Constructional Steel Research, 1988, 9(2): 147-154.

[29] 田洋, 李运生, 张德莹, 等. 正交异性板 U 肋与桥面板焊缝连接的静力及疲劳试验研究[J]. 铁道科学与工程学报, 2011, 8(2): 34-39.

[30] Li M. Fatigue Evaluation of rib-to-deck joint in orthotropic steel bridge decks[D]. Kyoto: Kyoto University, 2014.

[31] Ding Y L, Song Y S, Cao B Y, et al. Full-range S-N fatigue-life evaluation method for welded bridge structures considering hot-spot and welding residual stress[J]. Journal of Bridge Engineering, 2016, 21 (12): 4016096.

[32] Wang B J. A multiscale study on fatigue mechanism and life estimation on welded joints of orthotropic steel decks[D]. Ghent: Ghent University, 2016.

[33] Nagy W, Wang B J, Culek B, et al. Development of a fatigue experiment for the stiffener-to-deck plate connection in orthotropic steel decks[J]. International Journal of Steel Structures, 2017, 17 (4): 1353-1364.

[34] Cheng B, Ye X H, Cao X E, et al. Experimental study on fatigue failure of rib-to-deck welded connections in orthotropic steel bridge decks[J]. International Journal of Fatigue, 2017, 103: 157-167.

[35] Siwowski T, Kulpa M, Janas L. Remaining fatigue life prediction of welded details in an orthotropic steel bridge deck[J]. Journal of Bridge Engineering, 2019, 24 (12): 5019013.

[36] 由瑞凯, 刘鹏, 张大庆, 等. 正交异性钢桥面 U 肋与面板内焊连接疲劳性能试验[J]. 中外公路, 2018, 38 (3): 174-179.

[37] 张清华, 崔闯, 卜一之, 等. 清云高速西江特大桥新型正交异性钢桥面板疲劳性能试验研究[R]. 成都: 西南交通大学, 2020.

[38] Wang D L, Xiang C, Ma Y H, et al. Experimental study on the root-deck fatigue crack on orthotropic steel decks[J]. Materials & Design, 2021, 203: 109601.

[39] 荣振环, 张玉玲, 刘晓光, 等. 大跨度斜拉桥正交异性板疲劳试验研究[J]. 钢结构, 2009, 24 (5): 13-16.

[40] 赵欣欣. 正交异性钢桥面板疲劳设计参数和构造细节研究[D]. 北京: 中国铁道科学研究院, 2010.

[41] 刘晓光, 曾志斌, 史志强, 等. 超大跨度悬索桥正交异性钢桥面板疲劳试验与寿命预测研究[R]. 北京: 中国铁道科学研究院, 2015.

[42] Han S H, Cui C, Zheng Q S, et al. Effect of ultrasonic impact treatment on welding residual stress and fatigue resistance of doubly-welded rib-to-deck joints in OSD[J]. Journal of Constructional Steel Research, 2023, 211: 108157.

[43] Cui C, Ma Y, Zhang Q H, et al. Fatigue strength and crack growth of double-side welded rib-to-deck joint in orthotropic steel decks[J]. Journal of Constructional Steel Research, 2022, 196: 107444.

[44] 王春生, 付炳宁, 张芹, 等. 正交异性钢桥面板足尺疲劳试验[J]. 中国公路学报, 2013, 26 (2): 69-76.

[45] 张清华, 卜一之, 李乔, 等. 武汉青山长江公路大桥重载交通钢桥面板疲劳试验研究报告[R]. 成都: 西南交通大学, 2017.

[46] Zhou H, Wen J, Wang Z, et al. Fatigue crack initiation prediction of cope hole details in orthotropic steel deck using the theory of critical distances[J]. Fatigue & Fracture of Engineering Materials & Structures, 2016, 39 (9): 1051-1066.

[47] 陈世鸣, 陆云, 周聪, 等. 正交异性钢桥面横向焊接接头的疲劳寿命估算[J]. 中南大学学报 (自然科学版), 2015, 46 (9): 3461-3467.

[48] Chen S M, Huang Y, Zhou C, et al. Experimental and numerical study on fatigue performance of U-rib connections[J]. Journal of Constructional Steel Research, 2019, 163: 105796.

[49] 陈世鸣, 马家欢, 程栋柱. 正交异性钢桥面板纵肋对接焊缝疲劳性能研究[J]. 桥梁建设, 2018, 48 (1): 48-53.

[50] Ono S, Hirabayashi Y, Shimozato T, et al. Fatigue properties and retrofitting of existing orthotropic steel bridge decks[J]. Doboku Gakkai Ronbunshuu A, 2009, 65 (2): 335-347.

[51] Mori T, Shigihara S, Nakamura H. Fatigue tests on welded connections between deck plate and trough rib in steel plate deck in consideration of weld penetration[J]. Doboku Gakkai Ronbunshuu A, 2006, 62 (3): 570-581.

[52] Sim H B, Uang C M, Sikorsky C. Effects of fabrication procedures on fatigue resistance of welded joints in steel orthotropic decks[J]. Journal of Bridge Engineering, 2009, 14 (5): 366-373.

[53] 唐亮, 黄李骥, 刘高, 等. 正交异性钢桥面板足尺模型疲劳试验[J]. 土木工程学报, 2014, 47（3）: 112-122.

[54] Kainuma S, Yang M Y, Jeong Y S, et al. Experiment on fatigue behavior of rib-to-deck weld root in orthotropic steel decks[J]. Journal of Constructional Steel Research, 2016, 119: 113-122.

[55] Kainuma S, Yang M Y, Jeong Y S, et al. Experimental investigation for structural parameter effects on fatigue behavior of rib-to-deck welded joints in orthotropic steel decks[J]. Engineering Failure Analysis, 2017, 79: 520-537.

[56] De Jong F B P. Renovation techniques for fatigue cracked orthotropic steel bridge decks[D]. Delft: Delft University of Technology, 2007.

[57] Nakagawa R, Suzuki K, Kawabata A, et al. Simulation of fatigue cracks in orthotropic steel decks with X-FEM [J]. Kozo Kogaku Ronbunshu A, 2007, 53: 141-147.

[58] Mori T, Harada H. Fatigue tests and stress analyses on connections between deck plates, transverse ribs and trough ribs in steel orthotropic deck[J]. Journal of Japan Society of Civil Engineers Ser A1, 2011, 67（1）: 95-107.

[59] Murakoshi J, Yanadori N, Ishizawa T, et al. Study on effect of deck thickness of orthotropic steel deck on fatigue durability[J]. Kou Kouzou Rombunshuu, 2021, 19（75）: 55-65.

[60] Tamakoshi T, Ishio M, Konuma K. Experimental study on durability of orthotropic steel deck of highway bridges focused on plate thickness[J]. Journal of Japan Society of Civil Engineers Ser A1, 2013, 69（2）: 345-360.

[61] Mori T, Uchida D, Kawabata A, et al. Influence of load range on fatigue crack propagation behavior from weld root between steel deck plate and trough rib[J]. Kou kouzou rombunshuu, 2014, 21（82）: 29-38.

[62] Dung C V, Sasaki E, Tajima K, et al. Investigations on the effect of weld penetration on fatigue strength of rib-to-deck welded joints in orthotropic steel decks[J]. International Journal of Steel Structures, 2015, 15（2）: 299-310.

[63] Hirayama S, Uchida D, Ogasawara T, et al. Study on initiating mechanism of bead-through cracks occurred from weld root between deck plates and u-ribs in orthotropic steel decks[J]. Kou Kouzou Rombunshuu, 2015, 22（85）: 71-84.

[64] Beales C. Assessment of trough to crossbeam connections in orthotropic steel bridge decks（Research report 276）[R]. Crowthorne: Transport and Road Research Laboratory, 1990.

[65] Bocchieri W J, Fisher J W. Williamsburg Bridge replacement orthotropic deck as-built fatigue test[M]. ATLSS Engineering Research Center, Lehigh University, 1998.

[66] Tsakopoulos P A, Fisher J W. Full-scale fatigue tests of steel orthotropic decks for the Williamsburg bridge[J]. Journal of Bridge Engineering, 2003, 8（5）: 323-333.

[67] Choi J H, Kim D H. Stress characteristics and fatigue crack behaviour of the longitudinal rib-to-cross beam joints in an orthotropic steel deck[J]. Advances in Structural Engineering, 2008, 11（2）: 189-198.

[68] Alapati. Fatigue Evaluation of Replacement Orthotropic Deck for a Signature Bridge[D]. PA: Lehigh University, 2012.

[69] 陶晓燕. 正交异性钢桥面板节段模型疲劳性能试验研究[J]. 中国铁道科学, 2013, 34（4）: 22-26.

[70] 顾萍, 裴辉腾, 盛博, 等. U 肋带内隔板钢桥面疲劳性能研究[J]. 同济大学学报（自然科学版）, 2014, 42（10）: 1499-1504.

[71] Sugiyama H, Tabata A, Kasugai T, et al. Improving fatigue resistance of cutout on diaphragm in orthotropic steel deck[J]. Journal of Japan Society of Civil Engineers Ser A1, 2014, 70（1）: 18-30.

[72] 陈一馨, 吕彭民, 李大涛. U 肋与横隔板焊接构造细节疲劳强度研究[J]. 桥梁建设, 2014, 44（3）: 63-68.

[73] 刘晓光, 曾志斌, 史志强, 等. 超大跨度悬索桥正交异性钢桥面板疲劳试验与寿命预测研究[R]. 北京: 中国铁道科学研究院, 2015.

[74] 赵博. 钢桥正交异性桥面系横隔板疲劳性能研究[D]. 天津: 天津大学, 2017.

[75] Yokozeki K, Miki C. Fatigue assessment of various types of longitudinal-to-transverse rib connection in orthotropic steel decks[J]. Welding in the World, 2017, 61（3）: 539-550.

[76] Yokozeki K. High fatigue resistant orthotropic steel bridge decks[D]. Tokyo: Tokyo City University, 2017.

[77] Zhu A Z, Li M, Zhu H P, et al. Fatigue behaviour of orthotropic steel bridge decks with inner bulkheads[J]. Journal of Constructional Steel Research, 2018, 146: 63-75.

[78] Shi Z, Yang S L, Pu Q H, et al. Fatigue performance of orthotropic steel decks in long-span cable-stayed steel-box girder railway bridges[J]. Journal of Bridge Engineering, 2019, 24（5）: 4019035.

[79] 王伟, 周尚猛, 王亚飞. U 肋设小隔板和支撑板的正交异性板疲劳性能试验研究[J]. 桥梁建设, 2020, 50（3）: 58-63.

[80] 刘益铭, 张清华, 崔闯, 等. 正交异性钢桥面板三维疲劳裂纹扩展数值模拟方法[J]. 中国公路学报, 2016, 29（7）: 89-95.

[81] 张清华, 李俊, 卜一之, 等. 正交异性钢桥面板纵肋与横隔板交叉构造细节疲劳开裂快速加固方法[J]. 中国公路学报, 2018, 31（12）: 124-133.

[82] 朱劲松, 郭耀华. 正交异性钢桥面板疲劳裂纹扩展机理及数值模拟研究[J]. 振动与冲击, 2014, 33（14）: 40-47.

[83] 童乐为, 顾敏, 朱俊, 等. 基于断裂力学的圆钢管混凝土 T 型焊接节点疲劳寿命预测[J]. 工程力学, 2013, 30（4）: 331-336.

[84] 黄云, 张清华, 余佳, 等. 钢桥面板与纵肋焊缝疲劳评估及裂纹扩展研究[J]. 西南交通大学学报, 2019, 54（2）: 260-268.

[85] 卫星, 姜苏. 基于断裂力学的钢桥面肋-板接头疲劳寿命预测[J]. 西南交通大学学报, 2017, 52（1）: 16-22.

[86] 张清华, 金正凯, 刘益铭, 等. 钢桥面板纵肋与顶板焊接细节疲劳裂纹扩展三维模拟方法[J]. 中国公路学报, 2018, 31（1）: 57-66.

[87] 李俊. 钢桥面板结构主导疲劳失效模式的形成机制与性能评估问题研究[D]. 成都: 西南交通大学, 2021.

第4章 钢桥面板疲劳性能的主要影响因素

钢桥面板疲劳性能的关键影响因素主要包括结构体系、构造细节设计、焊缝几何形态参数、焊接残余应力、焊接缺陷和制造误差等。随着钢桥面板的不断发展，在其结构体系和构造细节设计方面已有较为丰富的研究成果。当前，需要进一步研究并明确的影响因素主要有焊接缺陷、焊接残余应力和制造误差等。因此，本章结合试验与理论研究方法，重点讨论焊接缺陷、焊接残余应力和制造误差等因素对钢桥面板疲劳性能的影响问题。

4.1 焊接缺陷及形貌

4.1.1 焊接缺陷及形貌调研与分析

世界各国多座钢桥的垮塌事故调查结果均表明[1-4]：不可避免的初始缺陷显著劣化并控制焊接节点的疲劳性能，揭示细微观初始缺陷致焊接节点的疲劳性能劣化机制并量化其效应，是保障钢桥运维质量和服役安全的基本前提。在焊接细节处通常存在整体和局部不连续，且焊接缺陷在焊接细节中难以避免，即使对于宏观焊接缺陷为零、焊接质量很好的焊缝，在焊接细节处也不可避免地存在局部微裂纹等细观缺陷。为揭示纵肋与顶板连接构造细节微观缺陷的分布特征，笔者研究团队和中铁山桥集团有限公司合作，从钢桥面板制造现场随机抽取钢桥面板节段进行缺陷形态特征观测。首先通过工艺试验切片和扫描电子显微镜确定关键构造细节焊接微裂纹尺寸的概率分布特征。在此基础上，通过对实际钢桥焊接细节的宏观缺陷类别、形貌和尺寸等开展调研，确定焊接缺陷的分布规律，研究的主要目的在于为考虑焊接缺陷致疲劳强度劣化效应的疲劳性能评估奠定基础。

4.1.1.1 纵肋与顶板连接构造细节缺陷

目前，钢桥面板的纵肋与顶板连接构造细节已全面采用自动化焊接技术，其初始缺陷尺度逐步从手工焊的毫米级或亚毫米级减小至微米级或超微米级。顶板厚度为18mm，纵肋厚度为8mm，纵肋中心距为600mm。试件采用目前最常用的Q345qD钢材，沿纵肋与顶板连接构造细节的焊缝进行精细化切割制作样本，用于细微观缺陷形态的观测。纵肋与顶板连接构造细节取两个横隔板之间1500mm区域以保证样本在稳定的焊接区域内，每道焊缝沿纵向每隔100～150mm取一个断面，样本试件厚度约为20mm，纵肋与顶板连接单面焊和双面焊构造细节如图4-1所示。

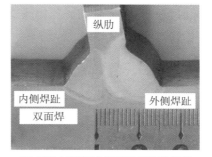

(a) 纵肋与顶板连接单面焊构造细节　　　(b) 纵肋与顶板连接双面焊构造细节

图 4-1　纵肋与顶板连接构造细节断面示意图

1. 纵肋与顶板连接单面焊构造细节

既有正交异性钢桥面板的纵肋与顶板连接构造细节主要采用单面焊细节，焊接细节从早期的熔透率为 0% 的角焊缝逐步发展为熔透率为 75% 或 80% 的部分熔透角焊缝，熔透率的增加有效避免了疲劳裂纹从焊根起裂并沿着焊喉扩展开裂模式的发生，促成了构造细节的主导疲劳开裂模式发生迁移，显著提高了其疲劳性能。实桥调研和疲劳试验结果表明，纵肋与顶板连接构造细节熔透率达到 75% 或 80% 时，该构造细节的主要疲劳开裂模式为顶板焊趾和顶板焊根开裂，因此焊接微裂纹测试主要关注顶板焊趾和焊根。测试结果表明：该构造细节的焊趾和焊根普遍存在着不同尺寸及角度的微裂纹等焊接缺陷：①焊趾位置的焊接微裂纹普遍存在于焊缝与热影响区相交部位，部分焊接细节的焊趾存在多条焊接微裂纹和凹槽等现象，如图 4-2(a) 所示；②由制造工艺所决定，单面焊的焊根位置普遍存在未熔透现象且焊缝成型质量难以控制，焊根位置的焊接微裂纹形态更为复杂，微裂纹数量多且尺寸大。焊根微裂纹主要分布在焊缝与热影响相交位置，向顶板厚度扩展的数量明显多于向焊缝扩展，如图 4-2(b) 所示。

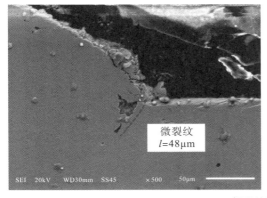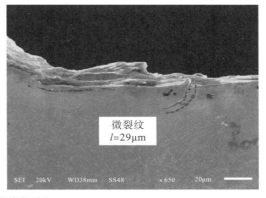

(a) 焊趾处焊接微裂纹

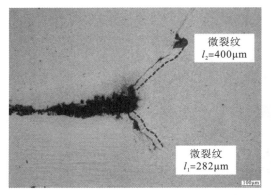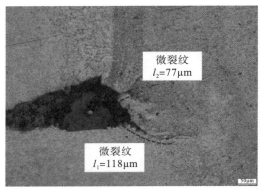

(b) 焊根处焊接微裂纹

图 4-2   纵肋与顶板连接构造细节熔透率为 75%的单面焊焊接微裂纹

对 120 组熔透率为 75%的单面焊细节焊趾和焊根的焊接微裂纹检测结果进行统计分析，微裂纹的长度概率分布特征如图 4-3 所示。研究结果表明：①焊趾位置焊接微裂纹长度基本在 0～100μm 范围内，其平均长度为 29.8μm，微裂纹方向与顶板夹角在-45°～45°范围内；焊根焊接微裂纹长度基本在 0～400μm 范围内，其平均长度为 150.7μm，微裂纹方向与顶板夹角在-45°～45°范围内；②纵肋与顶板连接构造细节的焊趾和焊根焊接微裂纹服从对数正态分布，采用如式(4-1)所示的对数正态分布函数进行拟合，拟合曲线如图 4-3 所示。其中，焊趾处焊接微裂纹概率分布特征为 μ=3.19，σ=0.74；焊根焊接微裂纹概率分布特征的形状参数为 μ=4.76，σ=0.84；③单面焊焊根的焊接微裂纹尺寸明显大于焊趾的焊接微裂纹尺寸，这也导致当单面焊焊趾和焊根的应力水平相近(焊趾应力幅略高于焊根)时，焊根的焊接微裂纹更易扩展，导致该构造细节的主导疲劳开裂模式为 RTD-2，后文的疲劳试验结果和分析均证实了这一现象。

$$f(x) = \frac{1}{x\sigma\sqrt{2\pi}} e^{-\frac{(\ln x - \mu)^2}{2\sigma^2}} \tag{4-1}$$

式中，μ 为对数均值；σ 为对数标准差。

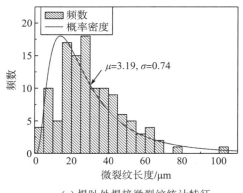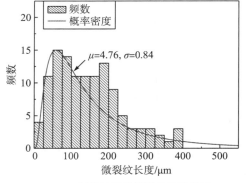

(a) 焊趾处焊接微裂纹统计特征   (b) 焊根处焊接微裂纹统计特征

图 4-3   熔透率为 75%的单面焊焊接微裂纹的长度概率分布特征

2. 纵肋与顶板连接双面焊构造细节

纵肋与顶板连接双面焊构造细节已在实桥中大量应用。理论分析和试验研究表明[5]，双面焊构造细节采用熔透率为 75% 的双面气体保护焊时，顶板焊根的应力幅相比单面焊焊根的应力幅降低约 80%；双面焊构造能够有效消除纵肋与顶板连接构造细节在焊根处的初始"类裂纹"构造，使纵肋与顶板连接构造细节主导疲劳开裂模式由焊根开裂迁移至焊趾开裂。焊接接头样本分析表明，对于设计熔透率为 75% 的双面焊的焊缝，实际焊接结果基本上达到了全熔透，且理论分析和试验研究表明熔透率达到 75% 以后，双面焊的主要开裂模式是顶板内侧焊趾或外侧焊趾（开裂模式与加载位置有关）。因此针对纵肋与顶板双面焊构造细节的焊接接头进行焊接微裂纹检测时，主要关注顶板内侧和外侧焊趾处的焊接微裂纹尺寸。对 120 组设计熔透率为 75% 的双面气体保护焊的焊接细节样本和 120 组全熔透双面埋弧焊的焊接细节样本进行检测并对焊趾焊接微裂纹进行统计分析，典型焊接微裂纹长度及其概率分布特征如图 4-4～图 4-7 所示。研究结果表明：①双面气体保护焊外侧焊趾焊接微裂纹长度基本在 0～130μm 范围内，平均长度为 32.8μm；双面气体保护焊内侧焊趾焊接微裂纹长度基本在 0～130μm 范围内，平均长度为 38.6μm。外侧焊趾和内侧焊趾的微裂纹方向与顶板夹角在-45°～45°范围内。②采用如式(4-1)所示的对数正态分布函数拟合外侧焊趾和内侧焊趾的焊接微裂纹尺寸分布特征，并将拟合曲线绘制于图 4-6 中，双面气体保护焊的外侧焊趾焊接微裂纹概率分布特征为 $\mu=3.16$，$\sigma=0.80$，内侧焊趾焊接微裂纹概率分布特征为 $\mu=3.26$，$\sigma=0.99$。③与双面气体保护焊焊接微裂纹长度和数量相比，双面埋弧焊的微裂纹长度较小且多为小凹槽等。双面埋弧焊外侧焊趾焊接微裂纹长度基本在 0～80μm 范围内，平均长度为 17.5μm，双面埋弧焊内侧焊趾焊接微裂纹长度基本在 0～140μm 范围内，平均长度为 30.9μm。④同样采用如式(4-1)所示的对数正态分布函数拟合得到双面焊埋弧焊外侧焊趾焊接微裂纹概率分布特征为 $\mu=2.47$，$\sigma=1.06$；内侧焊趾焊接微裂纹概率分布特征为 $\mu=2.90$，$\sigma=1.13$，如图 4-7 所示。⑤对于双面焊构造细节，外侧焊缝和内侧焊缝的焊接工艺相同且概率分布特征差异较小（仅微裂纹长度平均值存在差异），因此将双面焊构造外侧焊缝焊趾和内侧焊缝焊趾的焊接微裂纹尺寸归纳并统计分析，如图 4-8 所示，结果表明，埋弧焊焊趾的微裂纹长度显著低于气体保护焊焊趾的微裂纹长度。可推断在相同加载模式下，采用双面埋弧焊的纵肋与顶板连接构造细节具有较长的疲劳寿命，与文献[5]中的试验研究结果一致。

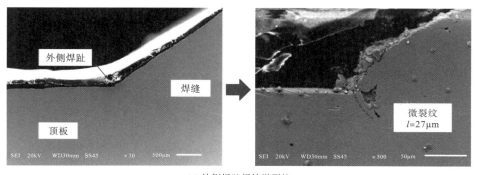

(a) 外侧焊趾焊接微裂纹

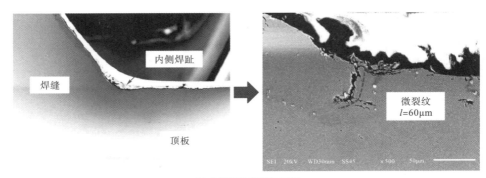

(b) 内侧焊趾焊接微裂纹

图 4-4   纵肋与顶板连接构造细节熔透率为 75%的双面气体保护焊焊接微裂纹

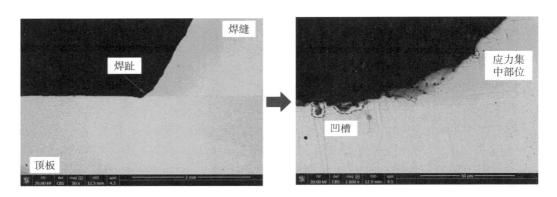

图 4-5   纵肋与顶板连接构造细节全熔透双面埋弧焊焊接微裂纹

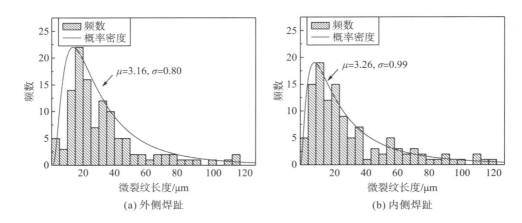

(a) 外侧焊趾   (b) 内侧焊趾

图 4-6   熔透率为 75%的双面气体保护焊焊接微裂纹长度概率统计特征

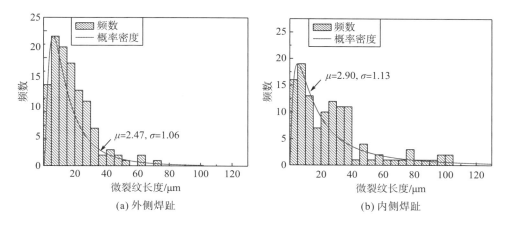

图 4-7　全熔透双面埋弧焊焊接微裂纹概率统计特征

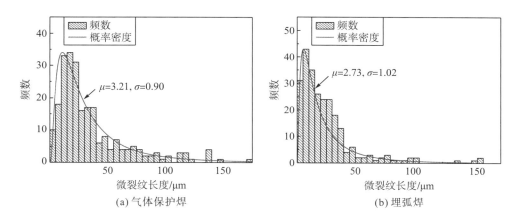

图 4-8　双面焊构造细节焊趾焊接微裂纹长度概率统计特征

4.1.1.2　纵肋与横隔板连接构造细节缺陷

目前纵肋与横隔板连接构造细节因存在横隔板开孔，导致在端部焊趾处采用人工焊接，且存在绕焊和起熄弧等现象，进而难以维持高质量制造。同样在梁厂中随机选取钢桥面板节段，在距焊趾端部 50mm 范围内切割制样，纵肋与横隔板连接构造细节焊接接头样本共计 66 个，断面图如图 4-9 所示。纵肋与横隔板连接构造细节的样本制作完成后，采用金相显微镜和扫描电子显微镜对上述焊接细节的焊趾和焊根位置微裂纹概率分布特征进行测试，并对测试结果进行统计分析，典型焊接微裂纹及其概率分布特征如图 4-10 和图 4-11 所示。研究结果表明，纵肋与横隔板连接构造细节焊趾微裂纹和纵肋与顶板连接构造细节气体保护焊焊趾微裂纹特征差异较小，但焊接微裂纹的尺寸相对较大；采用如式 (4-1) 所示的对数正态分布函数拟合得到其焊接微裂纹概率分布特征为 $\mu=3.89$，$\sigma=0.76$；纵肋与横隔板连接构造细节焊趾微裂纹尺寸均值约为 60μm。

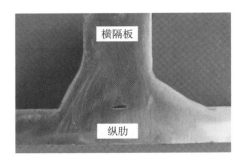

图 4-9　纵肋与横隔板连接构造细节断面图

图 4-10　纵肋与横隔板连接构造细节焊接微裂纹

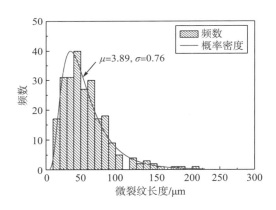

图 4-11　纵肋与横隔板连接构造细节焊趾焊接微裂纹概率分布特征

同时，因采用人工绕焊和起熄弧，纵肋与横隔板连接构造细节端部焊趾处易产生肉眼可见的宏观缺陷，如气孔和凹槽等，如图 4-12 所示。

笔者研究团队近年来走访调研桥梁制造厂，总结发现主要焊接缺陷类别有如下四类：咬边缺陷、气孔缺陷、凹坑缺陷和夹杂缺陷，各类缺陷的典型概貌如图 4-13～图 4-16 所示。各类焊接缺陷的调研统计结果见表 4-1。对于咬边缺陷，主要位于焊趾部位，并沿着焊趾线方向呈现长沟槽状分布，如图 4-13 所示；咬边缺陷的长度为 3.0～7.0mm，深度为 0.4～1.0mm。对于气孔缺陷，在靠近焊趾位置和焊缝中间部位均有分布，观察发现气孔缺陷主要呈半球状、半椭球状和柱状形貌特征，如图 4-14 所示；气孔缺陷的直径为 0.5～2.5mm，深度为 0.6～2mm。对于凹坑缺陷，主要在靠近焊趾位置出现，呈半椭球状形貌，如图 4-15 所示；凹坑缺陷的长度为 5.0～8.0mm，宽度约为 5.0mm。对于夹杂缺陷，主要在焊根位置出现，切片分析结果表明，夹杂缺陷主要呈长条状形貌，宽度为 0.8～1.2mm，其切片断面如图 4-16 所示。

图 4-12　纵肋与横隔板连接构造细节焊趾制造缺陷

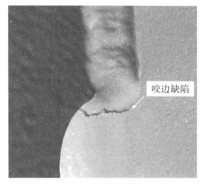

(a) 咬边缺陷形貌一

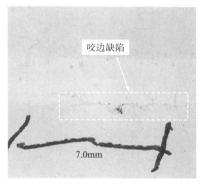

(b) 咬边缺陷形貌二

图 4-13　咬边缺陷形貌

(a) 气孔缺陷形貌一

(b) 气孔缺陷形貌二

图 4-14　气孔缺陷形貌

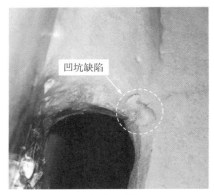

(a) 凹坑缺陷形貌一   (b) 凹坑缺陷形貌二

图 4-15 凹坑缺陷形貌

(a) 夹杂缺陷形貌一

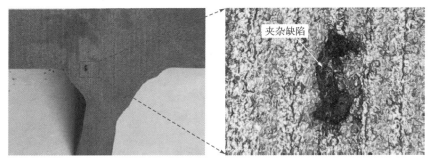

(b) 夹杂缺陷形貌二

图 4-16 夹杂缺陷形貌

表 4-1 焊接缺陷调研结果汇总表

序号	缺陷类别	缺陷数量/个	缺陷所在位置	缺陷形貌
1	咬边缺陷	26	焊趾位置	长沟槽状
2	气孔缺陷	12	近焊趾处和焊缝中部位置	半球状、半椭球状和柱状
3	凹坑缺陷	3	焊趾位置	半椭球状
4	夹杂缺陷	2	焊根位置	长条状

针对某钢结构焊接制造厂所制造的数十个实桥钢梁节段所开展的调研，由于其尚未出厂，相关检测工作还在进行，所以在后续汇总分析中将超出规范质量标准[6-7]的焊接缺陷调研数据剔除。而对于国内某在役焊接钢桥和本研究团队近年来开展的数十个足尺结构模型所进行的调研，由于其经历了完整的检验与出厂程序，在后续汇总分析中，不管焊接缺陷调研数据是否超出规范质量标准均给予保留。

对于上述完成各项检验与出厂程序的调研对象，调研时仍发现有超出规范质量标准的焊接缺陷。主要原因如下：①焊缝内部的缺陷需要通过超声检测技术进行检测，而对于纵肋与顶板等位置的焊缝，规范要求对一定比例的焊缝进行抽检，且检测范围为焊缝两端一定距离；②对于焊缝表面的缺陷，主要通过焊缝外观检查进行检验，对于原始状态的焊缝，受表面氧化铁皮及浮锈的影响，很难发现其表面的凹坑和气孔等表观缺陷。此外，实际钢桥结构的焊缝数量多，检测工作量繁重，检验技术人员容易出现眼花、视觉疲劳等问题而出现漏检。多种因素共同作用下，焊接缺陷有漏检问题客观存在。

4.1.1.3　焊接形貌参数

焊缝几何参数也直接影响钢桥面板结构关键构造细节的局部应力状态，是影响钢桥面板结构疲劳寿命的关键因素。因此，基于上述纵肋与顶板连接构造细节和纵肋与横隔板连接构造细节的两类样本，分别对两类构造细节的焊缝几何参数进行测试并做概率统计分析。其中，纵肋与顶板焊接细节单面焊主要测试焊缝尺寸和熔透率，测试结果如图 4-17 所示。

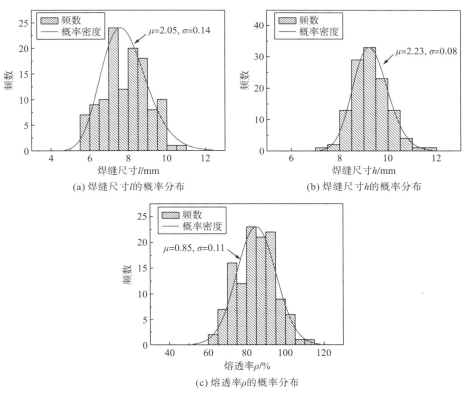

(a) 焊缝尺寸l的概率分布　　　(b) 焊缝尺寸h的概率分布

(c) 熔透率ρ的概率分布

图 4-17　单面焊焊缝几何参数概率分布特征

　　结果表明，焊缝尺寸 l 和 h 的概率密度基本服从对数正态分布，熔透率 ρ 的概率密度函数基本服从正态分布，采用如式(4-2)和式(4-3)所示的对数正态分布函数和正态分布函数拟合，并将拟合曲线绘制于图 4-17 中。单面焊焊缝尺寸 l 的概率密度函数服从 μ =2.05 和 σ =0.14 的对数正态分布，即 $l \sim \ln(2.05, 0.14)$；焊缝尺寸 h 的概率密度函数服从 μ =2.23 和 σ =0.08 的对数正态分布，即 $h \sim \ln(2.23, 0.08)$；熔透率 ρ 的概率密度函数服从 μ =0.85 和 σ =0.11 的正态分布，即 $\rho \sim N(0.85, 0.11)$。

$$f(x) = \frac{1}{x\sigma\sqrt{2\pi}} e^{-\frac{(\ln x - \mu)^2}{2\sigma^2}} \tag{4-2}$$

$$f(x) = \frac{1}{\sigma\sqrt{2\pi}} e^{-\frac{(x - \mu)^2}{2\sigma^2}} \tag{4-3}$$

式中，μ 为均值；σ 为标准差。

　　由于双面焊构造细节临界熔透率较低，且当其外侧焊缝采用熔透率为 75%或 80%的单面焊制造工艺时，焊根开裂模式的等效结构应力幅远低于焊趾开裂模式的等效结构应力幅。同时，焊接细节样本中采用外侧焊缝熔透率不低于 75%的双面气体保护焊和全熔透的双面埋弧焊时，焊缝几何参数统计过程中发现其基本上达到了全熔透。因此对于双面焊构造细节主要关注外侧焊缝和内侧焊缝的焊缝尺寸 l 和 h，不同焊接工艺下的概率分布特征如图 4-18 和图 4-19 所示。研究结果表明：①当双面焊构造细节采用双面气体保护焊制造工艺时，外侧焊缝尺寸 l 的概率密度函数服从 μ =2.06 和 σ =0.09 的对数正态分布，即 $l \sim \ln(2.06, 0.09)$；外侧焊缝尺寸 h 的概率密度函数服从 μ =1.97 和 σ =0.26 的对数正态分布，即 $h \sim \ln(1.97, 0.26)$；内侧焊缝尺寸 l 的概率密度函数服从 μ =2.11 和 σ =0.12 的对数正态分布，即 $l \sim \ln(2.11, 0.12)$；内侧焊缝尺寸 h 的概率密度函数服从 μ =2.13 和 σ =0.19 的对数正态分布，即 $h \sim \ln(2.13, 0.19)$；②当双面焊构造细节采用双面埋弧焊制造工艺时，外侧焊脚缝寸 l 的概率密度函数服从 μ =1.92 和 σ =0.17 的对数正态分布，即 $l \sim \ln(1.92, 0.17)$；外侧焊缝尺寸 h 的概率密度函数服从 μ =2.32 和 σ =0.17 的对数正态分布，即 $h \sim \ln(2.32, 0.17)$；内侧焊缝尺寸 l 的概率密度函数服从 μ =1.97 和 σ =0.16 的对数正态分布，即 $l \sim \ln(1.97, 0.16)$；内侧焊缝尺寸 h 的概率密度函数服从 μ =2.29 和 σ =0.16 的对数正态分布，即 $h \sim \ln(2.29, 0.16)$。

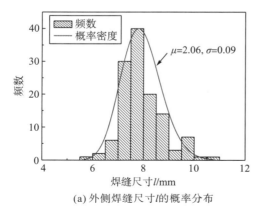

(a) 外侧焊缝尺寸 l 的概率分布

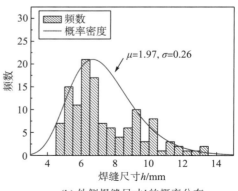

(b) 外侧焊缝尺寸 h 的概率分布

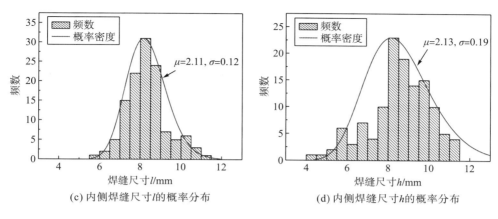

(c) 内侧焊缝尺寸l的概率分布   (d) 内侧焊缝尺寸h的概率分布

图 4-18 双面气体保护焊焊缝几何参数概率分布特征

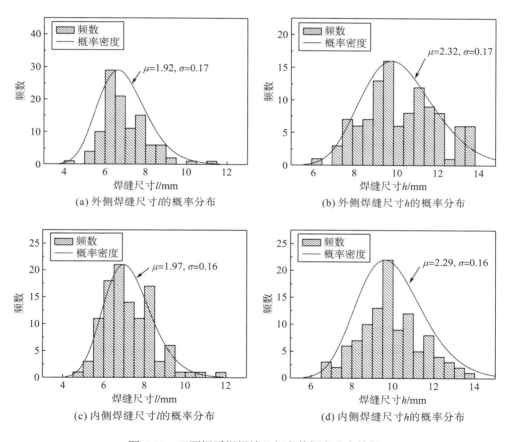

(a) 外侧焊缝尺寸l的概率分布   (b) 外侧焊缝尺寸h的概率分布

(c) 内侧焊缝尺寸l的概率分布   (d) 内侧焊缝尺寸h的概率分布

图 4-19 双面埋弧焊焊缝几何参数概率分布特征

4.1.2　细微观缺陷的影响

在 4.1.1 节中针对纵肋与顶板单面焊细节焊趾及焊根处的断面显微检测结果显示，焊趾及焊根处均普遍存在微裂纹且尺度上具有较大差异。在保证一定焊缝尺寸以及熔透率的前提下，顶板与纵肋连接构造细节疲劳开裂模式主要为裂纹从焊趾与焊根处沿顶板扩展[8,9]。为探究微裂纹缺陷对顶板与纵肋构造细节疲劳性能的影响，结合既有试验和有限元仿真模拟，揭示微裂纹对其疲劳性能的劣化过程的影响和主导开裂模式。

对于这两种疲劳开裂模式，国内外学者通过大量理论分析和模型试验对其裂纹扩展特性和疲劳性能进行了研究。其中 Ya 和 Yamada[4]针对纵肋与顶板连接构造细节模型的试验研究报告给出了一类重要现象：设计预期在焊趾位置出现疲劳开裂的十组试件全部在焊根处发生了疲劳破坏，即试件纵肋与顶板连接构造细节的疲劳开裂模式在实际试件过程中全部发生了迁移。为探究焊根处未熔合的影响以及焊趾和焊根处疲劳裂纹扩展问题，研究者设计制作了 20 个纵肋与顶板连接构造细节试验模型进行疲劳加载，如 3.2.1 节中图 3-8(b)所示。其中构造细节试验模型从全尺寸模型中切割得到，其长度为 570mm，宽度为 300mm，顶板厚度为 16mm，其尺寸如图 4-20 所示。振动试验机通过内部偏心块的旋转实现对试件施加周期性弯曲荷载，可通过变频机及螺旋弹簧调节加载频率、应力范围以及应力比。

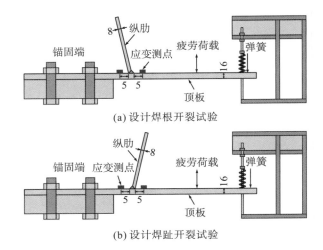

图 4-20　试验模型尺寸及加载方式示意图[4]（单位：mm）

最终试验结果为两组加载模式共 20 个试验模型全部在焊根处发生疲劳开裂，其中 P-DR 组及 P-DT 组疲劳试验结果分别如表 4-2 和表 4-3 所示。与设计预期相同，试验过程 P-DR 组的 10 个试验模型均按计划在焊根处发生疲劳开裂，其裂纹方向垂直于顶板。然而与试验预期不同的是，P-DT 组中尽管 10 个试验模型焊趾处实测应力水平均高于焊根，但最终所有试验模型均在焊根处开裂，疲劳开裂模式从设计时预期的焊趾沿顶板破坏迁移为焊根沿顶板破坏，构造细节开裂模式发生迁移。

表 4-2　文献[4]中 P-DR 组疲劳试验结果

试件编号	设计开裂位置	实际开裂位置	焊根应力名义应力幅/MPa	循环次数/万次
P-DR-1	焊根	焊根	121	125
P-DR-2	焊根	焊根	71	1125

续表

试件编号	设计开裂位置	实际开裂位置	焊根应力名义应力幅/MPa	循环次数/万次
P-DR-3	焊根	焊根	108	224
P-DR-4	焊根	焊根	99	403
P-DR-5	焊根	焊根	77	665
P-DR-6	焊根	焊根	70	697
P-DR-7	焊根	焊根	79	643
P-DR-8	焊根	焊根	89	395
P-DR-9	焊根	焊根	75	900
P-DR-10	焊根	焊根	95	229

表 4-3　文献[4]中 P-DT 组疲劳试验结果

试件编号	设计开裂位置	实际开裂位置	焊根应力名义应力幅/MPa	循环次数/万次
P-DT-1	焊趾	焊根	90	447
P-DT-2	焊趾	焊根	110	215
P-DT-3	焊趾	焊根	77	1049
P-DT-4	焊趾	焊根	90	412
P-DT-5	焊趾	焊根	99	180
P-DT-6	焊趾	焊根	91	219
P-DT-7	焊趾	焊根	91	315
P-DT-8	焊趾	焊根	82	580
P-DT-9	焊趾	焊根	75	513
P-DT-10	焊趾	焊根	79	597

P-DR 组试件在焊根处的加载模式下，焊根位置实测热点应力高于焊趾，因此最终 10 组试件均在焊根处沿顶板方向发生破坏，符合设计预期。然而 P-DT 组中，试验设计试件在焊趾处破坏加载模式下，虽然实测焊趾处应力水平高于焊根处，但 10 组试件全部在焊根处发生破坏，即实际失效位置由试验设计时预期的焊趾迁移到焊根。

在 4.1.1 节中针对纵肋与顶板连接构造细节单面焊接接头初始微裂纹检测结果中发现，焊趾与焊根处初始微裂纹特性具有显著差异。焊根处不仅存在未熔合处的"类裂纹"构造，且未熔合顶端分布的初始微裂纹长度和数量均显著高于焊趾位置。尽管 P-DT 组模型焊趾的疲劳应力幅大于焊根，但约 5％的应力水平差异不足以抵消初始微裂纹尺度差异对焊趾及焊根处疲劳性能的影响。因此，焊缝焊趾及焊根处初始微裂纹尺度不同造成疲劳强度劣化效应的差异，是 P-DT 组试验模型在焊趾处应力水平高，却最终全部在焊根处破坏的主要原因。这一典型案例提醒我们，在对纵肋与顶板连接构造细节等各类焊接结构的主导开裂模式进行评估时，除了要考虑各个疲劳易损位置的应力水平带来致损效应外，还应充分考虑其由焊接引入的初始微裂纹缺陷对疲劳性能的劣化效应，否则可能误判主导疲劳开裂模式，得到偏于不安全的试验结果对决策产生误导。针对以上问题，采用断裂力学方法对主导开裂模式进行评估，评估流程如图 4-21 所示。基于纵肋与顶板连接构造细节初始微裂纹检测结果，以文献[4]试验中 P-DR 及 P-DT 两组试验模型为研究对象，综合考虑纵肋与顶板连接构造细节焊趾及焊根位置荷载应力水平及微裂纹缺陷劣化效应，能够有效解释试验中构造细节主导开裂模式的迁移问题，证明考虑初始微裂纹尺度效应对构造细节主导开裂模式的影响及其疲劳性能的劣化效应是必要的。

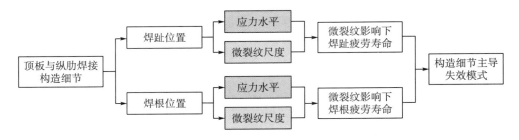

图 4-21　微裂纹尺度影响下主导开裂模式评估流程图

4.1.2.1　焊趾及焊根疲劳开裂模式裂纹扩展模型建立

采用 ANSYS 软件建立了顶板与纵肋构造细节有限元仿真模型(图 4-22)。模型整体采用 Solid45 实体单元模拟，裂纹尖端和周围分别采用 Solid92 和 Solid95 模拟，并取顶板与纵肋焊缝位置建立裂纹扩展子模型。在裂尖处将 Solid95 单元中心节点移至 1/4 位置处形成 15 节点楔形单元，并在周围围绕两层 20 节点六面体单元环作为子模型裂纹尖端奇异单元以及过渡单元，其余部分采用 Solid92 四面体单元模拟，并通过 Solid95 棱柱单元与整体模型过渡连接，约束方式及加载模式均与图 4-20 中一致。为验证有限元模型的正确性，结合既有试验结果，对典型荷载条件下的应力数据进行对比，如图 4-23 所示。由图 4-23 可知，实测值与有限元理论值的误差小于 2%，验证了所建立有限元模型的正确性。

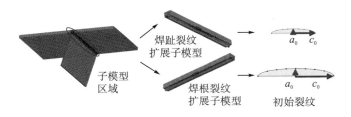

图 4-22　有限元仿真模型

基于顶板与纵肋焊接接头微裂纹缺陷检测结果，以图 4-20 中疲劳试验模型为研究对象，综合考虑顶板与纵肋焊接细节焊趾及焊根位置荷载应力水平及微裂纹缺陷劣化效应，探究微裂纹缺陷对构造细节疲劳性能的影响。基于有限元的裂纹扩展模拟方法，采用等效应力强度因子幅值ΔK_{eff}为裂纹扩展的相关指标，扩展方向 θ 依据最大周向应力理论，如 2.3.4 节所示。含微裂纹缺陷的有限元仿真分析过程如图 4-24 所示。

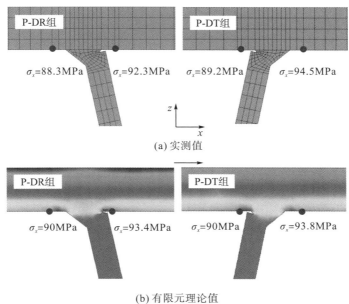

图 4-23　实测值与有限元计算值对比

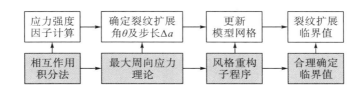

图 4-24　含微裂纹缺陷的有限元仿真分析过程

结合 4.1.1 节大量实测微裂纹缺陷数据，确定焊趾及焊根易损细节特征裂纹参数，分别为微裂纹深度特征值 a_0 和长度特征值 c_0（图 4-22）。考虑到微裂纹的深长比较小，取裂纹深长比 $a_0/2c_0=0.1$。因此，焊趾处微裂纹特征值取 $a_0=0.1\text{mm}$，$c_0=0.5\text{mm}$；焊根处微裂纹特征值为 $a_0=0.4\text{mm}$，$c_0=2\text{mm}$。笔者团队既有研究表明，顶板与纵肋构造细节裂纹扩展初期裂尖应力强度因子提升较快，并在后期逐步趋于平缓。因此，在计算裂纹扩展初期，扩展步长应取较小值，并在扩展中逐渐增大，以提高计算效率。扩展步划分如下：1～2 步，$\Delta a_m=0.1\text{mm}$；3～5 步，$\Delta a_m=0.2\text{mm}$；6～8 步，$\Delta a_m=0.3\text{mm}$；9～11 步，$\Delta a_m=0.5\text{mm}$；12～14 步，$\Delta a_m=0.6\text{mm}$；此后扩展步长固定为 0.8mm，并在裂纹扩展过程中根据收敛性要求合理调整 Δa_m，直至达到裂纹临界长度；根据试验模型试算，裂纹临界扩展至 75% 板厚时，深度方向扩展速度降低，此时裂纹沿长度方向快速扩展，因此取 75% 板厚作为裂纹扩展临界值。裂纹扩展材料参数参考国际焊接协会 (IIW) 规范推荐值，取 $C=5.21\times10^{-13}\text{N}\cdot\text{mm}^{-3/2}$，$m=3$（$C$、$m$ 为材料参数）。为探究微裂纹对疲劳性能和开裂模式的影响过程，分别考虑焊趾或焊根处的焊接微裂纹，建立了 3 个含微裂纹缺陷的仿真分析模型，分别为模型 1（微裂纹位于焊趾，$a_0=0.1\text{mm}$，$c_0=0.5\text{mm}$），模型 2（微裂纹位于焊根，$a_0=0.4\text{mm}$，$c_0=2\text{mm}$）及模型 3（微裂纹位于焊根，$a_0=0.1\text{mm}$，$c_0=0.5\text{mm}$）。

4.1.2.2　微裂纹缺陷对开裂模式的影响

裂纹扩展至临界深度后，分别提取模型 1 中焊趾和模型 3 中焊根位置具有相同微裂纹尺寸及最深点等效应力强度因子幅值 ΔK_{eff} 及疲劳寿命，如图 4-25 所示。结果表明：①当焊趾或焊根处的焊接微裂纹缺陷尺寸一致时，外部循环荷载作用下裂纹扩展速率及裂纹扩展过程差异较小；②焊趾处裂纹扩展疲劳寿命累计值为 656.4 万次，焊根处裂纹扩展疲劳寿命累计值为 633.4 万次，相比之下，焊根处裂纹扩展寿命略低于焊趾。

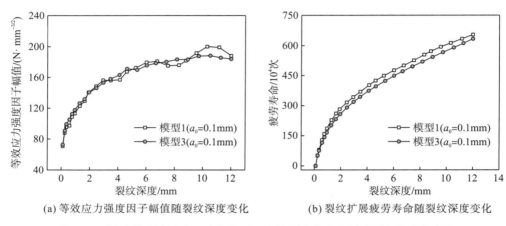

(a) 等效应力强度因子幅值随裂纹深度变化　　　(b) 裂纹扩展疲劳寿命随裂纹深度变化

图 4-25　焊接微裂纹缺陷一致条件下裂纹扩展应力强度因子幅值及疲劳寿命

将模型 1 与模型 2 的等效应力强度因子幅值 ΔK_{eff} 及疲劳寿命进行对比，如图 4-26 所示。研究结果表明：①在裂纹扩展初期焊根处等效应力强度因子幅值显著大于焊趾，随着裂纹不断扩展，等效应力强度因子逐渐趋于一致；②焊趾处裂纹扩展疲劳寿命为 656.4 万次，焊根处裂纹扩展疲劳寿命为 486.7 万次。由于等效应力强度因子幅值在裂纹扩展前期的差异，裂纹扩展过程中疲劳寿命在前期就累积了很大比例，最终达到裂纹扩展限界时，焊趾处疲劳寿命高于焊根处约 169.7 万次，焊根处裂纹扩展寿命远低于焊趾。

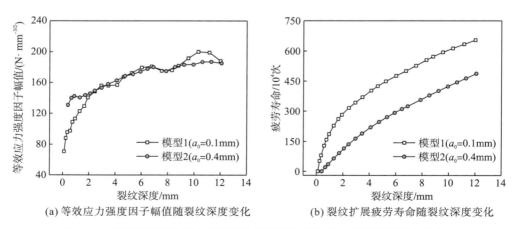

(a) 等效应力强度因子幅值随裂纹深度变化　　　(b) 裂纹扩展疲劳寿命随裂纹深度变化

图 4-26　标准初始裂纹尺寸下焊趾和焊根裂纹扩展应力强度因子及疲劳寿命

模型 1～3 的疲劳寿命预测结果分别为 656.4 万次(荷载应力幅 90MPa)、486.7 万次(荷载应力幅 93.4MPa)和 633.4 万次(荷载应力幅 93.4MPa)。分析可知顶板与纵肋构造细节主导失效模型主要由微裂纹缺陷尺寸所决定,一般焊根处(微裂纹尺寸大)的疲劳寿命低于焊趾处(微裂纹尺寸小)疲劳寿命,导致疲劳裂纹往往从焊根处萌生,此情况与实际桥梁中所观测的结果基本一致。

4.1.2.3　微裂纹缺陷尺寸的影响

根据前述顶板与纵肋构造细节微裂纹缺陷统计结果,微裂纹缺陷尺寸和角度均具有一定随机性,两者共同决定了裂纹扩展速率和疲劳寿命,因此需进一步探究微裂纹缺陷尺寸和角度对其疲劳性能的影响。依据前述实测微裂纹缺陷尺寸分布,采用 Monte Carlo 随机抽样方法获取 2000 组随机微裂纹缺陷参数,随机生成微裂纹尺寸分布如图 4-27 所示。

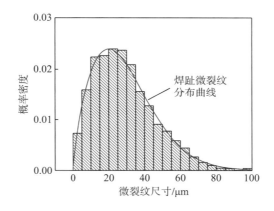

图 4-27　随机生成微裂纹尺寸分布

采用与前述一致的有限元模型、加载荷载及边界条件,针对顶板与纵肋构造细节焊根处的疲劳强度进行分析。偏于安全考虑,选取裂纹扩展至板厚的 75%作为疲劳寿命的计算临界值,通过 Paris 公式数值积分得到随机微裂纹影响下构造细节焊趾处的疲劳寿命分布。然后结合有限元分析结果,确定裂纹扩展下的焊趾处名义应力 $\Delta\sigma$,得到 $\Delta\sigma$ 与失效循环次数 N 的关系,即为 S-N 曲线。为统一度量微裂纹尺寸的效应,将不同的失效循环次数根据 Miner 准则换算到 200 万次,得出不同微裂纹下的疲劳强度。根据笔者团队收集的 185 个顶板与纵肋构造细节试验模型在不同焊接工艺、不同熔透率、不同荷载值及应力比条件下进行疲劳试验获得的疲劳强度分布结果,将疲劳强度数据绘制为柱状分布图,并采用适当概率分布函数拟合。疲劳强度理论计算与试验结果对比如图 4-28 所示。

研究结果表明:①随机微裂纹缺陷影响下疲劳强度理论计算结果与试验结果总体分布范围接近,普遍在 100～200MPa 之间。分布特点为中间集中两端分散,略微左偏;②理论计算的随机微裂纹缺陷尺寸影响下的疲劳强度离散范围低于试验结果,主要原因在于实际试验中存在如试件材料不均匀、焊接残余应力以及其他焊接缺陷等各类因素影响了其疲劳性能。

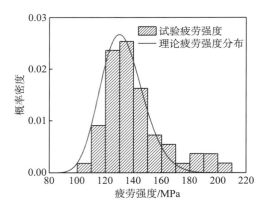

图 4-28　疲劳强度理论计算与试验结果对比

4.1.2.4　微裂纹缺陷角度的影响

顶板与纵肋构造细节微裂纹缺陷方向各异，具有一定的随机特性，为揭示微裂纹缺陷角度 θ_0 对疲劳性能的影响程度，基于前述对微裂纹缺陷特性的检测试验结果，微裂纹缺陷均沿顶板方向且裂纹角度普遍在 $-45°\sim45°$ 范围内。因此，此处建立含不同初始裂纹角度的有限元模型研究其对疲劳寿命的影响。验证初始角度影响的模型尺寸及边界参照文献[4]中数据建立，为探究微裂纹缺陷角度对疲劳寿命的影响，在顶板与纵肋焊缝中部焊根位置垂直于顶板 $-45°\sim45°$ 范围内每隔 15° 分别建立不同角度的初始裂纹。有限元模型具体建模方法与前述一致，不同角度微裂纹缺陷扩展方向见图 4-29。含不同焊接微裂纹缺陷角度的扩展模型均在扩展过程逐步转向，并朝着相同的方向扩展，最终裂纹扩展角度为向纵肋内侧偏转 12°$[\theta_0=-12°]$。疲劳裂纹最终扩展方向与焊接微裂纹初始角度无关，仅受实际受力状态影响。

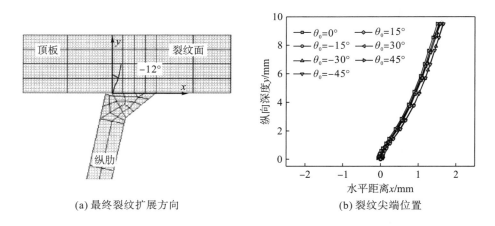

(a) 最终裂纹扩展方向　　　　　　　(b) 裂纹尖端位置

图 4-29　不同角度微裂纹缺陷扩展方向

进一步将 7 组含有不同微裂纹缺陷角度的有限元模型，在疲劳荷载作用下使微裂纹缺陷扩展至 0.8mm 过程中的等效应力强度因子的幅值变化进行对比，如图 4-30(a) 所示；再通过 Paris 公式积分得到不同角度微裂纹缺陷影响下构造细节疲劳寿命如图 4-30(b)所示。

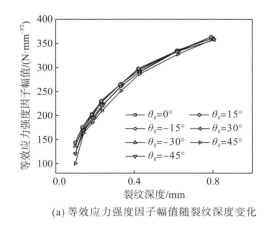
(a) 等效应力强度因子幅值随裂纹深度变化

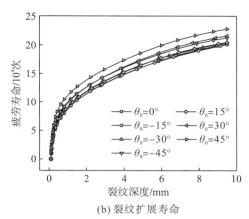
(b) 裂纹扩展寿命

图 4-30　不同角度的微裂纹缺陷对裂纹扩展的影响

研究结果表明：①当前荷载工况下，寿命数值由大到小排列对应初始裂纹角度 θ_0 分别为 45°、30°、-45°、15°、-30°、0°、-15°，焊接微裂纹方向与受力引起开裂方向角度差距越小，裂纹越易扩展，构件疲劳寿命越短，反之相反；②当裂纹扩展至 1/2 板厚时，疲劳寿命最大值为 22.78 万次，最小值为 20.11 万次，最大时差距约为 10%。

4.1.3　宏观缺陷的影响

根据 4.1.1 节的调研结果可知，无论是细微观缺陷还是宏观缺陷，在钢桥面板焊接细节中都难以避免。笔者团队排除不符合验收标准的宏观缺陷，针对符合验收标准的宏观缺陷对钢桥面板焊接细节疲劳性能的影响开展系统研究，以量化宏观缺陷对焊接细节疲劳性能的劣化效应，并确定宏观缺陷对焊接细节开裂模式的影响。为此，结合笔者团队进行的大量钢桥面板足尺结构模型为研究对象[13-15]，系统研究宏观焊接缺陷对其疲劳强度的劣化效应，以及焊接缺陷对焊接细节开裂模式的影响问题。选取的试验模型的基本信息如表 4-4 所示，其中含凹坑缺陷的模型 1 个，含夹杂缺陷的模型 1 个，常规对比模型 2 个。完成检验后的试验模型在试验阶段仍发现有典型焊接缺陷的主要原因已在 4.1.1 节进行了阐述，此处不再赘述。

表 4-4　钢桥面板足尺结构模型汇总

组别	模型类别	足尺结构模型概况	备注
第一组	含缺陷 RTD 细节	模型包含 2 个纵肋和 2 个横隔板 模型尺寸为 2700mm×1400mm×600mm (长×宽×高)	纵肋与顶板连接构造焊接细节焊根位置存在夹杂缺陷
	无缺陷 RTD 细节	模型包含 2 个纵肋和 2 个横隔板 模型尺寸为 2700mm×1400mm×600mm (长×宽×高)	常规对比模型

续表

组别	模型类别	足尺结构模型概况	备注
第二组	含缺陷 RTF 细节	模型包含 4 个纵肋和 3 个横隔板 模型尺寸为 6000mm×2700mm×738mm （长×宽×高）	凹坑缺陷位于R2纵肋与F2横隔板连接构造细节的纵肋腹板焊趾端部
	无缺陷 RTF 细节	模型包含 4 个纵肋和 3 个横隔板 模型尺寸为 6000mm×2700mm×738mm （长×宽×高）	常规对比模型

    第一组模型横向设置 2 个纵肋，纵向设置 2 个横隔板，两横隔板中心间距为 2500mm，两纵肋中心间距为 600mm，顶板、横隔板和纵肋的板厚分别为 18mm、14mm 和 8mm，纵肋尺寸为 300mm×200mm×280mm，试验模型详细设计尺寸如图 4-31 所示。

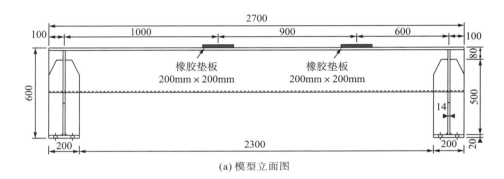

(a) 模型立面图

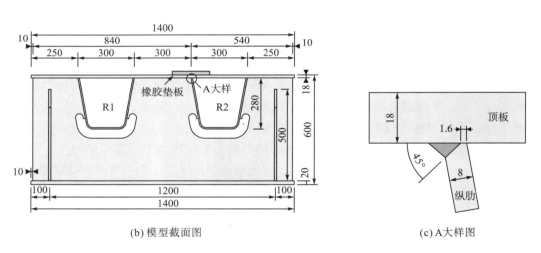

(b) 模型截面图   (c) A大样图

图 4-31　第一组模型设计图（单位：mm）

    第二组模型横向设置 4 个纵肋，纵向设置 3 个横隔板，相邻横隔板中心间距为 2500mm，相邻纵肋中心间距为 600mm。其详细设计尺寸如 4-32 所示。试验模型的板单元加工精度和焊接工艺等均与实际桥梁的制造工艺一致。

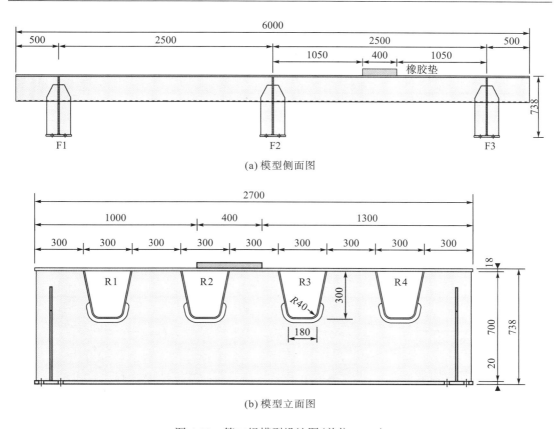

(a) 模型侧面图

(b) 模型立面图

图 4-32　第二组模型设计图(单位：mm)

4.1.3.1　纵肋与顶板连接构造缺陷(第一组)

当前钢桥面板的纵肋与顶板连接构造细节大都采用机器人自动化焊接技术,焊趾处缺陷尺寸和数量显著降低,但对于闭口纵肋而言,纵肋与顶板连接构造细节焊根位置的疲劳裂纹具有隐蔽性无法直接观测。监测焊根位置关键测点应力幅值的变化情况,在此基础上联合采用超声波探伤的方式综合确定焊接细节的裂纹信息。为此针对焊根处的宏观缺陷劣化性能影响开展试验研究,模型测点布置如图 4-33 所示。加载过程与前述加载步骤一致,得到纵肋与顶板连接构造细节焊根位置关键测点应力值随疲劳荷载作用次数的变化曲线如图 4-34 所示。

研究结果表明：①疲劳荷载加载到 50 万次时,含缺陷的试验模型纵肋与顶板连接构造细节焊根位置关键测点的实测应力值出现显著变化,在此基础上对纵肋与顶板连接构造细节焊根位置进行超声波探伤检测,结果表明焊根位置出现了疲劳裂纹；②为进一步确定该位置的起裂原因,疲劳试验完成之后对纵肋与顶板连接构造细节进行了切片分析,发现焊根位置存在夹杂缺陷,如图 4-35 所示；③对于无缺陷的试验模型,加载到 100 万次时,纵肋与顶板连接构造细节焊根位置关键测点的应力值随着作用次数的增加而显著增大,在此基础上对纵肋与顶板连接构造细节焊根位置进行超声波探伤检测,综合分析结果表明焊根位置出现了疲劳裂纹,此模型焊根位置未发现焊接缺陷；④含缺陷的模型开裂模式为焊根夹杂缺陷位置起裂并沿顶板厚度方向扩展，不含缺陷的模型开裂模式为焊根起裂并沿顶板厚度方向扩展，缺陷导致疲劳性能显著降低，但开裂模型未出现改变。

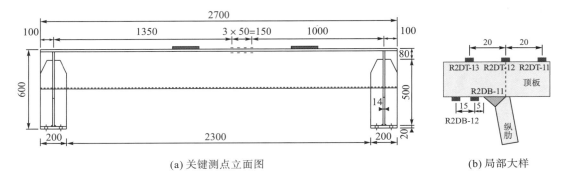

(a) 关键测点立面图　　　　　　　　　　　　　　(b) 局部大样

图 4-33　第一组试验模型应变测点布置图（单位：mm）

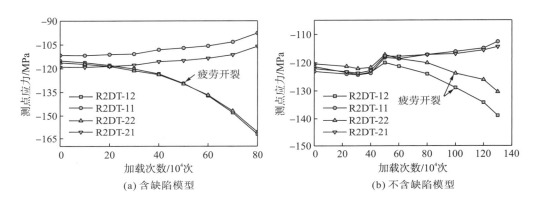

(a) 含缺陷模型　　　　　　　　　　　　　　(b) 不含缺陷模型

图 4-34　模型焊根位置关键测点应力与加载次数的关系

图 4-35　试验模型典型疲劳裂纹与夹杂形貌

含缺陷和无缺陷试验模型纵肋与顶板焊接细节的名义应力疲劳强度分别为 88.5MPa 和 125.2MPa，夹杂缺陷的存在导致纵肋与顶板焊接细节顶板焊根开裂模式的疲劳强度降低了 29.3%，汇总如表 4-5 所示。

表 4-5　第一组模型疲劳试验结果汇总

模型类型	疲劳荷载/kN	疲劳裂纹信息	失效次数/万次	疲劳强度/MPa
含缺陷试验模型	348.0	R2 纵肋靠截面中心侧焊缝，纵肋与顶板焊接细节焊根夹杂缺陷位置起裂并沿顶板厚度方向扩展	70.0	88.5
无缺陷试验模型	377.0	R2 纵肋靠截面中心侧焊缝，纵肋与顶板焊接细节焊根起裂并沿顶板厚度方向扩展	156.0	125.2

4.1.3.2　纵肋与横隔板连接构造缺陷（第二组）

根据第 3 章研究结果，在纵肋与横隔板连接处测点布置如图 4-36 所示。含缺陷和无缺陷的纵肋与横隔板连接构造细节关键测点应力幅值随荷载作用次数的变化规律如图 4-37 所示。

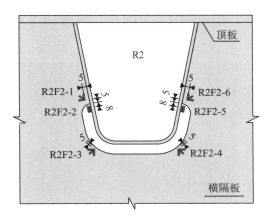

图 4-36　纵肋与横隔板连接构造细节测点布置（单位：mm）

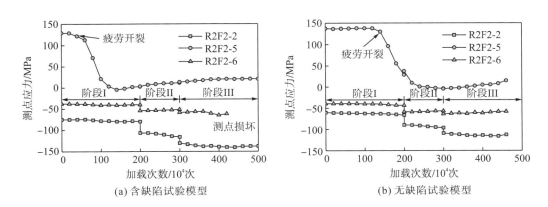

(a) 含缺陷试验模型　　　　　　　　　　　　(b) 无缺陷试验模型

图 4-37　试验模型构造细节关键测点应力与加载次数的关系

含缺陷模型的试验结果表明：①凹坑缺陷位于 R2 纵肋与 F2 横隔板连接构造细节纵肋腹板焊趾端部，其长度约为 6mm，宽度约为 4mm，凹坑缺陷呈半椭球形，凹坑缺陷形貌如图 4-38(a)，加载至 40 万次时，测点 R2F2-5 的应力值明显降低，检查发现凹坑缺陷位置萌生一条长度约为 5mm 的疲劳裂纹；②随着加载次数的增加，疲劳裂纹长度方向沿着纵肋腹板往顶板方向扩展，疲劳裂纹深度方向沿着纵肋腹板板厚方向扩展，疲劳裂纹概貌如图 4-38(b)所示。

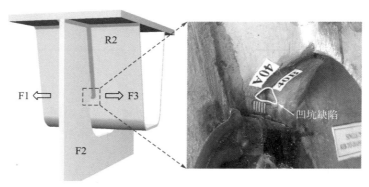

(a) 凹坑缺陷形貌

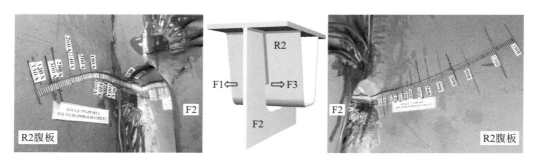

(b) 整体裂纹形貌

图 4-38　含缺陷试验模型疲劳裂纹

无缺陷试验模型的试验结果表明：①当加载次数达到 120 万次时，检查发现 R2 纵肋与 F2 横隔板连接构造细节的纵肋腹板焊趾端部萌生疲劳裂纹，长度为 15mm，此时应变测点的应力值变化并不显著，主要因为疲劳裂纹的萌生位置在纵肋与横隔板连接构造细节端部围焊转角处，裂纹起裂点距离应变测点尚有一定距离。当加载到 260 万次时，发现疲劳裂纹贯穿纵肋板厚，疲劳裂纹形貌如图 4-39 所示；②各关键焊接细节萌生疲劳裂纹之后，随着加载次数的增加疲劳裂纹不断扩展，疲劳裂纹附近区域的应力将会出现应力重分布，导致开裂位置测点的应力呈降低趋势；对于未开裂部位，随着加载次数的增加，其应力未发生显著变化。

表 4-6 汇总了第二组模型的疲劳试验结果，其中失效次数代表起裂寿命。疲劳试验研究结果表明，凹坑缺陷会显著降低焊接细节的疲劳寿命，并引发主导开裂模式的迁移或起裂位置的迁移。无缺陷的纵肋与横隔板连接构造细节的疲劳裂纹，从纵肋腹板围焊转角端部并靠 F1 横隔板侧的焊趾区域起裂，后沿纵肋腹板扩展；而含凹坑缺陷的纵肋与横隔板连接构造细节的疲劳裂纹从纵肋腹板焊趾凹坑缺陷位置起裂并沿纵肋腹板扩展，由于试验

模型凹坑缺陷刚好位于主导开裂模式的扩展路径之上，而未引发主导开裂模式的迁移，但是凹坑缺陷却导致纵肋与横隔板连接构造细节的起裂位置发生了迁移。

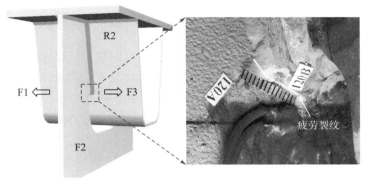

(a) 初始裂纹形貌

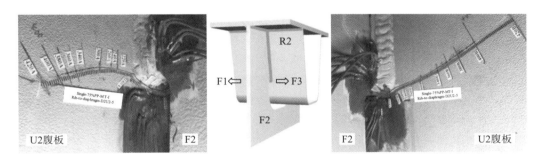

(b) 整体裂纹形貌

图 4-39 无缺陷试验模型疲劳裂纹

将疲劳试验结果汇总于表 4-6 中，研究结果表明：凹坑缺陷会导致纵肋与横隔板连接构造细节的疲劳强度显著降低，凹坑缺陷位于纵肋腹板焊趾区域，其纵肋与横隔板连接构造细节的纵肋腹板焊趾处名义应力疲劳强度为 68.2MPa，而无缺陷试验模型的纵肋与横隔板连接构造细节纵肋焊趾处名义应力疲劳强度为 95.5MPa，凹坑缺陷的存在导致纵肋腹板焊趾开裂模式的疲劳强度降低 28.6%。

表 4-6 第二组模型疲劳试验结果汇总

模型类别	疲劳裂纹信息	失效次数/万次	疲劳强度/MPa
含缺陷试验模型	凹坑缺陷位于 U2 纵肋与 2#横隔板连接构造细节纵肋腹板焊趾端部，开裂模式为纵肋腹板焊趾凹坑缺陷位置起裂并沿纵肋腹板扩展	40.0	68.2
无缺陷试验模型	U2 纵肋与 2#横隔板连接构造细节(无缺陷)，开裂模式为纵肋腹板围焊转角端部焊趾起裂并沿纵肋腹板扩展	120.0	95.5

4.1.3.3　缺陷劣化效应评估

采用大型通用有限元软件 ABAQUS 建立正交异性钢桥面板足尺结构有限元模型，模型各板件均采用实体单元(C3D8)进行模拟。在确保计算精度的前提下，提高计算效率，对于焊缝及焊接缺陷等关注区域采用子模型技术建立精细化模型，最小网格尺寸为0.2mm，且采用六面体进行网格划分。第一组试验模型和第二组试验模型的有限元网格数分别为 60.2 万和 49.8 万。有限元模型中钢材的弹性模量和泊松比取值分别为 206GPa 和0.3。有限元模型的边界条件根据实际试验模型的约束条件选取如下：约束横隔板两端底部各螺栓锚固区域节点的平动自由度，以模拟钢支撑垫块对钢桥面板足尺节段模型的约束作用。根据试验方案中设定的荷载值和加载位置，对有限元模型施加荷载。在此基础上，笔者团队研发了 UMAT 子程序(耦合疲劳损伤的非线性本构模型)，以实现疲劳损伤的数值模拟。正交异性钢桥面板足尺节段有限元模型如图 4-40 所示。钢桥面板足尺结构有限元模型建立之后，对各模型的受力状态进行数值模拟。然后通过静载测试所获得的应力实测数据与数值模拟结果进行比较，以验证有限元模型的正确性和有效性。由于测点较多，仅选取关注区域的部分代表性测点为例进行分析，各试验模型关键测点应力实测值与数值模拟值对比结果如图 4-41 所示。结果表明：①加载和卸载阶段，各关键测点的应力-荷载曲线基本呈线性关系，并且在加载和卸载过程中具有良好的对称性，表明疲劳试验期间试验模型、工装和加载装置均处于正常工作状态；②关键测点应力实测值与有限元计算值吻合良好，分析结果验证了有限元模型的正确性和有效性，表明有限元模型能够较为准确地模拟疲劳试验模型的受力行为，可用于后续的疲劳性能评估。

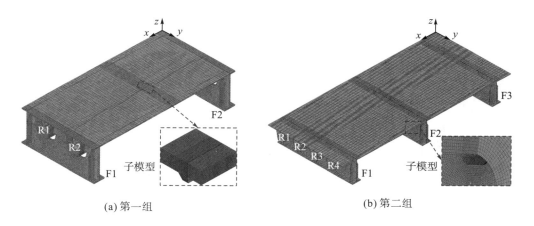

(a) 第一组　　　　　　　　　　　　　　(b) 第二组

图 4-40　有限元模型

1) 纵肋与顶板连接构造细节

试验模型中纵肋与顶板连接构造细节开裂截面疲劳损伤度与寿命比之间的变化规律如图 4-42 所示，图中的损伤度为开裂面失效单元的损伤度均值。结果表明：在初始加载阶段，含缺陷试验模型的损伤演化速率显著快于无缺陷试验模型，即夹杂缺陷导致焊根区域的疲劳损伤速率增大。而钢桥面板足尺结构模型在其寿命比 N/N_f 小于 0.3 范围内呈现

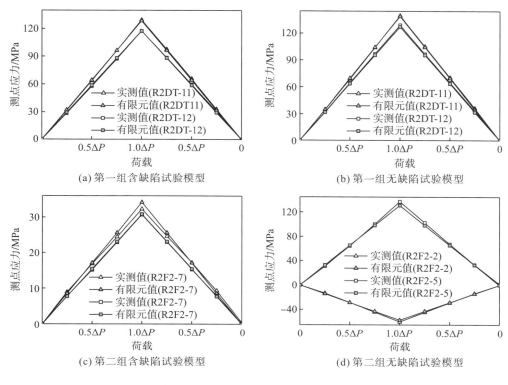

图 4-41　各试验模型关键测点应力实测值与数值模拟值

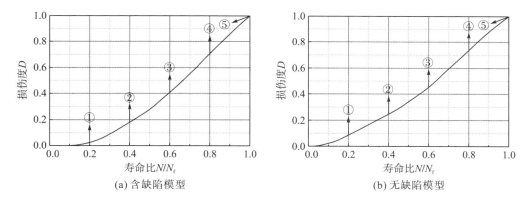

图 4-42　纵肋与顶板连接构造细节模型疲劳损伤累积曲线

先慢后快的发展规律,当寿命比 N/N_f 大于 0.3 后,其损伤度与寿命比呈正相关发展规律,而非指数增长规律。在疲劳荷载作用下,两类试验模型对应的损伤过程云图分别如图 4-43 和图 4-44 所示。研究结果表明:①含缺陷试验模型为夹杂缺陷处首先失效,而无缺陷试验模型在焊根"类裂纹"尖端区域的局部首先失效;②随着加载次数的增加,纵肋与顶板焊接细节的疲劳损伤不断累积,失效部位不断发展,疲劳裂纹往顶板厚度方向和焊缝长度方向扩展,数值模拟的开裂模式、疲劳损伤演化过程与疲劳试验结果吻合良好。两类试验模型中纵肋与顶板连接构造细节的疲劳寿命评估结果如表 4-7 所示。结果表明:采用疲劳损伤评估模型评估所获得的疲劳寿命与疲劳试验结果吻合良好。

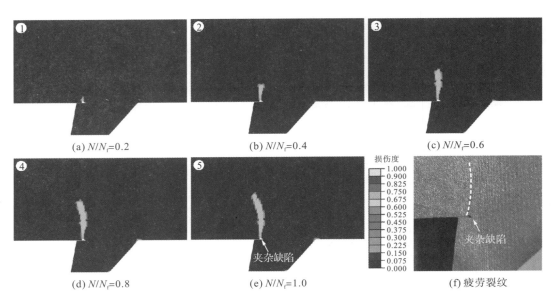

图 4-43　含缺陷试验模型的疲劳损伤演化过程

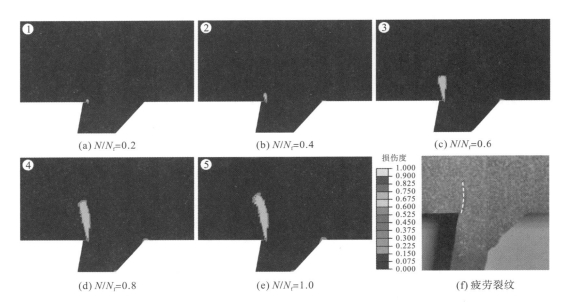

图 4-44　无缺陷试验模型的疲劳损伤演化过程

表 4-7　纵肋与顶板连接构造细节疲劳寿命评估结果

模型类别	疲劳荷载/kN	失效次数/万次	评估寿命/万次	备注
含缺陷试验模型	348.0	70.0	98.9	含夹杂缺陷模型
无缺陷试验模型	377.0	156.0	131.5	常规对比模型

2）纵肋与横隔板连接构造细节

含缺陷和无缺陷试验模型的纵肋与横隔板连接构造细节疲劳损伤演化过程如图 4-45 和图 4-46 所示。研究结果表明：①在疲劳荷载作用下，含缺陷试验模型的纵肋与横隔板连接构造细节缺陷区域首先发生疲劳失效，数值模拟结果表明疲劳裂纹从凹坑缺陷位置起裂，随着循环荷载的持续加载，裂纹从纵肋腹板焊趾的凹坑缺陷区域沿着纵肋腹板不断扩展，数值模拟结果与疲劳试验结果吻合良好；②对于无缺陷试验模型，纵肋与横隔板连接构造细节首先在围焊转角端部的焊趾位置发生裂纹扩展，如图 4-46（a）所示，随着加载次数的增加，纵肋与横隔板连接构造细节的疲劳损伤不断累积，疲劳裂纹沿着纵肋腹板扩展，数值模拟的开裂模式、疲劳裂纹扩展路径与疲劳试验结果吻合良好；③两类试验模型的开裂模式相同，均为纵肋与横隔板连接构造细节的纵肋腹板焊趾开裂，但是两模型的起裂位置存在差异，凹坑缺陷导致局部起裂位置发生迁移。凹坑缺陷对纵肋与横隔板连接构造细节疲劳性能的影响主要体现在起裂位置和疲劳强度两个层面，其疲劳寿命评估结果见表 4-8。结果表明：采用疲劳损伤评估模型评估所获得的疲劳寿命结果与试验结果吻合良好。

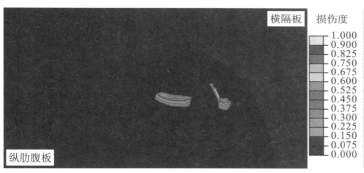

(a) 疲劳裂纹起裂阶段

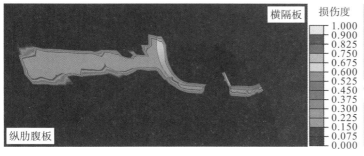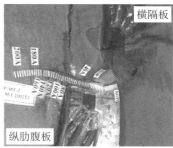

(b) 疲劳裂纹扩展阶段

图 4-45　模型 MT1-2 的疲劳损伤演化过程

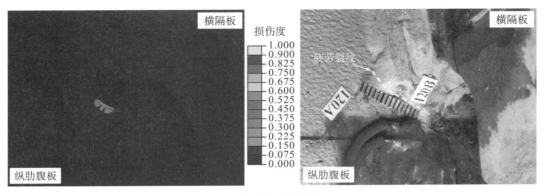

(a) 疲劳裂纹起裂阶段

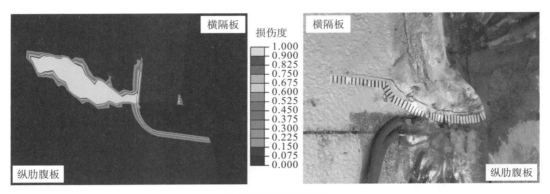

(b) 疲劳裂纹扩展阶段

图 4-46　模型 MT1-3 的疲劳损伤演化过程

表 4-8　第一组试验模型疲劳寿命评估结果

模型编号	疲劳荷载/kN	失效次数/万次	评估寿命/万次	裂纹信息
含缺陷试验模型	300～450	40.0	54.9	纵肋腹板焊趾凹坑缺陷位置起裂
不缺陷试验模型	300～450	120.0	109.0	纵肋腹板围焊转角端部位置起裂

4.2　残 余 应 力

　　理论分析和试验研究均表明[14]，残余应力对高周疲劳强度影响显著。对于正交异性钢桥面板，循环荷载作用下的焊接残余应力对其疲劳强度影响较大。为准确评估正交异性钢桥面板典型焊接细节的疲劳寿命，首先需对钢桥面板典型焊接部位的残余应力进行研究，在此基础上确定焊接应力场与循环荷载作用应力场的非线性耦合过程。目前残余应力测试方法主要包括有损测试和无损测试两种[15-18]。残余应力有损测试方法主要是通过试件机械破坏时所释放的应变来反推残余应力分布，包括盲孔法[19,20]、钻芯法[21]、轮廓法[22]以及裂纹柔度法[23]等。这些有损测试方法技术较为成熟，测试精度较高，但会对测试试件造成不可逆的破坏。残余应力的无损测试方法则是利用声、光、磁等的物理性质来测试试件残余应力场，如 X 射线衍射法、中子衍射法[24]、磁弹法[25]以及超声波法[26]等。与有损测试方法相比，残余应力无损测试法具有测试效率高、不破坏试件等优点，且可以对同一点位反复测量以提高精度。其中，超声临界折射纵波法具有测试效率、精度高，成本低，测试探头小巧、灵活方便等优点，笔者团队便采用此种测试方法对双面焊构造焊接残余应力场进行测试。

4.2.1　超声临界折射纵波测试法

超声纵波在弹性固体中的传播速度与固体中应力分布密切相关[27,28]。当超声纵波在固体中的传播方向与残余应力某一分量平行时，拉应力会使超声纵波在该弹性固体中的传播速度减慢，即在一定距离内的传播时间延长，而压应力则会使超声纵波在该弹性固体中的传播速度加快，即在一定距离内的传播时间缩短。因此，可以根据超声纵波在弹性固体中一定距离内的传播时间变化来表征固体中残余应力的量值大小。根据 Snell（斯涅尔）定律，当超声纵波由有机玻璃以第一临界折射角进入钢材时会产生沿介质界面传播的超声临界折射纵波，这一沿介质界面传播的临界折射纵波非常适合用于残余应力测试。根据超声纵波在有机玻璃楔形探头以及钢材试件中的传播速度可以计算出第一临界折射角为 28°。相关研究表明，弹性固体中某一方向应力分量与超声临界折射纵波传播时间存在以下关系：

$$\sigma = K(t - t_0) \tag{4-4}$$

式中，K 为应力系数，$K = E/Lt_0$；t_0 为超声临界折射纵波在匀质各向同性无应力材料中传播一定距离的时间；E 为待测试材料弹性模量；L 为超声临界折射纵波声弹常数；t 为超声临界折射纵波在待测材料中传播同样距离所需的时间。E、L 和 t_0 均与待测试材料本身特性有关，因此应力常数 K 可通过标准拉伸试验确定。

基于上述原理设计并制造出超声临界折射纵波残余应力场测试设备如图 4-47 所示。超声临界折射纵波残余应力场测试设备由人机交互系统、测试探头、超声集成系统等组成，其中，超声集成系统包括示波器、热电偶以及数据处理系统等。所有残余应力场测

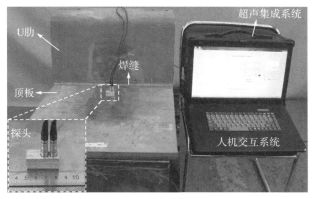

(a) 测试设备

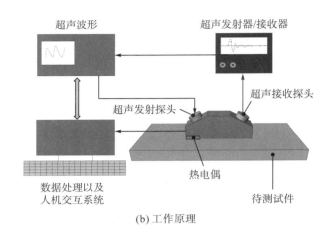

(b) 工作原理

图 4-47 超声临界折射纵波残余应力场测试

试试验均是在室温条件下进行，室温变化对测试结果的影响可通过热电偶进行平衡补偿。超声接收器和发射器安装在有机玻璃楔块两端，测试试验时超声临界折射纵波从超声发射器发出后，在被测材料表面一定深度范围内传播，最后被另一端超声接收器接收。超声临界折射纵波在被测材料中传播的深度取决于超声探头所采用的频率，本次残余应力测试试验所采用的超声探头频率为 2.25MHz，超声临界折射纵波在钢板中传播的深度不小于 3mm[29]。

4.2.2 残余应力分布特性

4.2.2.1 残余应力测试试件

正交异性钢桥面板双面焊构造制造工序包括：①数控机床切割钢板并弯折成 U 形，制成 U 肋；②将 U 肋与面板装配到一起，并通过电焊连接；③利用 U 肋内焊机器人和多头龙门式焊机对 U 肋内、外侧进行焊接。图 4-48 展示了双面焊构造自动化制造过程。考虑到残余应力测试数据的离散性问题，本研究对四个制造工艺完全相同的双面焊构造试件的焊接残余应力场进行测试。为了获得稳态焊接残余应力场，双面焊构造焊缝长度确定为 500mm，尽最大可能避免起、熄弧对测试结果的影响。双面焊构造 U 肋内部空间狭小，U 肋内部区域焊接残余应力场无法测试。为克服这一难题，本研究设计并制造了仅包含一半 U 肋的双面焊构造模型，在焊接过程中仅对 U 肋一侧腹板进行施焊（J1 和 J4），U 肋另一侧腹板（J2 和 J3）仅在焊接过程中起定位作用，在焊接完成后按照对称性切割出 4 个待测试试件，如图 4-49 所示。双面焊构造采用 CO_2 气体保护焊，包括 3 道焊接工序，按照施工顺序分别是内焊、打底焊和盖面焊，如图 4-50 所示，具体焊接参数详见表 4-9。除切割出双面焊构造半 U 肋试件，还需分别在母材区域与焊接区域切割出标准拉伸试样以确定超声临界折射纵波法测试残余应力场所需的应力系

数 K。标准拉伸试样的取样位置以及详细尺寸详见图 4-51 所示。在对应力系数进行标定前，采用热处理炉对标准拉伸试样进行退火处理以消除标准拉伸试样表面及内部可能存在的残余应力。

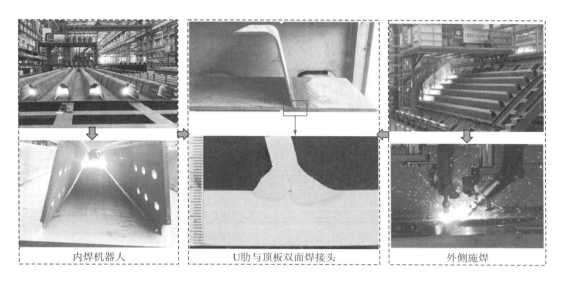

内焊机器人　　　　　　　U 肋与顶板双面焊接头　　　　　　　外侧施焊

图 4-48　双面焊构造自动化焊接

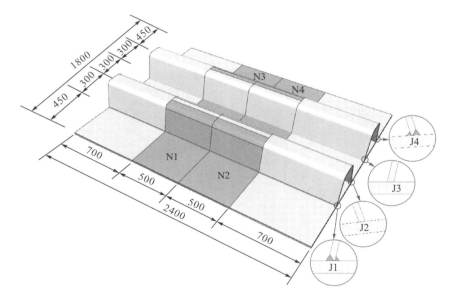

图 4-49　模型生产与切割（单位：mm）

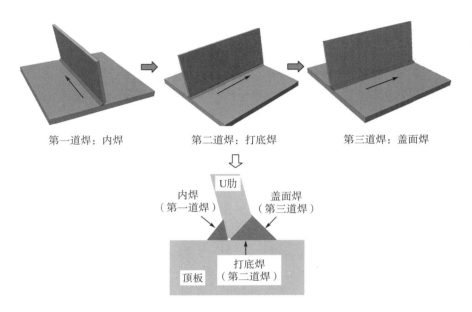

图 4-50　双面焊构造焊接顺序

表 4-9　双面焊构造焊接参数

焊道	电压/V	电流/A	焊缝面积/mm²	焊接速度/(mm/s)
内焊	30	280	30.1	5
打底焊	30	300	30.7	8.3
盖面焊	33	320	43.4	8.3

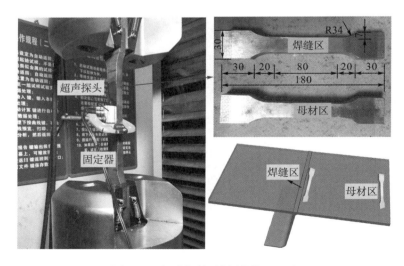

图 4-51　标准拉伸试样（单位：mm）

4.2.2.2　残余应力测试

为尽可能避免切割对焊接残余应力场测试结果的影响，双面焊构造半 U 肋模型残余应力测点均布置在焊缝长度一半截面处（$z=250$mm）。考虑到焊缝附近区域焊接残余应力量值高、梯度大，远离焊缝区域焊接残余应力量值低、梯度小，在距离焊缝较近区域布置较为密集的测点（测点间距为 5mm），测点随着与焊缝区域距离变大其布置密度逐渐降低，至远离焊缝区域时仅布置较为稀疏的测点（测点间距为 40mm），测点布置具体情况详见图 4-52。

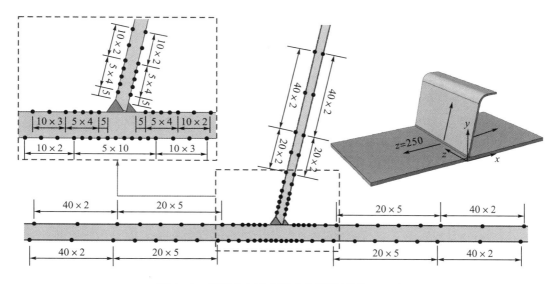

图 4-52　焊接残余应力测点布置图（单位：mm）

测试探头与待测试件表面的接触情况对测试结果具有显著影响，为保证两者接触良好，除了确保接触面清洁外，还需在测试前对待测试件表面进行打磨、抛光处理，并在测试时采用耦合剂将超声探头与待测试件耦合在一起。当超声探头与焊缝保持平行时可测出平行于焊接方向的残余应力值；当超声探头与焊缝保持垂直时可测出垂直于焊接方向的残余应力值。利用超声临界折射纵波法测试焊接残余应力的主要步骤如下：

（1）通过标准拉伸试验确定母材以及焊缝区材料的应力系数 K。

（2）通过人机交互界面设置并调整波形参数，记录无应力波形。

（3）确保超声探头与待测试件表面良好接触后，读取当前测点超声临界折射纵波传播时间与无应力状态传播时间差值。

（4）根据公式（4-4）计算得到当前测点焊接残余应力量值，并做好记录。

为确定应力系数，首先对两个标准拉伸试样进行单轴拉伸试验。拉伸试验均是在室温条件下进行，拉伸速率为 10MPa/s。开始拉伸试验后，试验机荷载从零开始进行分级加载，每级荷载大小为 4.66kN，最后一级加载荷载大小为 46.6kN，同时对每级加载超声临界折射纵波传播时间进行记录。每个拉伸试样按照上述要求重复拉伸三次，以 3 次拉伸试验数据平均值来确定应力系数 K。焊缝区以及母材区拉伸试样测试数据处理结果详见图 4-53 所示，对图中数据点进行线性拟合，拟合所得直线斜率的倒数即为应力系数 K。由拟合结果可以看出，超声临界折射纵波法测试 Q345 钢材残余应力的焊缝区应力系数为 8.19，母材区应力系数为 9.37。

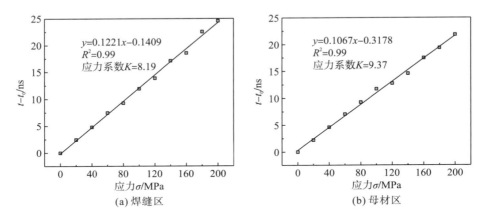

图 4-53 超声临界折射纵波法应力系数标定

4.2.2.3 测试结果

在应力系数确定后便可利用测试设备对双面焊构造半 U 肋模型焊接残余应力场进行测试，测试结果如图 4-54～图 4-57 所示。图 4-54 和图 4-55 分别为双面焊构造顶板上表面和下表面焊接残余应力场分布情况，可以看出：①双面焊构造附近区域顶板上表面和下表面均存在量值较大的残余应力，顶板上表面平均最大纵向残余应力（σ_z）量值为 139MPa，最大横向残余应力（σ_x）量值为 113MPa，顶板下表面平均最大纵向残余应力量值为 208MPa，最大横向残余应力（σ_x）量值为 165MPa；②顶板下表面纵、横向焊接残余应力均高于顶板上表面，原因可能是顶板下表面距离焊接热源更近，而且无论是顶板上表面还

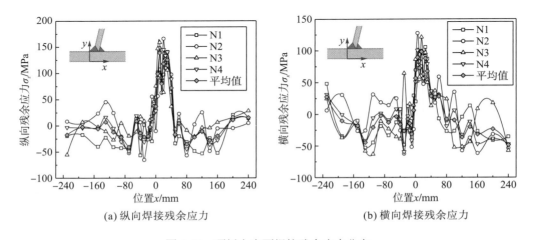

图 4-54 顶板上表面焊接残余应力分布

是顶板下表面纵向焊接残余应力(σ_z)的量值均大于横向焊接残余应力(σ_x)；③顶板上、下表面纵、横向焊接残余应力分布均存在较为相似的规律，距离焊缝较近区域残余应力量值较大，随着远离焊缝残余应力量值急剧降低；④U 肋外侧顶板下表面纵、横向焊接残余应力量值均高于 U 肋内侧，原因在于双面焊构造外侧焊缝包括打底焊与盖面焊两道焊缝，内侧仅有一道焊缝，外侧焊缝焊接输入热量显著高于内侧焊缝；⑤U 肋内侧顶板下表面纵、横向焊接残余应力(图 4-55)在距焊缝中心 160mm 处出现异常增大的情况，推测可能与火焰切割、搬运等有关。

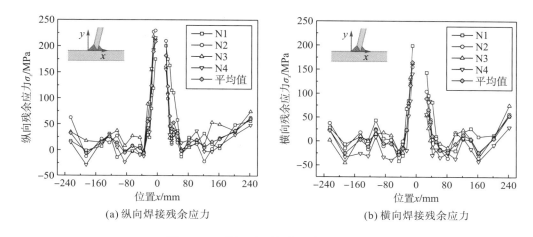

(a) 纵向焊接残余应力　　　　　　　(b) 横向焊接残余应力

图 4-55　顶板下表面焊接残余应力分布

图 4-56 和图 4-57 分别为双面焊构造 U 肋外侧与内侧纵、横向焊接残余应力分布情况，可以看出：①双面焊构造附近区域 U 肋内表面和外表面均存在量值较大的残余应力，U 肋外表面平均最大纵向残余应力(σ_z)量值为 171MPa，最大横向残余应力(σ_x)量值为 112MPa，U 肋内表面平均最大纵向残余应力量值为 228MPa，最大横向残余应力(σ_x)量值为 99MPa；②U 肋内表面纵向焊接残余应力高于 U 肋外表面，而 U 肋内表面横向焊接

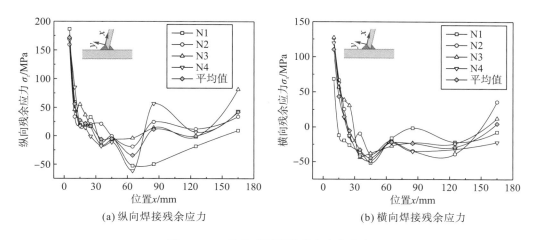

(a) 纵向焊接残余应力　　　　　　　(b) 横向焊接残余应力

图 4-56　U 肋外表面焊接残余应力分布

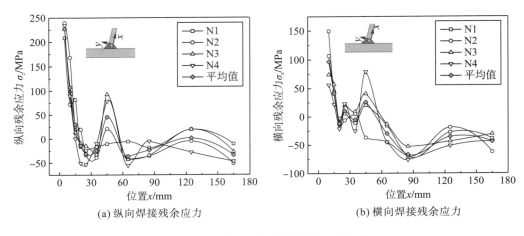

(a) 纵向焊接残余应力   (b) 横向焊接残余应力

图 4-57 U 肋内表面焊接残余应力分布

残余应力略微低于 U 肋外表面，而且无论是 U 肋外表面还是 U 肋内表面，纵向焊接残余应力（σ_z）的量值均大于横向焊接残余应力（σ_x）；③U 肋外、内表面纵、横向焊接残余应力分布均存在较为相似的规律，距离焊缝较近区域残余应力量值较大，随着远离焊缝残余应力量值急剧降低至负值，最后归于零值附近；④四个双面焊构造半 U 肋模型焊接残余应力场的测试结果较为接近，说明测试结果具有较高的可靠性与可信度。

4.2.2.4 焊接过程数值分析

在 4.2 节中，利用超声临界折射纵波法获得了双面焊构造焊接残余应力场分布情况。为进一步加深对该构造焊接残余应力场的理解，厘清熔透率、板厚、焊接速度等关键参数对其焊接残余应力场的影响规律，本小节利用热弹塑性有限单元法对双面焊构造的焊接过程进行模拟并进行相关参数分析，相关模拟方法详见笔者团队相关文献[30-32]，此处不再赘述。以典型双面焊钢桥面板为研究对象，其顶板厚 16mm，纵肋板厚 8mm，纵肋上口开口 300mm，下口 180mm，高 280mm。纵肋具有中心对称性，取一半结构建立模型，模型 z 方向长度取为 500mm，x 方向为 300mm。热-结构顺序耦合分析单元类型选用耦合单元 SOLID70。以距焊缝两侧 30mm 区域为热影响区，热影响区内采用小尺寸网格单元，其中焊缝区域网格尺寸为 2mm；热影响区外采用大尺寸网格单元进行扫掠划分。依据正交异性钢桥面板焊接过程中的实际安装条件，在顶板和纵肋对称中心线处施加对称约束，顶板底面两侧约束母板 y 方向位移，在截面一侧约束构件 z 方向位移。有限元模型如图 4-58 所示。

焊接开始前将有限元模型初始温度场设置为 25℃，并利用生死单元技术将双面焊构造内、外侧焊缝杀死，以模拟焊接前状态。焊接开始后，利用 Python 脚本中 For 循环命令激活内、外侧焊缝单元及其内部热源，以模拟焊缝逐渐熔敷过程。随着热源移动，有限元模型内部以及模型表面与周围介质发生热传递，温度场急剧变化。材料导热系数、比热容等热学参数以及弹性模量、泊松比、膨胀系数等力学参数对焊接有限元模型热传递过程以及后续应力场分析结果具有至关重要的影响。因 Q345qD 钢材在焊接状态下的应力、应变关系以及相关材料特性尚无详细数据，一般采用参考文献[33]～文献[36]中高温条件下Q345 钢材的相关材料特性参数，如图 4-59 所示。为考虑材料应变硬化效应，模型中采用双线性等向强化本构模型，切线模量设置为弹性模量的 0.6%[37]。

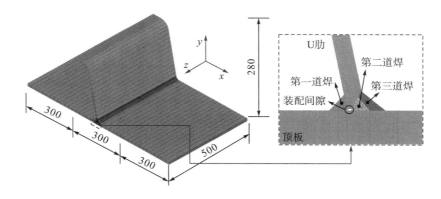

图 4-58　有限元模型(单位：mm)

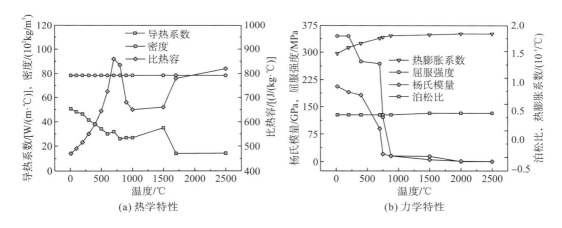

图 4-59　Q345 钢材料温度特性

　　基于 ABAQUS 软件中热应力多步骤分析方法求解焊接残余应力场包括温度场分析和应力场分析两个部分，而焊接温度场在很大程度上决定了焊接残余应力的分布，因此焊接温度场的准确分析是焊接残余应力场求解以及后续超声冲击分析的前提和基础。Q345 钢材的熔点约为 1440℃，该温度所对应的等温线即为焊接熔合线，由焊接熔合线包围的区域即为焊接熔化区。由于焊接熔化区温度很高，相关测试数据较为缺乏，难以对有限元模型的熔化区温度进行直接验证。因此，将有限元模型分析所得熔化区形状和大小与实际焊接接头形貌进行对比，对验证焊接温度场分析结果具有重要意义。图 4-60 即为有限元模型分析得到的双面焊构造各道焊熔化区与实际焊缝形貌的对比情况。数值计算熔化区与实际焊缝形貌对比结果表明：数值计算内焊、打底焊和盖面焊熔化区形状大小与实际情况基本一致，有限元模型对双面焊构造焊接熔化区和温度场的模拟基本满足要求。

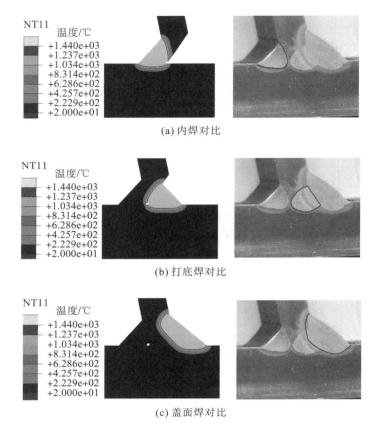

(a) 内焊对比

(b) 打底焊对比

(c) 盖面焊对比

图 4-60　数值计算熔化区与实际焊缝形貌比较

通过焊接有限元模型计算得到的双面焊构造焊接残余应力场分布与超声临界折射纵波测试数据的对比情况详见图 4-61～图 4-64 所示，可以看出：①焊缝附近区域焊接残余应力场的有限元模拟结果与试验测试结果较为一致，本研究中所建立的焊接有限元模型能够较为准确地模拟双面焊构造的多道焊接过程；②远离焊缝区域的残余应力场测试结果与焊接有限元模拟结果存在一定程度的偏差，这可能与双面焊构造半 U 肋模型切割、装配等制造工序中引入的残余应力有关。值得注意的是，由于测试空间有限，双面焊构造顶板下表面焊接残余应力场的试验测试数据是不完整的，而焊接有限元模型的计算结果则对该区域残余应力场测试数据形成了有效的补充，如图 4-62 所示。可以看出：①双面焊构造顶板下表面焊接残余应力场为双峰分布，且 U 肋外侧峰值略高于内侧，推测这与双面焊构造 U 肋外侧焊接工序更多、输入热量更高有关；②根据焊接有限元模型计算结果，双面焊构造顶板下表面纵、横向焊接残余应力峰值分别为 439MPa 和 230MPa；而 U 肋内、外侧顶板焊趾纵向焊接残余应力峰值分别为 391MPa 和 365MPa，U 肋内、外侧顶板焊趾横向焊接残余应力峰值分别为 203MPa 和 230MPa。双面焊构造 U 肋内、外表面焊接残余应力场的计算结果与测试数据的对比情况如图 4-63 和图 4-64 所示，可以看出：U 肋外表面焊趾位置处纵、横向焊接残余应力大小分别为 417MPa 和 57MPa；U 肋内表面焊趾位置处纵、横向焊接残余应力大小分别为 210MPa 和 72MPa。纵向焊接残余应力显著高于横向焊接残余应力，甚至是横向残余应力量值的数倍，有关研究认为是焊接过程中纵向约束较横向约束更强导致[38]。

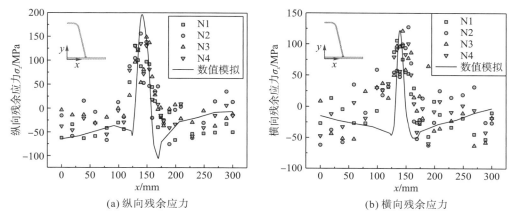

(a) 纵向残余应力　　　　　　　　　　　(b) 横向残余应力

图 4-61　顶板上表面残余应力数据对比

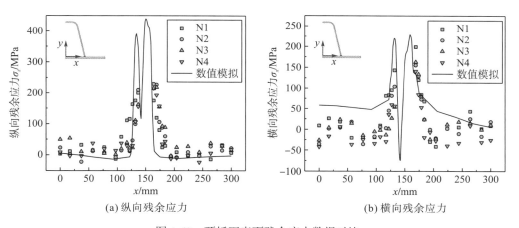

(a) 纵向残余应力　　　　　　　　　　　(b) 横向残余应力

图 4-62　顶板下表面残余应力数据对比

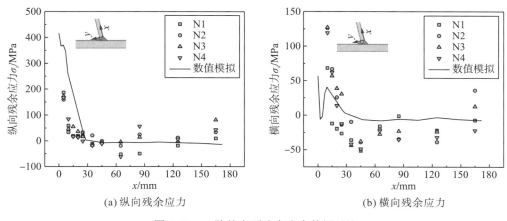

(a) 纵向残余应力　　　　　　　　　　　(b) 横向残余应力

图 4-63　U 肋外表面残余应力数据对比

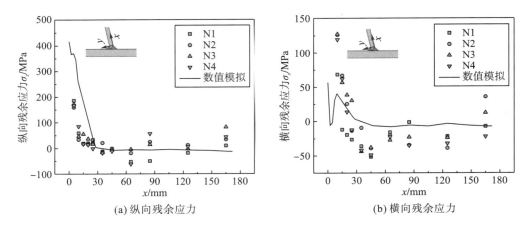

(a) 纵向残余应力   (b) 横向残余应力

图 4-64   U 肋内表面残余应力数据对比

4.2.2.5   残余应力关键影响参数分析

双面焊构造焊接残余应力场分布受熔透率、板件厚度、装配间隙、焊接速度等因素的显著影响。为探究这些关键参数对双面焊构造焊接残余应力场的影响规律，本小节采用焊接有限元模型对这些关键参数进行分析。在利用焊接有限元模型对某一参数进行分析时，每次仅对该参数进行调整，其他参数保持不变。为便于表述，采用关键参数英文首字母与数字组合的形式来表示所分析模型的参数组合情况。熔透率 (penetration ratio) 简写为字母 "P"；顶板 (deck) 简写为字母 "D"；装配间隙 (gap) 简写为字母 "G"；焊接速度 (speed) 简写为字母 "S"，如图 4-65 所示。例如，"D16P75G0.5" 即表示顶板厚度 16mm、熔透率 75%、装配间隙宽度 0.5mm 的参数组合。因该构造细节的开裂模式为 U 肋内侧或外侧顶板焊趾开裂，并未发现 U 肋焊趾处发生疲劳开裂的情况，本节仅展示顶板下表面和 U 肋外表面焊接残余应力场的变化情况。

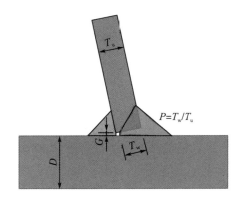

图 4-65   双面焊构造几何参数示意

1）熔透率

双面焊构造的熔透率计算方式与传统单面焊一致，即为熔透深度与 U 肋厚度之比，

T_w/T_u。尽管相关规范中存在关于 U 肋与顶板焊接构造最低熔透率的规定，但为了较为全面地反映熔透率对双面焊构造焊接残余应力场的影响规律，仍选取熔透率分别为 0%、25%、50%、75% 和 100% 五种情况进行对比分析，分析结果如图 4-66 和图 4-67 所示。

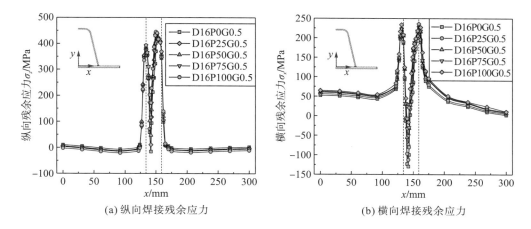

(a) 纵向焊接残余应力   (b) 横向焊接残余应力

图 4-66   熔透率对顶板下表面焊接残余应力的影响

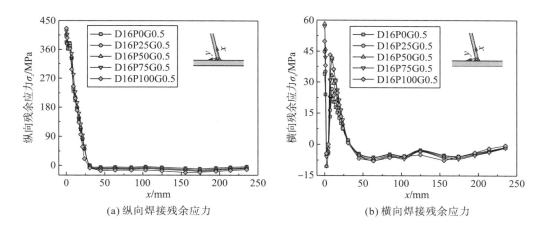

(a) 纵向焊接残余应力   (b) 横向焊接残余应力

图 4-67   熔透率对 U 肋外表面焊接残余应力的影响

图 4-66 为熔透率变化对双面焊构造顶板下表面焊接残余应力场的影响规律，可以看出：①顶板下表面峰值焊接残余拉应力随着熔透率增大而增大，熔透率为 100% 时达到最大值，而 U 肋与顶板装配间隙处焊接残余压应力随着熔透率增大而急剧减小；②当熔透率从 0% 增大至 100% 时，顶板下表面纵向焊接残余应力峰值从 420MPa 增大至 445MPa，增幅为 6.0%，横向焊接残余应力峰值从 224MPa 增大至 236MPa，增幅为 5.4%。图 4-67 为熔透率变化对双面焊构造 U 肋外表面焊接残余应力场的影响规律，可以看出，当熔透率从 0% 增大至 100% 时，U 肋外表面纵向焊接残余应力峰值从 412MPa 增大至 453MPa，增幅为 10.0%，横向焊接残余应力峰值从 33MPa 增大至 57MPa，增幅为 72.7%，与顶板下表面相比，U 肋外表面焊接残余应力场随熔透率变化更为敏感。

2) 顶板厚度

顶板厚度是影响正交异性钢桥面板 U 肋与顶板焊接构造焊接残余应力场分布以及疲劳性能的关键因素之一。为探究顶板厚度对双面焊构造焊接残余应力场的影响规律，选取顶板厚度分别为 14mm、16mm、18mm 和 20mm 四组参数进行分析，分析结果详见图 4-68 和图 4-69 所示。图 4-68 为顶板厚度变化对双面焊构造顶板下表面焊接残余应力场的影响规律，可以看出：①顶板厚度变化对顶板下表面焊接残余应力场的分布趋势影响较小，不改双峰分布特性，但对其量值大小具有较显著的影响；②随着顶板厚度从 14mm 增大到 20mm，顶板下表面纵向焊接残余应力峰值从 444MPa 降低至 427MPa，降幅为 3.8%，横向焊接残余应力峰值从 241MPa 降低至 201MPa，降幅可达 16.6%；③顶板厚度变化对双面焊构造焊根位置处横向焊接残余应力影响最大，当顶板厚度从 14mm 增大至 20mm 时，焊根位置横向焊接残余应力由 51MPa(拉应力)降低至 -103MPa(压应力)。图 4-69 为顶板厚度变化对双面焊构造 U 肋外表面焊接残余应力场的影响规律，可以看出：①与顶板下表面焊接残余应力场随顶板厚度的变化规律不同，U 肋外表面焊接残余应力场随顶板厚度增大而增大；②当顶板厚度从 14mm 增大至 20mm 时，U 肋外表面纵向焊接残余应力峰值从 409MPa 增至 425MPa，增幅为 3.9%，横向焊接残余应力峰值从 55MPa 增至 65MPa，增幅达 18.2%。

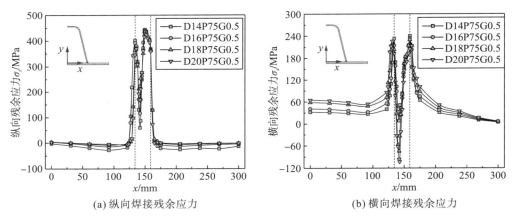

(a) 纵向焊接残余应力　　　　　　　　(b) 横向焊接残余应力

图 4-68　顶板厚度对顶板下表面焊接残余应力的影响

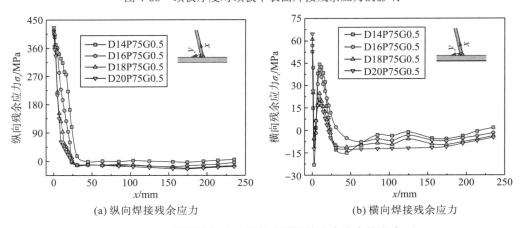

(a) 纵向焊接残余应力　　　　　　　　(b) 横向焊接残余应力

图 4-69　顶板厚度对 U 肋外表面焊接残余应力的影响

3) 装配间隙

装配间隙为 U 肋与顶板之间的间隙，用字母"G"表示，如图 4-65 所示。在焊接过程中，U 肋与顶板间的装配间隙对焊缝成形具有至关重要的影响，若间隙过小则难以保证达到设计熔透率，若间隙过大则会导致过量焊接收缩。而且，装配间隙大小对焊接过程中散热条件具有一定程度的影响，进而影响焊接残余应力场的分布，因此有必要对装配间隙对双面焊构造焊接残余应力场的影响规律进行探究。选取装配间隙大小分别为 0.5mm、1.0mm、1.5mm 和 2.0mm 四组参数进行分析，分析结果详见图 4-70 和图 4-71 所示。

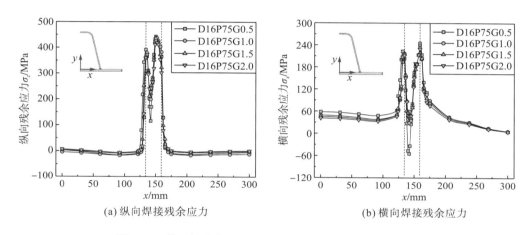

(a) 纵向焊接残余应力　　　　　(b) 横向焊接残余应力

图 4-70　装配间隙大小对顶板下表面焊接残余应力的影响

图 4-70 展示了装配间隙大小对双面焊构造顶板下表面焊接残余应力场的影响规律，可以看出：①装配间隙大小变化对顶板下表面焊接残余应力场的分布趋势影响较小，不改双峰分布特性；②随着装配间隙从 0.5mm 增大到 2.0mm，顶板下表面纵向焊接残余应力峰值从 443MPa 降低至 426MPa，降幅为 3.8%，横向焊接残余应力峰值从 245MPa 降低至 229MPa，降幅为 6.5%。图 4-71 展示了装配间隙大小变化对双面焊构造 U 肋外表面焊接

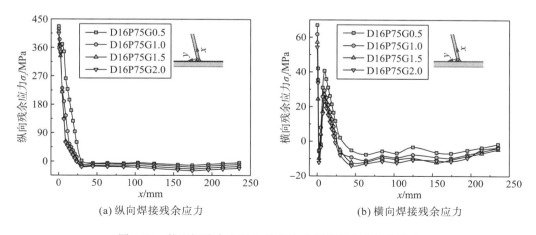

(a) 纵向焊接残余应力　　　　　(b) 横向焊接残余应力

图 4-71　装配间隙大小对 U 肋外表面焊接残余应力的影响

残余应力场的影响规律，可以看出：当装配间隙大小从 0.5mm 增大至 2.0mm 时，U 肋外表面纵向焊接残余应力峰值从 427MPa 降低至 404MPa，降幅为 5.4%，横向焊接残余应力峰值从 67MPa 降低至 54MPa，降幅为 19.4%。总的来说，装配间隙大小对双面焊构造焊接残余应力场分布的影响有限。

4) 焊接速度

焊接速度是焊接过程中的关键参数之一，对焊接温度场以及应力场等均具有重要影响。为探究焊接速度对双面焊构造焊接残余应力场的影响规律，选取焊接速度分别为 5mm/s、8mm/s、11mm/s 和 14mm/s 四组参数进行分析，分析结果详见图 4-72 和图 4-73 所示。

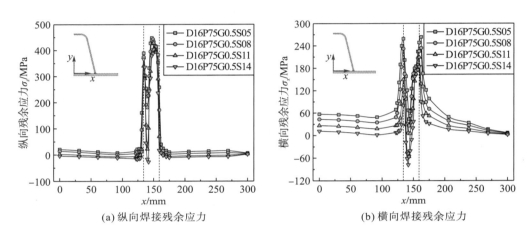

(a) 纵向焊接残余应力   (b) 横向焊接残余应力

图 4-72 焊接速度对顶板下表面焊接残余应力的影响

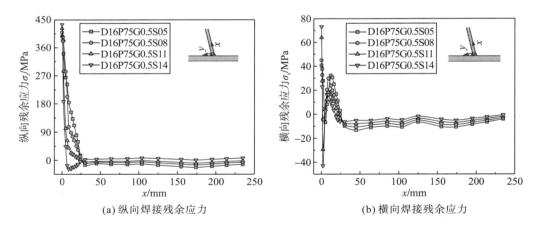

(a) 纵向焊接残余应力   (b) 横向焊接残余应力

图 4-73 焊接速度对 U 肋外表面焊接残余应力的影响

图 4-72 为焊接速度对双面焊构造顶板下表面焊接残余应力场的影响规律，可以看出：①焊接速度变化对顶板下表面焊接残余应力场的分布趋势影响较小，不改双峰分布特性，但对其量值大小具有较显著的影响；②随着焊接速度从 5mm/s 增大到 14mm/s，

顶板下表面纵向焊接残余应力峰值从 448MPa 降低至 403MPa，降幅为 10.0%，横向焊接残余应力峰值从 263MPa 降低至 185MPa，降幅可达 29.7%；③焊接速度对双面焊构造焊根位置处横向焊接残余应力影响较大，当焊接速度从 5mm/s 增大至 14mm/s 时，焊根位置横向焊接残余应力由 61MPa（拉应力）降低至-83MPa（压应力）。图 4-73 为焊接速度变化对双面焊构造 U 肋外表面焊接残余应力场的影响规律，可以看出：①与顶板下表面焊接残余应力场随焊接速度的变化规律不同，U 肋外表面焊接残余应力场随焊接速度增大而增大；②当焊接速度从 5mm/s 增大至 14mm/s 时，U 肋外表面纵向焊接残余应力峰值从 397MPa 增至 434MPa，增幅为 9.3%，横向焊接残余应力峰值从 41MPa 增至 83MPa，增幅达 102.4%。

4.2.3 残余应力释放分析

焊接残余应力对结构疲劳性能的效应广泛存在于焊接构件中，对于制造工艺复杂、焊缝数量众多的大型结构，如正交异性钢桥面板结构，其残余应力对疲劳性能的影响问题不可忽视。随着外部疲劳荷载的施加，双面焊接构造细节处于残余应力场和外力场的双应力场作用下，其局部受力特征非常复杂，二者的耦合消散作用是探究此焊接工艺下双面焊接构造细节疲劳性能的重要基础。相关研究表明[39-41]：在循环荷载反复作用下，焊接残余应力值会发生明显减小，即焊接残余应力释放现象，在对焊接接头疲劳性能进行评估时，不考虑这一现象将会导致过于保守的评估结果。需要对焊接残余应力在循环荷载作用下的释放规律进行深入分析。本节在 4.2.2.4 节焊接有限元模型正确性得到相关试验数据验证的基础上，通过在有限元模型中引入钢材循环塑性本构模型，以实现双面焊构造焊接残余应力场释放效应的准确模拟，进而探究应力幅值、应力比以及应力循环次数等因素对焊接残余应力释放的影响规律，为准确评估双面焊构造疲劳性能奠定基础。

4.2.3.1 焊接残余应力场与外力场耦合作用释放试验

根据前期纵肋与顶板双面焊接构造细节残余应力相关理论分析和试验研究成果，以及超声波残余应力测试技术，开展残余应力场与外力场耦合作用试验研究。结合纵肋与顶板双面焊接构造细节模型疲劳加载方案，对新型双面焊接构造细节的残余应力场进行加载过程阶段性测试，即间隔一定疲劳加载次数后进行残余应力场检测（分别在循环加载 0 次、1 次、3 次、10 次后进行残余应力场检测），具体步骤如下所述：

(1)构件疲劳荷载加载前，对所有构件进行残余应力场检测，确定初始残余应力场特征，进行相关记录。

(2)采用与 3.2.1 节中半 U 肋模型试验相同的疲劳加载设备与疲劳加载方法对纵肋与顶板双面焊接构造细节模型进行疲劳加载，应力幅控制如表 4-10 所示。根据残余应力场的理论消散规律，分别在 1 次、3 次、10 次循环加载完成后进行残余应力场检测。

(3)分析测试结果。

表 4-10　荷载控制参数表

应力比	应力幅/MPa	残余应力测试时机
0.1	100、200、300	分别在 0 次、1 次、3 次、10 次循环加载完成后测试残余应力

　　图 4-74～图 4-76 分别为模型在不同大小应力幅循环作用下新型纵肋与顶板双面焊接细节横向残余应力随循环加载次数的变化情况。研究结果表明：①在第一次循环加载后，横向焊接残余应力消散较为明显；随着加载次数增加，焊接残余应力值逐渐趋于稳定的某一数值；②在不同应力幅值作用下，焊接残余应力均发生一定程度的消散，与理论分析结果一致；但由于焊接残余应力分布及峰值具有一定的不确定性，目前无法从有限试验数据中分析得出应力幅值大小对其与外力场耦合消散的影响规律；③由新型纵肋与顶板双面焊接细节构造特点及加载模式所决定，在外力场作用下，纵肋内、外侧顶板下表面横向焊接残余应力的消散效应显著，但纵肋内、外侧表面横向焊接残余应力的消散效应不明显。

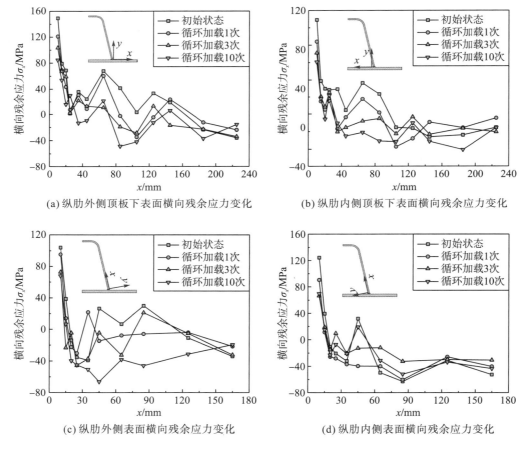

(a) 纵肋外侧顶板下表面横向残余应力变化　　　　(b) 纵肋内侧顶板下表面横向残余应力变化

(c) 纵肋外侧表面横向残余应力变化　　　　(d) 纵肋内侧表面横向残余应力变化

图 4-74　应力幅为 100MPa 时横向残余应力释放情况

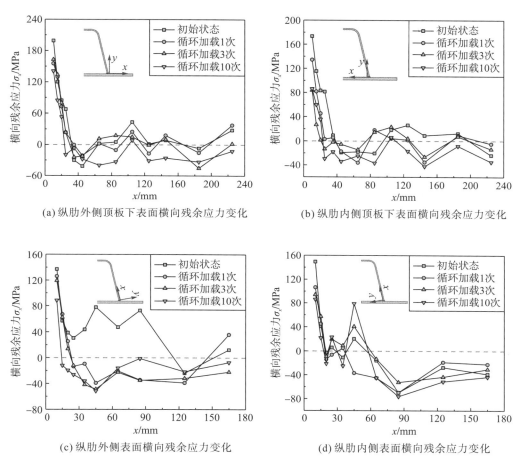

(a) 纵肋外侧顶板下表面横向残余应力变化　　　(b) 纵肋内侧顶板下表面横向残余应力变化

(c) 纵肋外侧表面横向残余应力变化　　　(d) 纵肋内侧表面横向残余应力变化

图 4-75　应力幅为 200MPa 时横向残余应力释放情况

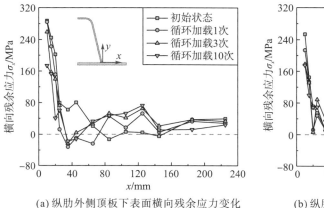
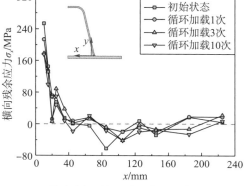

(a) 纵肋外侧顶板下表面横向残余应力变化　　　(b) 纵肋内侧顶板下表面横向残余应力变化

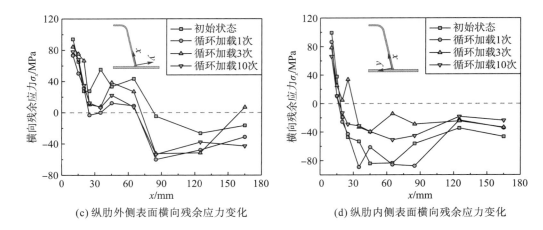

(c) 纵肋外侧表面横向残余应力变化   (d) 纵肋内侧表面横向残余应力变化

图 4-76   应力幅为 300MPa 时横向残余应力释放情况

4.2.3.2   焊接残余应力场与外力场耦合释放分析理论

在相对较小的循环荷载作用下，由于焊接残余应力和外部循环应力的共同作用，在焊接接头附近可能发生局部屈服，从而产生塑性应变积累的现象，称为棘轮效应。本书相关研究中采用一个不依赖于时间的宏观塑性本构模型来考虑棘轮效应。利用初始屈服条件、塑性流动规律和硬化规律，建立循环加载下的钢材塑性模型。其中，采用初始屈服条件分析应力状态，利用塑性流动规律确定塑性应变的大小及其在应变空间中的方向，利用硬化规律对在连续塑性变形条件下的初始屈服条件进行修正。

首先，假定钢材是具有应变硬化行为的弹塑性材料，可用具有运动学和各向同性硬化变量的 von Mises（冯·米塞斯）屈服准则进行描述：

$$f = \sqrt{1.5(\boldsymbol{s}-\boldsymbol{\alpha}):(\boldsymbol{s}-\boldsymbol{\alpha})} - R \leqslant 0 \tag{4-5}$$

式中，f 为 von Mises 屈服函数；$\boldsymbol{s}$ 和 $\boldsymbol{\alpha}$ 分别为二阶偏应力和应力张量；R 为各向同性变形抗力；张力运算符"$:$"表示二阶张量的内积。

假设材料仅发生微变形，总应变由弹性应变和塑性应变组成：

$$\varepsilon = \varepsilon^{\varepsilon} + \varepsilon^{p} \tag{4-6}$$

式中，ε、$\varepsilon^{\varepsilon}$ 和 ε^{p} 分别为总应变、弹性应变和塑性应变。因此，总应变增量可以写成：

$$\dot{\varepsilon} = \dot{\varepsilon}^{\varepsilon} + \dot{\varepsilon}^{p} \tag{4-7}$$

式中，$\dot{\varepsilon}$、$\dot{\varepsilon}^{\varepsilon}$ 和 $\dot{\varepsilon}^{p}$ 分别为总应变、弹性应变和塑性应变增量的二阶张量。

用材料耗散势积柯西应力张量来确定弹性应变的变化速率，且塑性应变增量张量与塑性流动沿垂直于屈服面的方向发展的屈服函数相关。因此，塑性流动规律可以写成式（4-8）：

$$\dot{\varepsilon}^{p} = \sqrt{\frac{3}{2}}\dot{\lambda}\frac{\partial f}{\partial(\boldsymbol{s}-\boldsymbol{\alpha})} = \sqrt{\frac{3}{2}}\dot{\lambda}\frac{\boldsymbol{s}-\boldsymbol{\alpha}}{\|\boldsymbol{s}-\boldsymbol{\alpha}\|} \tag{4-8}$$

式中，$\dot{\lambda}$ 为当条件一致时确定的塑性系数。

在循环荷载作用下，当应力与焊接残余应力结合的状态超过材料的弹性极限时，材料发生硬化，这时采用与各向同性硬化有关的运动硬化规律：

$$\dot{\alpha} = \sum_{k=1}^{m} (\dot{\alpha})_k = \sum_{k=1}^{m} \gamma_k \left(\frac{3}{2} C_k \dot{\varepsilon}^p - (\dot{\alpha})_k \dot{p} \right) \tag{4-9}$$

式中，$\dot{\alpha}$ 为背应力增量，m 为背应力的数量，由于考虑了三种背应力运动硬化，所以 $m=3$；γ_k 和 C_k 分别为各向同性硬化变量和运动硬化变量，用于描述塑性变形不同阶段的非线性变形。上式中的累积塑性应变率 $\dot{p}$ 可由下式获得：

$$\dot{p} = \left(\frac{2}{3} \dot{\varepsilon}^p : \dot{\varepsilon}^p \right)^{\frac{1}{2}} \tag{4-10}$$

Chaboche（沙博什）采用运动硬化规律和非线性各向同性硬化来考虑材料的循环硬化及其对材料的循环应力、应变响应的影响，如棘轮效应、应力松弛等。各向同性硬化规律表示为

$$\dot{R} = Q \left(b e^{-bp} \right) \dot{p} \tag{4-11}$$

式中，$\dot{R}$ 为各向同性变形抗力增量；Q 为各向同性变形抗力经过一定周期后达到的饱和值；b 为表示各向同性硬化速度的材料参数；p 为塑性应变累积。循环塑性本构模型里的参数包括 C_1、C_2、C_3、γ_1、γ_2、γ_3、Q 和 b，其中各向同性和运动硬化变量参数采用文献中的既有数据，如表 4-11 所示。

表 4-11　Q345 钢的材料参数

C_1	C_2	C_3	γ_1	γ_2	γ_3	Q	b
45600	3151	25000	1000	8750	250	28	6.8

材料常数（Q 和 b）是根据循环峰值应力应变硬化曲线和全反循环加载试验的累积塑性应变曲线确定的；对于 Q345qD 钢，$Q=28$，$b=6.8$。钢板和焊接材料使用相同的循环塑性本构模型，并采用径向回归法对弹塑性有限元分析中的本构方程进行数值求解。

4.2.3.3　焊接残余应力场与外力场耦合消散数值模拟

以双面焊构造焊接残余应力分析模型为基础，利用应力、应变初始化技术实现焊接残余应力场从焊接残余应力分析模型到焊接残余应力释放效应分析模型的有效传递，进而利用静力通用分析施加循环荷载以探究焊接残余应力场的释放规律。焊接残余应力释放模型的几何尺寸、单元类型等与焊接残余应力分析模型保持一致。在焊接接头顶部的面板上的 75mm×500mm 区域内施加循环荷载，该区域为虚拟车轮加载区域，用以模拟循环加载对焊接残余应力消散的影响，如图 4-77 所示。考虑到双面焊构造焊趾位置疲劳开裂主要受垂直于焊缝方向的横向残余应力的影响，本节仅针对横向焊接残余应力在循环荷载作用下的释放规律进行探究。

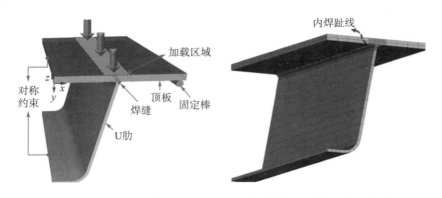

图 4-77　分析荷载作用下焊接残余应力消散的半试样有限元模型

保持循环外荷载应力幅为 400MPa、应力比为-2/3 不变，探究焊接残余应力随循环荷载作用次数增加的释放规律，分析结果如图 4-78 所示，其中图 4-78(a)为模型中截面(z=250mm)上横向焊接残余应力随循环荷载作用次数的变化规律，图 4-78(b)为双面焊构造内侧焊趾位置横向焊接残余应力随循环荷载作用次数的变化规律。可以看出：①在循环荷载反复作用下，横向焊接残余应力场分布趋势基本不变，但量值显著降低。②随着循环荷载作用次数增加，焊接残余应力不断释放：第一次循环加载后焊接残余应力释放效应最为显著，残余应力峰值从 153MPa 降低至 72MPa，降幅为 53%；第二次循环加载后焊接残余应力峰值从 72MPa 降低至 67MPa，降幅为 7%；第三次循环加载后焊接残余应力峰值从 67MPa 降低至 65MPa，降幅仅为 3%；继续施加循环荷载，焊接残余应力释放效应不再显著，焊接残余应力场分布处于稳定状态。③在当前循环荷载作用下(应力幅为 400MPa、应力比为-2/3)，双面焊构造焊接残余应力峰值从 153MPa 降低至 65MPa，降低幅度可达 58%，因此在对焊接接头疲劳性能进行评估时，不考虑焊接残余应力释放效应的影响将会得到过于保守的评估结果。④在对钢桥焊接接头疲劳性能进行评估时，可通过至少 3 次循环预加载来消除焊接残余应力释放效应对评估结果的影响。

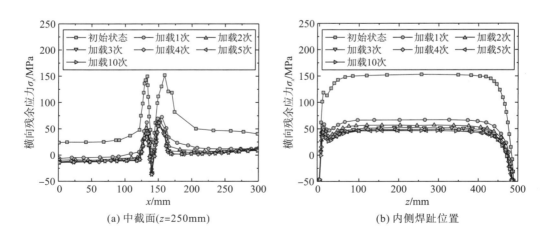

(a) 中截面(z=250mm)　　　　　　　　　　(b) 内侧焊趾位置

图 4-78　焊接残余应力随循环荷载作用次数的释放规律

循环荷载应力幅大小对焊接残余应力释放效应具有显著影响。调整循环荷载应力幅分别为 400MPa、300MPa、200MPa、150MPa、100MPa、50MPa，探究不同循环荷载应力幅下焊接残余应力场的释放规律。基于上述研究可知，焊接残余应力在循环荷载作用超过 3 次后便处于较为稳定的状态，同时考虑到随着循环荷载应力幅降低焊接残余应力达到稳定状态所需循环作用次数可能有所增加，此处将各循环荷载幅的作用次数均设置为 5 次。循环荷载作用 5 次后焊接残余应力在不同循环荷载应力幅作用下的释放情况如图 4-79 所示，可以看出，随着循环荷载应力幅逐渐降低，焊接残余应力释放效应逐渐减小：当应力幅为 400MPa 时，焊接残余应力释放效应最为明显；当应力幅降低至 150MPa 时残余应力释放效应已变得不显著；随着循环荷载应力幅继续降低，焊接残余应力基本不再释放。

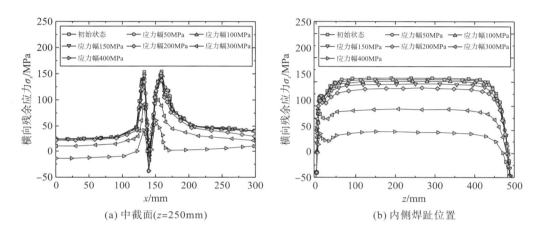

(a) 中截面(z=250mm)　　　　　　(b) 内侧焊趾位置

图 4-79　循环荷载应力幅对焊接残余应力释放的影响

为定量表述焊接残余应力在不同循环荷载应力幅和应力比作用下的释放程度，引入焊接残余应力释放率的概念，即释放掉的焊接残余应力与初始焊接残余应力的比值。针对 50MPa、100MPa、150MPa、200MPa、250MPa、300MPa 六组应力幅以及-2/3、0、1/2 三组应力比计算焊接残余应力释放，如图 4-80 所示。由计算结果可以看出：①随着循环荷载作用次数增加，焊接残余应力释放率逐渐增大，最终趋于稳定，且第一次循环加载后焊接残余应力便释放掉大部分，这与上述研究所反映规律较为一致；②对于应力比为-2/3 的工况，当循环荷载应力幅分别为 50MPa、100MPa、150MPa、200MPa、250MPa、300MPa 时，焊接残余应力释放率最大分别为 1.5%、3.8%、8.1%、14.3%、27.2%、40.5%，可以看出随着循环荷载幅增大，焊接残余应力释放率呈现逐渐增大的规律；对于应力比为 0 的工况，当循环荷载应力幅分别为 50MPa、100MPa、150MPa、200MPa、250MPa、300MPa 时，焊接残余应力释放率最大分别为 2.6%、7.2%、13.7%、18.3%、37.9%、50.6%；对于应力比为 1/2 的工况，当循环荷载应力幅分别为 50MPa、100MPa、150MPa、200MPa、250MPa、300MPa 时，焊接残余应力释放率最大分别为 4.5%、13.5%、16.4%、24.4%、43.1%、60.7%，可以看出随着循环荷载幅增大，焊接残余应力释放率呈现逐渐增大的规律，且增速也逐渐上扬。

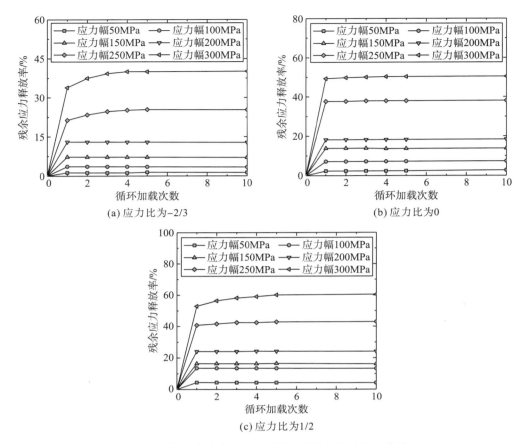

图 4-80 焊接残余应力释放率随循环荷载加载次数变化情况

将循环荷载作用下焊接残余应力释放率随荷载应力幅变化情况绘于图 4-81 中，可以看出：焊接残余应力最终释放率受循环荷载应力幅和应力比共同影响，随着循环荷载应力幅增大，焊接残余应力释放率加速增大，随着循环荷载应力比增大，焊接残余应力释放率近似线性增大，对于应力幅为 300MPa、应力比为 1/2 的循环荷载，焊接残余应力释放率可达到 60%。

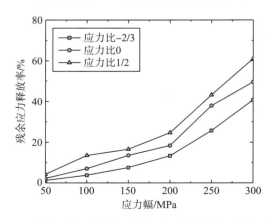

图 4-81 不同循环荷载应力幅和应力比下焊接残余应力释放率变化

4.2.4　焊接细节疲劳强度强化

通过超声冲击(ultrasonic impact treatment，UIT)技术可有效调控焊接残余应力，并强化焊接细节的疲劳性能。在纵肋与顶板双面焊接构造细节疲劳性能研究的基础之上，结合超声冲击调控焊接残余应力理论研究成果，进一步探究超声冲击等后处理措施对纵肋与顶板双面焊接构造细节疲劳性能的影响。对经超声冲击处理的模型和常规未处理的模型进行对比试验，以便确定超声冲击对焊接细节疲劳性能的影响。同样，在对每个模型进行疲劳加载之前，均进行一次静载试验以确定疲劳荷载应力幅；疲劳加载过程中每隔一定加载次数需进行一次动态数据采集，以监测模型关键测点应变数据的变化情况，据此判断模型是否发生疲劳开裂。

4.2.4.1　超声冲击法

超声冲击处理为提高焊接接头及结构疲劳强度的常用方法，其机理与锤击和喷丸基本一致。这种方法执行机构轻巧，可控性好，使用灵活方便、噪声极小、效率高、应用时受限少，成本低且更节能，适用于各种接头，是一种理想的焊后改善焊接接头疲劳性能的方法。超声冲击可以实现以较小的压头接触面积将高频率超声震荡和应力波传递到被处理物体中。其具体的工作原理如下：首先通过超声波发生器将 50Hz 交流电转变成 200Hz 超声工作交流电，接下来通过超声波换能器将电信号转变为同频率的机械振动信号，在变幅杆作用下，将同频率机械振动振幅放大到 20～80 微米。在自重及外荷载作用下，将超声能量传递给焊缝区域，让冲击头沿着工作件焊缝表面区域往复冲击，改变表面层内的金属晶粒结构，使以焊趾为中心的一定区域的焊接接头表面产生足够深度的塑性变形层。从而有效改善焊缝与母材过渡区(焊趾)的外表形状，使其平滑过渡，同时在焊缝处将部分拉应力转变为有益的压缩残余应力，降低焊接接头的应力集中程度，实现疲劳强度的提高。超声工作示意图如图 4-82 所示。

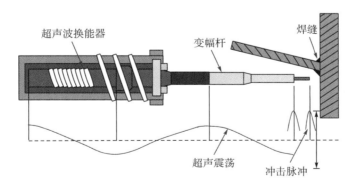

图 4-82　超声冲击示意图

　　超声冲击工具可以手持，也可以安装在焊接机上进行自动处理，后续研究中采用手持工具处理。超声冲击处理设备如图 4-83 所示[42]。超声冲击处理前、后焊缝形态分别如图 4-84(a)和图 4-84(b)所示，超声冲击处理参数如表 4-12 所示。超声冲击处理的具体操作如下：

　　(1)用手握手柄，将冲击枪的冲击头对准焊缝的焊趾，保证一定的冲击角度，在本次操作中，考虑到试件形状的影响，采用 45°角进行冲击操作。

　　(2)冲击头的冲击针阵列沿焊缝方向排列。使用不同形状的冲头都采取沿焊缝方向排列的原则。

　　(3)处理焊缝时，用冲击枪对焊趾部分略施加一定压力，使冲击枪基本在自重作用下对焊缝进行冲击处理。

　　(4)在处理过程中，可以让冲击枪在垂直于焊缝的方向做一定角度的摆动，并沿焊缝来回移动，使焊趾部位获得理想的光滑过渡外形。

　　(5)在冲击处理中应控制处理速度，一般控制在 500mm/min 的速度较好。为获得较好的处理效果，可对焊缝进行多次冲击，后文以 4 次冲击为例进行介绍。

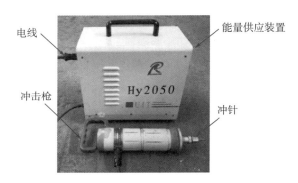

图 4-83　超声冲击设备

(a) 超声冲击处理前焊缝

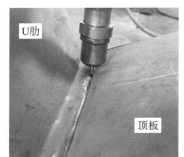

(b) 超声冲击处理后焊缝

图 4-84　超声冲击处理[42]

表 4-12　超声冲击处理参数

频率/kHz	振幅/μm	冲针直径/mm	冲击速度/(m/s)
20	50	3	6.3

4.2.4.2　纵肋与顶板连接构造细节超声冲击处理后疲劳性能试验

试验加载测试方案与 3.2.1 节中半 U 肋模型加载测试方案一致。为保证试件沿焊缝方向受力尽可能均匀，且尽可能提高加载效率，确定焊缝正上方"长条形"加载模式，加载面积为 100mm×500mm。按照正弦波方式疲劳加载，加载频率为 5Hz。加载过程中利用动态应变采集仪进行动载应力、应变数据采集，采集频率为 200Hz，根据动载应变数据变化情况实时监测模型疲劳损伤和开裂；每加载 25 万次便进行一次静载试验并测试数据，同时利用超声波法和磁粉探伤法对模型焊缝进行全面检测。

为确定超声冲击(UIT)对纵肋与顶板双面焊接构造细节疲劳性能的影响，对不同熔透率(penetration ratio,PR)下的模型进行了疲劳加载试验。疲劳加载过程中根据关键测点动态应力数据随加载次数变化判断疲劳裂纹产生的情况。表 4-13 为经超声冲击和常规未处理下，纵肋与顶板双面焊接构造细节疲劳性能试验研究结果。

表 4-13　超声冲击处理参数

试件编号	加载方式	处理方式	开裂模式	开裂次数 /万次	加载总次数 /万次	换算为 200 万次疲劳加载 常幅应力幅/MPa	
						名义应力	热点应力
PR0%-1	常幅	未处理	内侧焊趾	30	50	99.7	108.7
PR0%-2	变幅	未处理	内侧焊趾	55	80	102.7	111.9
PR0%-3	常幅	UIT	外侧焊趾	75	85	194.0	201.1
PR0%-4	常幅	UIT	—	—	200	—	—
PR75%-1	常幅	未处理	外侧焊趾	955	1175	187.3	195.1
PR75%-2	变幅	未处理	内侧焊趾	375	465	128.4	140.0
PR75%-3	常幅	UIT	内侧焊趾	290	455	221.2	245.5
PR75%-4	常幅	UIT	内侧焊趾	745	845	243.1	270.7
PR100%-1	变幅	未处理	内侧焊趾	290	490	104.1	120.1
PR100%-2	常幅	未处理	内侧焊趾	490	530	117.9	122.4
PR100%-3	常幅	UIT	外侧焊趾	330	470	196.6	206.9
PR100%-4	常幅	UIT	外侧焊趾	50	70	163.9	170.8

模型 PR0%-3 典型疲劳加载开裂如图 4-85 所示。当加载至 75 万次时，纵肋与顶板双面焊接构造细节外侧顶板焊趾处观察到长度约为 32mm 的疲劳裂纹，如图 4-85(a)所示；随着作用次数的不断增加，疲劳裂纹附近测点应力降低显著，导致其周围区域应力重分配，疲劳裂纹扩展迅速，裂纹长度和深度的增加反过来进一步加剧应力重分配，疲劳裂纹扩展速度进一步增大直至无法承载，加载结束裂纹断面如图 4-85(b)所示。

| (a) 加载至75万次时的疲劳裂纹 | (b) 加载结束裂纹扩展情况 |

图 4-85 模型 PR0%-3 疲劳开裂图

表 4-13 已列出了半 U 肋模型在各应力幅作用下的循环加载次数。为了对半 U 肋模型疲劳强度以及超声冲击法的疲劳强化效应进行评估，将各模型的加载应力幅与循环加载次数作为一组数据点绘于双对数坐标中，如图 4-86 所示。图中各等级疲劳强度曲线来源于国际焊接协会 (IIW) 推荐标准，"FAT80"表示在 80MPa 应力幅作用下疲劳寿命不低于200 万次；"FAT90"表示在 90MPa 应力幅作用下疲劳寿命不低于 200 万次。由评估结果可知，基于热点应力法，超声冲击处理的双面焊构造的疲劳强度为 FAT160，经超声冲击法处理后双面焊构造的疲劳强度均有显著提升，强度提高系数不低于 1.6[43]。

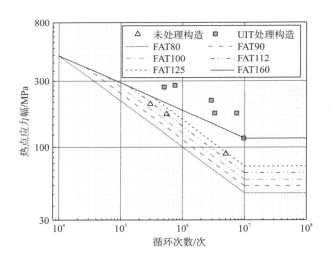

图 4-86 热点应力法评估结果

4.3 装 配 误 差

实际桥梁加工制造过程中制造误差难以避免，而装配误差是构造细节疲劳性能的决定性影响因素之一。确定适用的装配误差是钢桥高质量建造的基础。当前该方面的研究仍未系统开展，此处以钢桥面板纵肋与横隔板连接细节为研究对象，探究纵肋与横隔板之间的装配误差对其疲劳性能的影响问题。

正交异性钢桥面板的加工制造主要经历切割下料与装配焊接两个阶段。下料阶段，U 肋的主要加工工序为：钢板校平→测量预处理→钢板切割→边缘打磨→坡口加工→压型；横隔板的主要加工工序为：钢板校平→切割横隔板外轮廓与加劲肋→组焊加劲肋→修正→二次精细切割 U 肋槽口→喷漆成型。在下料加工过程中，U 肋冷弯压型之后离开压型机，其张口反弹会产生制造误差，横隔板二次切割过程中在 U 肋槽口会产生切割误差；两类制造误差导致纵肋与横隔板之间一直存在间隙，如图 4-87(a)所示。钢桥面板在拼装焊接过程中，常采用纵肋先于顶板进行焊接再与隔板焊接的时序，纵肋与顶板的焊接变形导致纵肋与隔板槽口组装难以精准定位，使得纵肋与横隔板产生左右偏移的现象，如图 4-87(b)所示。

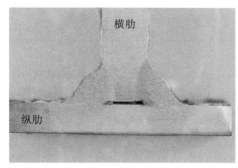

(a)纵肋与横隔板之间的装配间隙　　　　　　　(b)纵肋相对横隔板偏移

图 4-87　纵肋与横隔板之间的装配误差示意图

4.3.1　装配误差参数的选取

参照我国《公路桥涵施工技术规范》中关于钢桥的规定，纵肋与横隔板装配偏差主要包括 U 肋允许尺寸偏差和横梁腹板加工偏差。表 4-14 所示为规范中给出 U 肋允许尺寸偏差，横向最大允许尺寸偏差为-1～3mm，竖向深度最大允许尺寸偏差为-2～2mm；表 4-15 所示为规范规定的横隔板加工尺寸允许偏差，横隔板槽口横向允许偏差为 0～2mm；综合考虑纵肋与横隔板两者的允许尺寸偏差效应，其相对最大尺寸允许偏差值为 4mm。

表 4-14　U 肋允许尺寸偏差

检查项目	简图	允许偏差/mm
开口宽 B		−1～3
顶宽 b		−1.5～1.5

续表

检查项目	简图	允许偏差/mm
肢高 h_1、h_2		$-2\sim2$
两肢高差		$\leqslant2$
直线度(旁弯、竖弯)f		$\leqslant L/1000$ 或 $\leqslant10$，取较小值

表 4-15　横隔板加工尺寸允许偏差

检查项目	简图	允许偏差/mm
槽口间距 a		$-2.0\sim2$(任意两槽口)
		$-1.0\sim1.0$(相邻两槽口)
槽口尺寸 b		$0.0\sim2.0$
高度 h		$-2.0\sim2.0$(与横隔板搭接)
		$-1.0\sim1.0$(与横隔板对接)
长度 l		$-2.0\sim2.0$

以上是规范针对正交异性钢桥面板纵肋与横隔板传统开孔形式规定的允许尺寸偏差，横隔板传统开孔形式下 U 肋开孔与横隔板弧形开孔交接在一起，更有利于横隔板与纵肋进行装配。对于笔者所提出的新型钢桥面板，横隔板采用新型开孔形式——U 肋开孔与横隔板弧形开孔各自独立，对纵肋与横隔板的组装要求更高，确定合理的允许尺寸偏差可为钢桥面板制造验收提供标准支撑。由于纵肋与横隔板连接角焊缝的高度通常为 8mm，本书将纵肋与横隔板总的装配间隙 c 上限取值为 7mm，综合考虑有限元划分的可行性以及装配条件，将装配间隙的下限取值为 2mm，依次取 2mm、3mm、4mm、5mm、6mm、7mm总计 6 个参数进行研究。为了研究纵肋相对横隔板的左右偏移对钢桥面板疲劳性能的影响，针对每个参数以总间隙宽度的 10%为步长，开始增大单侧纵肋与横隔板的尺寸间隙，如图 4-88 所示。当单侧间隙占比小于 50%时，纵肋相对横隔板左侧偏移；当单侧间隙占比等于 50%时，纵肋中心与横隔板槽口中心正对齐；当单侧间隙占比大于 50%时，纵肋相对横隔板右侧偏移。单侧纵肋与横隔板间隙参数 c_1 取值如表 4-16 所示，纵肋与横隔板之间单侧间隙最小尺寸取为 0.2mm，最大尺寸为 6.3mm。

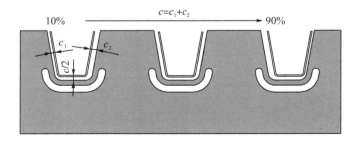

图 4-88　纵肋与横隔板尺寸偏差示意图

表 4-16　单侧纵肋与横隔板装配间隙参数 c_1 取值　　　　　　（单位：mm）

总间隙宽度 c	装配间隙 c_1								
	10%	20%	30%	40%	50%	60%	70%	80%	90%
2	0.2	0.4	0.6	0.8	1.0	1.2	1.4	1.6	1.8
3	0.3	0.6	0.9	1.2	1.5	1.8	2.1	2.4	2.7
4	0.4	0.8	1.2	1.6	2.0	2.4	2.8	3.2	3.6
5	0.5	1.0	1.5	2.0	2.5	3.0	3.5	4.0	4.5
6	0.6	1.2	1.8	2.4	3.0	3.6	4.2	4.8	5.4
7	0.7	1.4	2.1	2.8	3.5	4.2	4.9	5.6	6.3

注：10%～90% 为单侧间隙占比。

4.3.2　装配误差对纵肋与横隔板构造细节的影响

笔者所在团队[44]针对纵肋与横隔板连接构造细节建立参数化分析有限元模型，模型整体为 7 个纵肋 5 个横隔板 4 跨有限元模型，采用 Solid45 实体单元建模，对于纵肋与横隔板连接的焊缝部位通过建立间隙来模拟装配误差，通过改变纵肋两侧间隙的大小来模拟纵肋相对横隔板的左右偏移情况，除了纵肋与横隔板之间的连接焊缝采用四面体单元外，其他部位采用六面体单元，考虑装配误差的纵肋与横隔板构造细节局部有限元模型如图 4-89 所示，荷载模型采用《公路钢结构桥梁设计规范》（JTG D64—2015）中疲劳荷载模型Ⅲ进行单轮加载，此处采用 2.3.6 节中结构应力法进行评估。

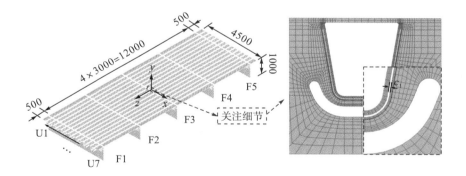

图 4-89　考虑装配误差的纵肋与横隔板构造细节局部有限元模型图（单位：mm）

考虑纵肋与横隔板之间装配间隙的影响后，纵肋与横隔板构造细节疲劳开裂模式如图 4-90 所示，由于装配间隙的影响，纵肋与横隔板连接角焊缝焊根部位存在疲劳开裂模式 A2 与 B2，疲劳开裂模式 A2 为裂纹萌生于焊根沿着焊喉扩展，疲劳开裂模式 B2 为裂纹萌生于焊根沿着纵肋扩展。

根据各构造细节影响面的分析结果确定横桥向最不利荷载位置，在此基础上进行纵桥向影响线加载得到应力历程曲线，通过雨流法得到各疲劳开裂模式在单轮轮载作用下的最大等效结构应力幅，分析不同装配误差参数对各疲劳开裂模式的影响。

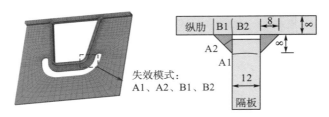

图 4-90   考虑装配误差的纵肋与横隔板构造细节疲劳开裂模式

图 4-91 所示为 c 取不同值时各疲劳开裂模式等效结构应力幅值与装配间隙 c_1 的关系曲线。图中，间隙占比为 0 表示纵肋与横隔板之间没有装配误差，为理想状态。分析可知，随着纵肋与横隔板之间 c 与 c_1 的增大，焊趾起裂的疲劳开裂模式 A1 与 B1 最大等效结构应力幅值逐渐减小，焊根起裂的疲劳开裂模式 A2 与 B2 最大等效结构应力幅值逐渐增大。且同为焊根开裂的疲劳开裂模式 B2 整体应力幅值低于开裂模式 A2，装配误差对其疲劳性能的影响不显著。开裂模式 A1 最大等效结构应力幅值仅为 6.96MPa，处于低应力状态，后文不再讨论装配误差的影响问题。由于纵肋为对称结构，在考虑纵肋相对横隔板左右偏移对其疲劳性能的影响时忽略间隙占比低于 50% 以下的疲劳数据。由图 4-91 可知，当总间隙宽度 $c=7$mm 时，疲劳开裂模式 B1 的等效结构应力幅值达到最小，为 31.8MPa。当 $c=6$mm 时，开裂模式 A2 产生的最大等效结构应力幅值为 29.3MPa，开裂模式 B1 仍为主导疲劳开裂模式；当 $c=7$mm 时，开裂模式 A2 产生等效结构应力幅值最大为 35.5MPa、最小为 18.2MPa，此时纵肋相对横隔板左右偏移导致其主导疲劳开裂模式在 A2 与 B1 之间转换。

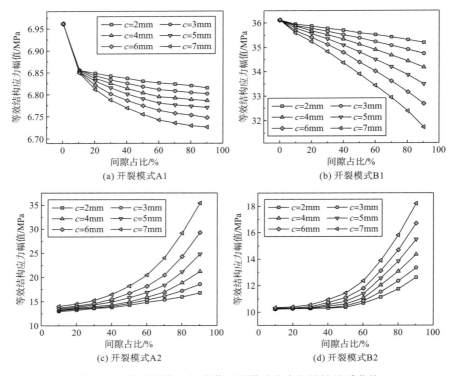

图 4-91   装配间隙 c_1 与疲劳开裂模式应力幅值的关系曲线

图 4-92 所示为装配误差对疲劳开裂模式 A2、B1 的疲劳寿命影响关系曲线。图 4-92 (a) 为总间隙宽度 c 对两疲劳开裂模式疲劳寿命的影响关系曲线（考虑纵肋相对横隔板左右偏移最不利情况下的影响因素），由图可知总间隙宽度 c 对开裂模式 B1 的疲劳寿命基本没有影响，其疲劳寿命在 $5×10^8$ 次左右，标准差为 $5.36×10^7$ 次。但是对于开裂模式 A2，随着总间隙宽度 c 的增大，疲劳寿命由 $42×10^8$ 次急剧下降到 $4×10^8$ 次，标准差为 $1.34×10^9$ 次；当 $6mm < c < 7mm$ 时，两开裂模式几乎同步发生疲劳破坏。为了进一步探讨装配误差对两开裂模式疲劳寿命的影响关系，图 4-92 (b) 给出了 $c=7mm$ 时，纵肋相对横隔板左右偏移对开裂模式 A2 与 B1 疲劳寿命的影响关系曲线。由图可知疲劳开裂模式 B1 的疲劳寿命标准差为 $5.86×10^7$ 次，可以忽略纵肋相对横隔板左右偏移对其疲劳性能的影响，但是对于开裂模式 A2，其寿命标准差为 $2.44×10^9$ 次；随着 c_1 不断增大，A2 疲劳寿命最大降幅达到 87.7%，当 $c_1≈6.0mm$ 时疲劳开裂模式 A2 与 B1 的疲劳寿命均为 $5.5×10^8$ 次。

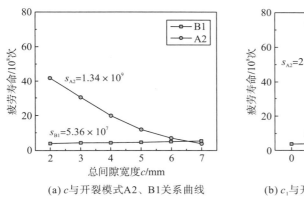 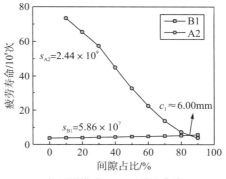

(a) c 与开裂模式A2、B1关系曲线　　　　　(b) c_1 与开裂模式A2、B1关系曲线 ($c=7mm$)

图 4-92　装配误差对疲劳开裂模式 A2、B1 的疲劳寿命影响关系曲线

综上所述，对于纵肋与横隔板连接构造细节，随着纵肋与横隔板之间装配间隙的增大，疲劳开裂模式 A1、B1 最大等效结构应力幅值逐渐减小，疲劳开裂模式 A2、B2 等效结构应力幅值逐渐增大。疲劳开裂模式 B2、A1 整体应力水平相对较低，装配误差对其疲劳寿命的影响可以忽略。随着纵肋与横隔板装配误差的增大，纵肋与横隔板构造细节主导疲劳开裂模式由 B1 迁移为 A2，$c=7mm$、$c_1≈6mm$ 为主导疲劳开裂模式 B1 与 A2 发生迁移的临界值，而且随着装配误差的增大，开裂模式 A2 疲劳寿命的减小速率远大于 B1 疲劳寿命的增加速率，此时应以开裂模式 A2 疲劳寿命的变化结果为导向来计算误差限值，本书为了安全考虑，纵肋与横隔板总间隙宽度 c 的累积误差建议不大于 6mm。

4.4　小　　结

本章对钢桥面板结构的疲劳性能进行了试验与理论研究，量化了焊接缺陷对焊接细节疲劳强度的劣化效应，确定了焊接缺陷对焊接细节开裂模式的影响。针对纵肋与顶板双面焊细节，采用超声临界纵波法测试了焊接残余应力，在此基础上，研究了焊接残余应力与外力场的耦合消散作用，探究了超声冲击法对焊接细节疲劳性能的强化效应。此外，针对纵肋与横隔板构造细节展开装配误差分析，确定了不同装配误差参数对各疲劳开裂模式疲劳性能的影响。本章主要内容和结论如下：

（1）通过工艺试验研究确定了焊接细节焊趾及焊根位置的初始微裂纹尺寸统计分布特征，对比分析了不同位置处初始微裂纹尺度差异。通过实桥调研与分析确定了焊接细节宏观缺陷的类别和形貌特征。

（2）确定了不考虑初始裂纹尺寸差异及考虑初始微裂纹尺寸差异下构造细节焊趾及焊根处的疲劳寿命，解释了相关文献的试验中试件主导开裂模式发生迁移的原因。研究表明，对焊接细节主导开裂模式及疲劳性能进行评估时应综合考虑应力水平及构造细节初始缺陷尺度的效应。

（3）当焊接缺陷位于主导开裂模式的扩展路径之上时，焊接缺陷对构造细节的影响主要体现在起裂位置和疲劳强度层面。而焊接缺陷未位于主导开裂模式的扩展路径之上时，则可能导致焊接细节的主导开裂模式发生迁移，并且疲劳强度降低。

（4）在外力场循环作用下，纵肋与顶板双面焊细节焊缝区域横向焊接残余应力场会逐渐释放（消散），特别是在外力场第一次循环作用后，横向焊接残余应力消散较为明显；随着加载次数增加，横向焊接残余应力逐渐稳定在某一数值附近稳定；超声冲击法处理对纵肋与顶板双面焊细节疲劳性能的提高效果显著。

（5）装配误差将显著降低焊接细节的疲劳性能，因此在制造与组拼过程中应控制安装精度，保证制造质量。

参 考 文 献

[1] Fisher J W. Fatigue and fracture in steel bridges: Case studies[M]. New York: Wiley, 1984.

[2] 严国敏. 韩国圣水大桥的倒塌[J]. 国外桥梁, 1996, 24(4): 47-50.

[3] Lee S B. Fatigue failure of welded vertical members of a steel truss bridge[J]. Engineering Failure Analysis, 1996, 3(2): 103-108.

[4] Ya S, Yamada K, Ishikawa T. Fatigue evaluation of rib-to-deck welded joints of orthotropic steel bridge deck[J]. Journal of Bridge Engineering, 2011, 16(4): 492-499.

[5] 张清华, 李俊, 袁道云, 等. 深圳至中山跨江通道钢桥面板结构疲劳试验研究[J]. 土木工程学报, 2020, 53(11): 102-115.

[6] 中华人民共和国交通运输部. 公路桥涵施工技术规范: JTG/T 3650—2020[S]. 北京: 人民交通出版社, 2020.

[7] 中华人民共和国交通运输部. 公路钢结构桥梁制造和安装施工规范: JTG/T 3651—2022[S]. 北京: 人民交通出版社, 2022.

[8] Li J, Zhang Q H, Bao Y, et al. An equivalent structural stress-based fatigue evaluation framework for rib-to-deck welded joints in orthotropic steel deck[J]. Engineering Structures, 2019, 196: 109304.

[9] Ya S, Yamada K, Ishikawa T, et al. Fatigue evaluation of trough rib to deck plate joint failed in weld throat[J]. Steel Construction Engineering, 2009, 16(64), 11-20.

[10] 卜一之, 金正凯, 黄云, 等. 钢桥面板纵肋顶板焊缝疲劳裂纹扩展的关键影响因素[J]. 中国公路学报, 2019, 32(9): 61-70.

[11] 张清华, 李俊, 郭亚文, 等. 正交异性钢桥面板结构体系的疲劳破坏模式和抗力评估[J]. 土木工程学报, 2019, 52(1): 71-81.

[12] 李俊, 张清华, 袁道云, 等. 基于等效结构应力法的正交异性钢桥面板体系疲劳抗力评估[J]. 中国公路学报, 2018, 31(12): 134-143.

[13] 张清华, 罗鹏军, 徐恭义, 等. 新型镶边纵肋与顶板焊接构造细节疲劳性能试验[J]. 中国公路学报, 2018, 31(5): 42-52.

[14] 张定铨. 残余应力对金属疲劳强度的影响[J]. 理化检验(物理分册), 2002, 38(6): 231-235.

[15] Withers P J, Bhadeshia H K D H. Residual stress. part 1- measurement techniques[J]. Materials Science and Technology, 2001, 17(4): 355-365.

[16] Rossini N S, Dassisti M, Benyounis K Y, et al. Methods of measuring residual stresses in components[J]. Materials and Design, 2011, 35: 572-588.

[17] Nagy W, Van Puymbroeck E, Schotte K, et al. Measuring residual stresses in orthotropic steel decks using the incremental hole-drilling technique[J]. Experimental Techniques, 2017, 41(3): 215-226.

[18] Lee C K, Chiew S P, Jiang J. Residual stress study of welded high strength steel thin-walled plate-to-plate joints, Part 1: Experimental study[J]. Thin-Walled Structures, 2012, 56: 103-112.

[19] Ajovalasit A, Petrucci G, Zuccarello B. Determination of nonuniform residual stresses using the ring-core method[J]. Journal of Engineering Materials and Technology, 1996, 118(2): 224-228.

[20] Shin S H. FEM analysis of plasticity-induced error on measurement of welding residual stress by the contour method[J]. Journal of Mechanical Science and Technology, 2005, 19(10): 1885-1890.

[21] Nervi S, Szabó B A. On the estimation of residual stresses by the crack compliance method[J]. Computer Methods in Applied Mechanics and Engineering, 2007, 196(37/38/39/40): 3577-3584.

[22] Ganguly S, Stelmukh V, Edwards L, et al. Analysis of residual stress in metal-inert-gas-welded Al-2024 using neutron and synchrotron X-ray diffraction[J]. Materials Science and Engineering: A, 2008, 491(1/2): 248-257.

[23] Ilker Yelbay H, Cam I, Hakan Gür C. Non-destructive determination of residual stress state in steel weldments by Magnetic Barkhausen Noise technique[J]. NDT & E International, 2010, 43(1): 29-33.

[24] Javadi Y, Akhlaghi M, Najafabadi M A. Using finite element and ultrasonic method to evaluate welding longitudinal residual stress through the thickness in austenitic stainless steel plates[J]. Materials & Design, 2013, 45: 628-642.

[25] Tanala E, Bourse G, Fremiot M, et al. Determination of near surface residual stresses on welded joints using ultrasonic methods[J]. NDT & E International, 1995, 28(2): 83-88.

[26] Javadi Y, Najafabadi M A. Comparison between contact and immersion ultrasonic method to evaluate welding residual stresses of dissimilar joints[J]. Materials & Design, 2013, 47: 473-482.

[27] Javadi Y, Hloch S. Employing the waves to measure longitudinal residual stresses in different depths of a stainless steel welded plate[J]. Advances in Materials Science and Engineering, 2013, 2013: 746187.

[28] Zhang Q H, Ma Y, Cui C, et al. Experimental investigation and numerical simulation on welding residual stress of innovative double-side welded rib-to-deck joints of orthotropic steel decks[J]. Journal of Constructional Steel Research, 2021, 179: 106544.

[29] Cui C, Zhang Q H, Bao Y, et al. Fatigue damage evaluation of orthotropic steel deck considering weld residual stress relaxation based on continuum damage mechanics[J]. Journal of Bridge Engineering, 2018, 23(10): 4018073.

[30] Cui C, Zhang Q H, Luo Y, et al. Fatigue reliability evaluation of deck-to-rib welded joints in OSD considering stochastic traffic load and welding residual stress[J]. International Journal of Fatigue, 2018, 111: 151-160.

[31] 屈立军, 李焕群, 王跃琴, 等. 国产钢结构用 Q345(16Mn)钢高温力学性能的恒温加载试验研究[J]. 土木工程学报, 2008, 41(7): 33-40.

[32] Teng T L, Lin C C. Effect of welding conditions on residual stresses due to butt welds[J]. International Journal of Pressure Vessels and Piping, 1998, 75(12): 857-864.

[33] Deng D A. FEM prediction of welding residual stress and distortion in carbon steel considering phase transformation effects[J]. Materials & Design, 2009, 30(2): 359-366.

[34] Deng D A, Murakawa H. Prediction of welding distortion and residual stress in a thin plate butt-welded joint[J]. Computational Materials Science, 2008, 43(2): 353-365.

[35] European Committee for Standardization(CEN). BS EN1993-2. Eurocode 3: Design of steel structures Part 2: Steel bridges[S]. Brussels, Standardisation, 2006.

[36] Shi Y, Wang M, Wang Y. Experimental and constitutive model study of structural steel under cyclic loading[J]. Journal of Constructional Steel Research, 2011, 67(8): 1185-1197.

[37] 刘紫阳. 基于 APDL 语言 T 型接头双侧同步焊有限元建模及在钢结构变形预测中应用研究[D]. 重庆: 重庆交通大学, 2015.

[38] Lu Y H, Zhu S C, Zhao Z T, et al. Numerical simulation of residual stresses in aluminum alloy welded joints[J]. Journal of Manufacturing Processes, 2020, 50: 380-393.

[39] Xie X F, Jiang W C, Luo Y, et al. A model to predict the relaxation of weld residual stress by cyclic load: experimental and finite element modeling[J]. International Journal of Fatigue, 2017, 95: 293-301.

[40] Lee C H, Chang K H, Van Do V N. Finite element modeling of residual stress relaxation in steel butt welds under cyclic loading[J]. Engineering Structures, 2015, 103: 63-71.

[41] Farajian M, Nitschke-Pagel T, Dilger K. Mechanisms of residual stress relaxation and redistribution in welded high-strength steel specimens under mechanical loading[J]. Welding in the World, 2010, 54(11): R366-R374.

[42] 林磊. 超声冲击对含初始裂纹钢桥面板新型双面焊构造细节的疲劳性能强化效应[D]. 成都: 西南交通大学, 2021.

[43] Han S H, Cui C, Zheng Q S, et al. Effect of ultrasonic impact treatment on welding residual stress and fatigue resistance of doubly-welded rib-to-deck joints in OSD[J]. Journal of Constructional Steel Research, 2023, 211: 108157.

[44] 王宝州. 新型高抗力钢桥面板的疲劳性能研究[D]. 成都: 西南交通大学, 2021.

第5章 评估方法的工程应用示例

前述章节介绍了钢桥面板疲劳性能评估方法、失效机制及影响因素等内容，尽管《公路钢结构桥梁设计规范》(JTG D64—2015)[1]中已介绍钢桥疲劳性能评估流程，但实际中钢桥面板性能评估较为复杂。为方便广大读者应用本书中提出的评估方法对钢桥面板性能进行评估，本章详细介绍基于规范标准和随机车流所生成的两种荷载谱，对钢桥面板疲劳性能进行评估。

5.1 疲劳荷载谱

5.1.1 规范标准疲劳车辆荷载

疲劳荷载模型一般采用疲劳车辆荷载谱，即将设计基准期内待评估构件所经历的实际运营荷载，按其大小及出现的次数全部排列出来。实际上不同大小的荷载出现的先后次序是完全随机的，每年这种不同大小的荷载出现的先后次序基本上按相近的规律重复发生。荷载谱的制定，应将设计基准期内通过桥梁的每一类车型按不同形状的影响线计算出相应的内力历程，然后再将所有内力历程予以累积，即可得到所需要的荷载谱。但要将设计基准期内的每一辆车按不同形状的影响线计算出相应的应力历程，不仅困难，也不便于设计人员进行相关设计。因此，可以将运营荷载用一种"标准车"或几种"典型车辆"编组，即"标准疲劳车"。将标准疲劳车代替实际运营车辆进行抗疲劳设计研究，各标准车或典型车辆编组作用次数需根据实际车辆荷载等效的原则确定。从20世纪70年代开始，世界多个国家和地区先后制定了适应本国或本地区公路交通发展现状的桥梁疲劳设计方法及疲劳车辆荷载模型，并编入相应的桥梁设计规范，其中较有代表性的包括英国BS5400规范、美国AASHTO规范、欧洲(Eurocode)规范和中国的《公路钢结构桥梁设计规范》(JTG D64—2015)等。

5.1.1.1 BS5400 规范

英国BS5400规范[2]第10章节完整地给出了针对本国干线公路的典型车辆疲劳荷载谱。该荷载谱给出了25种典型商用车辆的总重、轴重及出现的频率，其中每类车型的轴重由同类车辆实测称重数据平均计算得到，而典型车辆出现的频率则是根据实际交通量抽样调查获得。该荷载谱基本涵盖了干线公路上行驶的全部商用车辆，少量非常见车型则按照疲劳损伤等级原则折算后归并到最接近的典型车型中。所考虑的最小车重为30kN，即认为总重低于30kN的车辆对结构疲劳损伤的影响可以忽略不计。此外，为了考虑同一车型载重的变化，该荷载谱还将同一车型再细分为重载、中载和轻载三类，标准荷载频值谱如表 5-1 所示。

表 5-1　BS5400 标准荷载频值谱

轴数	级别	总重/kN	轴重/kN	在每百万辆商用车内的数量	类别
18	重	3680	80，160，160，240(6 个)，240(6 个)，80，160，160	10	18GT-H
	中	1520	80，160，160，60(6 个)，60(6 个)，80，160，160	30	18GT-M
9	重	1610	70，140，140，210，210，210，210，210，210	20	9TT-H
	中	750	50，110，110，80，80，80，80，80 80	40	9TT-M
7	重	1310	70，140，140，240，240，240，240	30	7GT-H
	中	680	60，130，130，90，90，90，90	70	7GT-M
7	重	790	70，100，100，130，130，130，130	20	7A-H
5	重	630	70，130，130，150，150	280	5A-H
5	中	360	60，70，70，80，80	14500	5A-M
	轻	250	40，45，45 ，60，80	15000	5A-L
4	重	335	55，100，90，90	90000	4A-H
	中	260	45，85，65，65	90000	4A-M
	轻	145	35，50，30，30	90000	4A-L
4	重	280	50，50，90，90	15000	4R-H
	中	240	40，40，80，80	15000	4R-M
	轻	120	20，20，40，40	15000	4R-L
3	重	215	45，85，85	30000	3A-H
	中	140	30，55，55	30000	3A-M
	轻	90	20，35，35	30000	3A-L
3	重	250	60，90，90	15000	3R-H
	中	195	55，70，70	15000	3R-M
	轻	120	40，40，40	15000	3R-L
2	重	135	50，85	170000	2R-H
	中	65	30，35	170000	2R-M
	轻	30	15，15	170000	2R-L

　　由于典型车辆标准荷载谱在使用时计算量较大，为方便使用，需要进行简化。对不同疲劳强度等级的常见构造细节，使用 25 种典型车对常见的不同影响线底边长度 L(L 为含有最大纵坐标的同号区段的底边长度)的疲劳损伤进行计算，结果发现不同类型车辆所导致的损伤与所有车辆造成的总损伤比值相差很大，其中 4A 类车辆竟占全部 25 种车辆所造成的总损伤度的 57%(L=1.5m) 和 67%(L=25m)，而 4A 类中又以 4A-H 产生的损伤最为

严重。于是便以 4A-H 为基础制定了一辆虚拟的"标准疲劳车"来表示典型车辆标准荷载频值谱效应，它仅包含一辆总重为 320kN 的 4 轴单车，每个轴重均为 80kN，具体特征如图 5-1 所示。

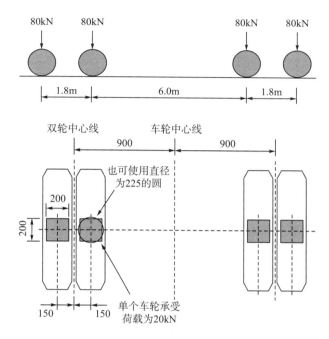

图 5-1　BS5400 标准疲劳车示意图(单位：mm)

标准疲劳荷载只能加载慢车道和邻车道。所有车辆在任一分车道行驶的平均中心线，应是一条平行于车道中心线并在其临近不超过 300mm 范围的一条迹线。车辆中心线的横向加载位置，应按细节产生最大应力幅来判定。假定结构上每个分车道在任一时刻仅行驶有一辆疲劳荷载车，且每个分车道应分别计算。对多车效应，按照概率统计原理，分三种情况使用不同的校正系数进行修正：①多辆车在同一分车道同时行驶；②多辆车在不同分车道同时行驶产生相同符号的应力；③多辆车在不同分车道以交替次序行驶引起相反符号的应力。

5.1.1.2　美国 AASHTO 规范

美国 AASHTO 规范[3]规定的标准疲劳车是一辆三轴货车，车辆特征如图 5-2 所示，冲击系数取为 1.15。与 BS5400 规范所给出的通用荷载频值谱不同，AASHTO 规范规定疲劳荷载的频率应取单车道日平均货车交通量。在缺少可靠资料的情况下，单车道日平均货车交通量应取为

$$\text{ADTT}_{\text{st}} = p \times \text{ADTT} \tag{5-1}$$

式中，ADTT_{st} 为设计寿命期限内平均每天的单向货车数；ADTT 为在设计寿命期限内平均每天的单车道货车数；p 为单车道内货车交通量占的比率，按表 5-2 取用。

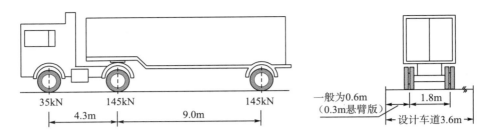

图 5-2　AASHTO 规范标准疲劳车示意图

表 5-2　单车道内货车交通量占的比率 p

能容纳的车道数	1	2	3 或者更多
比率 p	1.00	0.85	0.80

按照单辆疲劳车作用在单条车道的情况进行疲劳荷载计算。在使用精确计算方法进行桥梁结构分析时，则不管设计车道的具体布置如何，单辆疲劳车在纵向和横向的布置均应设置在使所考虑细部产生最大应力幅的位置上。而在使用近似计算方法进行桥梁结构分析时，则只考虑单辆疲劳车作用在单条车道时的横向分布系数。

$ADTT_{st}$ 是大部分货车过桥时所走的那条车道在设计寿命内平均每天的单车道货车数。对于一座附近没有出入匝道的典型桥梁，路肩车道承受大部分货车交通。但由于桥梁未来的交通模式不确定，所以假定 $ADTT_{st}$ 适用于所有车道。在此，货车定义为多于两轴或多于四轮的任何车辆。

ADTT 可以由日平均车辆交通量 ADT（包括小轿车、货车等所有汽车在内）乘以货车在交通量中所占比率来确定，货车在总交通量中的比率如表 5-3 所示。研究表明，在正常条件下每条车道 ADT 实际上限为 20000 辆左右，估算 ADTT 时应考虑此限定值。

表 5-3　货车在交通量中的比率

公路分类	乡村州际公路	城市州际公路	其他乡村公路	其他城市公路
货车比率	0.20	0.15	0.15	0.10

5.1.1.3　欧洲 Eurocode 规范

欧洲标准委员会制定的 Eurocode 1[4]的第二部分《桥梁上的交通荷载》（EN1991—2：2003），对公路桥梁疲劳荷载谱计算进行了详细规定，认为桥梁疲劳是由交通荷载对应的应力幅值谱所引起的，其疲劳应力幅值谱由以下因素决定：车辆的形状、轴重、车辆间距、交通车辆组成和车辆动力效应。针对不同的等效处理方法，Eurocode 3[5]规范中给出了以下五种疲劳荷载模型。

（1）疲劳荷载模型一。该疲劳荷载模型为等效车道荷载，其几何特征与静强度荷载完全相同，但荷载值乘了适当的折减系数，集中力的折减系数为 0.7，均布荷载的折减系数为 0.3。

（2）疲劳荷载模型二。该疲劳荷载模型由 5 辆具有代表性的重型货车构成，每类汽车的参数如表 5-4 和图 5-3 所示。

表 5-4　疲劳荷载模型二参数表

立面图	轴距/m	轴重/kN	轮胎类型
	4.50	90 190	A B
	4.20 1.30	80 140 140	A B B
	3.20 5.20 1.30 1.30	90 180 120 120 120	A B C C C
	3.40 6.00 1.80	90 190 140 140	A B B B
	4.80 3.60 4.40 1.30	90 180 120 110 110	A B C C C

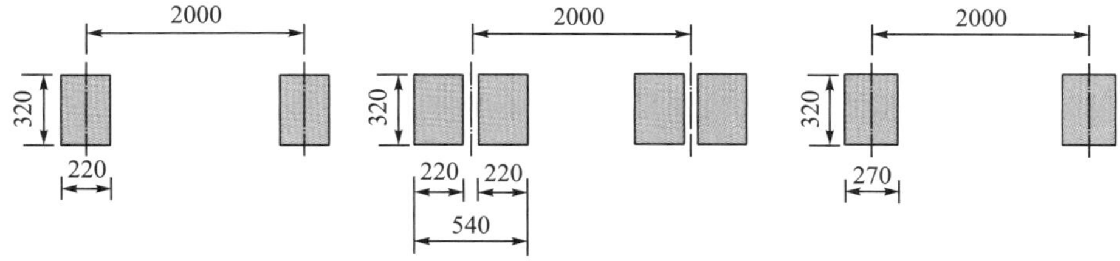

(a) A型　　　　　　　(b) B型　　　　　　　(c) C型

图 5-3　轮胎类型和轮距参数示意图（单位：mm）

（3）疲劳荷载模型三。该疲劳荷载模型仅包含一辆 4 轴单车，轴重均为 120kN，车辆几何参数如图 5-4 所示。通常仅取一辆该标准疲劳车进行疲劳加载计算，但若桥上同一车道顺桥向能布置下两辆该标准疲劳车，且两辆车的中心距不小于 40m 时，疲劳计算应考虑同一车道有两辆车的情况。如果没有可靠数据，则推荐按下面的规定考虑同一车道有两辆的情况：两辆车的几何尺寸与图 5-4 的规定相同，其中一辆车的轴重仍为 120kN，但另一辆车的轴重取 36kN。疲劳计算主要考虑总重大于 100kN 的货车所产生的疲劳损伤，不同等级道路每条慢车道(以通行货车为主)的年货车交通量 N_{obs} 见表 5-5；每条快车道(以通行轿车为主)上的货车交通量取 $0.1N_{obs}$。

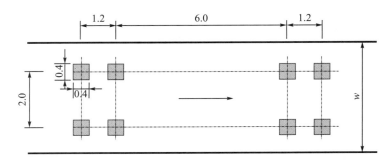

图 5-4　疲劳荷载模型三平面图(单位：m)

注：图中 w 为车道宽度；中心位置箭头所指方向为桥梁纵向。

表 5-5　每条慢车道年平均货车交通量

序号	道路类型	每条慢车道的年货车交通量 N_{obs}/辆
1	重载车辆通行量很大，且单个行车方向有 2 条或多条重载车道的干线公路和高速公路	2.0×10^6
2	重载车辆通行量中等的干线公路和高速公路	0.5×10^6
3	重载车辆通行量低的干线公路	0.125×10^6
4	重载车辆通行量低的地方公路	0.05×10^6

(4)疲劳荷载模型四。该疲劳荷载模型由 5 辆标准载货汽车构成，这组标准疲劳车能等效模拟欧洲公路上行驶的典型车辆所产生的疲劳损伤效应，每类汽车的参数如表 5-6 所示。在具体工程应用中，也可根据实际情况定义其他新的载重货车类型，或调整各类货车所占的比例。疲劳计算时仅按桥上有一辆车进行加载，不考虑多车效应。各级道路年平均总交通量 $\sum N_{obs}$ 可以根据表 5-5 进行计算。

表 5-6　疲劳荷载模型四参数表

立面图	轴距/m	轴重/kN	占货车总数量的比例/%			轮胎类型
			长途	中途	短途	
	4.50	70 130	20.0	40.0	80.0	A B
	4.20 1.30	70 120 120	5.0	10.0	5.0	A B B

续表

立面图	轴距/m	轴重/kN	占货车总数量的比例/%			轮胎类型
			长途	中途	短途	
	3.20 5.20 1.30 1.30	70 150 90 90 90	50.0	30.0	5.0	A B C C C
	3.40 6.00 1.80	70 140 90 90	15.0	15.0	5.0	A B B B
	4.80 3.60 4.40 1.30	70 130 90 80 80	10.0	5.0	5.0	A B C C C

注：表中长途、中途和短途分别指距离大于 100km、50～100km 和小于 50km 的运输距离。

　　(5)疲劳荷载模型五。该疲劳荷载模型是根据实际记录的车辆数据(记录车辆数据的时段通常应不少于一个星期)，并通过适当的统计分析和推断而得到的"准确模型"。欧洲 Eurocode 1 规范规定的这五种不同模型的使用范围如下：①疲劳荷载模型一和疲劳荷载模型二主要用来判定钢桥构造细节是否具有无限疲劳寿命。疲劳荷载模型一自动考虑了多车道效应(一般情况都比较保守)，而疲劳荷载模型二不考虑多车效应，因此当多车效应对桥梁的疲劳寿命影响很小时，疲劳荷载模型二比疲劳荷载模型一更准确。②疲劳荷载模型三、疲劳荷载模型四和疲劳荷载模型五，主要适用于根据 S-N 曲线进行结构疲劳寿命评估的情况，它们不能用来判定结构是否具有无限疲劳寿命，因此不应该将疲劳荷载模型三、疲劳荷载模型四、疲劳荷载模型五与疲劳荷载模型一、疲劳荷载模型二直接进行数值大小比较。③疲劳荷载模型三是计算疲劳寿命的一种简化方法，使用时需乘以调整系数 λ_e 来考虑年交通量和桥梁跨度及宽度的影响。但是当通过桥梁的车辆类型较多，而且多车效应对桥梁的疲劳寿命影响很小时，疲劳荷载模型四比疲劳荷载模型三更准确。④疲劳荷载模型一、疲劳荷载模型二和疲劳荷载模型三适合于表 5-5 中的第一类道路类型。⑤当方便获得桥梁的实际交通数据时，疲劳荷载模型五是最佳选择。

　　疲劳荷载模型一至疲劳荷载模型四的轴重，已经考虑了良好路面状况所引起的动力放大效应，使用时不必再考虑。疲劳荷载模型五是根据实际交通数据确定的荷载模型，Eurocode 1 规范规定：①模型五加载时必须考虑汽车冲击系数 φ_{fat}，对良好的桥面铺装取为 1.2，对中等桥面铺装取为 1.4；②在考虑离膨胀节点(将造成行车不平顺)6m 范围以内的相交截面时，必须考虑额外的动力放大因素 $\Delta\varphi_{fat}$（$\Delta\varphi_{fat}=1.30(1-D/26)$，$D$ 为当前考虑的验算截面到伸缩缝的距离，单位为 m）；③如果与疲劳荷载模型四相近，车轮着地面积和车轮横向距离按照图 5-3 取用；④如果所记录的(交通)数据仅针对一条车道，必须在综合考虑其他车道后根据其他地方相似的交通情况做出假设；⑤应力历程必须以单车记录为基础并综合考虑多车效应；⑥按已有记录计算累积疲劳损伤时，应将累积疲劳乘以设计寿命与计算持续时间的比值。如果没有可靠数据，建议取重车数量系数为 2、荷载等级系数为 1.4。

5.1.1.4 中国《公路钢结构桥梁设计规范》（JTG D64—2015）

对于大多数公路桥梁结构，交通荷载是导致疲劳破坏的主要因素。凡承受汽车荷载的结构构件与连接，均应按其对应的疲劳细节类别进行疲劳极限状态验算。《公路钢结构桥梁设计规范》（JTG D64—2015）[1]将疲劳荷载模型分成如下三类。

（1）疲劳荷载模型 I。采用等效的车道荷载，集中荷载为 $0.7P_k$，均布荷载为 $0.3q_k$。P_k 和 q_k 按现行《公路桥涵设计通用规范》JTG D60—2004 的相关规定取值。

（2）疲劳荷载模型 II。采用双车模型，两辆模型车轴距与轴重相同，其单车的轴重与轴距布置如图 5-5 所示。计算加载时，两模型车的中心距不得小于 40m。

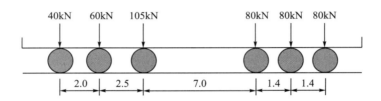

图 5-5　疲劳荷载模型 II（单位：m）

（3）疲劳荷载模型 III。采用单车模型，模型车轴载及分布规定如图 5-6 所示。

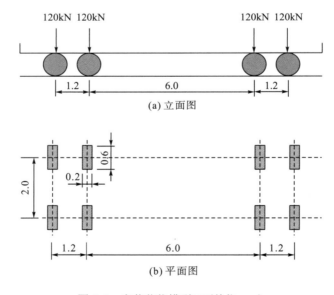

(a) 立面图

(b) 平面图

图 5-6　疲劳荷载模型 III（单位：m）

疲劳荷载模型 I 对应于无限寿命设计方法，这种方法考虑的是构件永不出现疲劳破坏的情况，与其他疲劳荷载模型相比，该模型较为保守。对于超过 110m 的桥梁来说，为节约材料，可采用疲劳荷载模型 II 进行验算。

疲劳荷载模型 II 为双车模型，该模型车是根据《公路桥梁疲劳设计荷载标准研究》给出的。

疲劳荷载模型 III 车重最重，轮数较少，适用于局部受力构件(包括正交异性钢桥面板、横隔板/梁、纵梁等)的疲劳验算。考虑到这些构件对车轮位置更加敏感，规范给出了这种疲劳车的横向轮距以及轮胎接地面积。

荷载模型 III 不考虑和其他车辆同时出现的情况。采用疲劳荷载模型 III 计算正交异性钢桥面板疲劳应力时，应考虑车轮在车道上的横向位置概率。

5.1.2　基于随机车流的疲劳荷载

随机荷载谱准确模拟的前提在于重要车辆信息参数的全面调查和参数分布的正确建立。根据前述相关调研，分别针对各类车辆构成比例、车辆总重及车辆几何特征、车辆轴重比例等重要参数信息分布特征进行研究。车型分类及构成特征是桥梁车载特征的重要指标。但确定车型分类，需先建立适当的车型分类标准。根据相关文献资料和监测数据[6-19]可知，道路通行的车辆众多，车辆的几何参数，包括轴数、轮数、车长、轴距等分布范围广泛。若将全部监测结果按车辆几何指标严格划分类型，不仅会大大降低数据处理和分析效率，而且不利于突出影响疲劳寿命的重要参数的分布规律研究。鉴于此，结合相关参考文献及相关规范中对疲劳荷载的定义，确定了如表 5-7 所示的七类典型代表车型。

表 5-7　典型代表车型分类

车型编号	车型	车辆信息
A	2 轴货车	
B	3 轴货车	
C	4 轴货车	
D	5 轴货车	
E	6 轴货车	
F	2 轴私家车	

车型编号	车型	车辆信息
G	2轴公交车	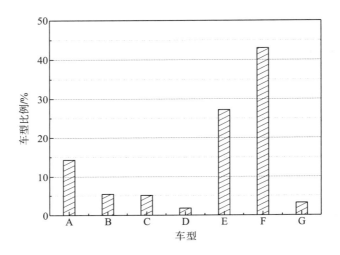

根据所确定的车型，结合实际交通流量，分析交通总体流量在各车道的比例及每条车道上各车型的比例，确定车辆在不同车道的车型比例。其中车型总体分布如图 5-7 所示，对各车道连续一年的监测数据分析得出各车道车流比例如图 5-8 所示，各车道的车型比例如图 5-9 所示。

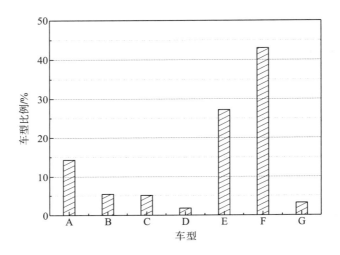

图 5-7　车型总体分布图

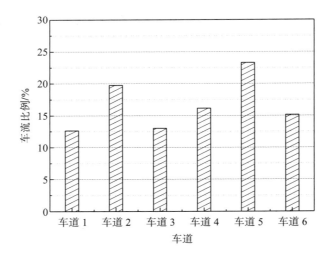

图 5-8　各车道车流比例

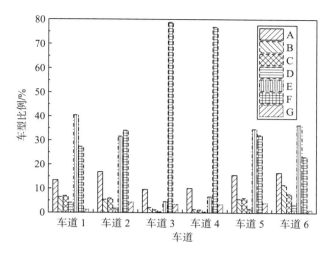

图 5-9　各车道车型比例

由图 5-7 可知，在全部车辆中，F 型车（2 轴私家车）比例最大（43%）；而 6 轴货车（E 型车）比例最大（27.2%）。总体而言，2 轴小型车（A 型和 F 型）占比最大；货车中 E 型（6 轴货车）总量居首。

5.1.2.1　车型轮轴几何特征

在研究查阅大量车型手册资料后，结合实际监测车辆数据统计结果，确定七类代表车型的典型轴距参数，其几何特征如表 5-8 所示。

表 5-8　各代表车型轴距典型值表

车型编号	车型	轴距/m				
		1	2	3	4	5
A	2 轴货车	4.7	—	—	—	—
B	3 轴货车	4.8	1.3	—	—	—
C	4 轴货车	3.8	8.6	1.3	—	—
D	5 轴货车	3.3	1.3	6.3	1.3	—
E	6 轴货车	3.3	1.3	7.3	1.3	1.3
F	2 轴私家车	2.6	—	—	—	—
G	2 轴公交车	6.0	—	—	—	—

5.1.2.2　车辆总重特征

车辆总重直接决定了结构的应力应变响应，其对钢箱梁面板与纵肋连接部位的疲劳寿命有决定性影响。为分析车辆总重分布特性，将某大桥近三年内共计 1600 万个车辆总重监测样本数据进行了统计分析[9]。研究结果表明，不同车型对应的车辆总重分布特征存在显著区别，分别以各种代表车型对应的车重样本为研究对象，分析各种车型总重分布特征。各车型统计分析结果如图 5-10 所示。

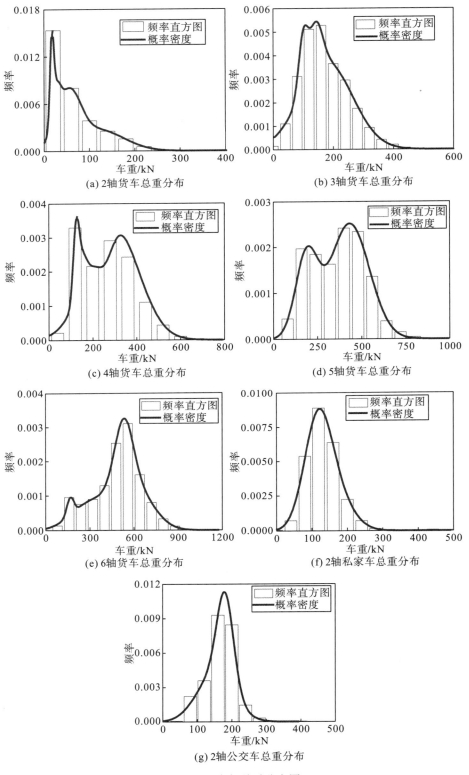

图 5-10　车辆总重分布图

由图 5-10 可知，各类车型总重分布均非传统意义上的正态分布，而是呈现不规则的多峰分布形态。为准确模拟其分布概率，采用高斯函数拟合各类车型频率分布：

$$f(x) = \sum a_i e^{-[(x-b_i)/c_i]^2} \tag{5-2}$$

式中，a_i、b_i、c_i 为分布函数的待定系数，通过对图 5-10 中各类型车辆总重分布回归分析得到，具体数值如表 5-9 所示，相应地，回归拟合所得概率密度分布函数如图 5-10 所示。

表 5-9　概率密度函数待定系数

待定系数类别	待定系数值						
	A	B	C	D	E	F	G
a_1	23480	1698	1680	729.3	92.33	48610	3892
a_2	15200	1991	−123.4	513.4	257.7	13050	2098
a_3	9545	3319	2849	—	8510	—	—
a_4	6361	—	−893.5	—	2256	—	—
a_5	—	—	659.2	—	3442	—	—
a_6	—	—	—	—	5395	—	—
b_1	1727	14260	12470	43300	57350	1175	18110
b_2	5420	10010	30230	18870	56300	1696	15210
b_3	2663	17620	29010	—	53210	—	—
b_4	11780	—	25540	—	16710	—	—
b_5	—	—	15140	—	31380	—	—
b_6	—	—	—	—	59480	—	—
c_1	611.2	3088	1909	15770	436	555.6	3331
c_2	3604	2204	97.68	9021	276.7	673	7470
c_3	1314	12390	16230	—	8897	—	—
c_4	8146	—	5602	—	3321	—	—
c_5	—	—	2765	—	19270	—	—
c_6	—	—	—	—	18020	—	—

注：表中 A～G 指车型。

对比结果表明，回归拟合所得概率密度分布函数能较好地反映各类车型实际分布情况。此外，从各车型总重分布曲线可知，对于货运车辆，车重分布呈不同程度的双峰分布特性，其主要是由货运往来装载与卸载造成的：低车重区峰值为货车空载时的自重集中区；而高车重区间峰值为车辆满载总重集中区。

5.1.2.3　车型轴重比例

在确定各车型车重后，其分配在各轴的比重决定了应力应变响应的峰值，对疲劳寿命有显著影响。为得到各代表车型车重在各轴的分配比例特性，根据一年的全部车辆数据，按代表车型分别进行轴重分配比例统计分析。若车辆轴重 W_i，则各轴重分配比例为

$$R_i = \frac{W_i}{\sum\limits_{i=1}^{n} W_i} \tag{5-3}$$

　　将各类车型轴重分配比例样本进行统计分析可知，R_i的概率分布情况与正态分布规律基本吻合。因此，假设各车型轴重分配比例服从正态分布，即$R_i \sim N(\mu, \sigma^2)$，概率密度函数如式(5-4)所示。轴重分配比例统计及密度分布函数拟合曲线如图5-11～图5-17所示。

$$f(x) = \frac{1}{\sigma\sqrt{2\pi}}\exp\left(-\frac{(x-\mu)^2}{2\sigma^2}\right) \tag{5-4}$$

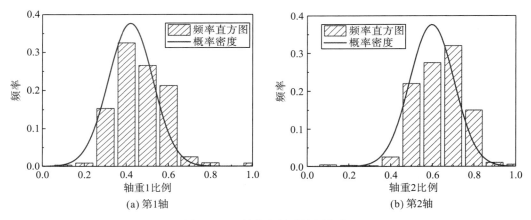

图 5-11　2 轴货车轴重比例分布

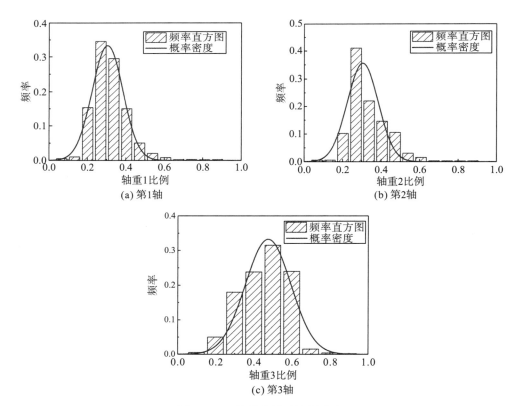

图 5-12　3 轴货车轴重比例分布

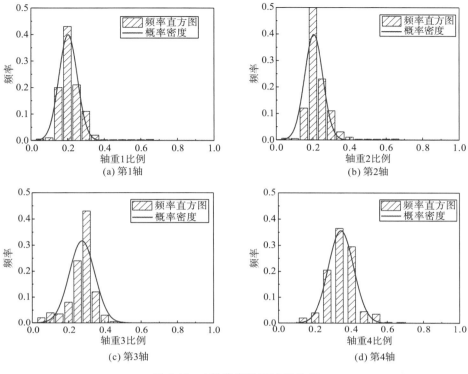

图 5-13　4 轴货车轴重比例分布

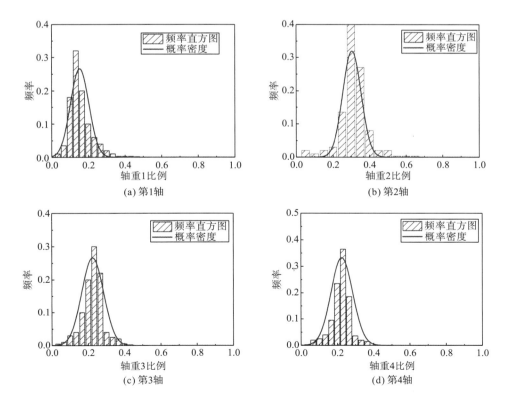

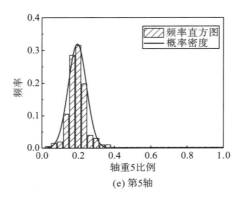

(e) 第5轴

图 5-14   5 轴货车轴重比例分布

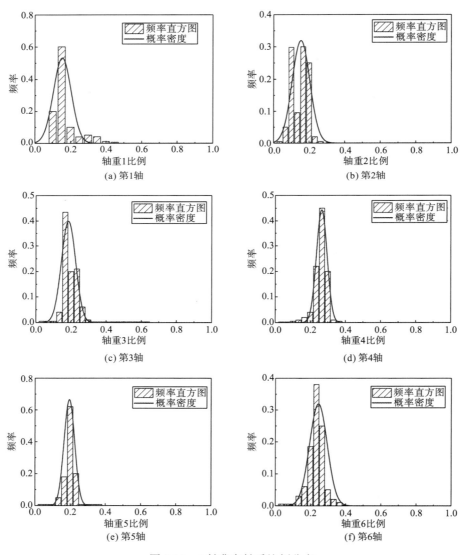

图 5-15   6 轴货车轴重比例分布

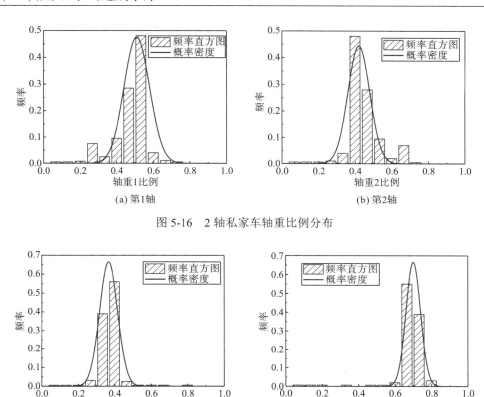

(a) 第1轴　　　　　　　　　　(b) 第2轴

图 5-16　2 轴私家车轴重比例分布

(a) 第1轴　　　　　　　　　　(b) 第2轴

图 5-17　2 轴公交车轴重比例分布

由图 5-11～图 5-17 拟合结果对各轴重分配比例的正态分布参数估计进行 $K\text{-}S$ 检验，取 $\alpha=0.05$，所有车型均通过检验，表明 R_i 服从正态分布假设，以相应的拟合参数符合实际结果，能较为真实地反映研究对象的实际规律。各型车辆轴重比例特征值如表 5-10 所示，其中 μ 和 σ 分别为期望值和方差。

表 5-10　各车型轴重比例特征值

车型编号	轴重比例特征值											
	第 1 轴		第 2 轴		第 3 轴		第 4 轴		第 5 轴		第 6 轴	
	μ	σ	μ	σ	μ	σ	μ	σ	μ	σ	μ	σ
A	0.402	0.011	0.598	0.011	—		—		—		—	
B	0.264	0.005	0.261	0.006	0.475	0.014	—		—		—	
C	0.190	0.003	0.207	0.004	0.292	0.006	0.312	0.006	—		—	
D	0.164	0.004	0.268	0.004	0.199	0.002	0.182	0.002	0.189	0.002	—	
E	0.116	0.003	0.139	0.002	0.200	0.002	0.192	0.001	0.176	0.001	0.177	0.001
F	0.538	0.007	0463	0.007	—		—		—		—	
G	0.354	0.002	0.646	0.002	—		—		—		—	

在统计分析的基础上，为保证轴重比例分配的归一性，对个别车型车轴重的期望值 μ 进行微调，以确保各轴重比例之和为 1。根据车型分析结果，得出各代表车型轴重分配比例特征如表 5-11 所示，并依此建立了该大桥典型的代表车辆几何模型，如图 5-18 所示。

表 5-11　各代表车型轴重分配比例典型值

车型编号	各轴重占总重比例						
	第 1 轴	第 2 轴	第 3 轴	第 4 轴	第 5 轴	第 6 轴	总和
A	0.402	0.598	—				1.000
B	0.264	0.261	0.475	—			1.000
C	0.190	0.207	0.292	0.311	—		1.000
D	0.163	0.267	0.199	0.182	0.189	—	1.000
E	0.116	0.139	0.200	0.192	0.176	0.177	1.000
F	0.538	0.462	—				1.000
G	0.354	0.646	—				1.000

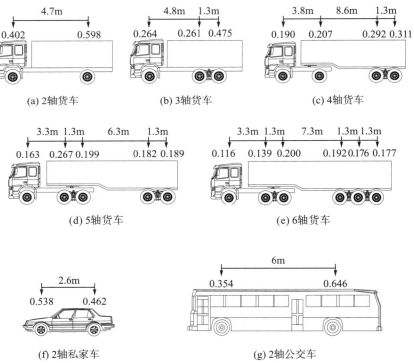

图 5-18　典型代表车型几何模型示意图

5.1.2.4　车辆空间位置分布

车辆空间位置分布主要包括纵向(沿路线方向)和横向(横断面方向)的分布特征，前者主要是车辆行驶间距的分布描述，后者主要是车辆中心迹线的横向分布描述。

1）车间距分布特征

车间距是反映各车道车流量密度的重要指标,利用动态称重系统实测车辆通过时刻和车辆通过速度,相邻行驶车辆的间距由式(5-5)确定:

$$l = (t_2 - t_1)v_1 \tag{5-5}$$

式中,t_2 为后车通过时刻；t_1 为前车通过时刻；v_1 为前车通过速度。

各车道的车距统计结果及概率分布特征,如图 5-19 所示,其概率分布基本服从对数正态分布,车间距统计特征如表 5-12 所示。

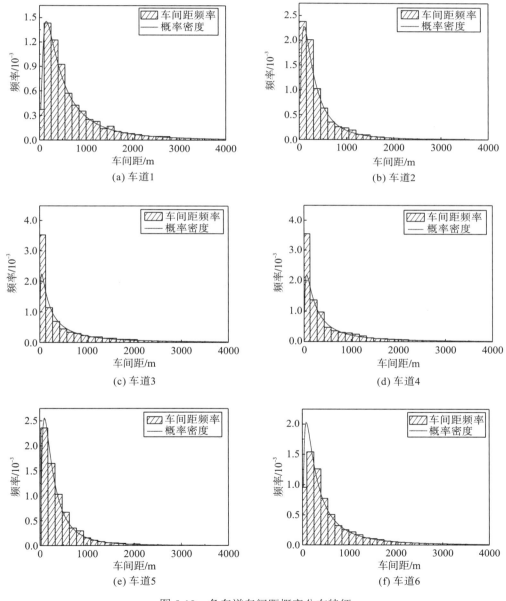

图 5-19　各车道车间距概率分布特征

秩和假设检验结果(表 5-12)表明,拟合的概率密度曲线样本与监测统计样本两者对比均满足假设要求，说明可以接受原假设函数,可认定两者样本无明显区别。

表 5-12　秩和假设检验结果总表

车道	特征值		期望值	秩和假设检验结果			
	μ/m	σ/m	E_s/m	a	P	H	是否通过检验
1	6.1187	1.0670	802.7		0.5073		
2	5.6638	1.0053	477.8		0.5009		
3	5.8922	1.4869	1094.0	0.95	0.3302	0	是
4	5.8220	1.3531	843.4		0.7995		
5	5.5515	0.9644	410.2		0.3867		
6	5.8080	1.1721	661.8		0.4340		

5.1.2.5　日交通量

在实际桥梁服役期，日交通量的不同导致日应力幅作用次数也不同，通过对某典型桥梁的日交通量实测数据进行统计分析[9]，运用多参数高斯函数[如式(5-4)]进行拟合，确定日交通量概率密度特征如图 5-20 所示，相关待定系数如表 5-13 所示。

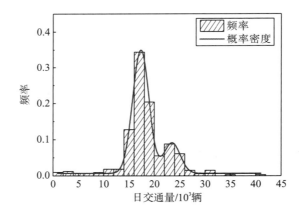

图 5-20　日交通量分布特征(单位：辆)

表 5-13　日交通量概率密度函数待定系数

分布类型	分布参数		
	a_i	b_i	c_i
二参数高斯混合分布	0.343	17305	2262
	0.085	23504	2242

通过本小节对大量实测车辆荷载样本的统计分析,可获得反映实际交通荷载特征的车辆荷载模型,并确定随机车流荷载的各车道车流比例、总体车型比例及各车道车型比例、车辆荷载几何特性、车重及轴重分布特性,以及车辆空间位置分布特性。以上述基本参量为随机变量,通过 Monte-Carlo 法可模拟得到随机车流和荷载谱,进而可基于此荷载谱进行疲劳寿命评估及可靠度评估。

5.2　典型城市桥梁钢桥面板

选取城市桥梁中常用的两类钢桥结构——简支钢箱梁直线桥和连续钢箱梁曲线桥典型案例,介绍方法及应用的具体问题。此处采用名义应力方法,针对两种纵肋与顶板连接构造细节、纵肋与横隔板连接构造细节抗疲劳性能进行验算。

5.2.1　简支钢箱梁直线桥

5.2.1.1　桥梁概况

该桥跨径 60m,宽度 16.5m,横向设置三箱室,箱室之间采用横向联系连接,箱室中心线处梁高为 2.836m,纵向每间隔 2.0m 设置一道横隔板或半高加劲肋,横隔板和半高加劲肋的厚度均为 12mm,钢箱梁底板水平,腹板铅直放置,顶板横坡通过腹板变高形成,顶板横坡同路面横坡,钢箱梁横断面如图 5-21 所示。该桥采用典型开口加劲肋正交异性钢桥面板结构,顶板厚度沿着纵向分区域布置,靠近伸缩缝端部 2.8m 范围内顶板厚度为 20mm,其余区域顶板厚度为 16mm;箱室范围内顶板底部按 375mm 间距沿顺桥向布置 16mm 厚、170mm 高的板式开口加劲肋;箱室之间横向联系范围内顶板底部按 400mm 间距沿顺桥向布置 16mm 厚、170mm 高的板式开口加劲肋,钢桥面板典型构造细节设计如图 5-22 所示。钢箱梁桥面铺装采用 10cm 厚沥青混凝土＋防水黏结层+8cm 厚 C50 钢纤维混凝土桥面现浇层,钢桥面铺装层构造设计如图 5-23 所示。

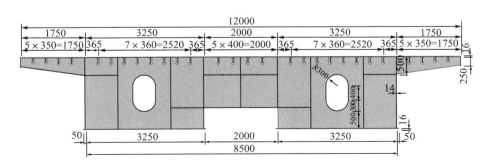

图 5-21　钢箱梁横断面(单位:mm)

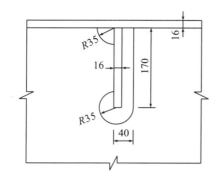

图 5-22　钢桥面板典型构造细节设计（单位：mm）

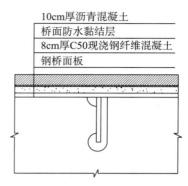

图 5-23　钢桥面板铺装层构造设计

5.2.1.2　有限元模型

采用大型通用有限元软件 ANSYS 对上述典型桥梁建立全桥三维有限元模型并进行详细分析。由于正交异性钢桥面板的疲劳易损部位通常出现在纵肋与顶板连接构造细节和纵肋与横隔板连接构造细节，为了准确模拟各疲劳易损细节的受力特性，各典型疲劳易损细节均采用实体单元 SOLID45 来模拟。钢材弹性模量取 2.06×10^5MPa，泊松比取 0.3；混凝土现浇层弹性模量取 3.45×10^4MPa，泊松比取 0.2。全桥实体有限元模型如图 5-24 所示，纵肋间距、横隔板（半高加劲肋）间距及其板厚等关键参数与实桥一致。

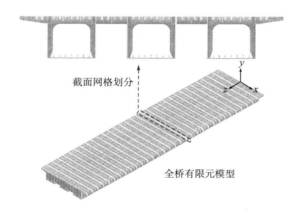

图 5-24　简支钢箱梁直线桥有限元模型

疲劳荷载采用《公路钢结构桥梁设计规范》（JTG D64—2015）中的标准疲劳车模型 III，轴重 120kN，轮载作用面积 200mm×600mm，如图 5-6 所示。由钢桥面板受力特点所决定的纵肋与顶板连接构造细节、纵肋与横隔板连接构造细节的横向影响线较短，且标准疲劳车横向轮距为 2.0m，因此可以忽略轮载的横向效应。采用单轮荷载对各关注细节进行加载，之后再通过影响线叠加得到关注细节在标准疲劳车作用下的应力历程。正交异性钢桥面板各疲劳易损细节对轮载较为敏感，且由于钢桥面板各疲劳易损细节的有效影响面范围狭小，变化幅度大，因此疲劳易损细节对轮载的横向位置较为敏感。采用疲劳荷载计算

模型 III 进行加载的具体步骤说明如下：

（1）建立钢桥面板有限元模型，计算各疲劳易损细节的名义应力影响面。

（2）根据疲劳易损细节影响面，找出应力幅值最大的横向加载位置，该横向加载位置为最不利横向加载位置并对应加载区域 1，加载区域 1 向横向两侧分别偏移 0.1m 对应加载区域 2 和 3，加载区域 1 向横向两侧分别偏移 0.2m 对应加载区域 4 和 5，车辆轮载横向加载位置如图 5-25 所示。

（3）将荷载模型 III 的轮载分别作用于加载区域 1 至加载区域 5，并分别算出对应的等效结构应力幅值。

通过试算确定钢桥面板的最不利横向加载位置，在此基础上确定加载区域 1 至加载区域 5 的横向位置，此处以纵肋与顶板连接构造细节作为示例，其横向加载位置和工况如图 5-26 所示。在各横向加载位置作用下，荷载模型 III 的纵向轮载加载示意如图 5-27 所示。

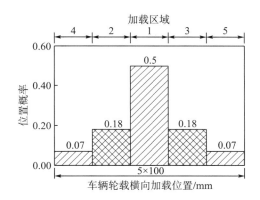

图 5-25　车辆轮载横向加载位置概率

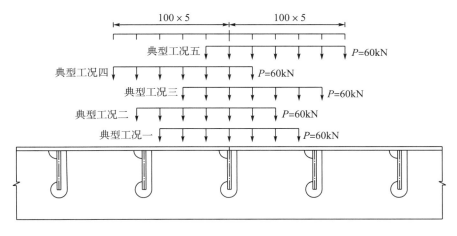

图 5-26　横向轮载加载示意图（单位：mm）

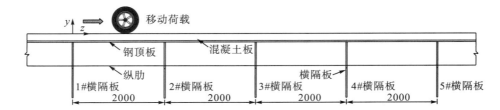

图 5-27　纵向轮载加载示意图（单位：mm）

5.2.1.3　构造细节应力分析

为了合理评估钢桥面板各疲劳易损细节的疲劳性能，根据《公路钢结构桥梁设计规范》（JTG D64—2015）的规定，考虑轮载横向分布概率对其疲劳寿命的影响，车辆轮载的横向分布概率模型如图 5-25 所示，其中加载区域 1 作用于各疲劳开裂模式的最不利横向加载位置，剩余加载区域根据图 5-25 中的间距对称布置。纵向移动轮载作用于加载区域 1 至加载区域 5 时，纵肋与顶板连接构造细节在标准疲劳车作用下的应力历程曲线如图 5-28（a）所示，由于纵肋与顶板连接构造细节的疲劳性能主要由顶板焊趾开裂模式所控制，因此仅示意顶板焊趾开裂模式的应力历程曲线。纵肋与横隔板连接构造细节的应力历程曲线如图 5-28（b）和图 5-28（c）所示，由于纵肋与横隔板连接构造细节的疲劳性能主要由纵肋焊趾开裂模式和横隔板焊趾开裂模式所控制，因此仅示意纵肋焊趾开裂模式和横隔板焊趾开裂模式的应力历程曲线。

由于纵肋与顶板连接构造细节的纵向影响线主要位于相邻的两个横隔板之间，而标准疲劳车前、后双联轴之间的间距为 6.0m，远大于纵肋与顶板连接构造细节的纵向影响线长度，因此图 5-28（a）为标准疲劳车前双联轴作用下的应力历程曲线，将上述计算结果汇总，如表 5-14 所示。

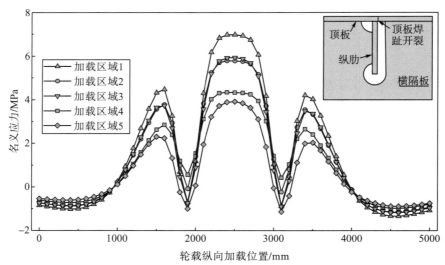

（a）纵肋与顶板连接构造细节顶板焊趾（RTD-1）应力历程曲线

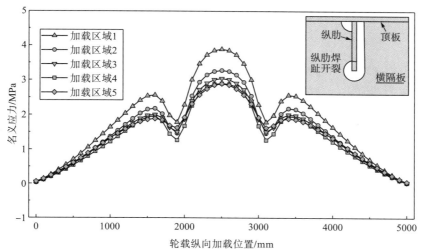

(b) 纵肋与横隔板连接构造细节纵肋焊趾（RTF-1）应力历程曲线

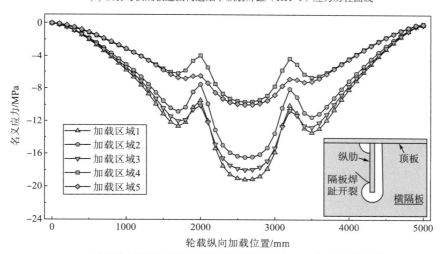

(c) 纵肋与横隔板连接构造细节横隔板焊趾（RTF-2）应力历程曲线

图 5-28　构造细节应力历程曲线

表 5-14　各横向加载位置下构造细节名义应力幅值汇总

构造细节开裂模式	加载区域 1		加载区域 2		加载区域 3		加载区域 4		加载区域 5	
	应力幅/MPa	循环次数	应力幅/MPa	循环次数	应力幅/MPa	循环次数	应力幅/MPa	循环次数	应力幅/MPa	循环次数
RTD-1	8.04	1	6.67	1	6.85	1	8.01	1	4.90	1
	5.19	2	3.80	2	4.42	2	4.75	2	3.39	2
RTF-1	3.90	1	3.30	1	3.06	1	2.88	1	2.92	1
	0.78	2	0.71	2	0.52	2	0.71	2	0.29	2
RTF-2	19.24	1	16.50	1	17.83	1	9.78	1	10.08	1
	3.03	2	3.10	2	1.84	2	2.37	2	0.52	2

5.2.1.4 构造细节疲劳性能验算(规范方法)

本小节根据《公路钢结构桥梁设计规范》(JTG D64—2015)的相关规定对该桥各疲劳易损细节的疲劳性能进行评估，对于钢桥面板结构，采用疲劳荷载计算模型Ⅲ对其疲劳性能进行验算。该桥钢桥面板各构造细节疲劳性能的验算公式如式(5-6)、式(5-7)所示。

$$\gamma_{Ff}\Delta\sigma_{E2}\leqslant\frac{k_s\Delta\sigma_C}{\gamma_{Mf}} \tag{5-6}$$

$$\Delta\sigma_{E2}=(1+\Delta\phi)\gamma(\sigma_{p\max}-\sigma_{p\min}) \tag{5-7}$$

式中，γ_{Ff} 为疲劳荷载分项系数，取 1.0；γ_{Mf} 为疲劳强度分项系数，对重要构件取 1.35，对次要构件取 1.15；k_s 为尺寸效应折减系数，此处取 $k_s=1$；$\Delta\sigma_{E2}$ 为按 2.0×10^6 次常幅疲劳循环换算得到的等效常值应力幅，MPa；$\Delta\phi$ 为放大系数，采用疲劳荷载模型Ⅲ时，可不考虑，即 $\Delta\phi=0$；γ 为损伤等效系数，$\gamma=\gamma_1\gamma_2\gamma_3\gamma_4$，且 $\gamma\leqslant\gamma_{\max}$，其中 γ_1、γ_2、γ_3、γ_4 和 $\gamma_{\max}$ 按照《公路钢结构桥梁设计规范》(JTG D64—2015)附录 D 计算。

(1)损伤效应系数 γ_1：

$$\gamma_1=2.55-0.01\times(l-10) \tag{5-8}$$

式中，l 为影响线的临界长度，当 $l<10$m 时按 10m 计。因钢桥面板影响线长度较短，此处影响线的临界长度按 10m 计。将影响线临界长度代入公式(5-8)，可得损伤效应系数 $\gamma_1=2.55-0.01\times(10-10)=2.55$。

(2)交通流量系数 γ_2：

$$\gamma_2=\frac{Q_0}{480}\left(\frac{N_{ly}}{0.5\times10^6}\right)^{1/5} \tag{5-9}$$

式中，Q_0 为疲劳荷载模型车总重，对于疲劳荷载模型Ⅲ为 480kN；N_{ly} 为慢车道或主车道的重车(总质量大于 10t)年交通量(预测年)，此处应根据桥梁所在地实际情况取值。此处为算例，假设 N_{ly} 为 2.0×10^6，可得交通流量系数 $\gamma_2=\frac{480}{480}\times\left(\frac{2.0\times10^6}{0.5\times10^6}\right)^{1/5}=1.32$。

(3)设计寿命影响系数 γ_3：

$$\gamma_3=\left(\frac{t_{LD}}{100}\right)^{1/5} \tag{5-10}$$

式中，t_{LD} 为构件的设计使用寿命，年。可得设计寿命影响系数 $\gamma_3=\left(\frac{100}{100}\right)^{1/5}=1.0$

(4)多车道效应系数 γ_4：

采用疲劳荷载模型Ⅲ时，多车道效应系数 γ_4 应取 1.0。

综上，损伤等效系数 γ 的最终取值为：$\gamma=\gamma_1\gamma_2\gamma_3\gamma_4=2.55\times1.32=3.37$。但 $\gamma\leqslant\gamma_{\max}=2.5$，则 γ 的最终取值为 2.50。

对钢桥面板，采用疲劳荷载计算模型Ⅲ计算正交异性板疲劳应力并按图 5-25 考虑车轮在车道上的横向位置概率。将疲劳荷载模型Ⅲ的轮载分别加载于加载区域 1 至加载区域 5，并分别算出对应的 $\sigma_{\text{pmax},i}$ 和 $\sigma_{\text{pmin},i}$，其中 i 为区域编号。按轮载落入各区域的概率算得 $\Delta\sigma_{\text{E2}}$。

$$\Delta\sigma_{\text{E2}}=(1+\Delta\phi)\gamma\sqrt[3]{0.5w_1^3+0.18w_2^3+0.18w_3^3+0.07w_4^3+0.07w_5^3} \tag{5-11}$$

$$w_i=\sigma_{\text{pmax},i}-\sigma_{\text{pmin},i}\ (i=1,2,3,4,5) \tag{5-12}$$

对于纵肋与顶板连接构造细节：

$$\Delta\sigma_{\text{E2}}=(1+\Delta\phi)\gamma\sqrt[3]{0.5w_1^3+0.18w_2^3+0.18w_3^3+0.07w_4^3+0.07w_5^3}$$
$$=1\times2.50\times\sqrt[3]{0.5\times8.01^3+0.18\times6.67^3+0.18\times8.04^3+0.07\times6.85^3+0.07\times4.90^3}\ ;$$
$$=18.94\text{MPa}$$

$$\gamma_{\text{Ff}}\Delta\sigma_{\text{E2}}=18.94\text{MPa}<\frac{k_s\Delta\sigma_{\text{C}}}{\gamma_{\text{Mf}}}=\frac{1\times70}{1.15}=60.87\text{MPa}\ 。$$

结果表明，纵肋与顶板连接构造细节的疲劳性能满足规范要求，并有较高安全储备。对于纵肋与横隔板连接构造细节纵肋焊趾开裂模式：

$$\Delta\sigma_{\text{E2}}=(1+\Delta\phi)\gamma\sqrt[3]{0.5w_1^3+0.18w_2^3+0.18w_3^3+0.07w_4^3+0.07w_5^3}$$
$$=1\times2.50\times\sqrt[3]{0.5\times2.88^3+0.18\times3.30^3+0.18\times3.90^3+0.07\times3.06^3+0.07\times2.92^3}\ ;$$
$$=8.01\text{MPa}$$

$$\gamma_{\text{Ff}}\Delta\sigma_{\text{E2}}=8.01\text{MPa}<\frac{k_s\Delta\sigma_{\text{C}}}{\gamma_{\text{Mf}}}=\frac{1\times55}{1.15}=47.83\text{MPa}\ ;$$

对于纵肋与横隔板连接构造细节横隔板焊趾开裂模式：

$$\Delta\sigma_{\text{E2}}=(1+\Delta\phi)\gamma\sqrt[3]{0.5w_1^3+0.18w_2^3+0.18w_3^3+0.07w_4^3+0.07w_5^3}$$
$$=1\times2.50\times\sqrt[3]{0.5\times9.78^3+0.18\times16.50^3+0.18\times19.24^3+0.07\times17.83^3+0.07\times10.08^3}\ ;$$
$$=36.16\text{MPa}$$

$$\gamma_{\text{Ff}}\Delta\sigma_{\text{E2}}=36.16\text{MPa}<\frac{k_s\Delta\sigma_{\text{C}}}{\gamma_{\text{Mf}}}=\frac{1\times55}{1.15}=47.83\text{MPa}\ 。$$

结果表明，纵肋与横隔板连接构造细节的疲劳性能满足规范要求。

5.2.1.5　基于结构体系的疲劳性能评估

在构造细节疲劳性能评估的基础上，进一步从结构体系的角度对该桥三种典型疲劳开裂模式的疲劳强度进行评估。以疲劳累积损伤度作为各重要疲劳开裂模式疲劳强度评估的统一评价指标，并根据结构体系疲劳强度评估方法确定钢桥面板结构体系重要疲劳开裂模式的疲劳强度，各重要疲劳开裂模式的疲劳累积损伤度按照式 (5-13) 进行计算：

$$D=\sum_{i=1}^{\infty}\frac{n_i}{N_i} \tag{5-13}$$

式中，D 为疲劳累积损伤度；N_i 为第 i 个常幅应力作用下的疲劳破坏次数；n_i 为第 i 个应力幅作用的次数。

其中 100 年设计寿命内 200 万辆标准疲劳车作用下的疲劳累积损伤度评估结果汇总如表 5-15 所示。研究结果表明：①该简支钢箱梁直线桥钢桥面板结构体系的主导疲劳开裂模式为纵肋与横隔板连接构造细节横隔板焊趾开裂；②三种疲劳开裂模式在每百万辆标准疲劳车作用下的疲劳累积损伤度均处于较低水平，带混凝土现浇层的开口纵肋正交异性钢桥面板疲劳性能具有较高的安全储备。

表 5-15　钢桥面板重要开裂模式疲劳累积损伤度

构造细节 开裂模式	疲劳累积损伤度/10^{-4}				
	加载区域 1	加载区域 2	加载区域 3	加载区域 4	加载区域 5
RTD-1	0.409	0.162	0.184	0.414	0.041
RTF-1	0.033	0.014	0.010	0.007	0.008
RTF-2	96.514	44.782	65.955	3.280	3.809

5.2.2　连续钢箱梁曲线桥

5.2.2.1　方案介绍

此处以全长 65m（19m+27m+19m）的三跨连续钢箱梁曲线桥为例进行钢桥面板的评估应用。该桥采用单箱双室钢箱梁，桥梁宽度为 9.0m，箱室中心线处梁高为 1.502m，钢箱梁顶板和底板坡度均为 6%，钢箱梁横断面如图 5-29 所示。该桥采用典型开口加劲肋正交异性钢桥面板结构，顶板厚度为 16mm；箱室内顶板底部按 390mm 间距沿顺桥向布置 16mm 厚、160mm 高的板式开口加劲肋，钢桥面板典型构造细节设计如图 5-30（a）所示。钢箱梁桥面铺装采用 10cm 厚沥青混凝土＋防水黏结层+12cm 厚 C50 钢纤维混凝土桥面现浇层，钢桥面铺装层构造设计如图 5-30（b）所示。

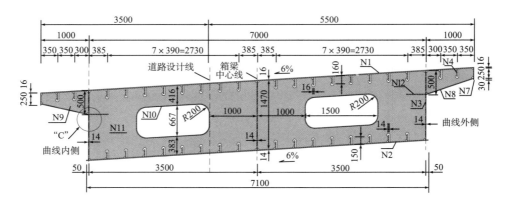

图 5-29　钢箱梁横断面（单位：mm）

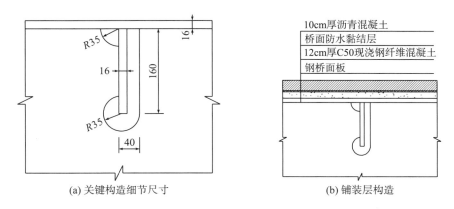

(a) 关键构造细节尺寸　　　　　　　　　　　(b) 铺装层构造

图 5-30　钢桥面板构造细节和铺装(单位：mm)

5.2.2.2　有限元模型

该曲线桥有限元模型(图 5-31)建立步骤和荷载工况与 5.2.1 节中的直线桥一致，不再赘述。

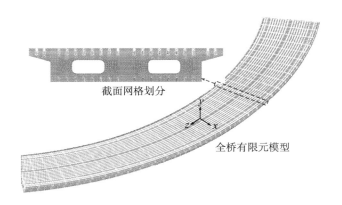

图 5-31　曲线桥全桥有限元模型

5.2.2.3　构造细节应力分析

为了合理评估 U 匝道桥钢桥面板各疲劳易损细节的疲劳性能，根据《公路钢结构桥梁设计规范》(JTG D64—2015)的规定考虑轮载横向分布概率对其疲劳寿命的影响，车辆轮载的横向分布概率模型如图 5-25 所示，其中加载区域 1 作用于各疲劳开裂模式的最不利横向加载位置，剩余加载区域根据图 5-25 中的间距对称布置。纵向移动轮载作用于加载区域 1～5 位置时，纵肋与顶板连接构造细节的应力历程曲线如图 5-32(a)所示，由于纵肋与顶板连接构造细节的疲劳性能主要由顶板焊趾开裂模式所控制，因此仅示意顶板焊趾开裂模式的应力历程曲线。纵肋与横隔板连接构造细节的应力历程曲线如图 5-32(b)和(c)所示，由于纵肋与横隔板连接构造细节的疲劳性能主要由纵肋焊趾开裂模式和横隔板焊趾开裂模型所控制，因此仅示意纵肋焊趾开裂模式和横隔板焊趾开裂模型的应力历程曲线。

　　由于纵肋与顶板连接构造细节和纵肋与横隔板构造细节的纵向影响线长度主要在两个横隔板间距范围内（约 4.0m），而标准疲劳车前、后双联轴之间的间距为 6.0m，远大于两疲劳易损细节纵向影响线的长度，因此图 5-32 中的应力历程曲线为标准疲劳车前双联轴作用下的应力历程曲线。根据泄水法和应力历程曲线，确定各构造细节的应力幅值如表 5-16 所示。

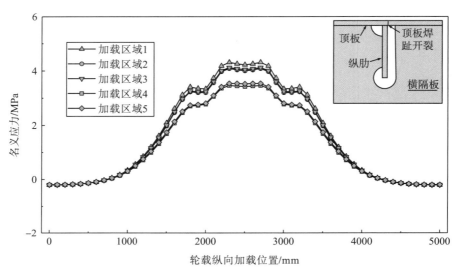

(a) 纵肋与顶板连接构造细节顶板焊趾（RTD-1）应力历程曲线

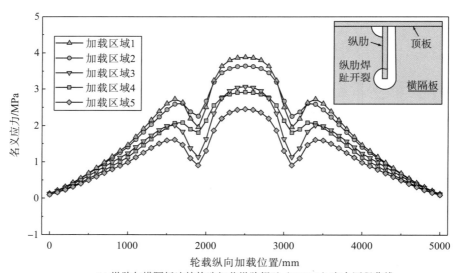

(b) 纵肋与横隔板连接构造细节纵肋焊趾（RTF-1）应力历程曲线

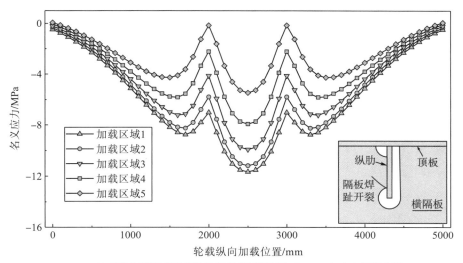

(c) 纵肋与横隔板连接构造细节横隔板焊趾（RTF-2）应力历程曲线

图 5-32　构造细节名义应力历程曲线

表 5-16　各横向加载位置下构造细节名义应力幅值汇总

构造细节开裂模式	加载区域 1		加载区域 2		加载区域 3		加载区域 4		加载区域 5	
	应力幅值/MPa	循环次数/次	应力幅值/MPa	循环次数/次	应力幅值/MPa	循环次数/次	应力幅值/MPa	循环次数/次	应力幅值/MPa	循环次数/次
RTD-1	4.47	1	4.30	1	4.36	1	3.66	1	3.71	1
RTF-1	3.91	1	3.64	1	3.07	1	2.92	1	2.43	1
	0.77	2	0.35	2	0.91	2	1.83	2	0.69	2
RTF-2	11.68	1	11.18	1	9.92	1	7.99	1	5.51	1
	1.80	2	2.25	2	3.02	2	3.47	2	4.14	2

5.2.2.4　疲劳性能评估

此处根据《公路钢结构桥梁设计规范》（JTG D64—2015）的相关规定对该曲线桥各疲劳易损细节的疲劳性能进行评估，对于钢桥面板结构，采用疲劳荷载计算模型Ⅲ对其疲劳性能进行验算。根据《公路钢结构桥梁设计规范》（JTG D64—2015）5.5.6 条的规定，该曲线桥钢桥面板各构造细节疲劳性能利用式(5-6)～式(5-12)进行验算。

对于纵肋与顶板细节：

$$\Delta\sigma_{E2}=(1+\Delta\phi)\gamma\sqrt[3]{0.5w_1^3+0.18w_2^3+0.18w_3^3+0.07w_4^3+0.07w_5^3}$$

$$=1\times2.50\times\sqrt[3]{0.5\times3.66^3+0.18\times4.30^3+0.18\times4.47^3+0.07\times4.36^3+0.07\times3.71^3}$$

$$=12.11\text{MPa}$$

$$\gamma_{Ff}\Delta\sigma_{E2}=12.11\text{MPa}<\frac{k_s\Delta\sigma_C}{\gamma_{Mf}}=\frac{1\times70}{1.15}=60.87\text{MPa}$$

结果表明：纵肋与顶板连接构造细节满足规范要求，并有较大安全储备。

对于纵肋与横隔板连接构造细节纵肋焊趾开裂模式：

$$\Delta\sigma_{E2}=(1+\Delta\phi)\gamma\sqrt[3]{0.5w_1^3+0.18w_2^3+0.18w_3^3+0.07w_4^3+0.07w_5^3}$$
$$=1\times2.50\times\sqrt[3]{0.5\times2.92^3+0.18\times3.64^3+0.18\times3.91^3+0.07\times3.07^3+0.07\times2.43^3}$$
$$=8.17\text{MPa}$$

$$\gamma_{Ff}\Delta\sigma_{E2}=8.17\text{MPa}<\frac{k_s\Delta\sigma_C}{\gamma_{Mf}}=\frac{1\times55}{1.15}=47.83\text{MPa}$$

对于纵肋与横隔板连接构造细节横隔板焊趾开裂模式：

$$\Delta\sigma_{E2}=(1+\Delta\phi)\gamma\sqrt[3]{0.5w_1^3+0.18w_2^3+0.18w_3^3+0.07w_4^3+0.07w_5^3}$$
$$=1\times2.50\times\sqrt[3]{0.5\times7.99^3+0.18\times11.18^3+0.18\times11.68^3+0.07\times9.92^3+0.07\times5.51^3}$$
$$=23.90\text{MPa}$$

$$\gamma_{Ff}\Delta\sigma_{E2}=23.90\text{MPa}<\frac{k_s\Delta\sigma_C}{\gamma_{Mf}}=\frac{1\times55}{1.15}=47.83\text{MPa}$$

结果表明：纵肋与横隔板连接构造细节满足规范要求，并有较大安全储备。

5.2.2.5　基于结构体系的疲劳性能评估

在构造细节疲劳性能评估的基础上，进一步从结构体系的角度对该桥三种典型疲劳开裂模式的疲劳强度进行评估。以疲劳累积损伤度作为各重要疲劳开裂模式疲劳强度评估的统一评价指标，并根据结构体系疲劳强度评估方法确定钢桥面板结构体系重要疲劳开裂模式的疲劳强度，各重要疲劳开裂模式的疲劳累积损伤度按照式(5-13)进行计算，其中100年设计寿命内200万辆标准疲劳车作用下的疲劳累积损伤度评估结果汇总如表5-17所示。研究结果表明：①该连续钢箱梁钢桥面板结构体系的主导疲劳开裂模式为纵肋与横隔板连接构造细节横隔板焊趾开裂；②三种疲劳开裂模式在设计寿命期内标准疲劳车作用下的疲劳累积损伤度均处于较低水平，带混凝土现浇层的开口纵肋正交异性钢桥面板具有较大的安全储备。

表 5-17　钢桥面板重要开裂模式疲劳累积损伤度

构造细节开裂模式	疲劳累积损伤度/10^{-4}				
	加载区域 1	加载区域 2	加载区域 3	加载区域 4	加载区域 5
RTD-1	0.020	0.016	0.017	0.007	0.008
RTF-1	0.033	0.023	0.010	0.009	0.003
RTF-2	7.957	6.397	3.534	1.229	0.275

5.3　典型大跨度桥梁钢桥面板

5.3.1　基于等效结构应力的疲劳可靠度评估方法

对结构的可靠性进行评估时，一般采用工程结构完成预定功能的概率进行度量，而结构不能完成预定功能的概率即为失效概率。为此，在进行可靠度评估时首先应定义与结构失效有关的临界状态以判别结构是否失效，工程结构中一般采用极限状态函数定义：

$$Z = g(X) = R - S \tag{5-14}$$

式中，$Z=g(X)$ 为功能随机函数（当 $Z>0$ 表示结构处于可靠安全状态，当 $Z=0$ 表示结构处于极限状态，当 $Z<0$ 表示结构处于失效状态）；R 为结构的抗力；S 为作用于结构上的外部荷载效应。

钢桥面板结构疲劳开裂是车辆荷载多次作用的结果，且每个荷载对开裂模式产生的疲劳损伤是不可逆的。因此，随着循环作用次数的增加，钢桥面板结构各开裂模式的疲劳损伤不断累积直至发生疲劳开裂，以疲劳累积损伤为变量，基于结构可靠度理论和等效结构应力法建立疲劳极限状态方程：

$$Z = g(X) = D_c - D \tag{5-15}$$

式中，D_c 为钢桥面板结构开裂模式的临界损伤值；D 为外荷载作用下开裂模式的累积损伤。

钢桥面板结构所承受的实际车辆荷载是变幅荷载，车辆荷载对各开裂模式均产生变幅应力幅。基于 Miner 线性累积损伤理论，以等效结构应力作为疲劳强度指标，在随机车流荷载作用下钢桥面板结构各开裂模式的疲劳累积损伤度 D 可表示为

$$D = \frac{n_1}{N_1} + \frac{n_2}{N_2} + \cdots + \frac{n_n}{N_n} = \sum_{i=1}^{n} \frac{n_i}{N_i} = \sum_{i=1}^{n} \frac{n_i (\Delta S_i)^{1/h}}{(C_d)^{1/h}} \tag{5-16}$$

式中，n_i 为第 i 个等效结构应力幅 ΔS_i 对应的作用次数，$i=1, 2, \cdots, n$；N_i 为等效结构应力幅 ΔS_i 作用下发生疲劳开裂对应的循环次数；C_d 和 h 为试验常数，如表 2-3 所示。

以日交通量的随机交通荷载对钢桥面板结构进行加载，并采用雨流计数法确定钢桥面板结构各开裂模式的应力幅及其对应的循环次数，按照 Miner 线性累积损伤准则确定日等效应力幅 ΔS_d 及其对应的日作用次数 n_d：

$$\Delta S_d = \left(\frac{\sum_{i=1}^{n} n_i (\Delta S_i)^{1/h}}{\sum_{i=1}^{n} n_i} \right)^h \tag{5-17}$$

其中，日作用次数 $n_d = \sum_{i=1}^{n} n_i$，则疲劳极限状态方程式 (5-15) 可改写为

$$Z = g(X) = D_c - \sum_{i=1}^{n} \frac{n_i (\Delta S_i)^{1/h}}{(C_d)^{1/h}} = D_c - \frac{n_d (\Delta S_d)^{1/h}}{(C_d)^{1/h}} \tag{5-18}$$

在结构的可靠性分析中，为了计算和表达方便，常采用失效概率来度量结构的可靠性。根据结构可靠度的定义和概率论的基本原理，当循环荷载作用下的累积损伤度 D 超过临界损伤度 D_c 时，功能函数 $g(X)<0$，此时结构或构造细节处于疲劳失效或疲劳开裂状态，失效概率可表示为

$$P_f = P(g(X) < 0) \tag{5-19}$$

此时，结构的可靠概率 P_r 为

$$P_r = 1 - P_f \tag{5-20}$$

根据式(5-19)可知，结构失效概率取决于功能函数 $g(X)$ 的分布形式。假设单因素作用时的功能函数 $g(z)$ 服从正态分布，表示为 $g(z)\sim N(\mu,\sigma_z)$，此时 $g(z)$ 的概率密度函数为

$$g(z)=\frac{1}{\sqrt{2\pi}\sigma_z}\exp\left(-\frac{(z-\mu_z)^2}{2\sigma_z^2}\right) \tag{5-21}$$

通过变换将 z 转化为标准正态分布，失效概率可表示为

$$P_f=\int_{-\infty}^0 \frac{1}{\sqrt{2\pi}\sigma_z}\exp\left(-\frac{(z-\mu_z)^2}{2\sigma_z^2}\right)\mathrm{d}z=\int_{-\infty}^{-\frac{\mu_z}{\sigma_z}}\varphi(y)\mathrm{d}y=\Phi\left(-\frac{\mu_z}{\sigma_z}\right) \tag{5-22}$$

定义可靠度指标为

$$\beta=\frac{\mu_z}{\sigma_z} \tag{5-23}$$

则失效概率可表示为

$$P_f=\Phi(-\beta)=1-\Phi(\beta) \tag{5-24}$$

式(5-24)仅在功能函数服从正态分布条件下成立，若功能函数不服从正态分布，则其不再精确成立。此时，常采用一次二阶法、响应面法和 Monte-Carlo 法等疲劳可靠度指标的近似计算方法。Monte-Carlo 法根据随机变量的概率分布，产生足够多的样本值并对样本空间进行随机抽样，适用于大型复杂的结构系统。因此，后文钢桥面板结构疲劳寿命可靠度评估时均采用 Monte-Carlo 法开展相关研究。

对于式(5-18)所示的功能函数 $g(X)$，其随机变量主要包括临界损伤度 D_c、等效结构应力幅 ΔS_d 和主 S-N 曲线试验常数 C_d 和 h。Wirsching[20]通过大量的疲劳试验数据拟合了临界损伤度 D_c 服从 $\mu=1.0$ 和 $\sigma=0.3$ 的对数正态分布，即 $D_c\sim\ln(1.0, 0.3)$，该结论已被广泛应用于桥梁结构在变幅荷载作用下的疲劳可靠度评估。在双对数坐标系下的主 S-N 曲线为一条直线，包含 C_d 和 h 两个试验常数。其中，$1/h$ 的相反数为主 S-N 曲线的斜率，其变异性较小，取 $h=0.3195$ 作为常量；$\lg C_d$ 为主 S-N 曲线在横坐标轴 $\lg N$ 上的截距，由于在特定应力幅下结构的疲劳寿命为随机变量，通过对表 3-13 所统计的钢桥面板结构疲劳试验数据进行分析，获得了主 S-N 曲线的试验常数 C_d 的概率统计分布特征，如图 5-33 所示。结果表明，C_d 服从 $\mu=9.95$ 和 $\sigma=0.25$ 的对数正态分布，即 $C_d\sim\ln(9.95, 0.25)$。

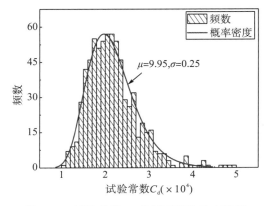

图 5-33　试验常数 C_d 的概率统计分布特征

在实际交通荷载作用下，钢桥面板结构关键构造细节的应力响应也具有随机性，会直接影响钢桥面板结构各开裂模式的疲劳损伤累积，进而决定钢桥面板结构的主导开裂模式及其疲劳寿命；特别是在考虑焊缝几何形态对钢桥面板结构各开裂模式疲劳损伤累积的影响时，可能会影响钢桥面板结构疲劳开裂部位。为此，建立了考虑随机交通荷载和焊缝几何形态共同作用下的疲劳寿命可靠度评估方法及评估流程，具体如下。

（1）根据钢桥面板结构的板厚、纵肋和横隔板间距等设计尺寸建立三维节段有限元模型，其中有限元模型中焊接细节的尺寸由 4.1.1.3 节中确定的焊缝几何形态概率统计特征并采用 Monte-Carlo 法随机抽样确定(此处未考虑焊缝几何形态关键参数的相关性)，分别计算钢桥面板结构各开裂模式的内力影响面。

（2）根据 5.1.2 节随机交通荷载的概率统计特征，采用 Monte-Carlo 法模拟确定疲劳荷载谱；并对钢桥面板结构的各开裂模式应力影响面进行加载，确定应力响应。

（3）根据确定的应力历程，采用等效结构应力的疲劳性能评估方法确定随机交通荷载谱作用下钢桥面板结构各开裂模式的疲劳损伤。

（4）重复步骤(1)～(3)确定当疲劳损伤达到 1 时对应的疲劳寿命。

（5）重复步骤(4)确定模拟多次后的疲劳寿命分布概率及其特征。

（6）采用本节的疲劳可靠度评估模型，基于 Monte-Carlo 法对钢桥面板结构各开裂模式的疲劳可靠度进行评估，确定钢桥面板结构在目标可靠度下的疲劳寿命或特定寿命对应的疲劳失效概率或可靠度指标。

5.3.2　疲劳评估过程

5.3.2.1　基本参数

国内某公路斜拉桥位于国家干线公路网中，是接南纳北、承东启西的重要枢纽，同时也是国家重要的战备工程之一，具有重要意义。桥梁分为主桥、南北过渡引桥、南北引桥五部分。主桥长 964m，为五跨(48m+204m+460m+204m+48m)连续双塔双索面半漂浮体系钢箱梁斜拉桥，主桥桥面宽 33.5m，采用分离式倒 Y 形索塔，高 163.5m。全桥共设置平行高强镀锌钢丝斜拉索 72 对，标准索距 12m。全桥共设 6 对竖向支座、2 对抗风支座、4 组纵向限位支座。顺桥向不设置固定支座。在主 3、主 8 号墩处各设一道大位移伸缩装置，1/2 主桥立面图如图 5-34 所示。

主梁结构主要由正交异性钢桥面板组成，主桥钢箱梁由面板(行车道板)、底板、边纵腹板、中纵腹板、横隔板、锚箱、风嘴等组成单箱 5 室薄壁结构。钢箱梁高 3m，横隔板间距 3m，U 肋高度 0.3m，两相邻 U 肋中心距为 0.6m，桥面总宽 38.8m，宽高比为 12.93，为扁平流线形钢箱，如图 5-34 所示。钢箱梁结构采用 Q345C 钢，风嘴采用 Q235B 钢，各构件钢板厚度见表 5-18。

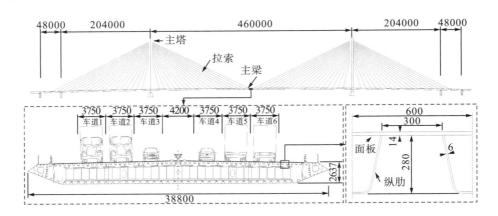

图 5-34　主桥立面图(单位：mm)

表 5-18　各构件钢板厚度表

编号	钢箱梁构件	钢板厚度/mm
1	面板(行车道板)	12～20
2	风嘴	8～10
3	U 肋	6～8
4	横隔板	8～20
5	纵腹板	16～30
6	中腹板	10～30
7	锚箱	10～60

　　根据该桥钢箱梁设计构造尺寸，采用 ANSYS 建立三维节段有限元模型，如图 5-35 所示。节段模型在桥梁主跨内沿纵桥向取两个斜拉索的间距，即节段模型纵向长度 12m，共包含 9 个横隔板，根据结构的对称性建立 1/2 箱梁结构模型。纵肋与顶板连接构造细节和纵肋与横隔板连接构造细节的设计尺寸如图 5-35 所示，顶板厚度为 12mm 和 14mm，横隔板厚度为 12mm，纵肋尺寸为 300mm×260mm×8mm，纵肋中心距为 600mm，横隔板间距 3000mm。选取重载车辆占比较大的车道 5 和车道 6，并以两车道范围内重载车辆轮载作用位置对应的钢桥面板关键构造细节为研究对象，开展疲劳性能评估。为提高计算效率并保证计算精度，节段模型中上述两车道对应的关键构造细节采用 SOLID45 实体单元，其他部分均采用 SHELL63 壳单元，两车道对应的顶板厚度分别为 12mm 和 14mm。此处采用等效结构应力法进行评估，因此有限元模型局部网格划分应符合 2.3.6 节相关要求，局部细节如图 5-35 所示。结合斜拉桥中钢箱梁实际受力情况对有限元模型按如下方式设置边界条件：在钢箱梁节段模型纵向两端约束纵向位移和竖向位移，在钢箱梁节段 1/2 中心对称截面上约束横向位移，在斜拉索在钢箱梁锚固处约束竖向位移。计算钢桥面板结构各开裂模式的影响面时，采用单位荷载 1kN 进行有限元节段模型加载，加载面积取《公路钢结构桥梁设计规范》(JTG D64－2015)中的标准疲劳车辆荷载模型 III 的轮载作用面积，即纵向为 200mm 和横向为 600mm。

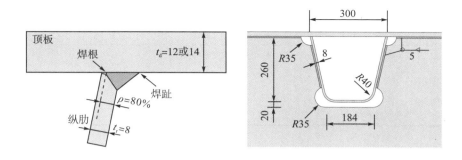

(a) 关键构造细节设计参数

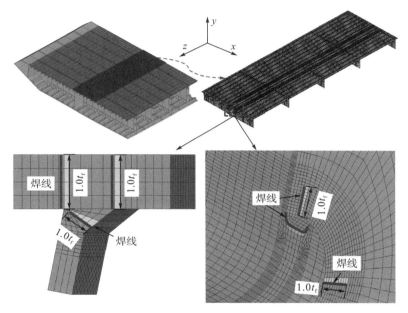

(b) 有限元模型

图 5-35   钢箱梁设计横断面与有限元模型示意图(单位:mm)

根据前述随机荷载和焊缝尺寸信息概率统计特征,以日交通量(含各车道各车型分布比例)、各车型车重、各车型轴重分配比例、车辆空间位置等为外因随机变量,以钢桥面板关键构造细节的焊脚尺寸和熔透率等为内因随机变量(表 5-19),分别基于 Monte-Carlo法确定随机荷载谱和钢桥面板各开裂模式的应力影响面及随机荷载谱,并采用影响面加载确定寿命分布及其统计特征。

表 5-19   随机变量信息统计

编号	变量	分布特征	参数特性
1	车重	非标准正态分布	图 5-10
2	轴重系数	正态分布	表 5-10

编号	变量	分布特征	参数特性
3	车辆空间纵向位置	对数正态分布	图 5-19
4	车辆空间横向位置	正态分布	JTG D60—2015 中图 5.5.7
5	日交通量	非标准正态分布	图 5-20
6	焊缝尺寸和熔透率	对数正态分布	图 4-17

5.3.2.2　评估结果

图 5-34 中横断面中心线往右第 12#纵肋(位于车道 5)对应的钢桥面板关键构造细节各开裂模式的疲劳寿命分布及其特征值如图 5-36 所示。采用 Monte-Carlo 法进行钢桥面板结构的疲劳寿命、疲劳开裂概率和可靠度指标计算时，通过提高模拟次数(大于 200 万次)以保证相对误差小于 5%且置信度为 95%。

对于图 5-34 中横断面中心线往右第 12#纵肋对应的钢桥面板关键构造细节，纵肋与顶板连接构造细节各开裂模式中，开裂模式 RTD-2 的疲劳寿命最低，为该构造细节的主导开裂模式；纵肋与横隔板连接构造细节各开裂模式中，开裂模式 RTF-1 的疲劳寿命最低，其为该构造细节的主导开裂模式。将上述两个关键构造细节的各开裂模式进行统一对比分析，开裂模式 RTD-1 的疲劳寿命最低(峰值约 4.8 年)，为该桥钢桥面板结构的主导开裂模式。

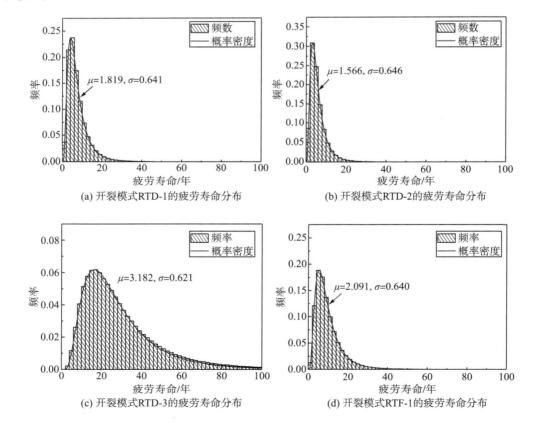

(a) 开裂模式RTD-1的疲劳寿命分布　　　　(b) 开裂模式RTD-2的疲劳寿命分布

(c) 开裂模式RTD-3的疲劳寿命分布　　　　(d) 开裂模式RTF-1的疲劳寿命分布

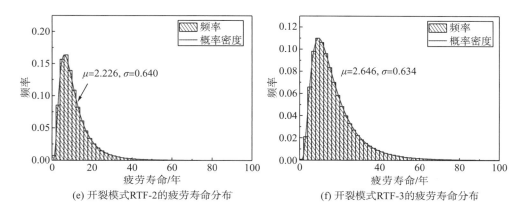

(e) 开裂模式RTF-2的疲劳寿命分布　　　(f) 开裂模式RTF-3的疲劳寿命分布

图 5-36　第 12#纵肋(车道 5)对应的各开裂模式疲劳寿命分布

　　以随机交通荷载、焊缝几何形态和初始微裂纹共同作用下的疲劳寿命评估为基础,基于 Monte-Carlo 法对钢桥面板结构各开裂模式的疲劳可靠度进行评估,确定钢桥面板结构主导开裂模式在目标可靠度下的疲劳寿命或特定寿命对应的疲劳开裂概率或可靠度指标。若不考虑桥梁交通荷载(2012 年至 2013 年)的变化,钢桥面板结构各开裂模式的疲劳可靠度指标与疲劳寿命的关系如图 5-37 所示。结合相关文献研究成果[1-20],一般取设计寿命为 100 年时的目标疲劳可靠度指标 $\beta^*=2.3$。

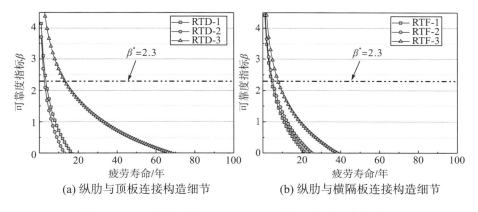

(a) 纵肋与顶板连接构造细节　　　(b) 纵肋与横隔板连接构造细节

图 5-37　12#纵肋(车道 5)对应的各开裂模式疲劳可靠度指标

　　研究结果表明[21]:①在目标可靠度 $\beta^*=2.3$ 的评判下,该桥钢桥面板结构关键构造细节典型开裂模式的疲劳寿命均无法满足设计要求。②纵肋与顶板连接构造细节的主导开裂模式 RTD-2 在服役的第 4 年不能满足目标可靠度下的设计要求,纵肋与横隔板连接构造细节的主导开裂模式 RTF-1 在服役的第 5 年不能满足目标可靠度下的设计要求。该桥钢桥面板结构在服役 6 年时,在钢箱梁内部出现约 450 条疲劳裂纹,预测结果与实际钢桥面板的疲劳寿命基本符合。③在服役 9 年时钢箱梁内部的疲劳裂纹数量约为 1894 条;在服役 15 年时,钢箱梁内部的疲劳裂纹数量约为 9000 条,钢箱梁内部主要发生 RTD-3、

RTF-1、RTF-2 和 RTF-3 的开裂模式，总占比约 81%。其中开裂模式 RTD-3 的疲劳裂纹占比约 16.0%，如图 5-38 所示。预测结果与该桥实际情况存在差异的主要原因是焊缝的熔透率 ρ 对该开裂模式的疲劳寿命影响显著，且该桥建造时的制造工艺与当前普遍采用的自动化制造工艺差异较大（熔透率 ρ 大于 0.6），存在熔透率 ρ 小于临界熔透率 ρ_{cr} 的可能，因此，在服役期出现开裂模式 RTD-3 的疲劳裂纹。④纵肋与横隔板连接构造细节的疲劳裂纹占比约 65.0%，如图 5-39 所示纵肋与横隔板连接构造细节的各开裂模式疲劳寿命预测（服役 5～8 年）与实桥结构的服役时间基本一致。⑤在服役 15 年时，将桥面铺装拆除以后发现大量 RTD-2 的疲劳裂纹，如图 5-40(a) 所示（属于隐蔽性裂纹，在钢箱梁内无法观测）。计入隐蔽性疲劳裂纹（开裂模式 RTD-2）后，钢箱梁各开裂模式的疲劳裂纹占比如图 5-40(b) 所示，纵肋与顶板连接构造细节（RTD）的疲劳裂纹占比约 54%。其中，对于纵肋与顶板连接构造细节而言，开裂模式 RTD-2 的疲劳裂纹占比约 87%，如图 5-40(c) 所示，与预测的开裂模式基本一致；同时，该构造细节的主导开裂模式 RTD-2 属于隐蔽性裂纹，无法在钢箱梁内目测，且主导开裂模式发生后导致局部应力重分布降低了开裂模式 RTD-1 的应力幅进而降低其疲劳累积损伤，因此开裂模式 RTD-1 的疲劳裂纹数量较少（仅 9 条）。

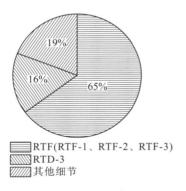

(a) 钢箱梁内疲劳裂纹占比　　　　　　　　(b) 开裂模式RTD-3的疲劳裂纹

图 5-38　钢箱梁内疲劳裂纹占比及开裂模式 RTD-3 的疲劳裂纹

图 5-39　纵肋与横隔板连接构造细节实桥开裂模式

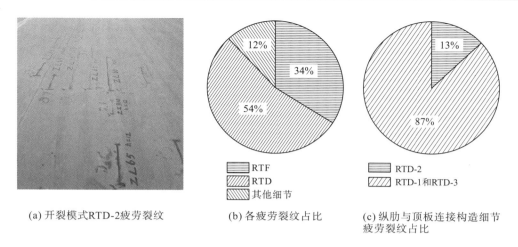

<table>
<tr><td>(a) 开裂模式RTD-2疲劳裂纹</td><td>(b) 各疲劳裂纹占比</td><td>(c) 纵肋与顶板连接构造细节
疲劳裂纹占比</td></tr>
</table>

图 5-40　实桥钢箱梁各类疲劳裂纹占比

5.4　小　　结

　　本章以两座典型城市桥梁和一座大跨度公路桥梁为例,分别采用标准疲劳车和随机车流进行疲劳性能评估,得出如下结论:

　　(1)以简支钢箱梁直线桥和连续钢箱梁曲线桥两座典型城市桥梁为例,分别从构造细节层面和结构体系层面对其疲劳性能进行评估,结果表明,上述两座典型桥梁的纵肋与顶板连接构造细节和纵肋与横隔板连接构造细节均处于较低应力幅水平,开裂风险较小,疲劳性能评估结果满足规范要求,并有较大安全储备。

　　(2)以国内某公路斜拉桥为背景,结合实际健康监测数据,根据交通量、焊缝几何形态和焊接细节初始微裂纹的概率统计特征,以日交通量(含各车道各车型分布比例)、各车型车重、各车型轴重分配比例、车辆空间位置等为外因随机变量,以钢桥面板关键构造细节的焊脚尺寸、熔透率和焊接细节初始微裂纹等为内因随机变量,基于 Monte-Carlo 法确定随机荷载谱和钢桥面板各开裂模式的应力影响面及随机荷载谱,采用影响面加载确定寿命分布及其统计特征,并进一步阐明了结构设计因素(内因)和交通荷载因素(外因)对钢桥面板结构主导开裂模式疲劳可靠度的影响规律。结果表明,基于随机车流的疲劳性能评估方法可准确预测钢桥面板在服役期的疲劳寿命,通过合理的设计与交通荷载有效干预对延长钢桥面板服役期和降低维修养护成本具有指导意义。

参　考　文　献

[1] 中华人民共和国交通运输部. 公路钢结构桥梁设计规范: JTG D64-2015[S]. 北京: 人民交通出版社, 2015.

[2] British Standard Institution（BSI）. BS5400: Part 10: 1980 Steel, concrete and composite bridges-Part10: Code of practice for fatigue [S]. London: British Standards Institution, 1980.

[3] American Association of State Highway and Transportation Officials(AASHTO). AASHTO LRFD bridge design specifications[S]. 7th ed. Washington DC: AASHTO, 2015.

[4] European Committee for Standardization (CEN). Eurocode 1: Actions on structures-Part 2: Traffic loads on bridges: BS EN 1991-2: 2003[S]. Bruxelles: European Committee for Standardization, 2003.

[5] European Committee for Standardization(CEN). Eurocode 3: Design of Steel Structures-Part 1-9: Fatigue: BS EN1993-1-9: 2005[S]. Bruxelles: European Committee for Standardization, 2005.

[6] Cui C, Bu Y Z, Bao Y, et al. Strain energy-based fatigue life evaluation of deck-to-rib welded joints in OSD considering combined effects of stochastic traffic load and welded residual stress[J]. Journal of Bridge Engineering, 2018, 23(2): 4017127.

[7] Cui C, Zhang Q H, Luo Y, et al. Fatigue reliability evaluation of deck-to-rib welded joints in OSD considering stochastic traffic load and welding residual stress[J]. International Journal of Fatigue, 2018, 111: 151-160.

[8] 黄云. 基于概率断裂力学的钢桥面板构造细节疲劳可靠度研究[D]. 成都: 西南交通大学, 2019.

[9] 崔闯. 基于应变能的钢桥面板与纵肋连接细节疲劳寿命评估方法及其可靠度研究[D]. 成都: 西南交通大学, 2018.

[10] 郭彤, 李爱群. 基于长期监测数据的桥面板焊接细节疲劳寿命评估[J]. 土木工程学报, 2009, 42(6): 66-72.

[11] 肖新辉, 鲁乃唯, 刘扬. 随机车流下公路钢桥疲劳可靠度分析[J]. 浙江大学学报(工学版), 2016, 50(9): 1777-1783.

[12] 童乐为, 沈祖炎, 陈忠延. 城市道路桥梁的疲劳荷载谱[J]. 土木工程学报, 1997, 30(5): 20-27.

[13] Liu Y, Xiao X H, Lu N W, et al. Fatigue reliability assessment of orthotropic bridge decks under stochastic truck loading[J]. Shock and Vibration, 2016, 2016: 4712593.

[14] Lu N, Noori M, Liu Y. Fatigue reliability assessment of welded steel bridge decks under stochastic truck loads via machine learning[J]. Journal of Bridge Engineering, 2016, 22(1): 4016105.

[15] 卜一之, 杨绍林, 崔闯, 等. 轮迹横向分布对钢桥面板疲劳应力幅的影响[J]. 桥梁建设, 2015, 45(2): 39-45.

[16] 邓扬, 丁幼亮, 李爱群. 钢箱梁焊接细节基于长期监测数据的疲劳可靠性评估: 疲劳可靠度指标[J]. 土木工程学报, 2012, 45(3): 86-92.

[17] 邓扬, 丁幼亮, 李爱群, 等. 钢箱梁桥焊接细节的疲劳断裂可靠性分析[J]. 工程力学, 2012, 29(10): 122-128.

[18] 邓扬, 李爱群, 丁幼亮. 钢箱梁桥海量应变监测数据分析与疲劳评估方法研究[J]. 工程力学, 2014, 31(7): 69-77.

[19] Lu N W, Liu Y, Deng Y. Fatigue reliability evaluation of orthotropic steel bridge decks based on site-specific weigh-in-motion measurements[J]. International Journal of Steel Structures, 2019, 19(1): 181-192.

[20] Wirsching P H. Fatigue reliability for offshore structures[J]. Journal of Structural Engineering, 1984, 110(10): 2340-2356.

[21] 李俊. 钢桥面板结构主导疲劳失效模式的形成机制与性能评估问题研究[D]. 成都: 西南交通大学, 2021.

第6章　长寿命钢桥面板结构

通过对既有钢桥面板结构大量的现场调研和试验分析表明，在交通量大、重载比例高的现代交通条件下，传统钢桥面板仍存在发生疲劳开裂的风险。对正交异性钢桥面板结构进行改进，发展长寿命钢桥面板结构，是提升钢桥面板疲劳性能的主要途径。其主要思路有如下三点：①研发具有良好疲劳性能的新型构造细节。随着当前自动化、智能化焊接和制造技术的发展，相关学者提出了纵肋与顶板双面焊构造细节、镦边纵（U）肋构造等。②发展长寿命钢桥面板制程技术，主要包括优化结构设计参数和研发先进焊接技术。例如，通过钢桥面板优化设计减少焊缝数量，降低初始缺陷出现的概率；采用大尺寸纵肋增大纵肋和横隔板间距，减少焊缝数量；研发先进制造技术，发展自动焊接技术并优化工艺参数，有效降低初始制造缺陷的出现概率和尺度等，从而显著降低正交异性钢桥面板的疲劳开裂风险。③发展长寿命组合桥面板结构体系。在钢桥面板顶板上引入高性能水泥基结构层，通过剪力键将结构层与钢桥面板形成组合桥面板协同受力，显著增大桥面板的局部刚度，大幅度降低各疲劳易损部位的应力幅，改善桥面铺装的受力状况，从而为钢桥面板疲劳开裂和桥面铺装易损提供综合解决方案。

6.1　长寿命钢桥面板构造细节研发

国内外学者为提高正交异性钢桥面板的疲劳性能进行了大量研究，当前常用的闭口肋纵肋形式和主要板件的设计参数以及典型的构造细节均是根据长期工程实践经验不断优化的结果。纵肋与顶板连接构造及横隔板与纵肋连接构造作为正交异性钢桥面板的疲劳病害最为突出的部位，国内外学者对其优化设计进行了大量研究，此处结合作者团队研究成果做相关介绍。

6.1.1　新型纵肋与顶板连接构造

钢桥面板疲劳开裂的大样本案例统计分析和系统深入的研究均表明[1-6]：纵肋与顶板连接构造细节和纵肋与横隔板连接构造细节，是控制现代正交异性钢板桥疲劳性能的关键构造细节；而前者是钢桥面板危害最严重的构造细节。受限于焊接技术的发展，传统闭口纵肋与顶板均采用单面焊进行焊接，存在局部应力高度集中的"类裂纹"构造（图6-1），熔透率难以有效控制，顶板焊根处的初始制造缺陷难以避免，多种因素共同作用下其疲劳强度较低，在实桥中疲劳开裂问题极为突出，且开裂后检测和加固困难，往往带来反复修复和封闭交通等一系列严重后果，导致重大的经济损失和恶劣的社会影响。随着自动化焊接技术的进步，我国研发了自主知识产权的自动化闭口纵肋内焊技术，实现了纵肋与顶板连接构造双面焊接。根据制造工艺流程可知，纵肋与顶板连接双面焊构造细节在焊接生产时，主要由内焊和外焊两个部分构成，其中内焊工艺如图 6-2 所示，外焊工艺如图 6-3 所示。在进行正交异性钢桥面板焊接生产过程中，当前常采用先内焊后外焊的方式进行焊接作业，随着技术的发展，取消纵肋坡口和定位焊条件下的内外焊缝同步焊技术已研发完成。同时，内外侧焊缝可以采用气体保护焊和埋弧焊等多种焊接方法进行焊接[1]。通过引入内焊技术后，将纵肋与顶板细节由单侧坡口角焊缝改善为双侧角焊缝，以消除纵肋与顶板细节焊根的"类裂纹"构造，使其主导疲劳开裂模式发生迁移，提升其疲劳性能。对该类构造细节进行的探索性疲劳试验和理论分析研究均表明[6-17]，其实际疲劳开裂模式与传统单面焊构造细节不同，疲劳强度显著高于纵肋与顶板单面焊构造细节，当前该技术已在武汉沌口长江公路大桥、广东肇庆西江大桥、深中通道等重大工程建设项目中得到应用，并在制造和焊接工艺等方面取得了飞速进步[14-17]：已由初期的部分熔透焊，逐步实现了全熔透焊；焊接工艺逐步由药芯焊丝 CO_2 气体保护焊向实心 MAG 焊（Ar+CO_2）、实心 MAG 焊（Ar+CO_2+O_2）和埋弧焊方向发展，焊接质量和焊缝成型质量大幅度提高。探究其疲劳性能的关键影响因素，确定其疲劳开裂模式和实际疲劳强度，提出适用的疲劳强度评估方法，是推动该类高疲劳强度新型构造细节工程应用的关键。

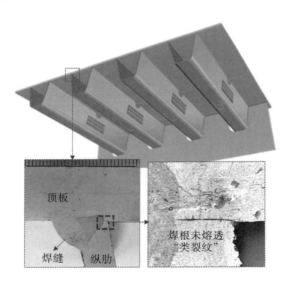

图 6-1　传统纵肋与顶板连接单面焊构造根部"类裂纹"

　　纵肋与顶板连接双面焊构造细节的构造参数主要有熔透率和焊脚尺寸。不同焊接方法和焊接参数的选取将对熔透率和焊脚尺寸产生显著影响。同时，由于纵肋与顶板构造细节的疲劳问题是一个局部问题，熔透率和焊脚尺寸的改变会对其局部刚度产生影响，不同熔透率下的断面如图 6-4 所示。对于纵肋与顶板连接单面焊构造细节，美国 AASHTO 规范要求其最低熔透率为 80%。对于纵肋与顶板连接双面焊构造细节，其熔透率和焊脚尺寸等重要特征参数对其疲劳性能的影响还缺乏相关研究，因此亟需开展研究，确定合理的熔透率和焊脚尺寸等重要特征参数，为下一阶段制定相关规范或技术指南提供科学依据。

图 6-2　纵肋与顶板连接双面焊构造细节内焊过程

图 6-3　纵肋与顶板连接双面焊构造细节外焊过程

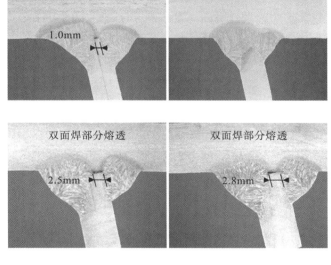

图 6-4　纵肋与顶板连接双面焊构造细节(单位：mm)

为便于分析，将纵肋与顶板连接双面焊构造细节各疲劳开裂模式分为三类并分别对其进行编号，如图 6-5 所示。RTD-1-1 和 RTD-1-2 分别代表疲劳裂纹从顶板外侧和内侧焊趾起裂并沿着顶板厚度方向扩展；RTD-2-1 和 RTD-2-2 分别代表疲劳裂纹从纵肋外侧和内侧焊趾起裂并沿着纵肋厚度方向扩展；RTD-3-1 和 RTD-3-2 分别代表疲劳裂纹从顶板外侧和内侧焊根起裂并沿着顶板厚度方向扩展。

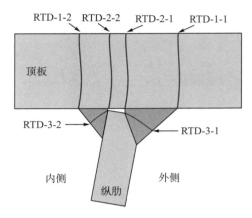

图 6-5   纵肋与顶板连接双面焊构造细节疲劳开裂模式示意图

6.1.1.1   疲劳性能影响因素分析

为了研究纵肋与顶板连接双面焊构造细节各疲劳开裂模式的疲劳性能，确定其主导疲劳开裂模式，在此基础上分析熔透率和焊脚尺寸对此构造细节疲劳性能的影响，采用通用有限元软件 ANSYS 建立了正交异性钢桥面板三维实体有限元模型，如图 6-6 所示。有限元模型纵向长度为 10.0m，包含三跨四个横隔板，具体布置为 0.5m+3×3.0m+0.5m=10.0m；横向宽度为 3.0m，包含 5 个纵肋；竖向高度为 0.7m；纵肋间距为 600mm，纵肋顶端开口宽度为 300mm，横隔板间距为 3000mm；顶板、横隔板和纵肋三者的厚度分别为 18mm、14mm 和 8mm。所有细节在有限元模型中采用实体单元（SOLID45）进行模拟。

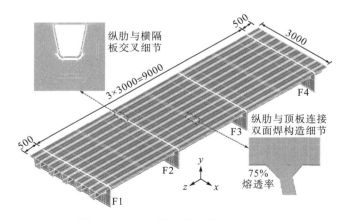

图 6-6   有限元节段模型（单位：mm）

钢材的弹性模量取值为：206GPa，泊松比取值为 0.3。选取中跨跨中截面的纵肋与顶板构造细节作为研究对象并对其网格进行细化处理。为模拟钢桥面板的受力特征，选取如下边界条件：①为了模拟钢箱梁横隔板和顶板对模型横向(x 方向)的约束作用，在有限元模型中约束横隔板和顶板横向两端节点 y 方向的平动自由度；②为了模拟钢箱梁对模型竖向(y 方向)的约束作用，在有限元模型中限制横隔板底端节点 y 方向的平动自由度；③为了模拟钢箱梁对模型纵向(z 方向)的约束作用，在有限元模型中限制纵肋与顶板纵向两端节点 z 方向的平动自由度。由于理论计算中重点关注的纵肋与顶板构造细节距离边界条件位置较远，根据圣维南原理可知，有限元模型中的边界条件不会给理论计算带来较大误差。标准疲劳车选取《公路钢结构桥梁设计规范》(JTG D64—2015)中的疲劳荷载模型 III，车重为 480kN，轴重为 120kN，单个轮载重为 60kN，标准疲劳车车轮之间的横向中心距为 2.0m。由于纵肋与顶板构造细节的横向影响线较短，因此标准疲劳车辆车轮的横向相互影响可以忽略。为了获得纵肋与顶板连接双面焊构造细节在轮载下的受力状态，选取标准疲劳车的单个轮载作为单位荷载对正交异性钢桥面板进行纵横向移动加载，然后基于等效结构应力法计算得到纵肋与顶板连接双面焊构造细节各疲劳开裂模式的等效结构应力影响面。纵肋与顶板连接双面焊构造细节的纵横向加载工况如图 6-7 所示。其中横向加载，以截面中心线为基准线，荷载中心的偏移量为 e，荷载位于 x 轴正方向则 e 为正，荷载位于 x 轴负方向则 e 为负，横向加载步长为 0.15m，如图 6-7(a)所示；纵向加载位置以 2#横隔板(F2)为起点，加载步长为 0.1m，向 3#横隔板(F3)方向进行移动加载，如图 6-7(b)所示。

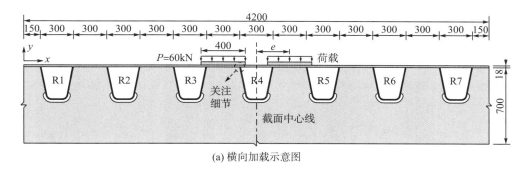

(a) 横向加载示意图

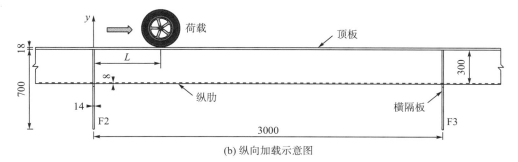

(b) 纵向加载示意图

图 6-7　加载示意图(单位：mm)

　　以纵肋与顶板连接双面焊构造细节为研究对象，基于等效结构应力法，对其疲劳性能开展理论研究。纵肋与顶板连接双面焊构造细节的熔透率为75%，其疲劳开裂模式的等效结构应力影响面如图6-8所示。分析可知，各疲劳开裂模式在轮载作用下的纵向影响区域主要在构造细节相邻的2个横隔板之间；横向影响区域主要在构造细节相邻4个纵肋区域内。疲劳开裂模式 RTD-1-1 在纵向移动轮载作用下主要承受拉-压循环应力；最不利横向加载位置 e=-150mm，最大等效结构应力幅值为 53.3MPa；当轮载纵向加载位置为 1100mm 时，疲劳开裂模式 RTD-1-1 将产生最大拉应力，其值为 17.6MPa；当轮载纵向加载位置为 1500mm 时，疲劳开裂模式 RTD-1-1 将产生最大压应力，其值为 -35.7MPa。与疲劳开裂模式 RTD-1-1 的受力状态类似，疲劳开裂模式 RTD-1-2 承受较大的拉-压循环应力；当轮载横向加载位置 e=-150mm 时，为最不利横向加载位置，此时疲劳开裂模式 RTD-1-2 承受的最大等效结构应力幅值为 45.0MPa；当轮载纵向加载位置为 1100mm 时，疲劳开裂模式 RTD-1-2 将产生最大拉应力，其值为 19.3MPa；当轮载纵向加载位置为 1500mm 时，疲劳开裂模式 RTD-1-2 将产生最大压应力，其值为 -25.7MPa。

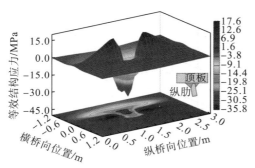

(a) 疲劳开裂模式RTD-1-1等效结构应力影响面

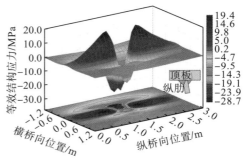

(b) 疲劳开裂模式RTD-1-2等效结构应力影响面

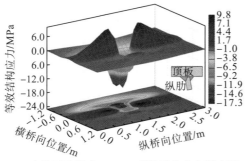

(c) 疲劳开裂模式RTD-2-1等效结构应力影响面

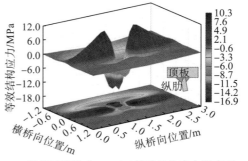

(d) 疲劳开裂模式RTD-2-2等效结构应力影响面

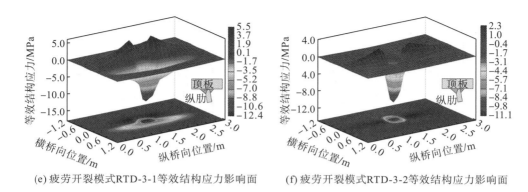

(e) 疲劳开裂模式RTD-3-1等效结构应力影响面　　　(f) 疲劳开裂模式RTD-3-2等效结构应力影响面

图 6-8　纵肋与顶板连接双面焊构造细节等效结构应力影响面

在纵向移动轮载作用下焊根起裂各疲劳开裂模式主要承受拉-压循环应力，疲劳开裂模式 RTD-2-1、RTD-2-2、RTD-3-1 和 RTD-3-2 的最大等效结构应力幅值分别为26.6MPa、26.2MPa、12.3MPa 和 13.3MPa。研究结果表明：焊根起裂各疲劳开裂模式的等效结构应力幅值均显著低于焊趾起裂各疲劳开裂模式的等效结构应力幅值。将纵肋与顶板连接双面焊构造细节各疲劳开裂模式的等效结构应力幅值汇总于表 6-1，分析可知：①在纵向移动轮载作用下，焊根起裂各疲劳开裂模式的等效结构应力幅值整体处于较低水平，主要是因为纵肋内侧焊缝使焊根位置未熔透部分处于封闭区域内，有效降低了焊根位置的应力幅，使得焊根部位出现疲劳裂纹的可能性大幅降低；②疲劳开裂模式 RTD-1-1 为纵肋与顶板连接双面焊构造细节的主导疲劳开裂模式，其最大等效结构应力幅值为53.3MPa。

表 6-1　各疲劳开裂模式等效结构应力幅值　　　　　　　（单位：MPa）

疲劳开裂模式	应力幅值				
	e=−300mm	e=−150mm	e=0mm	e=150mm	e=300mm
RTD-1-1	37.2	53.3	33.9	19.6	3.2
RTD-1-2	32.7	45.0	27.1	19.4	4.7
RTD-2-1	19.4	26.6	16.0	10.1	1.2
RTD-2-2	19.0	26.2	15.8	10.5	1.8
RTD-3-1	5.5	9.8	12.3	11.2	5.4
RTD-3-2	8.6	13.3	10.1	4.6	0.8

注：e 为横向加载位置。

此处针对不同熔透率对纵肋与顶板连接双面焊构造细节疲劳性能的影响开展研究。在计算等效结构应力时选取熔透率为：0%、25%、50%、75%和 100%五种典型情况进行分析，加载工况如图 6-7 所示，有限元模型如图 6-9 所示。

(a) 熔透率为0%　　(b) 熔透率为25%　　(c) 熔透率为50%　　(d) 熔透率为75%　　(e) 熔透率为100%

图 6-9　纵肋与顶板连接双面焊构造细节有限元模型

对于不同熔透率情况下，纵肋与顶板连接双面焊构造细节各疲劳开裂模式的等效结构应力历程如图 6-10 所示，图中仅给出各疲劳开裂模式在最不利加载工况下的等效结构应力历程，并将最大等效结构应力幅汇总于表 6-2。分析可知：①随着熔透率由 0%增加到 100%，焊趾起裂各疲劳开裂模式(疲劳开裂模式 RTD-1-1 和 RTD-1-2)的等效结构应力幅值基本保持不变，表明熔透的改变对于焊趾起裂各疲劳开裂模式的疲劳性能影响较小；②对于疲劳开裂模式 RTD-2-1、RTD-2-2 和 RTD-3-2，其等效结构应力幅值随着熔透率的增大而呈小幅降低趋势，当熔透率由 0%增大到 75%，疲劳开裂模式 RTD-2-1、RTD-2-2 和 RTD-3-2 的等效结构应力幅值分别降低 8.9%、8.2%和 7.3%；③对于疲劳开裂模式 RTD-3-1，其等效结构应力幅值随着熔透率的增大而大幅降低，当熔透率由 0%增加到 75%，其等效结构应力幅值由 42.9MPa 降低到 9.8MPa，降幅为 77.2%；④当熔透率达到 75%时，焊根起裂各疲劳开裂模式在疲劳荷载作用下的等效结构应力幅值均处于较低水平，此时纵肋与顶板连接双面焊构造细节的疲劳性能主要由焊趾起裂的各疲劳开裂模式控制。

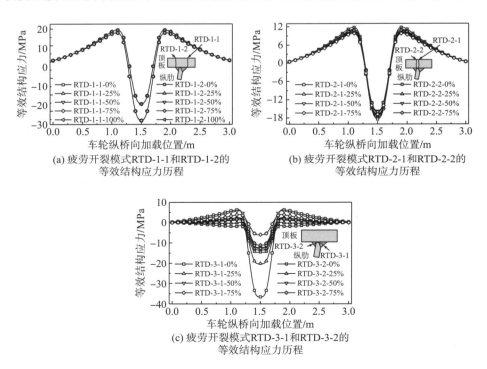

图 6-10　不同熔透率下纵肋与顶板连接双面焊构造细节的等效结构应力历程

表 6-2　熔透率对等效结构应力幅值的影响 （单位：MPa）

疲劳开裂模式	应力幅值				
	0%	25%	50%	75%	100%
RTD-1-2	44.9	44.9	45.0	45.0	45.0
RTD-1-1	53.2	53.3	53.3	53.3	53.3

注：0%～100%均指熔透率。

由上述分析可知，顶板焊趾起裂疲劳开裂模式控制着纵肋与顶板连接双面焊构造细节的疲劳性能。因此，主要考虑顶板位置焊脚尺寸的变化对构造细节疲劳性能的影响，通过确定合理的焊脚尺寸为构造细节优化设计提供科学依据。纵肋与顶板连接双面焊构造细节焊脚尺寸如图 6-11 所示，其中 h_{f1} 代表顶板内侧焊缝的焊脚尺寸，h_{f2} 代表顶板外侧焊缝的焊脚尺寸。由于纵肋腹板开有坡口，为了便于对比分析，h_{f2} 的长度选取为纵肋腹板外侧延长线与顶板交点至外侧焊趾之间的距离。顶板厚度为 18mm，纵肋板厚为 8mm，熔透率为 75%，焊脚尺寸 h_{f1} 和 h_{f2} 的设计值相等，其设计尺寸分别为：6mm、8mm、10mm、12mm 和 14mm，共 5 种。

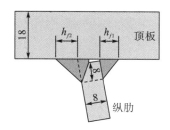

图 6-11　纵肋与顶板连接双面焊构造细节焊脚尺寸（单位：mm）

对于不同焊脚尺寸设计条件下，纵肋与顶板连接双面焊构造细节各疲劳开裂模式的等效结构应力历程如图 6-12 所示，图中仅给出了各疲劳开裂模式在最不利横向加载工况下的等效结构应力历程，并将最大等效结构应力幅汇总于表 6-3。研究表明：①随着顶板焊脚尺寸的增加，疲劳开裂模式 RTD-1-1 和 RTD-1-2 的等效结构应力幅值明显降低，当顶板焊脚尺寸由 6mm 增大到 14mm 时，RTD-1-1 的等效结构应力幅值由 54.3MPa 降低到 46.7MPa，降幅为 13.9%，RTD-1-2 的等效结构应力幅值由 47.1MPa 降低到 39.9MPa，降幅为 15.3%；②焊根起裂各疲劳开裂模式（RTD-2-1～RTD-3-2）的等效结构应力幅值随着焊脚尺寸的增加呈减小趋势，但是焊根起裂各疲劳开裂模式的等效结构应力幅值均处于较低水平，远小于顶板焊趾起裂疲劳开裂模式的等效结构应力幅值。由上述结果可知，适当增加焊脚尺寸可有效改善纵肋与顶板连接双面焊构造细节的疲劳性能。

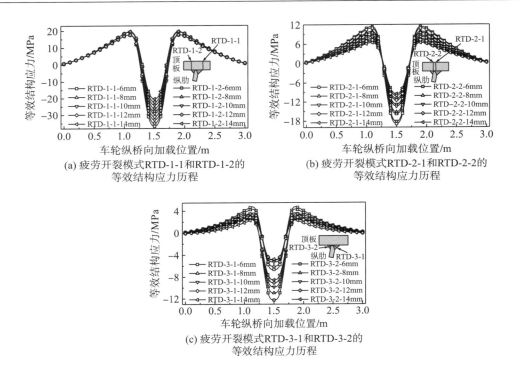

图 6-12   不同焊脚尺寸下纵肋与顶板连接构造细节等效结构应力历程

表 6-3   焊脚尺寸对等效结构应力幅值的影响   （单位：MPa）

疲劳开裂模式	应力幅值				
	6mm	8mm	10mm	12mm	14mm
RTD-1-1	54.3	52.3	50.4	48.6	46.7
RTD-1-2	47.1	45.2	43.5	41.7	39.9
RTD-2-1	29.8	25.3	21.6	18.7	16.5
RTD-2-2	29.6	25.1	21.5	18.6	16.3
RTD-3-1	11.3	10.2	8.7	7.7	7.0
RTD-3-2	15.7	14.0	12.6	11.7	10.9

注：6～14mm 为焊脚尺寸。

针对顶板与纵肋连接双面焊构造细节的参数化研究表明：①采用最新自动化焊接技术发展纵肋与顶板连接双面焊构造细节，使得该构造细节由单面坡口角焊缝变为双面角焊缝，可有效降低焊根位置疲劳开裂的风险；在纵向移动轮载作用下，纵肋与顶板连接双面焊构造细节的主导疲劳开裂模式为疲劳裂纹萌生于顶板外侧焊趾并沿顶板厚度方向扩展；②焊根起裂各疲劳开裂模式的等效结构应力幅值随着熔透率的增大而呈降低趋势，其中，疲劳开裂模式 RTD-3-1(疲劳裂纹萌生于外侧焊根并沿焊缝方向扩展)的降幅最为显著，可达 77.2%；当熔透率达到 75%时，焊根起裂各疲劳开裂模式的等效结构应力幅值均处于较低水平，此时纵肋与顶板连接双面焊构造细节的疲劳性能主要由焊趾起裂的各疲劳开裂模式控制；③随着熔透率的增大，焊趾起裂各疲劳开裂模式的等效结构应力幅值基本保持不变，表明熔透的改变对于焊趾起裂各疲劳开裂模式的疲劳性能影响较小；④焊脚尺寸是纵肋与顶板连接双面焊构造细节疲劳性能的另一关键影响因素，适当增大焊脚尺寸可有效降低焊趾起裂疲劳开裂模式的等效结构应力幅值，从而提升纵肋与顶板连接双面焊构造细节的疲劳性能。

6.1.1.2　纵肋与顶板连接双面焊疲劳试验

针对正交异性钢桥面板结构的疲劳性能，国内外研究者通常采用焊缝模型、足尺模型、节段模型三种尺度试验模型进行相关研究[5-7,12]。对于纵肋和顶板焊接构造细节，焊缝模型多从钢桥面板中直接截取单个纵肋，或仅取一条焊缝进行模型试验，因模型中无法反映桥面板本身的局部力学行为特性以及纵肋与顶板的协同受力状态，目标焊缝的受力状态与桥面板中的实际受力状态存在显著差异，无法通过试验得到构造细节的实际疲劳开裂模式，可能得到偏于不安全的疲劳强度试验结果。节段模型则由实际桥梁结构中的典型构件组成，节段模型一般包含多个不同的连接构造细节，能够较为真实准确地模拟多疲劳易损部位的实际受力状态，板件的加工精度、焊接工艺均可与实际桥梁结构保持一致，但其尺寸较大、试验成本高、对试验场地要求高，不利于焊接细节疲劳性能评估。

为此，笔者团队自主研发了钢桥面板纵肋与顶板连接构造细节疲劳试验装置[18-22]，如图 6-13 所示。基于纵肋与顶板连接双面焊接构造细节合理熔透率研究成果和已研发的试验装置，针对 0%、75% 和 100% 三种不同熔透率设计三组疲劳试验模型，每组 2 个试件，共 6 个试件。模型宽度为 900mm，纵向长度为 500mm，顶板厚 16mm，纵肋厚 8mm，如图 6-14（a）所示。与第 2 章 2.3.2 热点应力法测试纵肋与顶板连接双面焊接构造细节处应力一致，测点布置如图 6-14（b）所示。

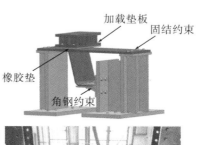

图 6-13　构造细节模型疲劳试验装置

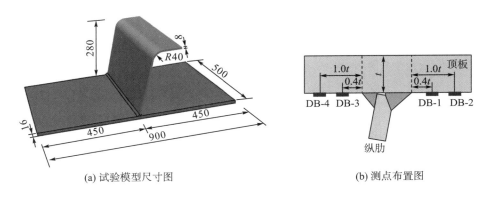

(a) 试验模型尺寸图   (b) 测点布置图

图 6-14   试验模型尺寸与测点布置图（单位：mm）

6.1.1.3　疲劳试验结果分析

根据纵肋与顶板连接双面焊构造细节模型仿真分析结果和试验模型设计的相关内容进行静、动载试验。在对每个模型进行疲劳加载之前，需进行一次静载试验以确定疲劳荷载幅；疲劳加载过程中每隔 5 万次加载需进行一次动态数据采集，以监测模型关键测点应变数据的变化情况，据此判断模型是否发生疲劳开裂。相关冲击和未冲击的疲劳试验数据已在表 4-13 中列出，此处为探究熔透率的影响，选取未冲击的试验模型结果汇总如表 6-4 所示。

表 6-4　纵肋与顶板连接双面焊构造细节不同熔透率疲劳试验结果汇总表

试件编号	加载方式	处理方式	开裂模式	开裂次数/万次	加载总次数/万次	换算为 200 万次疲劳加载常幅应力幅/MPa	
						名义应力	热点应力
PR0%-1	常幅	正常	内侧焊趾	30	50	99.7	108.7
PR0%-2	常幅	正常	内侧焊趾	55	80	102.7	111.9
PR75%-1	常幅	正常	外侧焊趾	955	1175	187.3	195.1
PR75%-2	变幅	正常	内侧焊趾	375	465	128.4	140.0
PR100%-1	变幅	正常	内侧焊趾	290	490	104.1	120.1
PR100%-2	常幅	正常	内侧焊趾	490	530	117.9	122.4

1）熔透率为 0%时的疲劳试验结果

为得到熔透率为 0%时的纵肋与顶板连接双面焊接构造细节的疲劳强度，开展了模型 PR0%-1 和 PR0%-2 的疲劳加载试验，疲劳加载过程中根据关键测点动态应力数据随加载次数的变化判断疲劳裂纹的产生。模型 PR0%-1 关键测点应力数据随加载次数变化规律如图 6-15 所示。

研究结果表明：①模型 PR0%-1 在加载至 30 万次时，纵肋与顶板连接双面焊接构造细节内、外侧顶板焊趾附近测点应力发生明显改变，且内侧顶板焊趾附近关键测点应力变化更为显著，结合肉眼观察、磁粉探伤和超声波检测等手段判定模型 PR0%-1 内侧顶板焊趾发生疲劳破坏；②结合应变片数据变化，根据线性疲劳累积损伤理论进行换算，可得到模型 PR0%-1 换算疲劳强度（200 万次常幅加载）为 99.7MPa（顶板焊趾 6mm 处名义应力）；③根据国际焊接协会推荐的外推公式可以得到焊趾处的热点应力，模型 PR0%-1 换算疲劳强度为 108.7MPa（外推热点应力）。

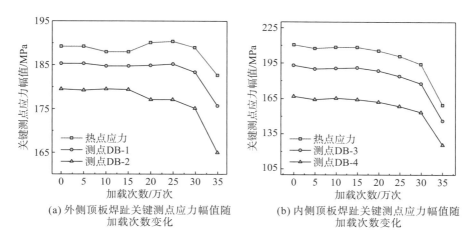

(a) 外侧顶板焊趾关键测点应力幅值随　　　　(b) 内侧顶板焊趾关键测点应力幅值随
　　加载次数变化　　　　　　　　　　　　　　　加载次数变化

图 6-15　模型 PR0%-1 关键测点应力数据随加载次数变化

　　图 6-16 为模型 PR0%-1 疲劳开裂模式图片。当加载至 30 万次时，纵肋与顶板连接双面焊接构造细节内侧顶板焊趾处观察到长度为 10～20mm 的疲劳裂纹，如图 6-16（a）所示；随着作用次数的不断增加，疲劳裂纹附近测点应力降低显著，导致其周围区域应力重分配，疲劳裂纹扩展迅速，裂纹长度和深度的增加反过来进一步加剧应力重分配，疲劳裂纹扩展速度进一步增大直至无法承载，如图 6-16（b）所示。

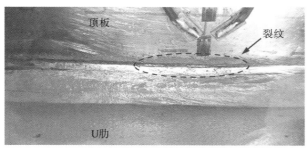

(a) 加载至30万次时的疲劳裂纹

(b) 加载结束时的疲劳裂纹

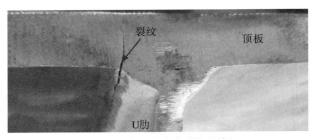

(b) 加载结束时的疲劳裂纹（续）

图 6-16 模型 PR0%-1 疲劳开裂图

模型 PR0%-2 关键测点应力数据随加载次数变化规律如图 6-17 所示。研究结果表明：①模型 PR0%-2 在加载至 55 万次时，纵肋与顶板连接双面焊接构造细节内、外侧顶板焊趾附近测点应力发生明显改变，且内侧顶板焊趾附近关键测点应力变化更为显著，结合肉眼观察、磁粉探伤和超声波检测等手段判定模型 PR0%-2 内侧顶板焊趾发生疲劳破坏；②结合应变片数据变化，根据线性疲劳累积损伤理论进行换算，可得到模型 PR0%-2 换算疲劳强度(200 万次常幅加载)为 102.7MPa(顶板焊趾 6mm 处名义应力)；③根据国际焊接协会推荐的外推公式可以得到焊趾处的热点应力，模型 PR0%-2 换算疲劳强度为 111.9MPa(外推热点应力)。

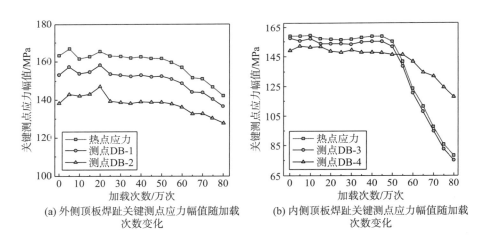

(a) 外侧顶板焊趾关键测点应力幅值随加载次数变化

(b) 内侧顶板焊趾关键测点应力幅值随加载次数变化

图 6-17 模型 PR0%-2 关键测点应力数据随加载次数变化

图 6-18 为模型 PR0%-2 疲劳开裂模式图片。当加载至 55 万次时，纵肋与顶板连接双面焊接构造细节内侧顶板焊趾处观察到长度为 10～20mm 的疲劳裂纹，如图 6-18(a)所示；随着作用次数的不断增加，疲劳裂纹附近测点应力降低显著，导致其周围区域应力重分配，疲劳裂纹扩展迅速，裂纹长度和深度的增加反过来进一步加剧应力重分配，疲劳裂纹扩展速度进一步增大直至无法承载，如图 6-18(b)所示。

(a) 加载至55万次时的疲劳裂纹

(b) 加载结束时的疲劳裂纹

图 6-18　模型 PR0%-2 疲劳开裂图

2) 熔透率为 75%时的疲劳试验结果

为得到熔透率为 75%的纵肋与顶板连接双面焊接构造细节的疲劳强度，开展了模型 PR75%-1 和 PR75%-2 的疲劳加载试验，疲劳加载过程中根据关键测点动态应力数据随加载次数的变化判断疲劳裂纹的产生。模型 PR75%-1 关键测点应力数据随加载次数变化规律如图 6-19 所示。

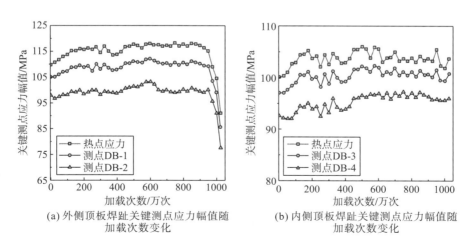

(a) 外侧顶板焊趾关键测点应力幅值随　　　(b) 内侧顶板焊趾关键测点应力幅值随
　　　　加载次数变化　　　　　　　　　　　　　　加载次数变化

图 6-19　模型 PR75%-1 关键测点应力数据随加载次数变化

　　研究结果表明：①模型 PR75%-1 在加载至 955 万次时，纵肋与顶板连接双面焊接构造细节外侧顶板焊趾附近测点应力发生明显改变，但内侧顶板焊趾附近关键测点应力变化不明显，结合肉眼观察、磁粉探伤和超声波检测等手段判定模型 PR75%-1 外侧顶板焊趾发生疲劳破坏；②结合应变片数据变化，根据线性疲劳累积损伤理论进行换算，可得到模型 PR75%-1 换算疲劳强度（200 万次常幅加载）为 187.3MPa（顶板焊趾 6mm 处名义应力）；③根据国际焊接协会推荐的外推公式可以得到焊趾处的热点应力，模型 PR75%-1 换算疲劳强度为 195.1MPa（外推热点应力）。

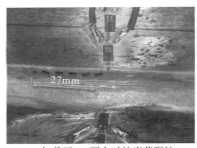　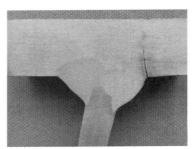

(a) 加载至955万次时的疲劳裂纹　　　　　　　(b) 加载结束时裂纹扩展情况

图 6-20　模型 PR75%-1 疲劳开裂图

　　图 6-20 为模型 PR75%-1 疲劳开裂模式图。当加载至 955 万次时，纵肋与顶板连接双面焊接构造细节外侧顶板焊趾处观察到长度约为 27mm 的疲劳裂纹，如图 6-20(a) 所示；随着作用次数的不断增加，疲劳裂纹附近测点应力降低显著，导致其周围区域应力重分配，疲劳裂纹扩展迅速，裂纹长度和深度的增加反过来进一步加剧应力重分配，疲劳裂纹扩展速度进一步增大直至无法承载，如图 6-20(b) 所示。

　　模型 PR75%-2 关键测点应力数据随加载次数的变化规律如图 6-21 所示。研究结果表明：①模型 PR75%-2 在加载至 375 万次时，纵肋与顶板连接双面焊接构造细节内、外侧顶板焊趾附近测点应力发生明显改变，且内侧顶板焊趾附近关键测点应力变化更为显著，结合肉眼观察、磁粉探伤和超声波检测等手段判定模型 PR75%-2 内侧顶板焊趾发生疲劳破坏；②结合应变片数据变化，根据线性疲劳累积损伤理论进行换算，可得到模型 PR75%-2 换算疲劳强度（200 万次常幅加载）为 128.4MPa（顶板焊趾 6mm 处名义应力）；③根据国际焊接协会推荐的外推公式可以得到焊趾处的热点应力，模型 PR75%-2 换算疲劳强度为 140.0MPa（外推热点应力）。

　　图 6-22 为模型 PR75%-2 疲劳开裂模式图。当加载至 375 万次时，纵肋与顶板连接双面焊接构造细节内侧顶板焊趾处观察到长度约为 30mm 的疲劳裂纹；随着作用次数的不断增加，疲劳裂纹附近测点应力降低显著，导致其周围区域应力重分配，疲劳裂纹扩展迅速，裂纹长度和深度的增加反过来进一步加剧应力重分配，疲劳裂纹扩展速度进一步增大直至无法承载。

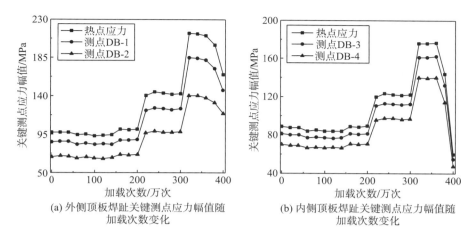

(a) 外侧顶板焊趾关键测点应力幅值随
加载次数变化

(b) 内侧顶板焊趾关键测点应力幅值随
加载次数变化

图 6-21　模型 PR75%-2 关键测点应力数据随加载次数变化

图 6-22　模型 PR75%-2 疲劳开裂图

3) 熔透率为 100%时的疲劳试验结果

为得到熔透率为 100%的纵肋与顶板连接双面焊接构造细节的疲劳强度，开展了模型 PR100%-1 和 PR100%-2 的疲劳加载试验，疲劳加载过程中根据关键测点动态应力数据随加载次数的变化判断疲劳裂纹的产生。模型 PR100%-1 关键测点应力数据随加载次数变化规律如图 6-23 所示。研究结果表明：①模型 PR100%-1 在加载至 290 万次时，纵肋与顶板连接双面焊接构造细节内侧顶板焊趾附近测点应力发生明显改变，但外侧顶板焊趾附近关键测点应力变化不明显，结合肉眼观察、磁粉探伤和超声波检测等手段判定模型 PR100%-1 内侧顶板焊趾发生疲劳破坏；②结合应变片数据变化，根据线性疲劳累积损伤理论进行换算，可得到模型 PR100%-1 换算疲劳强度(200 万次常幅加载)为 104.1MPa(顶板焊趾 6mm 处名义应力)；③根据国际焊接协会推荐的外推公式可以得到焊趾处的热点应力，模型 PR100%-1 换算疲劳强度为 120.1MPa(外推热点应力)。

图 6-24 为模型 PR100%-1 疲劳开裂模式。当加载至 290 万次时，新型纵肋-顶板双面焊细节内侧顶板焊趾处观察到长度约为 25mm 的疲劳裂纹，如图 6-24(a)所示；随着作用次数的不断增加，疲劳裂纹附近测点应力降低显著，导致其周围区域应力重分配，疲劳裂

纹扩展迅速，裂纹长度和深度的增加反过来进一步加剧应力重分配，疲劳裂纹扩展速度进一步增大直至无法承载，加载结束时裂纹扩展情况如图 6-24(b) 所示。

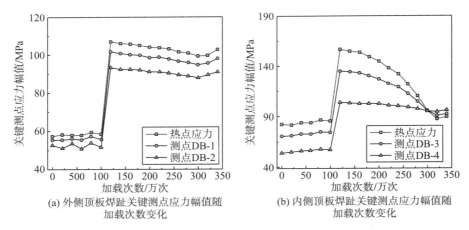

(a) 外侧顶板焊趾关键测点应力幅值随
加载次数变化

(b) 内侧顶板焊趾关键测点应力幅值随
加载次数变化

图 6-23　模型 PR100%-1 关键测点应力数据随加载次数变化

(a) 加载至290万次时的疲劳裂纹

(b) 加载结束时裂纹扩展情况

图 6-24　模型 PR100%-1 疲劳开裂图

　　模型 PR100%-2 关键测点应力数据随加载次数变化规律如图 6-25 所示。研究结果表明：①模型 PR100%-2 在加载至 490 万次时，新型纵肋-顶板双面焊构造细节内、外侧顶板焊趾附近测点应力发生明显改变，且内侧顶板焊趾附近关键测点应力变化更为显著，结合肉眼观察、磁粉探伤和超声波检测等手段判定模型 PR100%-2 内侧顶板焊趾发生疲劳破坏；②结合应变片数据变化，根据线性疲劳累积损伤理论进行换算，可得到模型 PR100%-2 换算疲劳强度(200 万次常幅加载)为 117.9MPa(顶板焊趾 6mm 处名义应力)；③根据国际焊接协会推荐的外推公式可以得到焊趾处的热点应力，模型 PR100%-2 换算疲劳强度为 122.4MPa(外推热点应力)。

　　图 6-26 为模型 PR100%-2 疲劳开裂模式图。当加载至 490 万次时，纵肋与顶板连接双面焊接构造细节内侧顶板焊趾处观察到长度约为 25mm 的疲劳裂纹，如图 6-26 所示；随着作用次数的不断增加，疲劳裂纹附近测点应力降低显著，导致其周围区域应力重分配，疲劳裂纹扩展迅速，裂纹长度和深度的增加反过来进一步加剧应力重分配，疲劳裂纹扩展速度进一步增大直至无法承载。

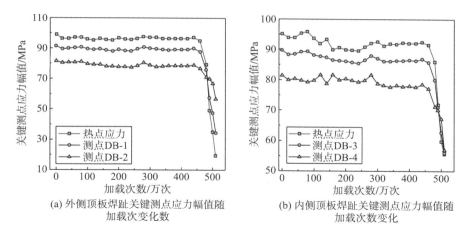

(a) 外侧顶板焊趾关键测点应力幅值随
加载次变化数

(b) 内侧顶板焊趾关键测点应力幅值随
加载次数变化

图 6-25　模型 PR100%-2 关键测点应力数据随加载次数变化

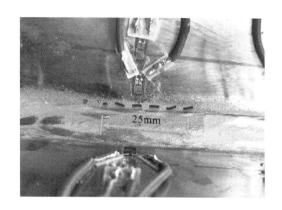

图 6-26　模型 PR100%-2 疲劳开裂图

4) 小结

针对熔透率对纵肋-顶板新型双面焊细节疲劳性能的影响展开研究，结果表明焊根起裂各疲劳开裂模式的等效结构应力幅值随熔透率的增大而呈降低趋势，其中，疲劳裂纹起裂于外侧焊根并沿焊缝方向扩展的开裂模式的降幅最为显著，可达 77.2%；当熔透率达到 75%时，焊根起裂各疲劳开裂模式的等效结构应力幅值均处于较低水平。此时纵肋-顶板新型双面焊构造细节的疲劳性能主要由焊趾起裂的各疲劳开裂模式控制；随着熔透率的增大，焊趾起裂各疲劳开裂模式的等效结构应力幅值基本保持不变，表明不考虑初始制造缺陷的理想条件下，熔透率不再是焊趾起裂各疲劳开裂模式疲劳性能的决定性影响因素。分析结果与试验结果一致：熔透率分别为 0%、75%和 100%的纵肋-顶板双面焊接构造细节试验结果平均疲劳强度分别为 110.3MPa、167.6MPa 和 121.3MPa（热点应力），试验结果的离散性主要由初始制造缺陷所导致，表明熔透率达到一定量值后，熔透率对纵肋与顶板连接双面焊构造细节的疲劳性能影响甚微。出于对运营期该构造细节疲劳开裂检测难易程度的考虑，可采用双面全熔透焊接工艺；同时全熔透焊接工艺导致的焊接变形过大问题也不容忽视。在熔透率有保障的情况下，是否采用全熔透焊接技术需综合考虑。

6.1.2 新型纵肋与横隔板连接构造

本节在纵肋与顶板连接双面焊构造细节研究的基础上，针对新型纵肋与横隔板连接构造细节开展研究。传统钢桥面板的纵肋与横隔板连接构造细节易出现的三类典型开裂模式中，RTF-2 和 RTF-3 的诱发原因主要是早期以强度设计为控制原则的钢桥面板中横隔板厚度较薄，引发其面外刚度不足。当前此部位最不利和最易损的疲劳部位为开裂模式中RTF-1 对应的纵肋端部焊趾处，主要是因为此处纵肋面外抗弯刚度不足。基于上述认识，笔者团队提出了多类新型纵肋与横隔板连接构造[23-25]，以提升纵肋的面外抗弯刚度，增强纵肋与横隔板之间的协同受力。以图 6-27(a) 中常规的开孔形状为对照，所提出的三种横隔板新型开孔构造与连接形式如图 6-27(b)～图 6-27(d) 所示。

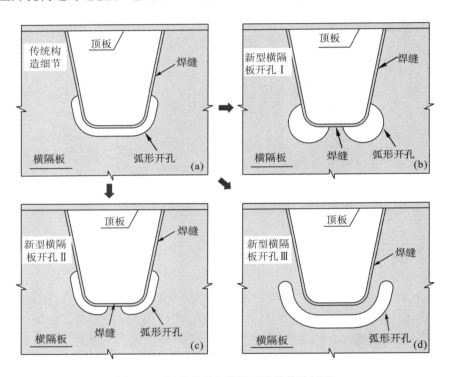

图 6-27 新型纵肋与横隔板连接构造细节

6.1.2.1 新型横隔板开孔 I

为了获得新型纵肋与顶板连接构造细节疲劳性能，开展了含新型横隔板 I 的钢桥面板疲劳试验。同时为与传统纵肋与横隔板连接构造进行对比，采用与第 3 章 3.3.4 节一致的加载部位和方式，如图 6-28(a) 所示。同时在新型纵肋与顶板连接构造细节各疲劳易损部位布置应变片监测其裂纹扩展过程中的应力变化，如图 6-28(b) 所示。其中"F"代表横隔板编号；"R"代表纵肋编号。

(a) 模型加载图

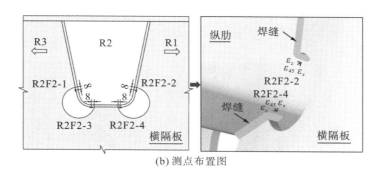

(b) 测点布置图

图 6-28　疲劳试验加载测试（单位：mm）

布置测点处应力随循环次数增加的变化如图 6-29 所示。新型 RTF 焊接接头既处于拉-拉应力循环状态，又处于压-压应力循环状态。它们在循环载荷作用下表现出应力范围的减小，表明测点附近疲劳裂纹的萌生和扩展。当循环加载达到 40 万次时，测点 R3F2-3 处的应变呈下降趋势，靠近 R3F2-3 的焊接接头底部焊缝趾处出现了长度为 34mm 的疲劳裂纹。同时，在靠近 R2F2-4 的底部焊缝趾端也观察到长度为 8mm 的疲劳裂纹。随着载荷循环次数的增加，疲劳裂纹沿纵肋底部继续扩展。最后，裂纹分别扩展到 53mm 和 72mm，如图 6-30 所示。与传统纵肋与横隔板连接构造细节相比，新型纵肋与横隔板连接构造细节纵肋腹板末端焊缝脚趾处未出现疲劳裂纹，这是由于纵肋底部与横隔板焊接提高了纵肋的扭转刚度[26]。

结果表明，新型纵肋与横隔板连接构造共出现 6 条疲劳裂纹，均出现在纵肋底部，典型裂纹如图 6-30 所示。结合 3.3.4 节中传统纵肋与横隔板连接构造细节的裂纹扩展数据，传统和新型纵肋与横隔板连接构造细节对比如图 6-31 所示。虽然传统和新型纵肋与横隔板连接构造细节裂纹萌生寿命相近，但新型纵肋与横隔板连接构造细节的裂纹扩展速率明显低于传统纵肋与横隔板连接构造细节，其主要原因可能是由局部焊缝区域的 WRS 引起的。

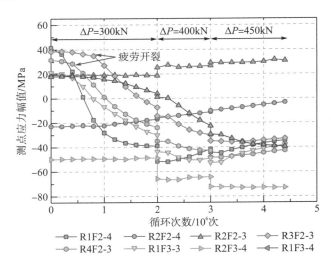

图 6-29　测点应力随循环次数变化图

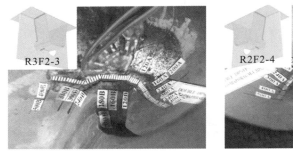
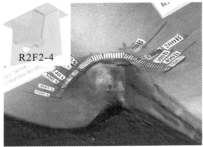

图 6-30　疲劳裂纹扩展图

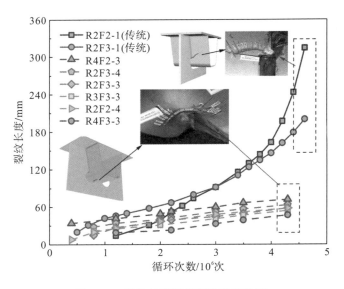

图 6-31　裂纹长度随循环次数变化图

6.1.2.2　新型横隔板开孔 II

针对前述的新型横隔板开孔 I 的研究结果表明，纵肋底板与横隔板相连接后，纵肋的面外刚度显著增加，局部裂纹扩展速率显著低于传统纵肋与横隔板连接构造细节。在此基础上，提出新型横隔板开孔 II，通过足尺疲劳试验模型开展其性能研究。模型试验设计参数与测点布置如图 6-32 所示。为探究不同加载模式的影响，此处采用双作动器(相位差 180°)进行循环加载，以考虑车辆的走行效应，如图 6-33(a)所示；现场实际测点布置如图 6-33(b)所示。

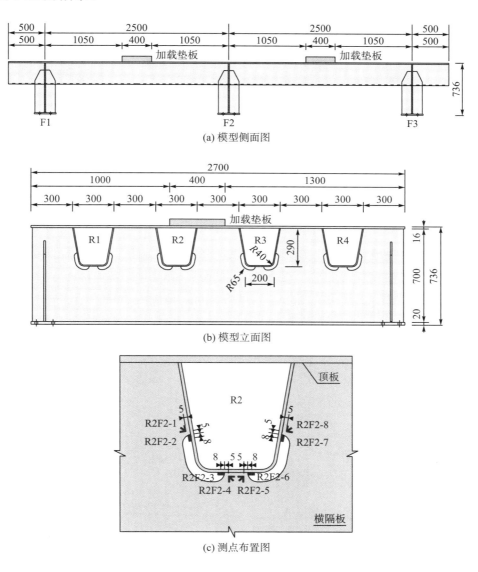

图 6-32　模型试验设计参数与测点布置图(单位：mm)

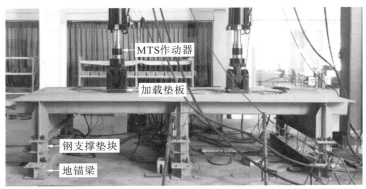

(a) 现场加载图

(b) 现场测点图

图 6-33　现场加载与测点图

　　试验模型纵肋与横隔板连接构造细节处关键测点应力幅值随荷载作用次数的变化曲线如图 6-34 所示。研究结果表明：①在 R2 纵肋腹板与 F2 横隔板连接构造细节横隔板焊趾端部存在凹坑缺陷，其长度约 8mm，宽度约 5mm，深度约 3mm，凹坑缺陷呈椭球形，试验加载至 100 万次，凹坑缺陷处测点 R2F2-7 的应力值出现显著变化，检查发现疲劳裂纹从凹坑缺陷位置萌生，裂纹长度约 14mm；②当加载到 160 万次时，该疲劳裂纹沿着横隔板扩展到约 60mm，当疲劳裂纹长度扩展到 60mm 之后基本不再扩展，裂纹概貌如图 6-35(a) 所示；③当加载至 240 万次时，测点 R2F3-7 的应力值出现显著变化，检查发现 R2 纵肋腹板与 F3 横隔板连接构造细节的横隔板弧形开孔区域出现疲劳裂纹并沿着横

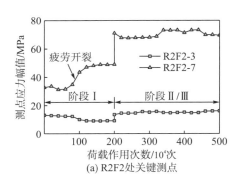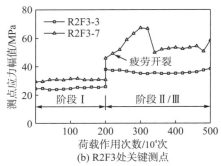

(a) R2F2处关键测点　　　　　　　　　　(b) R2F3处关键测点

图 6-34　试验模型焊接细节关键测点应力幅值与荷载作用次数的关系

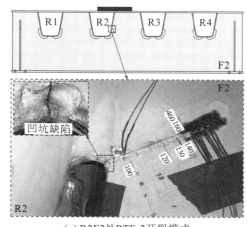
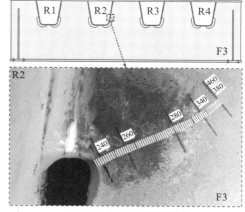

(a) R2F2处RTF-2开裂模式　　　　　(b) R2F3处RTF-2开裂模式

图 6-35　试验模型疲劳裂纹

隔板扩展，其裂纹长度约 3mm，加载到 400 万次时，该疲劳裂纹长度扩展至 67mm，之后该疲劳裂纹基本不再扩展，裂纹概貌如图 6-35(b)；④随着疲劳裂纹的扩展，裂纹长度和深度的增加使得疲劳开裂部位发生应力重分布，从而使裂纹附近测点应力发生变化。

对于此类构造细节，无缺陷的开裂模式为横隔板弧形开孔区域起裂并沿横隔板扩展(RTF-3)，而含凹坑缺陷的开裂模式为横隔板焊趾凹坑缺陷位置起裂并沿着横隔板扩展(RTF-2)，两者的开裂模式和寿命因缺陷的存在而存在显著区别。为进一步量化局部缺陷的效应，结合笔者团队开发的 ABAQUS 中 UMAT 子程序(耦合疲劳损伤的非线性本构模型)进行数值模拟，纵肋与横隔板连接构造细节的疲劳损伤演化过程数值模拟结果与试验结果对比如图 6-36 所示。研究结果表明：①对于 F2 横隔板(含凹坑缺陷)，纵肋与横隔板连接构造细节首先在凹坑缺陷区域发生疲劳开裂，随着加载次数的增加，纵肋与横隔板连接构造细节的疲劳损伤不断累积，疲劳裂纹沿着横隔板向顶板方向扩展，如图 6-36(a)所示；②对于 F3 横隔板(无缺陷)，首先在横隔板弧形开孔区域发生疲劳开裂，表明疲劳裂纹从横隔板弧形开孔区域起裂，随着疲劳荷载的持续加载，其扩展路径沿着 3#横隔板往顶板方向不断扩展，如图 6-36(b)所示。

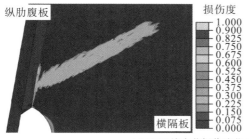
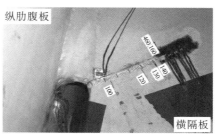

(a) R2F2处疲劳损伤演化过程(开裂模式：RTF-2)

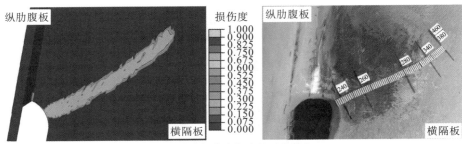

(b) R2F3处疲劳损伤演化过程(开裂模式：RTF-3)

图 6-36 试验模型的疲劳损伤演化过程

6.1.2.3 新型横隔板开孔 III

新型横隔板开孔 III(简称"笑脸型"开孔)取消了传统纵肋与横隔板连接构造细节处纵肋端部焊趾，纵肋与横隔板连接处采用连续施焊，同时在横隔板上开出笑脸型开孔，在最大程度提升焊接质量的同时保障纵肋与横隔板连接处的刚度协调。作者团队针对笑脸型开孔的疲劳性能开展了系统研究，为明确笑脸型开孔的疲劳性能，团队开展了含笑脸型开孔的钢桥面板足尺节段模型试验[27]。为与传统纵肋与横隔板连接构造细节疲劳性能对比，此模型除横隔板开孔形式不一致外，其他参数与 3.3.4 节试验模型一致，且加载方式和位置均相同，具体参数如图 6-37 所示。同时在笑脸型开孔周围布置应变测点，加载与测试布置如图 6-38 所示。

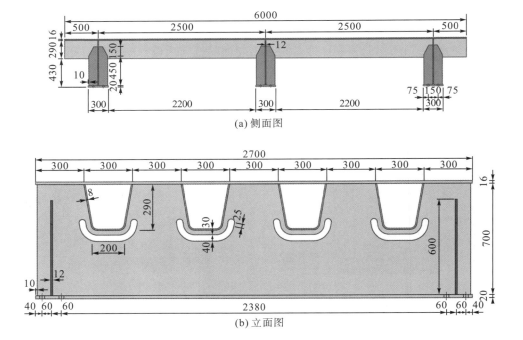

(a) 侧面图

(b) 立面图

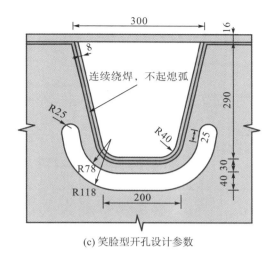

(c) 笑脸型开孔设计参数

图 6-37　模型试验设计图(单位：mm)

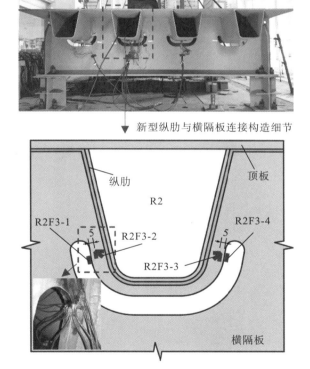

图 6-38　加载与测试布置图(单位：mm)

对新型模型疲劳裂纹产生和扩展的关键测点应变进行监测，随着循环次数的增加，应力如图 6-39 所示。各关键测点应力在疲劳荷载作用下较为稳定，直至加载结束并未出现疲劳裂纹。与 3.3.4 节中传统纵肋与横隔板连接构造相比，新型连接构造的疲劳寿命至少提升 5 倍。

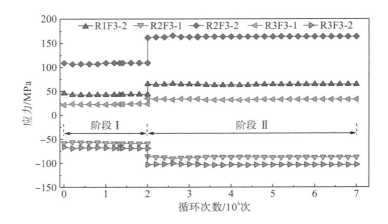

图 6-39　各关键测点应力随循环次数变化图

对当前疲劳试验中新型笑脸型开孔应力测试分析表明，其局部应力存在过大的情况。为此开展了新型笑脸型开孔的设计参数优化研究，建立了有限元模型，包含 4 个肋和 3 个横隔板，与试验模型相同，如图 6-40 所示。板厚、间距、几何构型参数与图 6-37 中试验模型相同。此处采用板壳单元进行分析，为考虑焊缝对纵肋与横隔板连接构造细节的影响，同时采用壳单元建立焊缝，且焊缝和弧形开孔处的网格细化为 2mm，共有 237186 个单元和 231468 个节点。最后，对横隔板底部两侧的三个平移位移进行了约束。

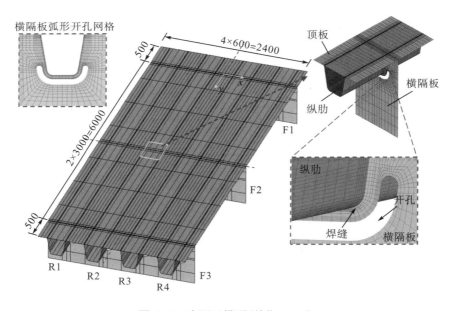

图 6-40　有限元模型（单位：mm）

所建立的有限元模型经试验模型验证后，采用 Eurocode1 中的疲劳载荷 III 进行加载。车轮面积为 400mm×400mm，单轮重量 60kN。车轮横向位置选择在出现较大局部应力响应 R2 纵肋区域，通过在纵向上加载移动荷载进行受力分析，如图 6-41 所示。

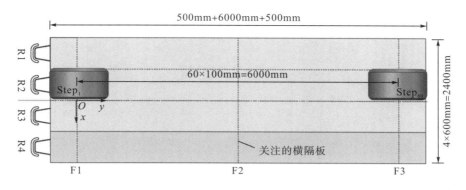

图 6-41　加载示意图

R2 纵肋和 F2 横隔板连接处的最大 von Mises 应力和最大主拉应力如图 6-42 所示。研究结果表明：①当轮载中心移动到 3600mm 时，von Mises 应力最大，且出现在笑脸型开孔外圆弧过渡段，为 54.9MPa。除此处存在较大应力集中外，焊缝趾部和开孔周围应力均较小。②当轮载中心移动到 2400mm 时，最大主拉应力 36.3MPa 位于开孔内圆弧过渡段，且焊缝趾部周围的主拉应力均在 8.0MPa 以下，除内圆弧过渡段外，开孔边缘的主拉应力也较小。总体而言，除圆弧过渡段存在应力集中外，其余部位应力梯度和整体水平均较低。为了进一步降低局部应力集中，需对笑脸型开孔进行优化。

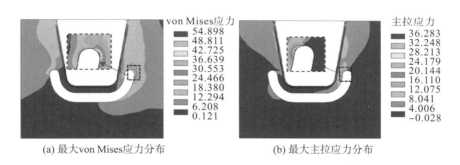

(a) 最大 von Mises 应力分布　　　　(b) 最大主拉应力分布

图 6-42　最大应力状态（单位：MPa）

根据前述分析，疲劳裂纹萌生和扩展的潜在区域位于开孔圆弧受力较大的过渡段。参考传统纵肋与横隔板连接构造处的疲劳裂纹，一般沿圆弧切线的法向扩展，与疲劳裂纹萌生和扩展直接相关的应力为圆弧切向应力。为此进一步对移动荷载作用下开孔边缘切向最大拉压应力进行分析，如图 6-43 所示。结果表明：切向拉应力最大值和压应力最大值均出现在圆弧过渡段，切向拉应力最大值为 35.2MPa，压应力最大值为-14.2MPa。同时通过应力历程可得，最大切向拉压应力幅值分别为 35.1MPa 和 14.1MPa。

进一步，对笑脸型开孔形状进行优化，此处保持纵肋和顶板尺寸不变。优化参数包括：①笑脸型开孔内圆弧连接长度 l_1；②内外侧圆弧半径 R_1 和 R_2；③弧形开孔上方母材留余高度 l_2；④内外侧圆弧高差 l_3，上述 5 个参数相关关系如图 6-44 所示。基于多目标进化算法（multi-objective evolutionary algorithms, MOEA）和 Kriging（克里金）代理模型进行优化，

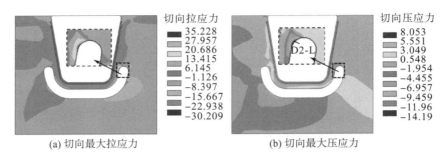

(a) 切向最大拉应力　　　　　　　(b) 切向最大压应力

图 6-43　弧形开孔处最大切向应力（单位：MPa）

优化流程如图 6-45 所示。此处以圆弧过渡段的切向应力、主应力和 von Mises 应力为优化指标进行优化，优化过程分为两步：①采用拉丁超立方采样法建立参数样本集，利用有限元模型形成有效样本，得到相应的响应值，用于建立 Kriging 元模型作为代理计算模型；②采用基于分解的多目标进化算法[28]，迭代求出目标函数中的几何参数。最后优化结果如表 6-5 所示。

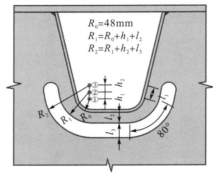

图 6-44　待优化参数示意图

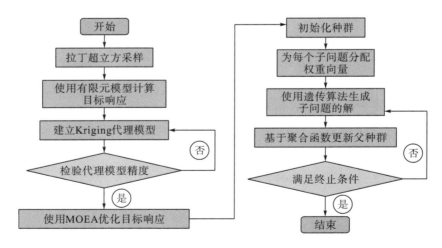

图 6-45　基于 Kriging 代理模型的多目标进化算法

表 6-5　优化结果

参数	优化参数		指标	优化应力指标		
	初始值/MPa	优化值/MPa		初始值/MPa	优化值/MPa	降幅/%
l_1	25	15	von Mises 应力	54.9	50.1	9
l_2	30	25	主拉应力	36.3	24.1	34
l_3	40	41	切向拉应力幅值	35.2	23.2	34
h_1	20	20	切向压应力幅值	14.1	11.3	20
h_2	0	20	—	—	—	—

研究结果表明：优化后的各项关键应力指标均有不同幅度的降低，下降幅度从 9%到 34%不等，优化效果和疲劳性能提升显著。优化前和优化后的开孔形状对比如图 6-46 所示。与未优化的笑脸开孔相比，开孔内直线段的长度和上方母材留余高度减小，开孔内外圆弧的中心距离增大。同时，优化后的笑脸形状更加圆滑，使开孔圆弧切线方向的应力集中进一步降低。

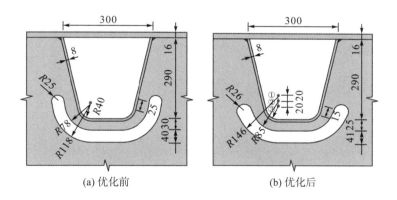

图 6-46　笑脸型开孔优化前后对比图（单位：mm）

根据优化后的结果，进一步开展了足尺节段模型疲劳试验验证，试验模型设计与加载如图 6-47 所示。为加速疲劳开裂，疲劳荷载幅值为 50～600kN，加载面积为 400mm×400mm。在加载次数达到 300 万次后，未出现疲劳裂纹。为进一步研究新型纵肋与横隔板连接构造细节的开裂模式，在疲劳易损部位预制人工缺陷，缺陷深度为 1.5mm 左右，如图 6-48(a)所示。在预制人工缺陷后继续加载 30 万次开始出现疲劳开裂，在继续加载 50 万次后停止试验，此时裂纹扩展如图 6-48(b)所示。通过局部应力等效后，其疲劳性能相比于传统纵肋与横隔板连接构造细节提升 8 倍以上。

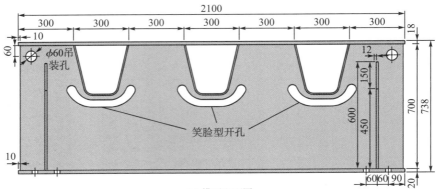

(a) 模型立面图

(b) 现场加载图

图 6-47 试验模型（单位：mm）

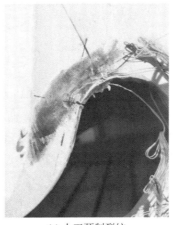

(a) 人工预制裂纹

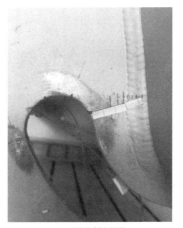

(b) 裂纹扩展图

图 6-48 人工预制裂纹扩展过程

6.2　长寿命钢桥面板结构体系设计

对于钢桥面板疲劳问题进行的系统研究表明[2-15,29-34]：结构的构造细节主要包括纵肋与顶板连接构造细节和纵肋与横隔板连接构造细节。其主要开裂模式如图 6-49 所示，其中新型纵肋与横隔板连接构造细节的典型疲劳开裂模式因构造不同略有差异，具体如图 6-49 所示。

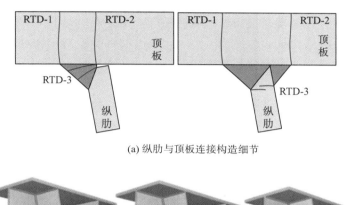

(a) 纵肋与顶板连接构造细节

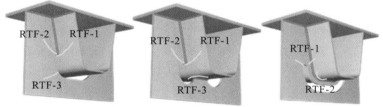

(b) 纵肋与横隔板连接构造细节

图 6-49　钢桥面板焊接细节典型的疲劳开裂模式

因此，钢桥面板的疲劳问题为典型的多模式损伤问题：在疲劳荷载作用下，钢桥面板中各构造细节及其可能的疲劳开裂模式均会以不同的速率累积疲劳损伤，其中损伤度最先达到 1 的首先发生疲劳失效，成为决定钢桥面板疲劳性能的主导疲劳开裂模式，钢桥面板的实际疲劳寿命由其各主要疲劳开裂模式的实际疲劳性能及其相应疲劳损伤累积过程的对比关系决定[2-15,29-34]。由问题的基本属性所决定，仅关注特定构造细节和特定疲劳开裂模式的传统钢桥面板抗疲劳设计方法的不足显而易见[35-37]：如果仅提高某个构造细节或开裂模式的疲劳寿命，在该模式的疲劳寿命高于另一次主要开裂模式的情况下，结构的主导疲劳开裂模式即发生转移，此时结构疲劳寿命转而由次主要疲劳开裂模式决定达到新的恒定值，结构疲劳寿命无法进一步提高。在传统钢桥面板中仅引入纵肋与顶板连接双面焊构造细节后，结构的主要疲劳开裂模式转而由纵肋与横隔板连接构造细节控制，这是构造细节疲劳性能"高配低"不匹配的典型案例[24,25]。

为有效应对重载条件所提出的长寿命需求，迫切需要提出能够充分反映问题基本属性的抗疲劳设计方法，通过构造细节疲劳性能"高配高"，大幅度提高结构的疲劳寿命。问题的关键在于提出钢桥面板各模式疲劳性能的统一损伤度指标，在统一损伤度指标下确定钢桥面板的主导疲劳开裂模式。在此基础上评估各构造细节及其疲劳开裂模式的疲劳损伤度相容性，进而建立了基于多开裂模式损伤度相容的钢桥面板抗疲劳设计方法。

6.2.1 多模式损伤度相容抗疲劳设计方法

钢桥面板抗疲劳设计的关键问题主要有以下两个：一是引入适用于钢桥面板典型疲劳开裂模式的统一损伤度表征指标和评估框架，实现多疲劳开裂模式的统一评估；二是提出钢桥面板多疲劳开裂模式损伤度相容性指标，在统一框架下实现同时考虑多个疲劳开裂模式的钢桥面板结构抗疲劳设计[18,38]。此处以钢桥面板为研究对象，基于广义等效结构应力提出钢桥面板的多疲劳开裂模式的统一损伤度指标，在此基础上发展基于多模式损伤度相容的钢桥面板抗疲劳设计方法，基于典型的实际交通荷载信息确定重载条件下的钢桥面板设计方案，通过模型试验对设计方法的有效性开展试验验证，并对其应用的相关关键问题进行研究。

6.2.1.1 多疲劳开裂模式的统一损伤评估方法

笔者团队已针对钢桥面板多个构造细节，基于等效结构应力提出了其疲劳寿命评估方法。纵肋与横隔板连接构造细节受力与变形更为复杂，需考虑多轴应力状态并重新定义疲劳开裂面厚度，同时，剪应力对其主要开裂模式疲劳寿命的效应不可忽略。其中，疲劳开裂模式 RTF-1 的主要成因是：荷载作用下纵肋发生横向扭转畸变及纵向弯曲，导致焊趾端部发生面外变形并出现应力集中，其扩展方向基本垂直于纵肋腹板，该模式的等效结构应力可按照纵肋与顶板连接构造细节的方法直接求解。疲劳开裂模式 RTF-2 和 RTF-3 的裂纹扩展与荷载作用位置密切相关：当荷载作用于两横隔板之间跨中时，纵肋挠曲变形迫使横隔板发生面外变形，且在纵肋与横隔板连接部位产生较大的次弯曲应力，此两类开裂模式属于面外变形导致的疲劳开裂，其等效结构应力求解可按照纵肋与顶板连接构造细节的方法直接求解，疲劳开裂面厚度可按板件厚度取值；而当荷载作用于横隔板正上方时，局部面内弯曲应力和剪应力均较大，此两类开裂模式属于横隔板面内弯曲导致的疲劳开裂，此时等效结构应力计算方法与面外变形主导的疲劳失效计算存在差异。对于面内变形引起的疲劳开裂模式，其疲劳开裂面厚度的确定需要根据断裂力学判断裂纹扩展的临界裂纹长度，即当裂纹扩展至临界裂纹尺寸 a_c 时，将产生失稳扩展而快速断裂。后文将通过试验案例阐述疲劳开裂模式 RTF-2 和 RTF-3 等效结构应力等效疲劳开裂面厚度的确定方法。

引入构造细节等效疲劳开裂面厚度的概念，可进一步将等效结构应力法由仅适用于焊接构造细节，拓展至非焊接构造细节，剪应力对疲劳寿命的影响也可纳入。此时，该方法适用于钢桥面板主要疲劳开裂模式的性能评估，据此可建立多疲劳开裂模式的统一损伤评估方法。其流程如图 6-50 所示，对流程的简要说明如下。

（1）根据试验模型或实桥的纵肋与顶板连接构造细节、纵肋与横隔板连接构造细节实际焊缝尺寸、荷载模式、板件厚度和边界条件等建立有限元模型。

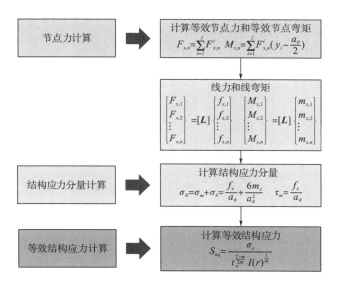

图 6-50　等效结构应力法计算流程图

(2)将开裂截面的节点力转换为顶板中性面的等效节点力和等效节点力矩。根据有限元数值模型求解开裂截面节点力的示意图如图 6-51 所示。图中 l_{n-1} 为 $n-1$ 与 n 节点之间的距离；$F_{x,n}$ 为第 n 个节点的等效节点力；$F_{x,n}^i$ 为开裂面节点力；$M_{z,n}$ 为等效节点弯矩；y_i 为开裂面节点至中面的距离；t 为等效疲劳开裂面厚度。将节点力分别采用式(6-1)和式(6-2)转换为等效节点力和等效节点力矩。

$$F_{x,n} = \sum_{i=1}^{j} F_{x,n}^i \tag{6-1}$$

$$M_{z,n} = \sum_{i=1}^{n} F_{x,n}^i \left(y_i - \frac{t}{2} \right) \tag{6-2}$$

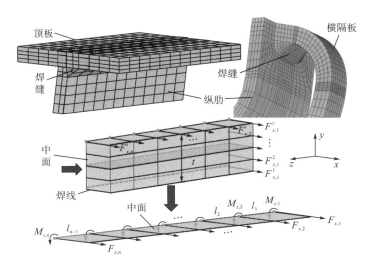

图 6-51　采用有限元模型对实体单元求解结构应力分量示意图

(3)等效节点力和等效节点弯矩转换为线力和线弯矩。沿 x 方向的线力和沿 z 方向的线弯矩如式(6-3)和式(6-4)所示，其他方向的节点力计算同理。

$$
\begin{Bmatrix} f_{x,1} \\ f_{x,2} \\ \cdots \\ f_{x,n} \end{Bmatrix} = \boldsymbol{L}^{-1} \begin{Bmatrix} F_{x,1} \\ F_{x,2} \\ \cdots \\ F_{x,n} \end{Bmatrix} \tag{6-3}
$$

$$
\begin{Bmatrix} m_{z,1} \\ m_{z,2} \\ \cdots \\ m_{z,n} \end{Bmatrix} = L^{-1} \begin{Bmatrix} M_{z,1} \\ M_{z,2} \\ \cdots \\ M_{z,n} \end{Bmatrix} \tag{6-4}
$$

式中，$f_{x,n}$ 为线力；$m_{z,n}$ 为线弯矩；$\boldsymbol{L}$ 为单元长度等效矩阵，只与节点距离有关。

(4)通过计算得到的线力和线弯矩代入式(6-5)和式(6-6)，可以计算开裂截面的法向结构应力和剪切结构应力。

$$
\sigma_s = \sigma_m + \sigma_b = \frac{f_x}{t} + \frac{6m_z}{t^2} \tag{6-5}
$$

$$
\tau_s = \frac{f_y}{t} \tag{6-6}
$$

式中，σ_m 为膜应力；σ_b 为弯曲应力；f_x 为焊线之上沿 x 轴方向的线力；m_z 为焊线之上绕 z 轴的线力矩；σ_s 为法向结构应力，τ_s 为剪切结构应力。

(5)引入有效应力 σ_e 进行钢桥面板焊接细节的疲劳性能评估，通过式(6-7)计算对应焊接细节的等效结构应力；对比分析各疲劳开裂模式的等效结构应力并确定构造细节的主导疲劳开裂模式，计算该构造细节的疲劳寿命。

$$
\sigma_e = \sqrt{\sigma_s^2 + \beta \cdot \tau_s^2} \tag{6-7}
$$

$$
S_{eq} = \frac{\sigma_e}{t^{\frac{2-m}{2m}} I(r)^{\frac{1}{m}}} \tag{6-8}
$$

$$
I(r)^{\frac{1}{m}} = 0.0011r^6 + 0.0767r^5 - 0.0988r^4 \\ + 0.0946r^3 + 0.0221r^2 + 0.014r + 1.2223 \tag{6-9}
$$

$$
r = \frac{|\sigma_b|}{|\sigma_b| + |\sigma_m|} \tag{6-10}
$$

式中，σ_e 为有效应力；β 为基于疲劳试验的法向应力和基于疲劳试验的剪切应力之间疲劳强度的比值，值取 3；S_{eq} 为等效结构应力值；m 为疲劳裂纹扩展指数，值取 3.6；$I(r)$ 为荷载弯曲比 r 的无量纲常数。上述方法已在第 2 章和第 3 章中得到验证。此外，研究结果表明[38]：当疲劳裂纹扩展贯穿隔板厚度的寿命占根据断裂韧度计算的疲劳寿命的 90%～95%，并且改变材料的疲劳断裂韧度不会显著改变疲劳寿命评估结果时，可以在近似裂纹扩展方向上取 1.0 倍横隔板板厚作为等效疲劳开裂面厚度计算等效结构应力。

6.2.1.2　多模式损伤度相容抗疲劳设计方法

以钢桥疲劳问题的基本属性为切入点，根据疲劳开裂模式和构造细节将正交异性钢桥面板结构分解为多个子系统；由于构造细节在某种疲劳开裂模式产生后，其他可能的疲劳开裂模式将不再产生，即认为该构造细节疲劳失效，故某一构造细节的不同开裂模式之间可认为是并联关系；而不同构造细节之间疲劳失效的产生互不影响，但某一构造细节疲劳失效后钢桥面板的疲劳性能将受到影响，故不同构造细节之间视为串联关系。故整个桥面板结构系统的疲劳损伤可由多级子系统之间的串并联表达，如图 6-52 所示。

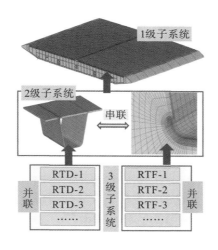

图 6-52　正交异性钢桥面板系统分级

以正交异性钢桥面板结构体系多开裂模式疲劳损伤度相容和延长疲劳寿命为主要目标，提出多模式损伤度相容的钢桥面板抗疲劳设计方法，设计流程如图 6-53 所示。

(1)基于普遍采用的正交异性钢桥面板结构设计参数，建立适用于多构造细节多疲劳开裂模式分析的结构体系节段有限元模型，并通过单位轮载作用于有限元模型中求解得到关注细节的等效结构应力特征。

(2)通过实际调研或模拟得到表征研究对象车辆荷载特征的疲劳荷载谱。

(3)依据疲劳荷载谱和关注细节的等效结构应力特征，确定构造细节在随机车流荷载作用下不同开裂模式的应力变化，形成应力影响面，并通过雨流计数法或泄水法获得等效结构应力幅 ΔS_{eq} 和作用次数 N_i。

(4)依据工程结构重要性、焊接质量可靠度等现状确定焊接可靠度概率指标 P，依据表 2-3 确定可靠度概率 P 对应的主 S-N 曲线参数 C_d 的取值。依据不同构造细节的焊缝形态、制造缺欠分布和类型，评估其焊接质量，确定焊接质量可靠度指标。本节参照既有研究，主 S-N 曲线建立过程中所采用的相关指标详见 3.4 节，工程应用中可根据实际情况确定适用的指标。

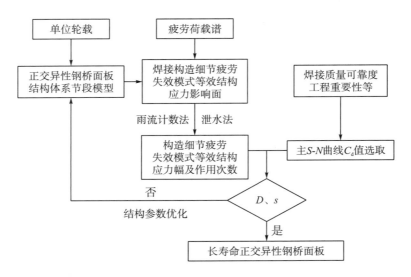

图 6-53　长寿命钢桥面板抗疲劳设计流程

　　(5) 依据式 (6-11) 和式 (6-12) 统计多构造细节各疲劳开裂模式的疲劳损伤，当疲劳损伤度 D_p<1 时，认为当前正交异性钢桥面板各设计参数满足抗疲劳设计要求，反之，需针对 D_p 达到 1 的构造细节进行结构优化并重复上述过程使得各构造细节均满足抗疲劳设计要求，由此得到满足实际性能要求的长寿命正交异性钢桥面板结构。

$$N_f^p = (\Delta S_{\mathrm{eq}} / Cd)^{-1/h} \tag{6-11}$$

$$D_p = \sum \frac{N_i}{N_f^p} \tag{6-12}$$

式中，N_f^p 为确定焊接可靠度概率指标 P 和等效结构应力幅下构造细节所能经历的荷载循环次数；ΔS_{eq} 为等效结构应力幅值；N_i 为构造细节所经历的荷载循环次数；D_p 为确定可靠度指标下的疲劳损伤度。

　　(6) 对钢桥面板结构进行系统和子系统分类并整理各子系统之间的连接方式，通过子系统之间的疲劳损伤度相容递进得到桥面板整体的疲劳损伤累积相容度，从而表征不同构造细节多开裂模式之间的疲劳损伤累积速率离散性。

　　对于各并联子系统，其疲劳损伤累积较高的疲劳开裂模式决定了构造细节的疲劳寿命，故并联系统的疲劳损伤度由疲劳损伤累积最快的疲劳开裂模式决定，其系统损伤度可由式 (6-13) 确定。

$$D_{p,b} = \max(D_{p,1}, D_{p,2} \cdots D_{p,n}) \tag{6-13}$$

式中，$D_{p,b}$ 为并联系统在确定可靠度指标下的系统损伤度；$D_{p,n}$ 为子系统在确定可靠度指标下的子系统损伤度。

　　对于串联系统，串联系统在确定可靠度指标下的系统损伤度可由式 (6-14) 计算得到；系统的疲劳损伤相容性可通过式 (6-15) 得到：

$$D_{p,c} = \frac{1}{n} \sum_{i=1}^{n} D_{p,i} \tag{6-14}$$

$$s = \sqrt{\frac{1}{n-1}\sum_{i=1}^{n}(D_{p,i}-D_{p,c})^2} \Big/ D_{p,c} \tag{6-15}$$

式中，$D_{p,c}$ 为串联系统损伤度；$D_{p,i}$ 为子系统在确定焊接可靠度指标下的疲劳损伤度；s 为系统的疲劳损伤相容系数，s 越小，表明各系统之间的损伤累积速率接近，各系统之间具有较好的相容性，反之表明各系统之间的相容性越差。

6.2.2 基于多模式损伤相容设计方法的长寿命钢桥面板结构

某大桥为三跨钢箱梁悬索桥，横断面布置如图 6-54 所示，该桥为过江通道重要交通枢纽，寿命期内预计交通量为 16 亿辆，具有交通量大、承载重、重载车辆比例高等突出特点；本节以此桥为研究对象开展重载条件下钢桥面板的抗疲劳设计研究。

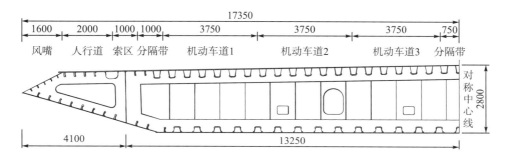

图 6-54 主梁横断面图（单位：mm）

为满足重载条件下的疲劳寿命设计需求，针对各构造细节开展抗疲劳设计；纵肋与顶板连接构造细节均采用双面焊设计，纵肋与横隔板连接构造细节设计采用三种开孔形式，如图 6-55 所示，相关具体参数详见 6.1.2 节。通过资料调研获取目前广泛采用的正交异性钢桥面板设计参数，其中顶板为 16mm，U 肋为 300mm×290mm×8mm，横隔板板厚为12mm，U 肋中心距为 600mm。依据工程结构重要性、焊接质量可靠度等现状确定焊接可靠度概率指标为 50%，通过多模式损伤度相容抗疲劳设计方法比选合适的设计方案。

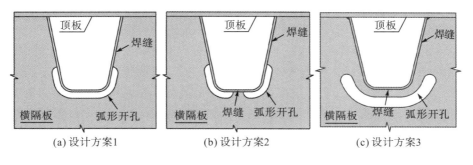

(a) 设计方案1　　　(b) 设计方案2　　　(c) 设计方案3

图 6-55 设计方案

　　正交异性钢桥面板构造细节处的疲劳受桥梁结构第二体系、第三体系的影响，而第一体系的影响可以忽略，故为减少计算量，选择机动车道 1 荷载谱(寿命期内 2.4 亿辆车辆荷载)计算疲劳损伤；利用有限元软件建立足尺节段模型如图 6-56 所示，包含 4 个横隔板和 7 个纵肋，选择纵肋与顶板连接构造细节、纵肋与横隔板连接构造细节作为抗疲劳设计关注构造细节，约束横隔板和模型边缘处节点的自由度。在抗疲劳设计过程中，根据优化方案调整各结构设计参数，有限元模型需根据设计参数对相关构造细节进行调整。由于结构应力法具有网格不敏感的特性，故在结构优化过程中对有限元网格的精度要求低，可减少有限元模型建模时间，提高抗疲劳设计效率。

　　采用第 5 章中 5.1.2 节的随机车流疲劳荷载，通过 Monte-Carlo 法得到大桥寿命期内的随机荷载预测信息，将随机荷载谱在有限元模型上加载，得到关注构造细节处的应力影响面，利用雨流计数法获得关注构造细节应力幅及其循环次数。基于前述计算方法获得随机交通荷载作用下关注构造细节的疲劳损伤累积，评估其是否满足设计寿命期内服役要求。由于各车道之间的车辆荷载是独立的，为减少计算量，选择机动车道 1 验算抗疲劳设计方法的正确性。

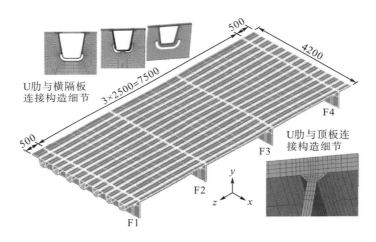

图 6-56　有限元模型(单位：mm)

　　设计方案 1 在随机车流疲劳荷载作用下的疲劳损伤累积过程如图 6-57(a)所示，其纵坐标采用对数坐标，横坐标采用线性坐标(下同)；纵肋与横隔板连接构造细节在 170 万辆车辆荷载作用下疲劳损伤度首先达到 1，可认为其首先产生疲劳裂纹，纵肋与顶板连接构造细节在 1.1 亿辆车辆荷载作用下疲劳损伤度达到 1；二者疲劳损伤累积速率差异较大，其疲劳损伤相容系数为 1.41。设计方案 2 各构造细节疲劳开裂模式的疲劳损伤累积过程如图 6-57(b)所示。设计 2 较设计 1 虽然加强了纵肋与横隔板之间的联系，但也引入了新的构造细节，其可能的疲劳开裂模式相应增加。在随机荷载作用下，纵肋底板与横隔板连接构造细节首先达到疲劳失效，纵肋腹板与横隔板连接构造细节疲劳损伤速率未得到改善；在寿命期内，各构造细节的疲劳损伤累积速率差异仍较大，在寿命期结束时其疲劳损伤相容系数为 1.40。故设计方案 2 仍无法达到结构抗疲劳性能要求。设计方案 3 各构造细节的疲劳损伤累积如图 6-57(c) 所示。为避免纵肋与横隔板连接构造细节在端部的包角焊细节，进一步增强纵肋与横隔板之间的联系，避免多次施焊以减少潜在的疲劳开裂模式，通过横隔板适当开孔以优化局部刚度匹配。通过随机疲劳荷载加载验算，在设计车流量荷载作用下，可能的疲劳开裂模式疲劳损伤累积均未达到 1；在寿命期内，各构造细节的疲劳开裂模式的损伤速率接近，在寿命期结束时，其疲劳损伤相容系数为 0.01，各项指标对比表明其满足重载公路桥梁抗疲劳设计要求。

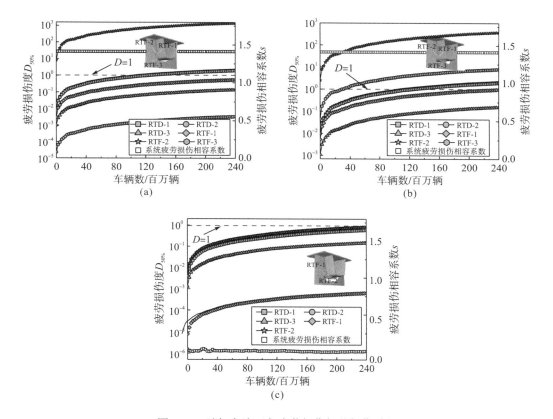

图 6-57　随机车流下各疲劳损伤细节损伤过程

　　由上述 3 组设计方案在随机荷载下的疲劳损伤相容性分析可知：以构造细节为单位将钢桥面板结构划分为多个子系统，提出的疲劳损伤相容性指标在随机荷载下，其值变化较稳定，能够作为指标表征钢桥面板结构设计中多构造细节的疲劳损伤累积速率差异性。结合 6.1.2 节的钢桥面板疲劳试验结果，研究表明：在传统钢桥面板中仅引入双面焊构造细节，结构的主要疲劳开裂模式转而由纵肋与横隔板连接构造细节控制，构造细节间疲劳性能 "高配低" 不相容；通过改进纵肋与横隔板连接构造细节 (引入笑脸型开孔) 确定了多开裂模式损伤度相容的长寿命钢桥面板结构；试验结果与分析结果基本一致，验证了所提出的广义等效结构应力法和抗疲劳设计方法的有效性。同时确定了笑脸型开孔和双面焊工艺。

6.3 小 结

本章以提出长寿命钢桥面板结构体系为目标，开展了长寿命钢桥面板结构和组合桥面板结构的研发工作，提出了长寿命钢桥面板构造细节和组合桥面板结构体系。在长寿命钢桥面板结构方面，开展了纵肋与顶板连接双面焊接构造细节、三类新型纵肋与横隔板连接构造细节的疲劳试验研究；在试验研究的基础上，对纵肋与顶板连接双面焊接构造细节的疲劳性能影响关键因素进行了分析；针对三类新型纵肋与横隔板连接构造细节疲劳开裂模式与疲劳性能进行了分析，并对笑脸型开孔进行了进一步的优化，对优化后的几何参数开展了足尺模型试验。主要结论如下：

(1) 对于纵肋与顶板连接双面焊接构造细节而言，当其熔透率大于 75% 时，疲劳性能差别较小；若考虑后续的焊缝质量及开裂检测，可考虑全熔透；适当增大焊脚尺寸可有效降低焊趾起裂疲劳开裂模式的等效结构应力幅值，从而提升纵肋与顶板连接双面焊构造细节的疲劳性能；对于三类新型纵肋与横隔板连接构造细节而言，其疲劳性能为传统开孔的 2～5 倍以上；横隔板开孔 III (笑脸型开孔) 的疲劳性能最优，且可实现全自动化焊接；经优化后的笑脸型开孔疲劳试验结果表明，其疲劳性能较优化前有进一步提升。

(2) 基于广义等效结构应力法，提出了钢桥面板疲劳损伤统一评估方法；将钢桥面板划分为由各个构造细节和疲劳开裂模式组成的子系统串联和并联得到的多级系统，提出钢桥面板结构体系的疲劳损伤相容性指标表征多级系统下构造细节的疲劳损伤累积速率差异性；在此基础上建立钢桥面板多个构造细节的多开裂模式下的损伤度相容的钢桥面板抗疲劳设计方法；基于所提出的多开裂模式损伤度相容钢桥面板抗疲劳设计方法，针对三种钢桥面板结构设计方案，开展抗疲劳理论分析，在此基础上确定以纵肋与顶板连接双面焊构造细节和纵肋与笑脸型横隔板连接构造相结合的钢桥面板结构体系疲劳性能最优。

参 考 文 献

[1] 张华, 孙雅洲, 舒先庆, 等. 正交异性钢桥面板 U 肋内焊技术[J]. 公路, 2018, 63 (9): 115-120.

[2] 张清华, 卜一之, 李乔. 正交异性钢桥面板疲劳问题的研究进展[J]. 中国公路学报, 2017, 30 (3): 14-30, 39.

[3] Kolstein M H. Fatigue classification of welded joints in orthotropic steel bridge decks[D]. Delft: Delft University of Technology, 2007.

[4] 孟凡超, 张清华, 谢红兵, 等. 钢桥面板抗疲劳关键技术[M]. 北京: 人民交通出版社, 2018.

[5] 王春生, 付炳宁, 张芹, 等. 正交异性钢桥面板足尺疲劳试验[J]. 中国公路学报, 2013, 26 (2): 69-76.

[6] 张清华, 崔闯, 卜一之, 等. 正交异性钢桥面板足尺节段疲劳模型试验研究[J]. 土木工程学报, 2015, 48 (4): 72-83.

[7] Yamada K, Ya S. Plate bending fatigue tests for root crack of trough rib of orthotropic steel deck[J]. Journal of Structure Engineering, 2008, 54A: 675-684.

[8] Ya S, Yamada K, Ishikawa T. Fatigue evaluation of rib-to-deck welded joints of orthotropic steel bridge deck[J]. Journal of Bridge Engineering, 2011, 16(4): 492-499.

[9] Yuan H. Optimization of rib-to-deck welds for steel orthotropic bridge decks[D]. Blacksburg: Polytechnic Institute and State University, 2011.

[10] 张清华, 李俊, 郭亚文, 等. 正交异性钢桥面板结构体系的疲劳破坏模式和抗力评估[J]. 土木工程学报, 2019, 52(1): 71-81.

[11] 顾萍, 张志强, 胡雨蛟, 等. 设置 U 肋内隔板的钢桥面板疲劳性能研究[J]. 桥梁建设, 2017, 47(3): 19-24.

[12] Fu Z Q, Ji B H, Zhang C Y, et al. Fatigue performance of roof and U-rib weld of orthotropic steel bridge deck with different penetration rates[J]. Journal of Bridge Engineering, 2017, 22(6): 04017016.

[13] Shao X D, Yi D T, Huang Z Y, et al. Basic performance of the composite deck system composed of orthotropic steel deck and ultrathin RPC layer[J]. Journal of Bridge Engineering, 2013, 18(5): 417-428.

[14] 由瑞凯, 刘鹏, 张大庆, 等. 正交异性钢桥面 U 肋与面板内焊连接疲劳性能试验[J]. 中外公路, 2018, 38(3): 174-179.

[15] 张清华, 李俊, 袁道云, 等. 深圳至中山跨江通道钢桥面板结构疲劳试验研究[J]. 土木工程学报, 2020, 53(11): 102-115.

[16] Wolchuk R. Lessons from weld cracks in orthotropic decks on three European bridges[J]. Journal of Structural Engineering, 1990, 116(1): 75-84.

[17] 张华, 阮家顺, 沈俊杰, 等. 钢桥面板 U 肋焊缝抗疲劳设计及焊接新工艺[J]. 钢结构, 2019, 34(1): 82-85.

[18] Pang B Z, Cui C, Zheng Q S, et al. Multi-crack propagation analysis of double-side welded rib-to-deck joint in orthotropic steel decks[J]. Journal of Constructional Steel Research, 2024, 218: 108731.

[19] Cui C, Zhang Q H, Bao Y, et al. Residual stress relaxation at innovative both-side welded rib-to-deck joints under cyclic loading[J]. Journal of Constructional Steel Research, 2019, 156: 9-17.

[20] 杨超. 钢桥面板纵肋与顶板焊接细节疲劳性能强化与剩余寿命评估[D]. 成都: 西南交通大学, 2022.

[21] 霍勇宇. 钢箱梁顶板-纵肋焊接细节表面缺陷的疲劳劣化及喷丸强化研究[D]. 成都: 西南交通大学, 2021.

[22] 陈璐. 钢桥面板纵肋与顶板焊接细节疲劳劣化机理与性能强化研究[D]. 成都: 西南交通大学, 2021.

[23] Da L T, Zhang Q H, Yuan D Y, et al. A new orthotropic steel deck system incorporating two novel structural details[J]. Journal of Constructional Steel Research, 2022, 199: 107633.

[24] 张清华, 袁道云, 李俊, 等. 高疲劳抗力钢桥面板的疲劳问题 II: 结构体系抗力[J]. 中国公路学报, 2021, 34(11): 104-115.

[25] 张清华, 李俊, 袁道云, 等. 高疲劳抗力钢桥面板的疲劳问题 I: 模型试验[J]. 中国公路学报, 2021, 34(3): 124-135.

[26] Cui C, Hu J D, Zhang X, et al. Fatigue test and failure mechanism of new rib-to-floorbeam welded joints in OSDs[J]. Journal of Constructional Steel Research, 2023, 203: 107835.

[27] Cui C, Hu W Z, Liu W, et al. Fatigue tests and optimization for a new rib-to-diaphragm joint in orthotropic steel deck[J]. Structures, 2023, 53: 501-513.

[28] 胡文哲, 崔闯, 王昊, 等. 基于多目标进化算法的多尺度有限元模型更新方法[J]. 工业建筑, 2023, 53(8): 161-167.

[29] 赵博. 钢桥正交异性桥面系横隔板疲劳性能研究[D]. 天津: 天津大学, 2017.

[30] 吕彭民, 王龙奉, 李大涛, 等. 正交异性钢桥面板 U 肋与横隔板构造细节围焊处疲劳性能[J]. 长安大学学报(自然科学版), 2015, 35(6): 63-70.

[31] 陶晓燕. 正交异性钢桥面板节段模型疲劳性能试验研究[J]. 中国铁道科学, 2013, 34(4): 22-26.

[32] Zhou H, Wen J, Wang Z, et al. Fatigue crack initiation prediction of cope hole details in orthotropic steel deck using the theory of critical distances[J]. Fatigue & Fracture of Engineering Materials & Structures, 2016, 39(9): 1051-1066.

[33] Luo P J, Zhang Q H, Bao Y, et al. Fatigue performance of welded joint between thickened-edge U-rib and deck in orthotropic steel deck[J]. Engineering Structures, 2019, 181: 699-710.

[34] Heng J L, Zheng K F, Gou C, et al. Fatigue performance of rib-to-deck joints in orthotropic steel decks with thickened edge U-ribs[J]. Journal of Bridge Engineering, 2017, 22(9): 04017059.

[35] 李俊, 张清华, 袁道云, 等. 基于等效结构应力法的正交异性钢桥面板体系疲劳抗力评估[J]. 中国公路学报, 2018, 31(12): 134-143.

[36] 童乐为, 沈祖炎. 正交异性钢桥面板疲劳验算[J]. 土木工程学报, 2000, 33(3): 16-21, 70.

[37] Nagy W, van Bogaert P, de Backer H. LEFM based fatigue design for welded connections in orthotropic steel bridge decks[J]. Procedia Engineering, 2015, 133: 758-769.

[38] 张清华, 笪乐天, 李明哲, 等. 基于多失效模式损伤度相容的钢桥面板抗疲劳设计方法[J]. 土木工程学报, 2022, 55(12): 80-93.

第7章 长寿命组合桥面板结构

通过对既有钢桥面板结构大量的现场调研和试验分析表明，在交通量大、重载比例高的现代交通条件下，传统钢桥面板仍存在钢桥面板疲劳开裂和桥面铺装层损坏两类病害。研究表明：①钢桥面板的疲劳性能主要由疲劳抗力存在显著差异的多个疲劳易损细节所共同决定，通过优化设计构造与合理匹配参数来提升单一类型疲劳易损细节疲劳性能的方法难以系统提升结构体系的疲劳性能；②基于先进设计理念，引入高性能混凝土材料，形成正交异性钢-高性能混凝土组合桥面板，能够在保持原钢桥面板轻质高强等突出优点的同时，大幅提升桥面板的局部刚度，为上述两类病害提供了综合的解决方案，是具有高制造性能、高施工性能、高使用性能、高维护性能和高耐久性能等典型特征的高性能桥面板结构体系创新的重要发展方向之一。

7.1 典型长寿命组合桥面板

钢桥面板疲劳开裂和桥面铺装层损坏两类病害严重影响正交异性钢桥面板的服役质量和运行安全，已成为桥梁工程可持续发展所面临的关键研究课题之一。理论研究和工程实践均表明[1-4]，引入混凝土结构层，通过剪力连接件与钢桥面板连接成为一个整体，构成钢-混组合桥面板结构，可显著提高桥面板的局部刚度，大幅降低各疲劳易损细节所承受的应力幅值，进而提高桥面板的疲劳性能，是综合解决上述两类病害问题最具发展潜力的方案之一。

基于先进设计理念，结合新型工程材料，通过结构创新设计，国内外学者提出了多种钢-混组合桥面板结构，如图 7-1 所示。各类钢-混组合桥面板主要由钢桥面板、混凝土结构层和剪力连接件三部分构件构成，其中钢桥面板主要包括带各型开口肋或闭口肋的钢桥

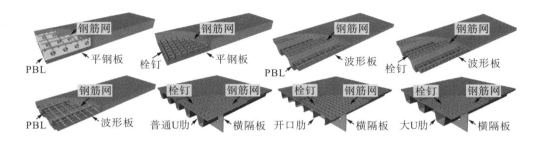

图 7-1 典型的钢-混组合桥面板

面板[5]、波形钢板[6,7]和平钢板[8]等；混凝土结构层材料主要包括普通混凝土[5]、钢纤维混凝土[9,10]、轻质混凝土[11]、超高性能混凝土(UHPC)[12,13]和工程水泥复合材料[14,15]等；剪力连接件主要包括栓钉连接件[16,17]、开孔钢板连接件[18,19]、组合销连接件[6,7]和环氧树脂粘接层[9,10]等。

7.2 波形顶板-UHPC 组合桥面板

7.2.1 波形顶板-UHPC 组合桥面板的提出

传统正交异性钢桥面板主要由顶板、纵肋和横(肋)隔板组成，满足桥面板受力性能和局部刚度的基本要求，但同时也使该类结构的构造和受力复杂。在大量的焊缝连接处和几何刚度过度不平顺处，应力集中问题突出，严重影响结构的疲劳性能。在保证结构受力性能的条件下，最大限度减少几何刚度过度不平顺部位数量和焊缝数量是发展新型桥面板结构体系面临的根本问题。UHPC 具有高弹性模量、高抗拉压强度、高韧性和高耐久性等特点[20]。通过改进材料配合比，可研发低收缩、免蒸养和施工性能良好的改性 UHPC 材料[21]。采用该类改性 UHPC 材料作为结构层能够大幅降低结构层厚度和结构自重，并显著提高组合桥面板耐久性。考虑到波形顶板和波形钢腹板两者结构形式相近，且后者已实现自动化生产，波形顶板可采用同样的方式由平钢板轧制而成，从而保障生产效率，控制制造成本，提高产品质量。采用波形顶板代替顶板-U 肋焊接构造细节不仅能够大幅减少焊缝数量，而且可使所有焊缝自动化焊接，有效提高制造效率并控制焊接质量。组合销是一种由 PBL 剪力连接件演化而来的新型剪力连接件，主要由钢销和混凝土销两部分组成，自由边开口形式有利于钢筋布置，具备优良的力学与疲劳性能，并逐渐发展优化为拼图(puzzle，PZ)形组合销和改进螺旋线(modified clothoide，MCL)形组合销，已广泛应用于欧洲的预制组合梁工程[22]。两类组合销静力性能相近，MCL 形组合销疲劳性能较优，因此选用该类组合销作为新型波形组合桥面板的剪力连接件。综上所述，提出一种由波形顶板、UHPC 结构层和 MCL 形组合销组成的波形顶板-UHPC 组合桥面板，如图 7-2 所示，此时焊缝数量将大幅度减少。由纵肋与顶板焊缝以及纵肋与横隔板交叉部位等典型构造细节控制结构疲劳性能的局面有望得到根本改善；有望从源头上提高桥面板的疲劳性能并解决其疲劳问题。

波形顶板-UHPC 组合桥面板横截面的主要设计参数包括：波形钢板高度 h_1、截面上部 UHPC 结构层厚度 h_2、波形钢板底部水平段宽度 b_1、波形钢板弯起部分水平投影宽度 b_2、波形钢板顶部水平段宽度 b_3 以及横隔板间距 l，如图 7-3(a)所示。

各类组合桥面板 UHPC 结构层厚度的合理取值为 40～60mm，为简化分析，后续研究中取值为 45mm。横隔板间距 l 和多参数的耦合问题非常复杂，根据正交异性钢桥面板的发展趋势，将该值取为 3000mm。同时，横隔板高度取为 840mm，板厚 14mm；将顶板厚度取为 10mm，板件折弯半径取为板厚的 5 倍，为 50mm。

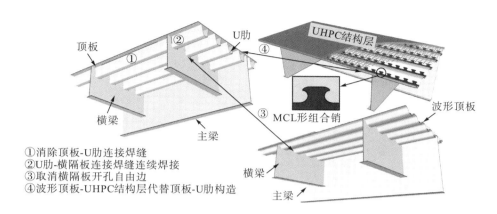

①消除顶板-U肋连接焊缝
②U肋-横隔板连接焊缝连续焊接
③取消横隔板开孔自由边
④波形顶板-UHPC结构层代替顶板-U肋构造

图 7-2　波形顶板-UHPC 组合桥面板

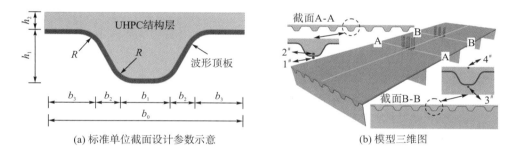

(a) 标准单位截面设计参数示意　　(b) 模型三维图

图 7-3　波形顶板-UHPC 组合桥面板

　　关于该组合桥面板结构在多种桥梁结构类型中的应用问题的研究结果表明[23-25]：该桥面板在中等跨度和大跨度的多种桥型中具有良好的适用性。此处主要讨论局部荷载作用下结构的受力性能和结构优化设计问题。首先，建立桥面板结构的参数化三维有限元分析模型，就各关键参数对于结构受力性能的影响问题进行了研究。为使考察点位置处的约束条件尽可能接近实际状态，分析模型纵向长度取为 12m，包含 4 个标准横隔板节间；横向包含 7 条标准波纹节间。模型中 UHPC 结构层采用 8 节点实体单元模拟，钢板采用 4 节点板壳元模拟，忽略 UHPC 结构层和波纹顶板间的相对滑移，二者间的相互作用采用节点耦合模拟，不考虑材料非线性的影响。分析模型共有实体单元 241920 个，板壳单元 65785个。在各道横隔板底部的两端施加 Y 方向约束并限制绕 X 轴的转动，在最右侧横隔板底端再施加 Z 方向约束，具体如图 7-4 所示。钢材的弹性模量和泊松比分别为 2.1×10^5MPa和 0.3；UHPC 的弹性模量和泊松比分别为 5.5×10^4MPa 和 0.19。选取最不利加载位置进行加载，在纵向施加两个车轮荷载，每个轮重 70kN，采用均布荷载方式施加，作用面积为 600mm×200mm，作用于中间两跨的中部，荷载中心距为 1 个横隔板间距长度。桥面板结构及其有限元分析模型分别如图 7-3 和图 7-4 所示。

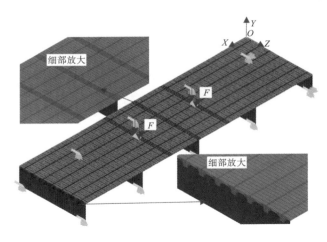

图 7-4　桥面板结构的三维有限元分析模型

　　以多个重要受力部位的力学特性为考察对象，研究其对主要结构设计参数的实际效应。初步计算表明，UHPC 结构层所受的压应力远小于其抗压强度，因此不将其压应力作为考察指标；UHPC 的抗拉强度远低于其抗压强度，故研究中将其作为主要考察指标；对于钢板而言，其拉应力、压应力值均较大，且各参数对其受力特性均有显著影响，也将其应力作为主要考察指标。各重要受力部位的具体考察位置如图 7-3 (b) 所示，具体描述如表 7-1 所示。由于结构自重对于桥面板的适用性具有重要影响，研究中将纵向单位长度内的顶板结构自重也作为考察指标。各主要指标与设计参数间的相关关系规律如图7-5所示，为便于表述图中拉应力、压应力均取正值。

表 7-1　考察点位置汇总表

符号	位置含义描述	受力状态
σ_{p1}	位置 1# 处钢板的拉应力	纵向最大正弯矩
σ_{p2}	位置 2# 处混凝土的拉应力	纵向最大正弯矩
σ_{p3}	位置 3# 处钢板的拉应力	纵向最大负弯矩
σ_{p4}	位置 4# 处混凝土的拉应力	纵向最大负弯矩

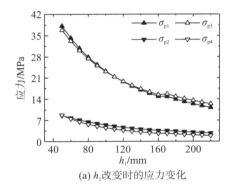

(a) h_1 改变时的应力变化

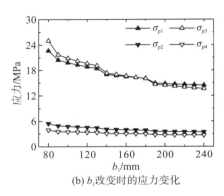

(b) b_1 改变时的应力变化

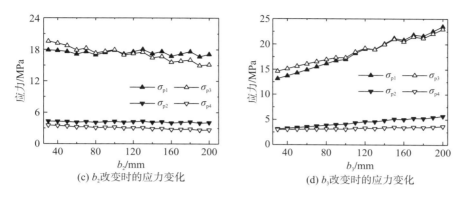

图 7-5　力学特性指标和关键参数间的关系

　　研究结果表明：①所考察的各关键位置的主要力学特性指标均随波纹钢板高度 h_1 的增大而减小，随后趋于平缓，表明结构的受力特性对该参数较为敏感。由于 h_1 增大会使桥面板结构的自重增大，并影响钢桥面板的经济性和适用性，故应在综合考虑多种因素的基础上，确定 h_1 的合理取值。②钢板拉应力均随 b_1 的增加呈显著下降，UHPC 结构层的拉应力指标随 b_1 的增大略有减小，但始终处于较高的水平，表明钢板的受力性能对于该指标敏感，而 UHPC 结构层的受力特性对其不敏感；各力学特性指标均不随 b_2 的增大而发生显著变化，表明结构的受力特性对该参数不敏感。③在保持波纹钢板高度 h_1 不变的条件下，斜段宽度越大，弯折角度越大，波形越平缓，截面抗弯刚度与截面面积之比越小，材料利用率越低；对于截面横向刚度连续性而言，斜段宽度越小，即使在弯折处采用倒角处理，仍然会出现较大的应力集中，影响结构的其他性能。此外，参数 h_1 的确定还需考虑板件加工制作的相关要求，后续研究中仍将该参数作为研究对象，以确定其合理取值。④对于波形钢板顶部水平段宽度 b_3，钢板的拉压应力随其增大而增大，位置 2# 处的混凝土拉应力亦随其增大而增大，位置 3# 处的混凝土拉应力则基本不随其变化；可在保证结构基本性能及构造要求的前提下，对 b_3 取较小值。⑤波形钢板高度 h_1、波形钢板底部水平段宽度 b_1、波形钢板弯起部分水平投影宽度 b_2、波形钢板顶部水平段宽度 b_3 均对结构的受力特性具有重要影响，是结构受力特性和优化设计研究的重要参数。根据上述分析结果，确定关键设计参数 h_1、b_1、b_2 和 b_3 的合理取值范围分别为80mm～120mm、140mm～180mm、80mm～140mm 和 120mm～180mm。

　　在此基础上，进一步开展结构设计参数优化工作，主要流程包括：基于理想点法和序关系分析法建立结构多目标优化设计模型；引入反向传播（back propagation，BP）神经网络，建立各关键设计参数与主要考察指标以及自重间的映射关系；构建结构多目标优化设计的 BP 神经网络方法，进行结构设计参数优化。最终确定 h_1、b_1、b_2 和 b_3 的取值分别为110mm、170mm、80mm 和 85mm，如图 7-6 所示。

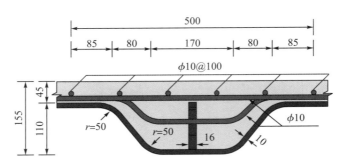

图 7-6　波形顶板-UHPC 组合桥面板的截面尺寸(单位：mm)

7.2.2　组合桥面板连接件抗剪性能

7.2.2.1　试验研究

1. 试验模型设计

为研究组合桥面板结构中 MCL 形组合销的纵向和横向抗剪性能，依据其在组合桥面板结构中的纵向和横向受力特征，设计了纵向和横向两类推出试验，分别包含 3 个名义上完全相同的试件，依次命名为 LPOT-1～LPOT-3 和 TPOT-1～TPOT-3。两类推出试件的制备过程如下：采用自动化焊接技术将钢销连续焊接在波形顶板或平钢板内，随后布置横向弯筋和钢筋网，最后水平浇筑 UHPC 结构层；试件浇筑一天后拆模，在湿润环境下养护 7 天，然后在自然条件下(温度 20℃±2℃，相对湿度 55%±5%)养护 20 天；最后采用高强螺栓组装养护完成的试件。

组合桥面板的截面尺寸、MCL 形组合销的设计参数和两类推出试件的尺寸如图 7-6～图 7-8 所示，其中钢销上部高度主要包括钢筋与波形顶板上翼缘净距(5mm)，纵向和横向的钢筋直径(2×10mm)和 UHPC 保护层厚度(20mm)三个部分，从满足构造需求角度考虑，钢销上部高度最小值为 45mm。在制备试件的同时，制备相关材料试验试件并测试。钢材和钢筋的材料规格和性能如表 7-2 所示。UHPC 材料主要组分如表 7-3 所示，其中平直型镀铜钢纤维的直径、长度和抗拉强度分别为 0.2mm、13mm 和 2850MPa，纤维体积含量为 2.5%。UHPC 材料基本属性如表 7-4 所示。

表 7-2　主要构件材料性能

类别	规格	屈服强度/MPa	极限强度/MPa	弹性模量/MPa
钢材	Q345qD	410	510	206000
钢筋	HRB400	400	550	206000

表 7-3　UHPC 组分　　　　　　　　　　　(单位：kg/m³)

水泥	石英砂	硅灰	复合料	钢纤维	水
875	900	250	25	200	190

表 7-4　UHPC 材料力学性能　　　　　　　　　　　　　　　（单位：MPa）

抗压强度	抗拉强度	抗折强度	弹性模量
112.4±7.4	7.2±0.3	24.2±2.1	44500±1700

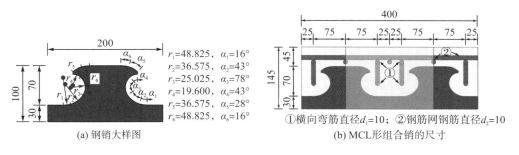

(a) 钢销大样图　　　　　　　　(b) MCL形组合销的尺寸

图 7-7　MCL 形组合销的设计参数[长度(含直径)单位：mm]

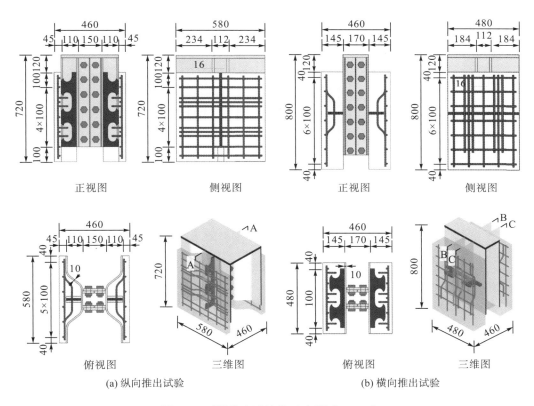

(a) 纵向推出试验　　　　　　　　　　(b) 横向推出试验

图 7-8　两类推出试件的尺寸(单位：mm)

2. 加载方案和测点布置

两类推出试验各包含 3 个试件，其中 2 个试件采用单调荷载加载，1 个试件采用循环荷载加载。循环荷载中各次循环荷载峰值依据单调荷载加载的试验结果确定，取值分别为 $0.25P_{\max}$、$0.5P_{\max}$、$0.75P_{\max}$ 和 $P_{\max}$（$P_{\max}$ 为小于并接近两类推出试件极限抗剪承载力 Q_u

的一个整数值）。两类推出试验均采用 500 吨伺服液压试验机进行加载，试验装置如图 7-9 所示。为保障加载过程中试件受力均衡，先采用石膏对其进行找平。正式加载前进行预加载，采用 40%弹性极限荷载进行反复加卸载以消除非弹性变形，同时检查仪器是否正常工作。正式加载过程分为两个阶段，在达到 80%极限抗剪承载力前，采用力控制模式，加载速率为 20kN/min，随后改为位移控制模式，加载速率为 2mm/min，直至试件破坏。推出试件的弹性极限荷载和极限抗剪承载力采用非线性有限元分析进行预估。

(a) 正视图   (b) 侧视图

图 7-9   试验装置

两类推出试验主要测试各试件钢-混界面滑移量随荷载增加时的变化规律。线性可变差动变压器（linear variable differential transformer，LVDT）是一种直线位移传感器，在纵向和横向推出试件中对应于钢销中心的竖向位置分别布置 8 个和 4 个 LVDT 以测量试件的钢-混层间滑移量，如图 7-10 所示。

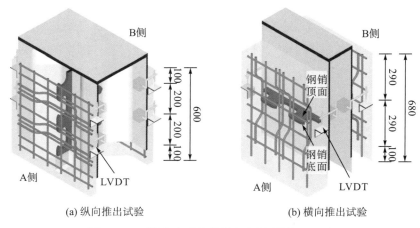

(a) 纵向推出试验   (b) 横向推出试验

图 7-10   两类推出试验的测点布置（单位：mm）

7.2.2.2　试验结果

1. 破坏模式

两类推出试验的试件破坏模式如图 7-11 所示，结果表明：①各纵向推出试件破坏模式基本一致，均为钢-UHPC 界面发生一定分离，UHPC 结构层没有产生明显裂缝；②各横向推出试件破坏模式基本一致，均为钢销上方的钢板产生屈曲变形，UHPC 结构层侧面产生明显裂缝。为进一步观察两类推出试件内部的破坏情况，沿着 A-A、B-B 和 C-C 截面(如图 7-8 所示)对 UHPC 结构层进行切割。两类推出试验典型剖面如图 7-12 所示，结果表明：①纵向推出试件破坏模式主要表现为钢销根部发生较大的塑性变形，混凝土销未产生明显裂缝；②横向推出试件破坏模式主要表现为钢销下侧的 UHPC 压溃，上侧的 UHPC 撬起，钢销产生一定的弯曲变形。

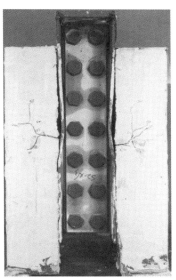

(a) 纵向推出试验　　　　　　　　　　　(b) 横向推出试验

图 7-11　两类推出试验的侧视图

(a) 纵向推出试验

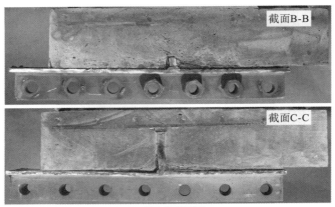

(b) 横向推出试验

图 7-12　两类推出试验的剖面

　　根据试验过程中的检查、记录和最终的裂缝分布情况，判断两类推出试件的破坏过程大致分为 3 个阶段。①弹性阶段，两类推出试件中钢、混两部分构件协同受力，结构未产生明显损伤，抗剪刚度保持不变。②裂缝扩展阶段，纵向推出试件中钢销开始发生塑性变形，钢-混界面相对滑移量进一步增大，除此之外，试件外侧无明显损伤；横向推出试件中钢板开始屈曲，UHPC 结构层产生裂缝。两类推出试件在此阶段均伴有钢纤维从 UHPC 基体中拔出时发出的"嘶嘶"声，抗剪刚度不断减小，力学行为表现出非线性。③破坏阶段，纵向推出试件中钢-混界面滑移显著增大，横向推出试件中钢销上方的钢板发生明显的屈曲，UHPC 结构层中的裂缝迅速扩展。

2. 荷载-滑移量曲线

　　将两类推出试件 A、B 两侧各 LVDT 的数据取均值作为试件 A、B 两侧的滑移结果，再将试件 A、B 两侧的滑移结果取均值作为各试件的滑移结果。两类推出试件单个组合销的荷载-滑移量曲线分别如图 7-13 和图 7-14 所示，相关结果如表 7-5 和表 7-6 所示，其中 Q_u 和 δ_u 分别为极限抗剪承载力及其对应的滑移量值。结果表明：①各纵向推出试件 A、B 两侧的试验结果和各纵向推出试件间的试验结果的离散性均较小，相对而言，各横向推出试件的试验结果的离散性均较大；②横向推出试件刚度远大于纵向推出试件刚度，因此横向推出试件对试件加载中的平整度更为敏感，进而导致较大的离散性；③纵向推出试件延性远大于横向推出试件延性，但其极限抗剪承载力小于后者；④两类推出试件在峰值荷载为 $0.75P_{max}$ 的荷载循环中产生的残余滑移均较小，因此试件的弹性极限荷载可取为 $0.75P_{max}$，据此计算组合销的纵向和横向弹性刚度分别为 357.7kN/mm 和 1173.5kN/mm。

　　采用下列函数，对于两类推出试件的荷载-滑移量曲线进行拟合：

$$P(x) = \frac{x+a}{b_0 + b_1(x+a) + b_2(x+a)^2} \tag{7-1}$$

式中，$P(x)$ 和 x 分别代表单个 MCL 形组合销的荷载和滑移量；a、b_0、b_1 和 b_2 分别为回归分析得到的常数。拟合参数如表 7-7 所示，拟合结果分别如图 7-13(d) 和图 7-14(d) 所示。

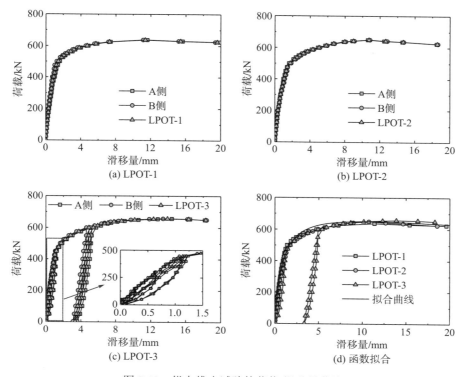

图 7-13　纵向推出试验的荷载-滑移量曲线

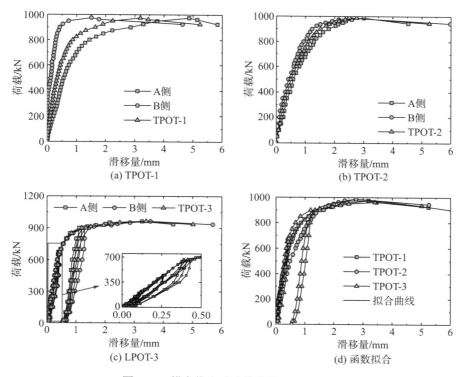

图 7-14　横向推出试验的荷载-滑移量曲线

表 7-5 两类推出试验结果

试件	Q_u/kN	δ_u/mm	试件	Q_u/kN	δ_u/mm
LPOT-1	637.5	11.385	TPOT-1	975.0	3.185
LPOT-2	640.0	10.748	TPOT-2	987.5	2.802
LPOT-3	657.5	13.904	TPOT-3	962.5	3.405
均值	645.0	12.012	均值	975.0	3.131

表 7-6 试件 LPOT-3 和 TPOT-3 的试验结果

试件	力学指标	循环次数/次			
		1	2	3	4
LPOT-3	荷载峰值/kN	150.0	300.0	450.0	600.0
	残余滑移量/mm	0.002	0.011	0.084	4.914
TPOT-3	荷载峰值/kN	225.0	450.0	675.0	900.0
	残余滑移量/mm	0.005	0.012	0.048	1.195

表 7-7 荷载-滑移量曲线函数回归参数

类别	参数/×10^{-5}				R^2
	a	b_0	b_1	b_2	
纵向推出试验	-2730	108	133	1	0.99385
横向推出试验	9	41	74	5	0.99851

7.2.3 组合桥面板抗弯承载能力试验与理论分析方法

7.2.3.1 足尺模型试验方案

1. 试验模型设计

波形顶板-UHPC 组合桥面板位于钢箱梁顶面，其纵桥向由相邻的横隔板或横梁支撑，横桥向由纵腹板支撑，其位置如图 7-15 所示。除风嘴以外，典型的半幅钢箱梁宽度主要由两条机动车道(2×3.75m)，一条应急车道(3.75m)和其他附属设施所占空间组成，总宽度约为 11.5m，而横隔板或横梁间距常为 3.0m，长边支撑远远大于短边支撑，根据国家规范属单向板[26]，即作用于桥面板上的轮载主要沿纵桥向传递至横隔板或横梁上。为研究新型波形组合桥面板的抗弯性能，根据结构在第二体系中受力主要沿纵桥向传递的特点，参考 Eurocode 4[27]中钢-混组合板的弯曲试验方法，分别设计了正、负弯矩作用下的 2 类足尺模型试验，共包括 9 个正弯矩模型(编号为 SMM-1～SMM-9)和 3 个负弯矩模型(编号为 HMM-1～HMM-3)。

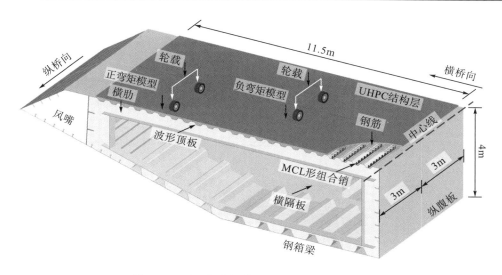

图 7-15　正、负弯矩模型在桥面结构中的位置

正弯矩模型中，模型 SMM-1～SMM6 均采用所确定的基础设计参数，在此基础上模型 SMM-7 未布置横向弯筋，模型 SMM-8 在钢-UHPC 界面间涂抹黄油以消除界面摩擦，模型 SMM-9 未布置横向弯筋并涂抹黄油。负弯矩模型中，模型 HMM-1 为所确定的基础设计参数，在此基础上模型 HMM-2 在钢-UHPC 界面涂抹黄油，模型 HMM-3 则在初始设计参数基础上将纵向钢筋间距增大一倍。各模型加载时的剪跨段长度不同，最大取为 1500mm，依据 Eurocode 4[27]关于剪跨段长度最小应大于 3 倍板厚的相关规定（本试验大于 465mm），故本研究最小取为 500mm。正、负弯矩模型的截面尺寸如图 7-6 和图 7-7 所示，模型尺寸如图 7-16 和表 7-8 所示。

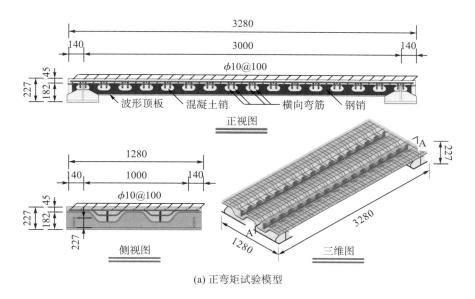

(a) 正弯矩试验模型

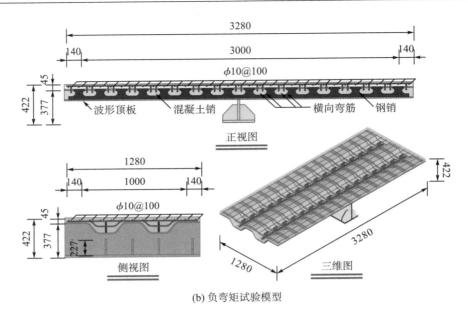

(b) 负弯矩试验模型

图 7-16　正、负弯矩模型的设计参数（单位：mm）

表 7-8　正、负弯矩模型的设计参数

模型编号	剪跨长度/mm	纵向配筋/mm	横向弯筋	界面摩擦
SMM-1	1500	$\phi10@100$	有	有
SMM-2	1000	$\phi10@100$	有	有
SMM-3	1000	$\phi10@100$	有	有
SMM-4	750	$\phi10@100$	有	有
SMM-5	750	$\phi10@100$	有	有
SMM-6	500	$\phi10@100$	有	有
SMM-7	1000	$\phi10@100$	无	有
SMM-8	1000	$\phi10@100$	有	无
SMM-9	1000	$\phi10@100$	无	无
HMM-1	1500	$\phi10@100$	有	有
HMM-2	1500	$\phi10@100$	有	无
HMM-3	1500	$\phi10@200$	有	有

2. 加载方案和测点布置

正弯矩试验加载采用单点加载或双点对称加载方式，荷载由分配梁传至横梁，再由横梁传递至试验模型加载位置处；负弯矩试验加载采用单点加载方式，荷载通过横梁直接作用于试验模型跨中，分别如图 7-17(a) 和图 7-17(b) 所示，其中 L 为试验模型的有效跨径，L_s 为弯剪段，L_b 为纯弯段。正、负弯矩模型两端分别设置固定铰支座和滑动铰支座来模拟简支边界条件。正、负弯矩试验分别采用 500 吨 MTS 和 100 吨 MTS

进行加载,加载过程通过水平位置控制器调整 MTS 锚固端的水平位置,使作动器始终处于垂直加载状态。正式加载前进行预加载,采用 40%弹性极限荷载进行反复加载以消除非弹性变形,并同时检查仪器是否正常工作。正式加载过程分为两个阶段,在达到 80%极限承载力前,采用力控制模式,加载速率为 20kN/min,随后改为位移控制模式,加载速率为 2mm/min,直至模型破坏。各模型的弹性极限荷载和极限承载力采用理论分析进行预估。

(a) 正弯矩试验加载装置   (b) 负弯矩试验加载装置

图 7-17 试验模型加载装置

正、负弯矩试验主要采用线性可变差动变压器(linear variable differential transformer,LVDT)和电阻式应变片测量试验过程中各模型的竖向位移、钢-UHPC 界面滑移量、纵向钢筋应变和跨中截面应变等力学指标随荷载增加时的变化规律,此外负弯矩试验中还需测量混凝土裂缝宽度并标记位置。测点布置具体如下:正、负弯矩试验的竖向位移测点和钢-UHPC 界面滑移测点布置分别如图 7-18(a)和图 7-18(b)所示,其中测点 D-1、D-2 和 D-3 测量竖向位移,测点 S-11、S-12、S-21 和 S-22 测量钢-UHPC 界面端部滑移量,测点 S-1、S-2、S-3 和 S-4 测量正弯矩模型不同纵向位置的钢-UHPC 界面滑移量;正、负弯矩试验的纵向钢筋应变测点共分为 5 行 10 列,以"C-3"为例,其含义为第 C 列第 3 行纵向钢筋应变测点,具体布置分别如图 7-18(c)和图 7-18(d)所示;正、负弯矩试验的跨中截面应变测点布置分别如图 7-18(e)和图 7-18(f)所示。

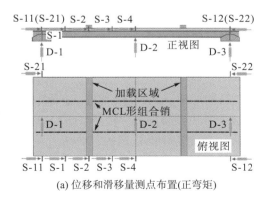

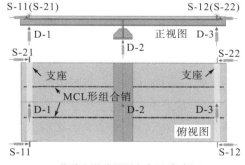

(a) 位移和滑移量测点布置(正弯矩)   (b) 位移和滑移量测点布置(负弯矩)

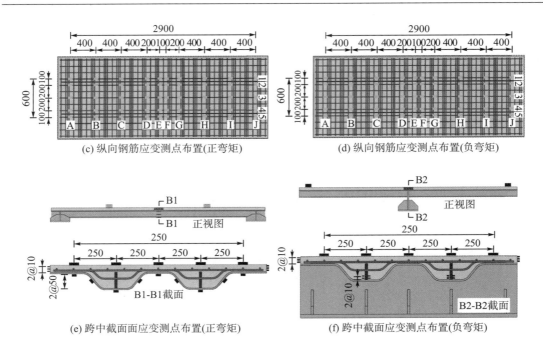

(c) 纵向钢筋应变测点布置(正弯矩)　　　　(d) 纵向钢筋应变测点布置(负弯矩)

(e) 跨中截面面应变测点布置(正弯矩)　　　(f) 跨中截面面应变测点布置(负弯矩)

图 7-18　正、负弯矩模型的测点布置(单位：mm)

7.2.3.2　试验结果分析

1. 破坏形态

正弯矩模型中，UHPC 结构层底部被波形顶板包裹，无法直接观察记录试验全过程中 UHPC 结构层裂缝的产生与发展情况。试验结束后沿纵向 A-A 截面[如图 7-16(a)所示]切开 UHPC 结构层并标记出 UHPC 结构层上的裂缝。典型的正弯矩模型破坏形态如图 7-19 所示。结合试验过程中的检查记录和最终的裂缝分布情况，确定正弯矩模型的破坏过程，结果表明正弯矩作用下，试验模型的力学行为特性可分为 4 个主要阶段。①弹性阶段：钢、混两部分构件协同受力，结构未产生明显损伤，刚度基本保持不变。②裂缝扩展阶段：UHPC 结构层底部纯弯段开始出现竖向裂缝，并伴有少量钢纤维从混凝土基体中被拔出时发出的"嘶嘶"声；随着荷载继续增大，纯弯段的竖向裂缝继续增多并不断向上扩展，靠近加载区的弯剪段内出现斜裂缝，并伴有大量钢纤维被拔出时发出的"嘶嘶"声。此阶段结构的非线性特性逐步增强，前期刚度无明显变化，后期刚度显著降低。③屈服阶段：随着荷载的进一步增大，波形顶板逐渐屈服，UHPC 结构层中竖向裂缝和斜裂缝不断产生和扩展，纯弯段 UHPC 结构层受压区不断减少，"嘶嘶"声显著增多；UHPC 结构层在进入受压临界状态后随着荷载增大迅速压溃，压溃过程中伴随急促而连续的"啪啪"声，模型承载力短时间内降低并达到新的稳定状态。④稳定阶段：此时荷载不再随挠度的增大而发生明显的变化。各正弯矩模型最终破坏形态类似，均为弯曲破坏，UHPC 结构层中纯弯段出现较多的竖向裂缝，弯剪段有少量斜裂缝，且仅模型 SMM-6 弯剪段靠近加载区部位有少量斜裂缝扩展至 UHPC 结构层顶部。

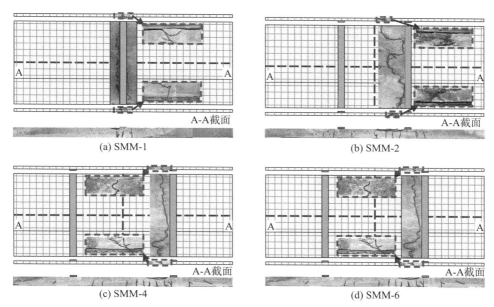

(a) SMM-1　　　　　　　　　　　　　　　(b) SMM-2

(c) SMM-4　　　　　　　　　　　　　　　(d) SMM-6

图 7-19　典型正弯矩模型 UHPC 结构层的裂缝分布

　　各负弯矩模型的破坏过程基本一致,根据试验过程观察与试验结果分析,模型的破坏过程主要包括 3 个阶段。①弹性阶段:钢、混两部分构件协同受力,结构未出现明显损伤,荷载与位移基本呈线性关系。②裂缝扩展阶段:随着荷载继续增加,模型横隔板上方 UHPC结构层顶面出现一条细小的横向裂缝;随着荷载持续增加,裂缝横向延伸并沿板厚方向扩展,此过程中发出"嘶嘶"声。随着裂缝宽度增大,裂缝数量逐渐增多,裂缝间距减小,"嘶嘶"声增强。③屈服阶段:随着裂缝数量和宽度不断增加,横隔板上方几条较大的裂缝贯穿为一条主裂缝,截面上的内力重分配,纵向钢筋应力增大,进入屈服状态;主裂缝处大量钢纤维被从 UHPC 中拔出,并伴随"嘶嘶"声,裂缝数量基本不再增加,主裂缝宽度和跨中挠度迅速增大,但承载力增长缓慢。各负弯矩模型最终破坏形态类似,均为弯曲破坏。模型 HMM-1～HMM-3 破坏形态如图 7-20 所示。由文献[25]中钢-UHPC 轻型组合桥面结构静力特性参数化试验研究可知,降低钢-UHPC 组合效应(通过增大栓钉间距)可导致 UHPC 裂缝的平均间距增大。本试验中,模型 HMM-2 消除了钢-UHPC 界面摩擦,进而降低了钢-UHPC 组合效应,在有限的宽度范围内,模型 HMM-2 的次裂缝间距增大,因此裂缝数量显著少于模型 HMM-1,此现象与文献[25]一致。配筋率的降低使得模型HMM-2 的次裂缝分布范围较模型 HMM-1 显著增加。

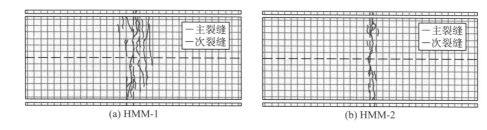

(a) HMM-1　　　　　　　　　　　　　　　(b) HMM-2

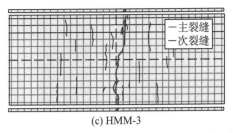

(c) HMM-3

图 7-20　负弯矩模型 UHPC 结构层的裂缝分布

2. 荷载-滑移量曲线

正弯矩试验各模型的荷载-端部滑移量曲线如图 7-21 所示，其中端部滑移量为各模型中 4 个端部滑移量测点的均值。结果表明：①最大端部滑移量随纯弯段长度的增加而增大，最大增幅为 517.10%；②钢-UHPC 界面摩擦对最大端部滑移量的劣化幅值为 5.8%，横向弯筋的影响可忽略。横向弯筋主要用于增强混凝土销的力学性能，由前述分析可知，正弯矩模型均发生弯曲破坏，混凝土销的力学性能未能充分发挥，因此横向弯筋的影响较小。

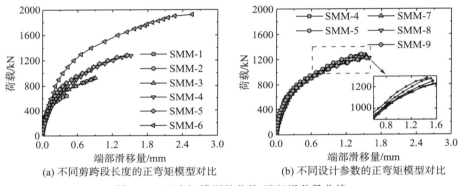

(a) 不同剪跨段长度的正弯矩模型对比　　　　(b) 不同设计参数的正弯矩模型对比

图 7-21　正弯矩模型的荷载-端部滑移量曲线

正弯矩试验中，除模型 SMM-1 和 SMM-6 以外，其余各模型的钢-UHPC 界面滑移的纵向分布和模型 SMM-4 相似，典型的纵向滑移分布曲线如图 7-22 所示，P_u 为极限荷载结果表明：各正弯矩模型中，钢-UHPC 界面滑移量均从跨中向两端逐渐增大，且在靠近支座处达到最大值。

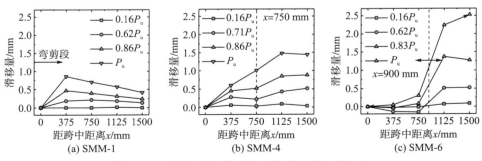

(a) SMM-1　　　　　　(b) SMM-4　　　　　　(c) SMM-6

图 7-22　典型正弯矩模型的荷载-纵向滑移量分布

负弯矩试验中，各模型端部滑移试验值均较小，模型 HMM-1、HMM-2、HMM-3 的最大端部滑移量均值分别为 0.001mm、0.002mm 和 0.001mm。各模型端部滑移较小的原因主要是：①加载初期，钢-UHPC 界面的相对滑移量较小；②进入多元裂缝扩展阶段后，各裂缝处截面上的荷载重新分配，并逐步向纵向钢筋转移，钢-UHPC 界面的不协调变形在裂缝处得以释放，因此各负弯矩模型的端部滑移量均较小。此外，各负弯矩模型各纵向位置处的钢-UHPC 界面滑移量也均较小。

3. 荷载-跨中挠度曲线

各正弯矩模型的荷载-跨中挠度曲线对比如图 7-23 所示，结果表明：①各模型极限荷载随纯弯段长度的增加而增大，最大增幅为 199.9%；②达到极限荷载后，模型承载能力迅速降低，并达到新的稳定阶段，此时荷载不再随挠度的增大而发生明显变化；③钢-UHPC 界面摩擦对抗弯极限承载力的劣化幅值为 4.3%，横向弯筋的影响可忽略。横向弯筋影响较小的原因与混凝土销未能发挥全部抗剪性能有关。

负弯矩模型的荷载-跨中挠度曲线对比如图 7-23(c) 所示，结果表明：①弹性阶段，各试件间没有明显差别，弹性刚度和弹性极限荷载等主要力学指标相近，进入裂缝扩展阶段后，各试件间主要力学指标的差异逐渐显现；②钢-UHPC 界面摩擦和纵向配筋率对抗弯极限承载力的劣化幅值分别为 4.2% 和 7.6%。

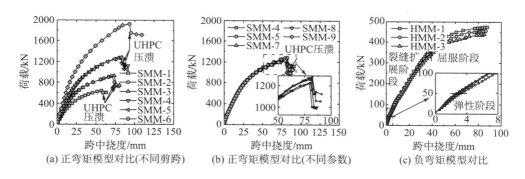

图 7-23　正、负弯矩模型的荷载-跨中挠度曲线

对于钢-UHPC 组合桥面板结构，UHPC 构件的受力状态将直接影响结构的力学行为。在正、负弯矩作用下，UHPC 结构层处于不同的受力状态，新型波形组合桥面板表现出不同的力学行为，可分为 3 个关键受力临界状态。①弹性极限状态，UHPC 结构层没有产生裂缝前，结构处于弹性阶段，当 UHPC 处于开裂临界状态时的截面弯矩为初始开裂弯矩。②名义开裂状态，当 UHPC 的裂缝宽度在 0.05mm 以内时，UHPC 材料的力学性能及其耐久性几乎没有影响[28]。因此，为充分利用材料特性，可将宽度等于 0.05mm 的裂缝作为 UHPC 名义开裂的判定依据。当 UHPC 构件裂缝达到 0.05mm 时，结构处于名义开裂状态，此时的截面弯矩为名义开裂弯矩。③承载能力极限状态，结构中钢板和纵向钢筋进入屈服状态，UHPC 结构层压溃，此时的截面弯矩为抗弯极限承载力。此外，延性是衡量结构承受非弹性变形能力的重要指标[29,30]，而位移延性系数 μ_Δ 是评价延性的常用指标之一，定

义为承载能力极限状态时的跨中挠度 δ_u 与结构屈服状态时的跨中挠度 δ_y 的比值。

正、负弯矩试验的主要试验结果如表 7-9 所示，其中 M_e、δ_e、S_e，M_n、δ_n、S_n、M_y、δ_y、S_y 和 M_u、δ_u、S_u 分别为新型波形组合桥面板处于弹性极限状态、名义开裂状态、屈服状态和承载能力极限状态时的截面弯矩、跨中挠度和钢-UHPC 界面滑移。负弯矩模型的弹性极限状态和名义开裂状态根据荷载-挠度曲线和 UHPC 最大裂缝发展确定。正弯矩模型中，无法观测 UHPC 结构层底部开裂情况，此处仅参照荷载-挠度曲线判断。当正弯矩模型达到弹性极限状态后，刚度未明显改变，因此无法确定初始开裂弯矩。当裂缝达到 0.05mm 后，UHPC 力学性能发生改变，此时荷载-挠度曲线中发生刚度偏移，因此以发生线性关系偏离点的荷载计算名义开裂弯矩。将正弯矩模型荷载-跨中挠度曲线发生偏移时的受力状态定义为名义开裂状态。正、负弯矩模型承载能力极限状态对应于模型所承受的外荷载峰值。此外，各正弯矩模型的位移延性系数 μ_Δ 均大于 3，表明结构具有充足的变形能力[29,30]。而各负弯矩模型均小于 3，主要原因是测试过程中结构变形过大，而荷载不再显著增大，故提前终止试验，实际结构还能继续发生一定程度的变形。

表 7-9　主要试验结果

试件编号	M_e/(kN·m)	δ_e/mm	S_e/kN	M_n/(kN·m)	δ_n/mm	S_n/mm	M_y/(kN·m)	δ_y/mm	S_y/kN	M_u/(kN·m)	δ_u/mm	S_u/mm	μ_Δ
SMM-1	—	—	—	153.2	7.6	0.024	273.0	17.0	0.078	481.1	57.1	0.415	3.4
SMM-2	—	—	—	187.1	12.3	0.073	287.4	22.3	0.209	460.8	70.2	0.883	3.1
SMM-3	—	—	—	175.1	11.1	0.075	288.5	23.0	0.220	462.8	73.4	0.903	3.2
SMM-4	—	—	—	163.7	11.8	0.123	292.8	26.7	0.335	478.7	82.0	1.511	3.1
SMM-5	—	—	—	171.7	12.1	0.110	291.9	25.1	0.323	481.2	82.3	1.449	3.3
SMM-6	—	—	—	159.7	12.1	0.165	289.2	29.8	0.491	481.0	92.9	2.561	3.1
SMM-7	—	—	—	180.7	12.5	0.103	292.3	25.9	0.329	470.7	81.0	1.541	3.1
SMM-8	—	—	—	183.4	13.9	0.105	278.3	24.8	0.321	459.0	84.0	1.588	3.4
SMM-9	—	—	—	163.6	11.8	0.100	277.5	24.3	0.319	459.4	79.6	1.543	3.3
HMM-1	37.5	4.6	—	135.0	17.0	—	247.6	33.8	—	357.2	87.9	0.001	2.6
HMM-2	35.6	3.7	—	127.5	15.6	—	240.9	33.3	—	342.7	86.6	0.002	2.6
HMM-3	33.8	3.0	—	112.5	17.7	—	223.8	32.0	—	330.1	85.4	0.001	2.7

4. 关键截面应变分布

各正、负弯矩模型的纵向钢筋应变分布相近，典型的正、负弯矩模型的纵向钢筋应变分布如图 7-24 所示，结果表明：①各正弯矩模型的纵向钢筋应变分布从两端向中间逐渐增加，并在纯弯段区域稳定；②各正弯矩模型的纵向钢筋应变随荷载的增加逐渐增大，当达到承载能力极限状态时，在 UHPC 压溃处发生突变；③各负弯矩模型纵向钢筋应变分布从两端向中间逐渐增加，并在跨中处达到最大值；④各负弯矩模型的纵向钢筋应变随荷载的增加逐渐增大，当达到承载能力极限状态时，在 UHPC 开裂处发生突变。

各正、负弯矩模型的跨中截面应变分布相近，典型的正、负弯矩模型的跨中截面应变分布如图 7-25 所示，结果表明：①正、负弯矩模型跨中截面应变分布近似线性，截面基本保持平截面；②根据跨中截面应变分布确定中性轴位置，其位置随着荷载的增加而不断上移，且受力全过程中正、负弯矩模型的中性轴均位于钢-UHPC 界面下方。

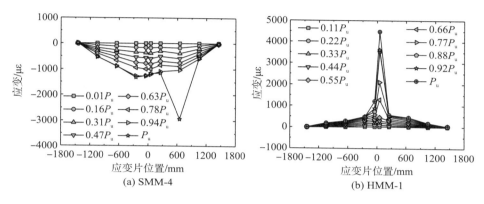

图 7-24　典型正、负弯矩模型纵向钢筋应变分布

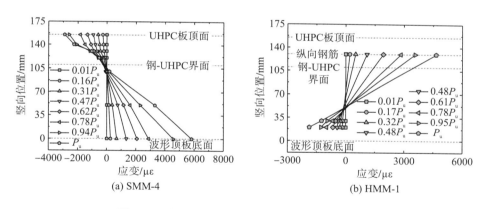

图 7-25　典型正、负弯矩模型跨中截面应变分布

5. 荷载-最大裂缝宽度曲线

各负弯矩模型的荷载-裂缝宽度曲线如图 7-26 所示，结果表明：①各负弯矩模型荷载-最大裂缝宽度发展规律类似；②UHPC 产生裂后，裂缝发展主要沿着横向延伸，裂缝宽度增长缓慢，当裂缝宽度小于 0.2mm 时，荷载与最大裂缝宽度近似呈直线关系，当裂缝宽度大于 0.2mm 时，裂缝宽度发展速度加快；③纵向钢筋进入屈服状态后，裂缝宽度发展较快，当裂缝宽度超过 2mm 时，裂缝宽度迅速增大。

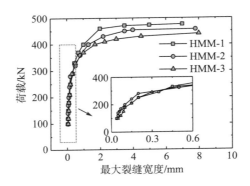

图 7-26　荷载-最大裂缝宽度曲线

7.2.3.3　抗弯承载能力理论分析方法

1. 假定与简化

为开展新型波形组合桥面板各关键受力临界状态下的抗弯承载能力理论分析，做出以下假定与简化：①钢-UHPC 界面滑移对承载能力的削弱效应忽略不计，受力全过程中均满足平截面假定；②弹性极限状态和名义开裂状态下，受拉区 UHPC 参与受力，且在达到应变硬化阶段后应力保持恒定；③承载能力极限状态下，受拉区 UHPC 部分不再参与受力，钢结构和钢筋完全进入屈服状态；④忽略截面倒角对承载能力的影响，并将波形顶板化简为几个矩形和平行四边形的组合。

在此基础上，开展结构抗弯承载能力理论分析需满足如下 2 组条件：①物理方程条件，即满足材料本构关系；②静力平衡条件，即建立内力平衡方程。

2. 材料本构关系

UHPC 的受拉本构采用文献[31]提出的受拉应力-应变关系，如图 7-27(a)所示，表达式为：

$$\sigma_t = \begin{cases} \dfrac{f_{t,p}}{\varepsilon_{t,e}}\varepsilon & 0 < \varepsilon \leqslant \varepsilon_{t,e} \\ f_{t,p} & \varepsilon_{t,e} < \varepsilon \leqslant \varepsilon_{t,u} \end{cases} \tag{7-2}$$

式中，$f_{t,p}$ 为应变硬化阶段平均应力；$\varepsilon_{t,e}$ 为弹性极限应变；$\varepsilon_{t,e}$ 为裂缝宽度达到 0.05mm 时的应变值；$\varepsilon_{t,u}$ 为极限应变。本节中 $f_{t,p}=7.2$MPa，根据参考文献[31]可知，$\varepsilon_{t,e}=192\mu\varepsilon$，$\varepsilon_{t,n}=1099\mu\varepsilon$，$\varepsilon_{t,u}=1267\mu\varepsilon$。

UHPC 的受压本构采用文献[32]提出的受压应力-应变关系，如图 7-27(b)所示，表达式为：

$$\sigma_c = \begin{cases} f_{c,p}\dfrac{n\xi-\xi^2}{1+(n-2)\xi} & \varepsilon \leqslant \varepsilon_{c,p} \\ f_{c,p}\dfrac{\xi}{2(\xi-1)^2+\xi} & \varepsilon > \varepsilon_{c,p} \end{cases} \tag{7-3}$$

式中，$\varepsilon_{c,p}=3500\mu\varepsilon$；$\zeta=\varepsilon/\varepsilon_{c,p}$；$f_{c,p}$ 为立方体抗压强度；$n=E_c/E_{c,p}$；E_c 为初始弹性模量；$E_{c,p}$ 为峰值点的割线模量。由文献[32]可知，UHPC 的初始弹性模量仅在达到峰值前发生改变，为简化分析，本节中 $f_{c,p}=112.4\text{MPa}$，受拉、压弹性模量均为 $E_c=44500\text{MPa}$。

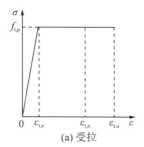 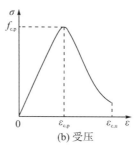

图 7-27　UHPC 的本构关系

波形顶板和钢筋均采用理想弹塑性本构，即达到屈服强度前为弹性，达到屈服强度后应力不再随应变变化。波形顶板屈服强度 $f_{s,y}=410\text{MPa}$，弹性模量 $E_s=206000\text{MPa}$。钢筋屈服强度 $f_{r,y}=400\text{MPa}$，弹性模量 $E_r=206000\text{MPa}$。

3. 内力平衡方程

根据试验结果可知，在正、负正弯矩作用下，新型波形组合桥面板处于弹性极限状态、名义开裂状态和承载能力极限状态时，其中性轴均位于钢-UHPC 界面下部。限于篇幅，后续理论研究主要以本节试验为例进行分析。

正、负弯矩作用下，新型波形组合桥面板处于弹性极限状态、名义开裂状态和承载能力极限状态时，其截面的应力与应变分布分别如图 7-28 和图 7-29 所示。其中，b_{s1}、b_{s2}、b_{s3} 和 b_{s4} 为波形顶板各段的水平宽度；b_{c1} 和 b_{c2} 分别为波形顶板内的 UHPC 顶、底部的水平宽度；b_0 为整体宽度；h_r 为钢筋到 UHPC 顶面的距离；h_t 为波形顶板的板厚；h_f 为波形顶板倾斜段高度；h_c 为波形顶板上 UHPC 的厚度；h_s 为波形顶板的高度；h_0 为整体高度；θ 为波形顶板倾斜段的角度。此时，新型波形组合桥面板截面内力平衡方程分别如式(7-4)～式(7-7)所示：

$$\sum N = -N_{s,rc}^{a} - N_{s,cc}^{a} - N_{s,sc}^{a} + N_{s,ct}^{a} + N_{s,st}^{a} = 0 \tag{7-4}$$

$$\sum M = M_{s,rc}^{a} + M_{s,cc}^{a} + M_{s,sc}^{a} + M_{s,ct}^{a} + M_{s,st}^{a} - M_{s}^{a} = 0 \tag{7-5}$$

$$\sum N = N_{h,rt}^{b} + N_{h,ct}^{b} + N_{h,st}^{b} - N_{h,cc}^{b} - N_{h,sc}^{b} = 0 \tag{7-6}$$

$$\sum M = M_{h,rt}^{b} + M_{h,ct}^{b} + M_{h,st}^{b} + M_{h,cc}^{b} + M_{h,sc}^{b} - M_{h}^{b} = 0 \tag{7-7}$$

式中，各符号的上标"a"和"b"为变量，分别表示正、负弯矩作用下，新型波形组合桥面板处于弹性极限状态 e，名义开裂状态 n 和承载能力极限状态 u。以下为正弯矩相关符号：M_s^a 为正弯矩引起的截面弯矩；$N_{s,rc}^a$ 和 $M_{s,rc}^a$ 分别为受压区钢筋所承担的轴力和弯矩；$N_{s,cc}^a$ 和 $M_{s,cc}^a$ 分别为受压区 UHPC 所承担的轴力和弯矩；$N_{s,sc}^a$ 和 $M_{s,sc}^a$ 分别为受压区波形顶板所承担的轴力和弯矩；$N_{s,ct}^a$ 和 $M_{s,ct}^a$ 分别为受拉区 UHPC 承担的轴力和弯矩；$N_{s,st}^a$ 和 $M_{s,st}^a$

分别为受拉区波形顶板承担的轴力和弯矩。以下为负弯矩相关符号：M_h^b 为负弯矩引起的截面弯矩；$N_{h,rt}^b$ 和 $M_{h,rt}^b$ 分别为受拉区钢筋所承担的轴力和弯矩；$N_{h,ct}^b$ 和 $M_{h,ct}^b$ 分别为受拉区 UHPC 所承担的轴力和弯矩；$N_{h,st}^b$ 和 $M_{h,st}^b$ 分别为受拉区波形顶板所承担的轴力和弯矩；$N_{h,cc}^b$ 和 $M_{h,cc}^b$ 分别为受压区 UHPC 承担的轴力和弯矩；$N_{h,sc}^b$ 和 $M_{h,sc}^b$ 分别为受压区波形顶板承担的轴力和弯矩。

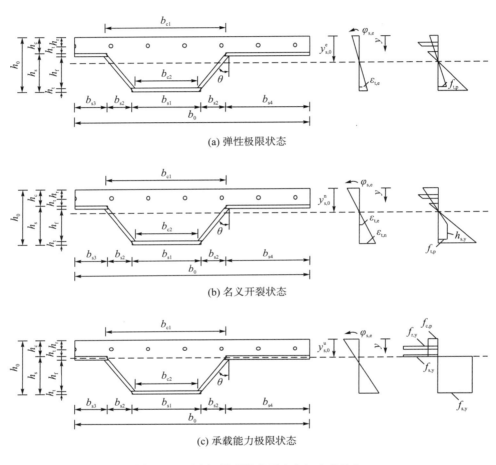

图 7-28　正弯矩模型的截面应力与应变分布

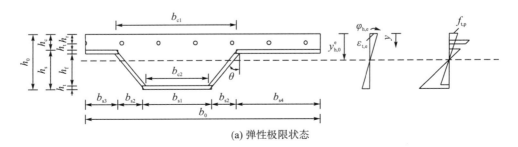

(a) 弹性极限状态

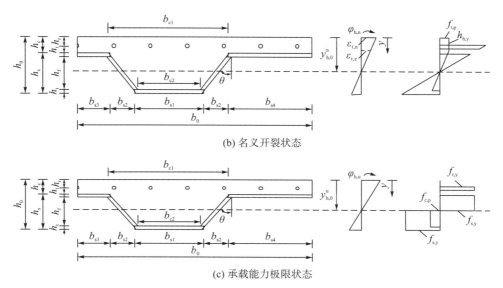

(b) 名义开裂状态

(c) 承载能力极限状态

图 7-29　负弯矩模型的截面应力与应变分布

4. 内力计算方法

以正弯矩作用下新型波形组合桥面板的内力计算为例，如图 7-30 所示，其内力计算式分别为

$$N_m^a = \sum_{i=1}^{n} N_{m,i}^a = \sum_{i=1}^{j} \int b_i(y)\varepsilon(y)E\mathrm{d}y + \sum_{i=j+1}^{n} \int b_i(y)\varepsilon(y_a)E\mathrm{d}y \tag{7-8}$$

$$M_m^a = \sum_{i=1}^{n} M_{m,i}^a = \sum_{i=1}^{j} \int b_i(y)\varepsilon(y)yE\mathrm{d}y + \sum_{i=j+1}^{n} \int b_i(y)\varepsilon(y_a)yE\mathrm{d}y \tag{7-9}$$

式中，N_m^a 为轴力，包括 $N_{s,rc}^a$、$N_{s,cc}^a$、$N_{s,sc}^a$、$N_{s,ct}^a$ 和 $N_{s,st}^a$；M_m^a 为弯矩，包括 $M_{s,rc}^a$、$M_{s,sc}^a$、$M_{s,ct}^a$ 和 $M_{s,st}^a$；E 为材料的弹性模量；$\varepsilon(y)$ 为应变，为直线性变化，故有 $\varepsilon(y)=\varphi y$，且在任意指定状态下，φ 为常数；$b_i(y)$ 为第 i 个部分在 y 处的宽度；y_a 为材料刚达到应变硬化段时的位置距中性轴的距离。故式 (7-8) 和式 (7-9) 中，第 j 个和第 $j+1$ 个子项可改写为

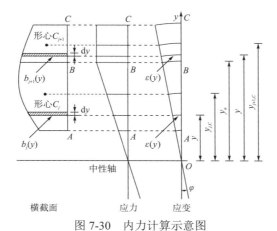

图 7-30　内力计算示意图

$$\begin{cases} N_{m,j}^a = \int b_j(y)\varepsilon(y)E\mathrm{d}y = \varphi E\int b_j(y)y\mathrm{d}y = \varphi E\int y\mathrm{d}A_j \\ N_{m,j+1}^a = \int b_{j+1}(y)\varepsilon(y_a)E\mathrm{d}y = \varphi E y_a\int b_{j+1}(y)\mathrm{d}y = \varphi E y_a\int \mathrm{d}A_{j+1} \end{cases} \tag{7-10}$$

$$\begin{cases} M_{m,j}^a = \int b_j(y)\varepsilon(y)yE\mathrm{d}y = \varphi E\int b_j(y)y^2\mathrm{d}x = \varphi E\int y^2\mathrm{d}A_j \\ M_{m,j+1}^a = \int b_{j+1}(y)\varepsilon(y_a)yE\mathrm{d}y = \varphi E y_a\int b_{j+1}(y)y\mathrm{d}x = \varphi E y_a\int y\mathrm{d}A_{j+1} \end{cases} \tag{7-11}$$

在式(7-10)、式(7-11)中：

$$\begin{cases} \int y\mathrm{d}A_j = A_j y_{j,\mathrm{C}} \\ \int \mathrm{d}A_{j+1} = A_{j+1} \end{cases} \tag{7-12}$$

$$\begin{cases} \int y^2\mathrm{d}A_j = I_j + A_j y_{j,\mathrm{C}}^2 \\ \int y\mathrm{d}A_{j+1} = A_{j+1} y_{j+1,\mathrm{C}} \end{cases} \tag{7-13}$$

式中，A_j 和 A_{j+1} 分别为第 j 个和第 $j+1$ 个部分的面积；$y_{j,\mathrm{C}}$ 和 $y_{j+1,\mathrm{C}}$ 分别为第 j 个和第 $j+1$ 个部分的形心到中性轴的距离；I_j 为第 j 个部分面积的惯性矩。因此，依据式(7-10)～式(7-13)，式(7-8)和式(7-9)可改写为

$$N_m^a = \sum_{i=1}^n N_{m,i}^a = \sum_{i=1}^j A_i y_{i,\mathrm{C}}\varphi E + \sum_{i=j+1}^n A_i y_a \varphi E \tag{7-14}$$

$$M_m^a = \sum_{i=1}^n M_{m,i}^a = \sum_{i=1}^j (I_i + A_i y_{i,\mathrm{C}}^2)\varphi E + \sum_{i=j+1}^n A_i y_{i,\mathrm{C}} y_a \varphi E \tag{7-15}$$

因此，正、负弯矩作用下，新型波形组合桥面板处于弹性极限状态、初始开裂状态和承载能力极限状态下的抗弯承载能力计算，可先依据式(7-4)、式(7-6)和(7-14)建立轴力平衡方程，计算中性轴位置，再依据式(7-5)、式(7-7)和式(7-15)计算抗弯承载能力。采用式(7-15)计算纵向钢筋的弯矩时，其惯性矩远远小于后者，可忽略其影响。

5. 方法的应用与验证

正弯矩作用下，新型波形组合桥面板处于弹性极限状态和名义开裂状态时，其中性轴位置、抗弯承载能力、截面轴力和弯矩依次采用式(7-4)、式(7-5)、式(7-14)和式(7-15)联立方程组计算。

弹性极限状态时，如图 7-28(a)所示，相关计算式中新型波形组合桥面板截面的弯曲曲率 $\varphi_{s,e}$ 的计算式为

$$\varphi_{s,e} = \varepsilon_{t,e} / (h_0 - y_{s,0}^e - h_t) \tag{7-16}$$

式中，$y_{s,0}^e$ 为此状态下 UHPC 顶面到中性轴的距离。

名义开裂状态时，如图 7-28(b)所示，相关计算式中新型波形组合桥面板截面中 UHPC 处于应变硬化阶段部分的高度 $h_{s,y}$ 和弯曲曲率 $\varphi_{s,n}$ 的计算式为

$$h_{s,y} = (\varepsilon_{t,n} - \varepsilon_{t,e}) / \varphi_{s,n} \tag{7-17}$$

$$\varphi_{s,n} = \varepsilon_{t,n} / (h_0 - y_{s,0}^n - h_t) \tag{7-18}$$

式中，$y_{s,0}^n$ 为此状态下 UHPC 顶面到中性轴的距离。

负弯矩作用下，新型波形组合桥面板处于弹性极限状态和名义开裂状态时，其中性轴位置、抗弯承载能力、截面轴力和弯矩依次采用式(7-6)、式(7-7)、式(7-14)和式(7-15)联立方程组计算。

弹性极限状态时，如图 7-29(a)所示，相关计算式中新型波形组合桥面板截面的弯曲曲率 $\varphi_{h,e}$ 的计算式为：

$$\varphi_{h,e} = \varepsilon_{t,e} / y_{h,0}^{e} \tag{7-19}$$

式中，$y_{h,0}^{e}$ 为此状态下 UHPC 顶面到中性轴的距离。

名义开裂状态时，如图 7-29(b)所示，相关计算式中新型波形组合桥面板截面中 UHPC 处于应变硬化阶段部分的高度 $h_{h,y}$ 和弯曲曲率 $\varphi_{h,e}$ 的计算式为

$$h_{h,y} = \left(\varepsilon_{t,n} - \varepsilon_{t,e} \right) / \varphi_{h,n} \tag{7-20}$$

$$\varphi_{h,n} = \varepsilon_{t,n} / y_{h,0}^{n} \tag{7-21}$$

式中，$y_{h,0}^{n}$ 为此状态下 UHPC 顶面到中性轴的距离。

正、负弯矩作用下，新型波形组合桥面板处于承载能力极限状态时，抗弯极限承载力的计算可以基于塑性理论进一步简化。假定全截面材料进入应变硬化段，UHPC 受拉区完全退出工作，因此直接采用应变硬化段对应的应力进行计算。

正弯矩作用下，新型波形组合桥面板处于承载能力极限状态时[如图 7-28(c)所示]，其截面内力计算式依次为

$$N_{s,rc}^{u} = nA_r f_{r,y} \tag{7-22}$$

$$N_{s,cc}^{u} = \left\{ b_0 h_c + \left[b_{c1} - \left(y_{s,0}^{u} - h_c \right) \tan \theta \right] \left(y_{s,0}^{u} - h_c \right) \right\} f_{c,p} \tag{7-23}$$

$$N_{s,sc}^{u} = \left(b_{s3} + b_{s4} \right) \left(y_{s,0}^{u} - h_c \right) f_{s,y} \tag{7-24}$$

$$N_{s,st}^{u} = \left[\left(b_{s3} + b_{s4} \right) \left(h_t - y_{s,0}^{u} + h_c \right) + b_{s1} h_t + \frac{2h_t}{\cos \theta} h_f \right] f_{s,y} \tag{7-25}$$

$$M_{s,rc}^{u} = nA_{r,y} \left(y_{s,0}^{u} - h_r \right) f_{r,y} \tag{7-26}$$

$$M_{s,cc}^{u} = \left[b_0 h_c \left(y_{s,0}^{u} - \frac{h_c}{2} \right) + \left(\frac{b_{c1}}{2} - \frac{y_{s,0}^{u} - h_c}{3} \tan \theta \right) \left(y_{s,0}^{u} - h_c \right)^2 \right] f_{c,p} \tag{7-27}$$

$$M_{s,sc}^{u} = \frac{1}{2} \left(b_{s3} + b_{s4} \right) \left(y_{s,0}^{u} - h_c \right)^2 f_{s,y} \tag{7-28}$$

$$M_{s,st}^{u} = \left[\frac{\left(b_{s3} + b_{s4} \right) \left(h_c + h_t - y_{s,0}^{u} \right)^2}{2} + b_{s1} h_t \left(h_0 - y_{s,0}^{u} - \frac{h_t}{2} \right) + \frac{2h_t h_f}{\cos \theta} \left(h_0 - y_{s,0}^{u} - h_t - \frac{h_f}{2} \right) \right] f_{s,y} \tag{7-29}$$

式中，$y_{s,0}^{u}$ 为此状态下 UHPC 顶面到中性轴的距离。

负弯矩作用下，新型波形组合桥面板处于承载能力极限状态时，如图 7-29(c)所示，其截面内力计算式依次为

$$N_{h,rt}^{u} = nA_r f_{r,y} \tag{7-30}$$

$$N_{h,st}^{u} = \left[\left(b_3 + b_4 \right) h_t + \frac{2h_t}{\cos \theta} \left(y_{h,0}^{u} - h_c - h_t \right) \right] f_{s,y} \tag{7-31}$$

$$N_{\text{h,cc}}^{\text{u}} = \left(h_0 - y_{\text{h,0}}^{\text{u}} - h_{\text{t}} \right)\left[b_{\text{c2}} + \left(h_0 - y_{\text{h,0}}^{\text{u}} - h_{\text{t}} \right)\tan\theta \right] f_{\text{c,p}} \tag{7-32}$$

$$N_{\text{h,sc}}^{\text{u}} = \left[b_{\text{s1}}h_{\text{t}} + \frac{2h_{\text{t}}}{\cos\theta}\left(h_0 - y_{\text{h,0}}^{\text{u}} - h_{\text{t}} \right) \right] f_{\text{s,y}} \tag{7-33}$$

$$M_{\text{h,rt}}^{\text{u}} = nA_{\text{r}}\left(y_{\text{h,0}}^{\text{u}} - h_{\text{r}} \right) f_{\text{r,y}} \tag{7-34}$$

$$M_{\text{h,st}}^{\text{u}} = \left[\left(b_{\text{s3}} + b_{\text{s4}} \right)h_{\text{t}}\left(y_{\text{h,0}}^{\text{u}} - h_{\text{c}} - \frac{h_{\text{t}}}{2} \right) + \frac{h_{\text{t}}}{\cos\theta}\left(y_{\text{h,0}}^{\text{u}} - h_{\text{c}} - h_{\text{t}} \right)^2 \right] f_{\text{s,y}} \tag{7-35}$$

$$M_{\text{h,cc}}^{\text{u}} = \left(\frac{b_{\text{c2}}}{2} + \frac{h_0 - y_{\text{h,0}}^{\text{u}} - h_{\text{t}}}{3}\tan\theta \right)\left(h_0 - y_{\text{h,0}}^{\text{u}} - h_{\text{t}} \right)^2 f_{\text{c,p}} \tag{7-36}$$

$$M_{\text{h,cc}}^{\text{u}} = \left(\frac{b_{\text{c2}}}{2} + \frac{h_0 - y_{\text{h,0}}^{\text{u}} - h_{\text{t}}}{3}\tan\theta \right)\left(h_0 - y_{\text{h,0}}^{\text{u}} - h_{\text{t}} \right)^2 f_{\text{c,p}} \tag{7-37}$$

$$M_{\text{h,sc}}^{\text{u}} = \left[b_{\text{s1}}h_{\text{t}}\left(h_0 - y_{\text{h,0}}^{\text{u}} - \frac{h_{\text{t}}}{2} \right) + \frac{h_{\text{t}}}{\cos\theta}\left(h_0 - y_{\text{h,0}}^{\text{u}} - h_{\text{t}} \right)^2 \right] f_{\text{s,y}} \tag{7-38}$$

式中，$y_{\text{h,0}}^{\text{u}}$ 为此状态下 UHPC 顶面到中性轴的距离。

综上，将式(7-22)～式(7-29)代入(7-4)和式(7-5)，将式(7-30)～式(7-38)代入式(7-6)和式(7-7)，即可分别求得正、负弯矩作用下新型波形组合桥面板的抗弯极限承载力。

新型波形组合桥面板承载能力理论值与试验结果对比如表 7-10 所示，结果表明：①正弯矩模型的名义开裂弯矩和极限承载能力理论值与试验值之比的均值分别为 1.07 和 0.87，标准差分别为 0.069 和 0.018；②负弯矩模型的初始开裂弯矩、名义开裂弯矩和极限承载能力理论值与试验值之比的均值分别为 1.08、1.05 和 0.87，标准差分别为 0.036、0.056 和 0.015；③总体而言，理论值与试验值吻合较好，所建立的理论分析方法可以用来预测新型波形组合桥面板的承载能力，但其适用性需要更多的试验数据来进一步证明。

表 7-10　试验与理论结果对比

试件编号	M_{e}/(kN·m)	δ_{e}/mm	$M_{\text{e}}/M_{\text{cal,e}}$	M_{n}/(kN·m)	δ_{n}/mm	$M_{\text{n}}/M_{\text{cal,n}}$	M_{y}/(kN·m)	δ_{y}/mm	$M_{\text{u}}/M_{\text{cal,u}}$
SMM-1	—	39.7	—	153.2	182.1	1.19	481.1	410.5	0.85
SMM-2	—	39.7	—	187.1	182.1	0.97	460.8	410.5	0.89
SMM-3	—	39.7	—	175.1	182.1	1.04	462.8	410.5	0.89
SMM-4	—	39.7	—	163.7	182.1	1.11	478.5	410.5	0.86
SMM-5	—	39.7	—	171.7	182.1	1.06	481.2	410.5	0.85
SMM-6	—	39.7	—	159.7	182.1	1.14	481.0	410.5	0.85
SMM-7	—	39.7	—	180.7	182.1	1.01	470.7	410.5	0.87
SMM-8	—	39.7	—	183.4	182.1	0.99	459.0	410.5	0.89
SMM-9	—	39.7	—	163.6	182.1	1.11	459.4	410.5	0.89
HMM-1	37.5	38.8	1.04	135.0	132.5	0.98	357.2	304.9	0.85
HMM-2	35.6	38.8	1.09	127.5	132.5	1.04	342.7	304.9	0.89
HMM-3	33.8	37.9	1.12	112.5	125.8	1.12	330.1	290.2	0.88

7.3 大纵肋正交异性钢-高性能混凝土组合桥面板

在正交异性钢桥面板顶板上引入高性能水泥基复合材料结构层,通过剪力连接件将结构层与正交异性钢桥面板形成组合桥面板协同受力,显著增大桥面板的局部刚度,大幅度降低各疲劳易损部位的应力幅,改善桥面铺装的受力状况,从而为正交异性钢桥面板疲劳开裂和桥面铺装易损提供综合解决方案。相关研究表明[33],采用组合桥面板体系后,结构局部刚度与稳定性均有显著的提升。得益于结构局部稳定性的提升,传统正交异性钢桥面板可进行适当简化使其与高性能混凝土形成更为合理的受力体系。基于结构疲劳性能的优化分析,作者团队确定了组合桥面板合理构造参数取值[31-34]。在此基础上,提出了大纵肋正交异性钢-UHPC 组合桥面板和正交异性钢-ECC 组合桥面板,两类组合桥面板的主要设计参数如图 7-31 所示。大纵肋开口宽度、开口高度与壁厚分别为 450mm、330mm 与 8mm。对于大纵肋正交异性钢-UHPC 组合桥面板,UHPC 结构层厚度为 60mm,UHPC 结构层与厚度为 12mm 的钢桥面板通过短栓钉进行连接,短栓钉的直径与高度分别为 16mm 和 40mm。对于大纵肋正交异性钢-ECC 组合桥面板,ECC 结构层厚度为 85mm,ECC 结构层与厚度为 12mm 的顶板通过短栓钉进行连接,短栓钉的直径与高度分别为 16mm 与 60mm。两类组合桥面板栓钉布置间距均为 225mm,钢筋横向、纵向布置间距均为 75mm。

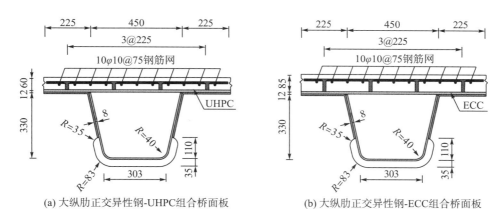

(a) 大纵肋正交异性钢-UHPC组合桥面板   (b) 大纵肋正交异性钢-ECC组合桥面板

图 7-31　两类组合桥面板截面构造参数(单位:mm)

由正交异性钢桥面板结构"正交异性"的力学特征所决定,正交异性钢-高性能混凝土组合桥面板结构体系的力学性能沿纵桥向和横桥向显著不同,如图 7-32 所示。正交异性钢-高性能混凝土组合桥面板结构体系的横桥向力学行为由纵肋两腹板间的钢-高性能混凝土组合板决定:组合桥面板的横向受力单元为由纵肋腹板约束支撑、高性能混凝土层和钢顶板通过栓钉组合形成的组合板单元,当局部轮载作用在纵肋上方中央时,钢-高性能混凝土组合板产生较大的局部挠曲变形,纵肋腹板支撑处的高性能混凝土结构层将因负弯矩的作用而产生横向拉伸应变,为了使钢顶板与高性能混凝土结构层形成整体结构协同受力，局部轮载下方的栓钉承受较大的剪切荷载。在此种受力模式下，栓钉与高性能混凝土结构层两类构件的疲劳损伤将引起结构局部力学性能的改变，进而对桥面结构体系的疲劳性能造成一定的影响。引入大纵肋正交异性钢-高性能混凝土组合桥面板体系后，钢桥面板各焊接构造细节的疲劳性能均有一定的提升，然而针对不同的构造细节，该疲劳性能改善效果具有典型的"局部性"特征。对于纵肋与顶板连接构造细节、纵肋与横隔板连接构造细节和纵肋对接焊缝细节，其应力幅降幅分别为 60%～90%、20%～40% 和 30%～40%[31,35,36]，因此，纵肋与横隔板连接构造细节和纵肋对接焊缝细节的疲劳性能决定了整个组合桥面板体系的疲劳寿命。本节针对大纵肋正交异性钢-高性能混凝土组合桥面板结构体系的纵、横桥向疲劳性能展开研究，明确了组合桥面板纵、横桥向的疲劳劣化过程与失效机理。采用有限元数值分析确定了未受损结构的基本力学行为，在试验研究与数值分析的基础上，量化了高性能混凝土开裂对结构疲劳性能的影响。

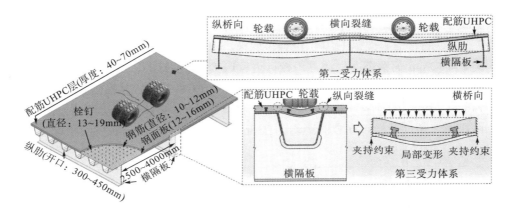

图 7-32　正交异性钢-高性能混凝土组合桥面纵、横桥向受力模式

7.3.1　横桥向疲劳性能研究

7.3.1.1　试验方案

综合考虑结构的受力特性与测试的便利性，共设计了 2 类横桥向疲劳试验件，即：钢-UHPC 组合桥面板试验件与钢-ECC 组合桥面板试验件。试验件的设计参数如图 7-33 所示，试验模型长 900mm、宽 2400mm，试验模型由钢桥面板与高性能混凝土结构层构成。为了便于后续对比研究，两个试验件钢桥面板均采用了相同的设计参数：钢桥面板由 12mm 厚顶板、18mm 厚横隔板与两个 8mm 厚大纵肋组成（分别命名为 U1 与 U2），大纵肋采用 U-450×330×8（肋宽×肋高×壁厚，单位：mm）。钢桥面板上浇筑一层高性能混凝土结构层，UHPC 与 ECC 结构层厚度 h_1 分别为 60mm 与 85mm。高性能混凝土结构层内设置一层直径为 10mm 的 HRB400 钢筋网，钢筋纵向、横向布置间距均为 75mm。钢桥面板与高性能混凝土结构层通过短栓钉连接形成组合结构，UHPC 与 ECC 中短栓钉构造如图 7-34 所示，UHPC 中短栓钉的直径为 16mm、高度为 40mm，ECC 中短栓钉的直径为 16mm、高度为 60mm。

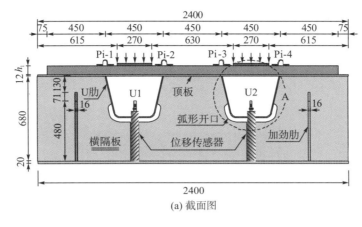

(a) 截面图

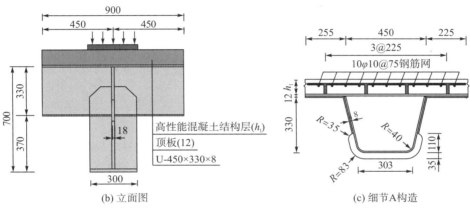

(b) 立面图　　　　　　　　　　　　(c) 细节A构造

图 7-33　试验模型构造图(单位：mm)

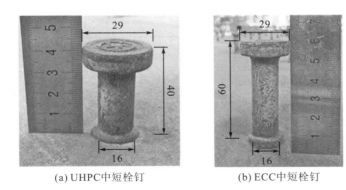

(a) UHPC中短栓钉　　　　　　(b) ECC中短栓钉

图 7-34　短栓钉构造图(单位：mm)

　　疲劳试验加载示意图如图 7-35 所示，试验件底部与钢梁栓接，钢梁与试验室地面锚固。疲劳试验采用两点对称加载，单点加载面积为 320mm(横桥向)×270mm(纵桥向)，两加载点间距为 900mm，试验加载面积对应于 Eurocode 1 中的 C 型轮载[21]，代表了重载货车的单轮轮载。

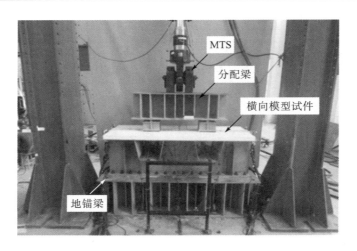

图 7-35　试验加载示意图

疲劳加载共分为四个阶段，两加载点采用恒幅加载（$\Delta P = P_{max} - P_{min}$），其中 P_{max} 与 P_{min} 分别为最大荷载与最小荷载，疲劳加载参数如表 7-11 所示。需要说明的是，表 7-11 给出的荷载值为单点加载荷载，在阶段Ⅰ～Ⅲ，两类试验件具有相同的加载参数，唯一的区别在于阶段Ⅳ，表 7-11 中未加括号的加载参数对应于钢-UHPC 组合桥面板试验件，钢-ECC 组合桥面板试验件的加载参数用括号表示。试验中所施加的疲劳荷载对应 Eurocode 1 中的疲劳模型 2（fatigue load model 2，FLM2）[27]，在 FLM2 中 C 型轮载的最大荷载为 60 kN。疲劳试验所采用的荷载幅为规范的 1.50～3.75 倍。试验前 200 万次循环加载（阶段Ⅰ）用于验证组合桥面板横桥向的疲劳性能，阶段Ⅱ～阶段Ⅳ用于研究组合桥面板横桥向的疲劳开裂模式与失效机理。

表 7-11　疲劳试验加载参数

阶段	疲劳荷载 $P_{min} \sim P_{max}$/kN	荷载幅 ΔP/kN	加载次数 $N/10^4$ 次	加载频率 f/Hz
Ⅰ	10～100	90	200	4.2
Ⅱ	10～145	135	200	4.0
Ⅲ	10～190	180	200	3.6
Ⅳ	10～220（10～235）	210（225）	370（300）	3.2

为了测量加载点下方组合桥面板的竖向挠度，试验前制作了位移测试支架，位移测点布置如图 7-36 所示。为了测量高性能混凝土结构层在负弯矩作用下的裂缝宽度，在 U 肋、顶板与横隔板三向交叉焊缝上方高性能混凝土结构层表面布置了 4 个 Pi 位移传感器（量程为−2～2mm，精度为 0.5 μm），传感器编号沿试验件 x 方向依次命名为 Pi-1～Pi-4，传感器布置形式如图 7-36（a）所示。U 肋、顶板与横隔板三向交叉焊缝是本试验需重点关注的构造细节，如图 7-36（b）所示，在试验件三向交叉焊缝处布置了大量应变测点，沿横隔板中心线左右两侧对称布置了 21 个应变测点,应变测点布置于钢桥面板底面并距焊根 5mm,

应变片纵桥向布置间距为 10mm。如图 7-36(c)所示，为了监测栓钉在疲劳加载过程中的损伤状态，根据栓钉的受力特性，在栓杆两侧布置了应变测点，应变片距栓钉根部 15mm，栓钉的弯曲应变可通过如图 7-36(c)所示方法进行计算。高性能混凝土开裂状态在一定程度上可通过开裂处钢筋的应变进行表征，在横向钢筋上布置了应变测点，应变片布置如图 7-36(d)所示，应变测点沿横桥向与纵桥向共布置了 3 行(A～C)、10 列(1～10)。

试验开始前，进行一次静力测试以掌握结构基准状态时的力学行为。疲劳加载过程中，每间隔一定的加载次数(约为 10 万次)，对试验件进行静力测试以监测结构力学性能随加载作用次数的变化。静力测试期间，对高性能混凝土结构层裂缝分布进行观测并记录。

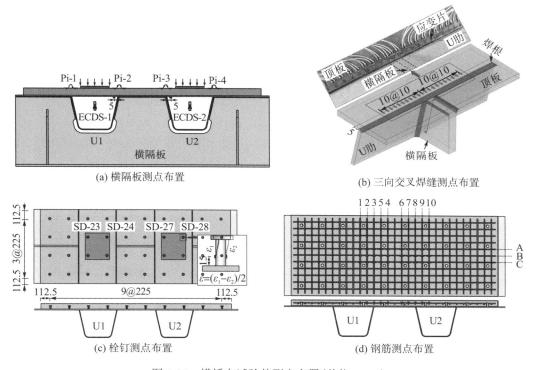

(a) 横隔板测点布置　　　　　　　　　　　(b) 三向交叉焊缝测点布置

(c) 栓钉测点布置　　　　　　　　　　　(d) 钢筋测点布置

图 7-36　横桥向试验件测点布置(单位：mm)

7.3.1.2　试验结果

1) 疲劳开裂模式

疲劳试验前期，高性能混凝土结构层表面未发现可见裂纹。对于钢-UHPC 组合桥面板试验件，当加载至约 20 万次时，在三向交叉焊缝上方 UHPC 结构层表面发现初始裂纹。对于钢-ECC 组合桥面板试验件，当加载至约 40 万次时，在三向交叉焊缝上方 ECC 结构层发现疲劳裂纹。随加载作用次数的增长，更多细小裂纹产生并沿纵桥向扩展，在阶段 IV，裂纹沿纵桥向贯穿整个高性能混凝土结构层。图 7-37 为高性能混凝土结构层裂缝分布随作用次数的变化。研究表明，UHPC 裂纹分布相对集中，多位于加载位置与钢桥面板三向交叉焊缝上方；ECC 裂缝分布范围较广、数目较多，并且裂纹多沿纵桥向扩展。

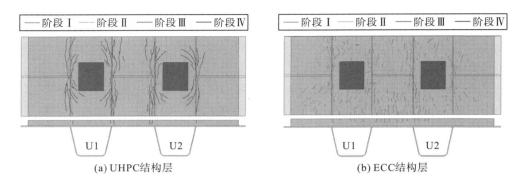

(a) UHPC结构层   (b) ECC结构层

图 7-37   高性能混凝土结构层裂缝分布

相关研究表明[31]，当裂缝宽度小于 0.05mm 时，裂缝宽度对高性能混凝土的耐久性不会造成显著的影响，因此，基于耐久性设计的高性能混凝土临界裂缝宽度可定义为 0.05mm。图 7-38 为高性能混凝土裂缝宽度随加载作用次数的变化曲线，在试验件经历了 200 万次循环加载后，UHPC 与 ECC 最大裂缝宽度均在 0.05mm 以内。研究表明，UHPC 与 ECC 结构层满足耐久性设计要求。在阶段Ⅱ与阶段Ⅲ，裂纹虽不断萌生与扩展，然而裂缝宽度基本保持不变，此现象可归因于高性能混凝土中纤维的桥连效应。随作用次数的进一步增加，高性能混凝土损伤演化持续发展，裂缝宽度在阶段Ⅳ有显著的增加，裂纹沿高性能混凝土结构层纵向贯穿。

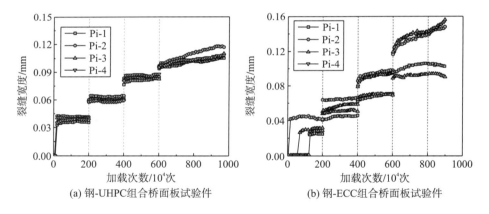

(a) 钢-UHPC组合桥面板试验件   (b) 钢-ECC组合桥面板试验件

图 7-38   高性能混凝土裂缝宽度随加载作用次数变化

疲劳试验结束后，采用高压水枪对高性能混凝土结构层进行了拆除，拆除后钢结构部分如图 7-39 所示。钢-UHPC 组合桥面板试验件未发现栓钉全截面疲劳断裂的现象，所有栓钉与钢桥面板依然保持连接，钢-ECC 组合桥面板试验件则发现了栓钉全截面疲劳断裂的现象。为进一步评估栓钉剪力连接件群的损伤状态，沿栓钉的主要受力方向对其进行了切割，并对切割面进行了裂纹检测，如图 7-40 所示，开裂栓钉均位于加载点下方。需要说明的是，虽然加载点下方的 8 个栓钉均发现了疲劳开裂的现象，但其余栓钉均保持完好，仍能抵抗钢-混界面的相对滑移，在整个测试过程中未观测到钢-混界面有显著的滑移，在试验件的四个边缘也未发现钢-混分离现象。由图 7-40 可知，栓钉断裂面包含了由疲劳荷载所引起的光滑断面与脆性断裂所引起的粗糙断面。对于钢-UHPC 组合桥面板中的栓钉，试验中共观测到两种疲劳开裂模式：①疲劳裂纹萌生于栓钉与顶板连接焊缝 P1 处［图 7-40(a)］，并向栓钉杆径方向扩展；②疲劳裂纹萌生于栓钉与顶板连接焊缝焊趾 P2 处［图 7-40(a)］，并向顶板母材方向扩展。对于钢-ECC 组合桥面板中的栓钉，只观测到一种疲劳开裂模式［图 7-40(c)］，此种疲劳开裂可归为模式 I。相关研究表明[37]，栓钉疲劳裂级面积 A_F 占整个断裂面积 A_F+A_R 的比例与其剩余承载力线性相关，因此，栓钉的疲劳损伤状态可通过 $A_F/(A_F+A_R)$ 表征。针对开裂栓钉，统计了疲劳裂级面积与脆性断裂面积，栓钉剪力连接件群的疲劳损伤状态如图 7-41 所示。研究表明，钢-ECC 组合桥面板中栓钉的受损状态高于钢-UHPC 组合桥面板中栓钉；对于钢-UHPC 组合桥面板中栓钉，疲劳开裂模式 I 出现于试验件内侧两列栓钉，开裂模式 II 则多出现在试验件外侧栓钉，栓钉不同的开裂模式可归因于焊接初始缺陷的随机性以及栓钉受力模式的差异。

图 7-39　高性能混凝土拆后的钢结构

(a) UHPC 中栓钉的开裂模式

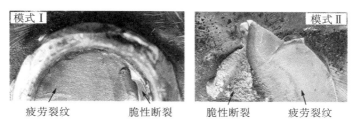

(b) UHPC 中栓钉裂纹面

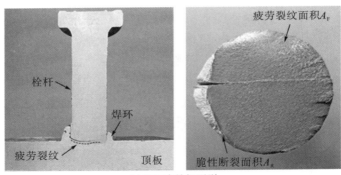

(c) ECC中栓钉开裂

图 7-40　短栓钉疲劳开裂模式

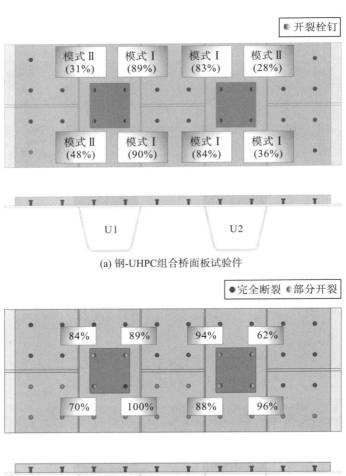

(a) 钢-UHPC组合桥面板试验件

(b) 钢-ECC组合桥面板试验件

图 7-41　开裂栓钉位置与损伤状态

图 7-42 为栓钉弯曲应变随作用次数的变化曲线，其中测点编号如图 7-36 所示。两类试验件栓钉弯曲应变随作用次数的增加表现出相似的演化规律。在阶段 I 与阶段 II，栓钉弯曲应变随作用次数的增加基本保持不变，表明栓钉内部无明显的疲劳损伤。随作用次数的增长，栓钉内部损伤逐渐累积直至栓钉的力学行为发生改变，栓钉抗剪刚度逐步劣化，栓钉弯曲应变在阶段 III 与阶段 IV 有明显的增加。

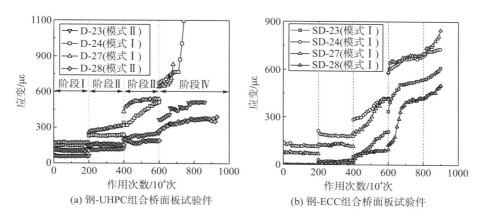

(a) 钢-UHPC组合桥面板试验件　　　　(b) 钢-ECC组合桥面板试验件

图 7-42　栓钉弯曲应变随作用次数变化

Teixeira 等[33]的研究表明，三向交叉焊缝部位疲劳裂纹的萌生可通过焊根部位的应变下降进行监测。对于钢-UHPC 组合桥面板试验件，当循环加载次数达到 870 万次时，在三向交叉焊缝处检测到疲劳裂纹，疲劳裂纹的位置及形态如图 7-43 所示。试验结束后对三向交叉焊缝沿纵桥向进行切割，切割面典型的裂纹形态如图 7-43(a) 所示，该疲劳裂纹萌生于 U 肋、顶板与横隔板三向交叉焊缝焊根，并沿顶板厚度方向扩展。裂纹沿纵桥向的扩展形态如图 7-43(b) 所示，裂纹的扩展长度与深度分别为 100mm 与 9mm。

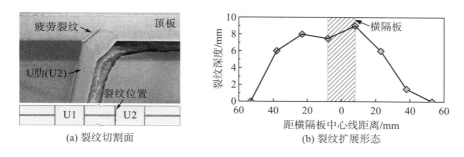

(a) 裂纹切割面　　　　(b) 裂纹扩展形态

图 7-43　钢-UHPC 组合桥面板顶板焊缝焊根疲劳开裂

对于钢-ECC 组合桥面板试验件，当循环加载次数达到 730 万次时，在三向交叉焊缝处检测到疲劳裂纹，疲劳裂纹的位置如图 7-44(a) 所示。试验结束后对三向交叉焊缝沿纵桥向进行了切割，裂纹扩展形态如图 7-44(b) 所示，该疲劳裂纹萌生于 U 肋、顶板与横隔板三向交叉焊缝焊根，并沿顶板厚度方向扩展，直至沿板厚贯穿。

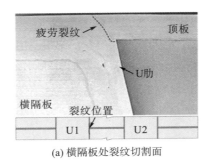
(a) 横隔板处裂纹切割面

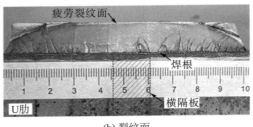
(b) 裂纹面

图 7-44　钢-ECC 组合桥面板试验件三向交叉焊缝疲劳开裂

上述试验结果表明，大纵肋正交异性钢-高性能混凝土组合桥面板横桥向的疲劳破坏过程可分为三个阶段：①高性能混凝土结构层开裂；②栓钉剪力连接件群疲劳损伤，在此过程中，钢-混组合效应持续劣化；③钢桥面板 U 肋、顶板与横隔板三向交叉焊缝疲劳开裂。

2）结构局部力学性能劣化

图 7-45 为钢筋应变分布随作用次数的变化曲线。在横桥向，钢筋应变分布基本对称于组合桥面板中心线，钢筋最大应变出现在 U 肋与顶板连接焊缝上方。在阶段 I，钢筋应变随作用次数的增加呈初期缓慢增长继而保持稳定的变化趋势，钢筋应变的增加主要由高性能混凝土裂缝的萌生所引起。随荷载幅的增大，钢筋应变在阶段 II 与阶段 III 有突增的现象。在阶段 IV，随作用次数的进一步增加，高性能混凝土裂纹的扩展引起钢筋应变持续增长。

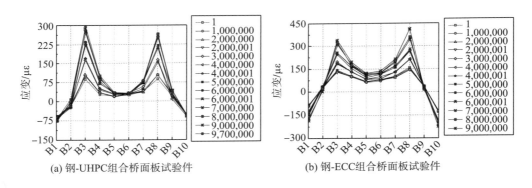
(a) 钢-UHPC组合桥面板试验件　　　　　　(b) 钢-ECC组合桥面板试验件

图 7-45　钢筋应变分布随作用次数变化

图 7-46 为开裂焊缝测点荷载-应变曲线。在阶段 I 与阶段 II，焊缝应变随荷载的增加近似线性增长，峰值应变随作用次数的增加基本保持不变，表明焊缝处并未出现明显的疲劳损伤。在阶段 III，荷载-应变曲线表现出较为明显的非线性特征，峰值应变在阶段 III 有明显的增加，表明组合桥面板局部力学性能退化。在阶段 IV，峰值应变随作用次数的增加持续增大，这将加剧 U 肋、顶板与横隔板三向交叉焊缝的损伤累积。随作用次数的进一步增加，三向交叉焊缝疲劳开裂，焊缝疲劳开裂所引起的应变释放效应引起测点应变骤然降低。

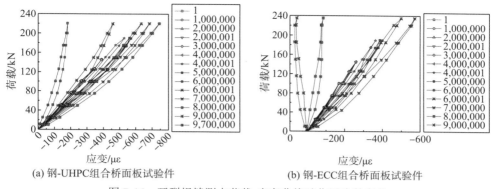

(a) 钢-UHPC组合桥面板试验件　　　　　　　　(b) 钢-ECC组合桥面板试验件

图 7-46　开裂焊缝测点荷载-应变曲线随作用次数变化

图 7-47 为 U 肋、顶板与横隔板三向交叉焊缝应变分布随作用次数的变化曲线。三向交叉焊缝应变分布基本对称于横隔板中心线。在阶段 Ⅰ 与阶段 Ⅱ，三向交叉焊缝应变分布基本保持不变，随作用次数的增长，三向交叉焊缝应变分布在阶段 Ⅲ 有较为显著的变化。相关研究表明，疲劳裂纹的萌生部位及其扩展方向可依据开裂焊缝的应变分布变化进行确定。试验结果表明，三向交叉焊缝疲劳裂纹萌生于横隔板截面，并对称于横隔板两侧扩展。

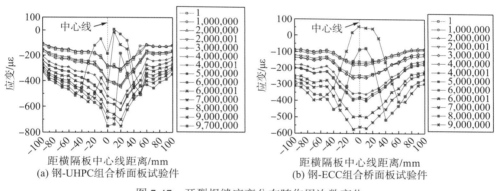

(a) 钢-UHPC组合桥面板试验件　　　　　　　　(b) 钢-ECC组合桥面板试验件

图 7-47　开裂焊缝应变分布随作用次数变化

图 7-48 为加载点竖向位移随作用次数的变化曲线。在阶段 Ⅰ 与阶段 Ⅱ，两加载点的位移基本相同，随作用次数的增长，位移保持不变。在随后的加载阶段中，试验件位移在阶段 Ⅲ 缓慢增加，在阶段 Ⅳ 迅速增加。此外，试验件一侧加载点位移略大于另一侧，在阶段 Ⅳ 两者的差异越发明显，这是由加载点下方结构损伤演化过程的差异所引起的。

试验件加载点下方组合桥面板的局部刚度定义为荷载与竖向位移的比值。图 7-49 为试验件加载点刚度随作用次数的演化规律。在阶段 Ⅰ 与阶段 Ⅱ，试验件横向刚度基本保持不变。在阶段 Ⅲ，试验件横向刚度稳定降低，并在阶段 Ⅳ 快速降低，鉴于栓钉的疲劳开裂主要出现在阶段 Ⅲ 与阶段 Ⅳ，试验件局部刚度的退化可归因于由栓钉疲劳损伤所引起的结构局部力学性能劣化。研究表明，组合桥面板关键受力构件的疲劳损伤将引起结构局部刚度退化，进而持续加剧 U 肋、顶板与横隔板三向交叉焊缝的损伤演化过程，直至其发生疲劳开裂。

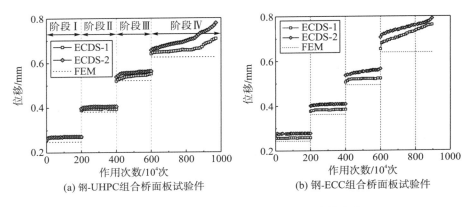

图 7-48　试验件加载点竖向位移随作用次数变化

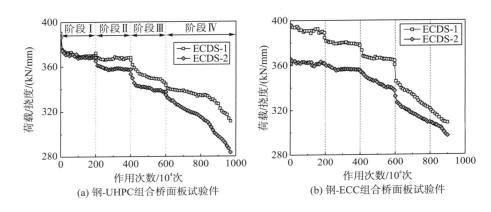

图 7-49　试验件加载点刚度随作用次数变化

7.3.1.3　数值分析

试验研究表明，组合桥面板关键受力构件的疲劳损伤将引起结构局部力学行为的改变，伴随着结构局部力学性能的劣化过程，钢桥面板焊接构造细节的损伤累积速率逐渐增大，最终引起 U 肋、顶板与横隔板三向交叉焊缝疲劳开裂。组合桥面板提出的初衷是改善钢桥面板各焊接构造细节的疲劳性能，而结构体系的疲劳寿命在很大程度上是由焊接构造细节的损伤演化过程所决定。为了定量描述组合桥面板关键受力构件力学性能退化对焊接构造细节疲劳性能的影响，需明确结构未产生疲劳损伤时的受力状态，下文有限元数值模型将对此进行确定。

1）有限元模型

所建立的 Abaqus 精细化有限元模型如图 7-50 所示，采用六面体实体单元(C3D8R)模拟高性能混凝土、栓钉与钢梁。钢筋采用桁架单元(T3D2)进行模拟，忽略了钢筋与高性能混凝土间的相对滑移，采用"Embedded"的约束方式将钢筋与高性能混凝土进行耦合。为了更为准确地模拟钢-混界面间的相互作用，采用面-面接触模拟钢-高性能混凝土与栓钉-高性能混凝土界面间的相互作用，钢-混界面间的摩擦系数均取为 0.45。有限元模型整体网格划分尺度约为 10mm，在 U 肋、顶板与横隔板三向交叉焊缝部位，采用 0.5mm

的网格划分尺寸以便准确把握该部位的应力集中效应。利用试验件几何及加载的对称性，在有限元模型分析中仅建立了 1/2 模型，在模型对称面上约束了 x 方向的平动自由度与 y、z 方向的转动自由度（图 7-50），试验件底板与钢梁耦合全部平动自由度，钢梁底部采用固结约束。采用塑性损伤模型模拟 UHPC 与 ECC 的受力性能，ECC 应力-应变关系采用图 7-51 所示的本构模型，UHPC 受压应力-应变关系采用杨剑等[32] 所提出的本构模型 [图 7-51(a)]，UHPC 受拉应力-应变关系采用张哲等[31] 所提出的本构模型 [图 7-51(b)]。钢桥面板、钢梁、栓钉及钢筋网材料本构关系均采用线弹性模型。

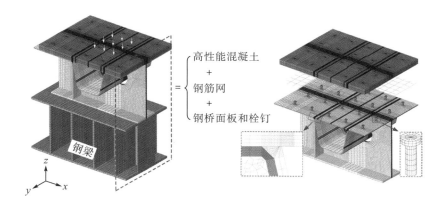

图 7-50　有限元模型

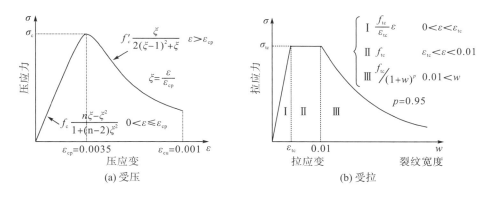

(a) 受压　　　　　　　　　　　　　　(b) 受拉

图 7-51　UHPC 材料本构关系

2）损伤演化过程

数值计算结果与试验实测值对比如图 7-48 与图 7-52 所示。在阶段Ⅰ与阶段Ⅱ，数值计算结果与试验实测值基本一致。在阶段Ⅲ与阶段Ⅳ，随作用次数的增加，数值计算结果与试验实测值间的差异越发明显，这种差异可归因于由关键受力构件疲劳损伤所引起的结构局部力学性能退化。在阶段Ⅳ，三向交叉焊缝疲劳开裂，该焊接细节的应力幅骤降。研究表明，有限元模型可较为准确地反映结构未产生疲劳损伤时的受力状态。

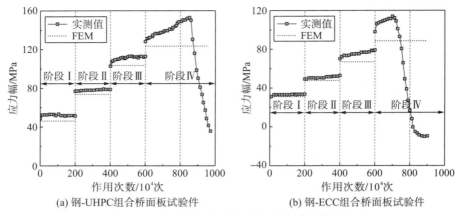

(a) 钢-UHPC组合桥面板试验件　　　　　　　　(b) 钢-ECC组合桥面板试验件

图 7-52　疲劳易损细节应力幅随作用次数变化

　　图 7-53 为组合桥面板栓钉剪力分布示意图，图中箭头的长短及方向分别代表了栓钉的受力大小与受剪方向。需说明的是，由于各试验阶段栓钉的剪力分布基本一致，图 7-53 只给出了栓钉在阶段 I 的剪力分布。研究表明，加载点下方的栓钉承受较大荷载且剪力作用方向与试验件横桥向平行，此部位的栓钉最易于发生疲劳开裂，与疲劳试验结果一致。

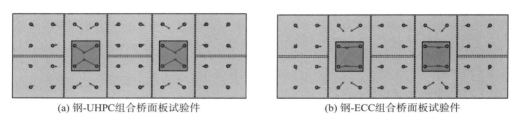

(a) 钢-UHPC组合桥面板试验件　　　　　　　　(b) 钢-ECC组合桥面板试验件

图 7-53　栓钉剪力分布图

　　相关研究表明[38]，可将焊根处应变下降 10%作为 U 肋、顶板与横隔板三向交叉焊缝的疲劳开裂准则。参照此疲劳开裂准则，确定了 U 肋、顶板与横隔板三向交叉焊缝的疲劳寿命，基于 Minner 准则，采用式(7-39)将试验变幅疲劳等效至作用 200 万次的常幅疲劳。对于钢-UHPC 组合桥面板试验件，三向交叉焊缝的疲劳寿命与等效疲劳强度分别为 870 万次与 178MPa，对于钢-ECC 组合桥面板疲劳试验件，三向交叉焊缝的疲劳寿命与等效疲劳强度分别为 730 万次与 113MPa。将 U 肋、顶板与横隔板三向交叉焊缝的疲劳强度与 Eurocode 3 中所推荐的 S-N 曲线进行对比，对比结果如图 7-54 所示。对比结果表明，U 肋、顶板与横隔板三向交叉焊缝的疲劳强度与 Eurocode 3 中 125 类细节的疲劳强度接近，说明在当前的焊接工艺下该焊接细节的疲劳性能满足设计要求。

$$\Delta\sigma_{eq} = \sqrt[m]{\frac{\sum_{i=1}^{n} n_i (\Delta\sigma_i)^m}{N_{eq}}} \tag{7-39}$$

式中，$\Delta\sigma_i$ 为第 i 个引起疲劳损伤的应力幅值；σ_{eq} 为等效疲劳强度；n_i 为对应 $\Delta\sigma_i$ 的变幅

作用次数；N_{eq} 为疲劳强度所对应的作用次数，此处通常取为 200 万次。

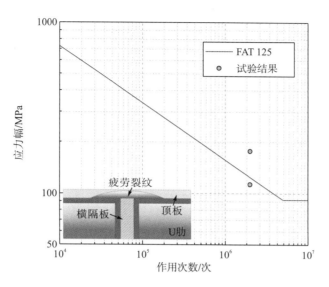

图 7-54　三向交叉焊缝疲劳强度曲线

　　基于疲劳试验结果，开裂焊缝的损伤度可由下式进行计算：

$$D = \sum_{i=1}^{n} \frac{n_i}{N_i} \qquad (7\text{-}40)$$

式中，D 为疲劳损伤度；N_i 为焊缝在 $\Delta\sigma_i$ 作用下的疲劳寿命。

　　基于式(7-40)所计算的疲劳损伤度包含了以下两个部分：①由高性能混凝土结构层与栓钉两类构件的疲劳损伤所引起的结构附加损伤；②不考虑上述构件的疲劳损伤对结构力学性能的影响，焊接构造细节在循环荷载作用下自身的疲劳损伤。为定量描述高性能混凝土结构层与栓钉两类构件的疲劳损伤对组合桥面板疲劳性能的影响，在式(7-41)中引入附加损伤度 D_a：

$$D_a = D_e - D_o \qquad (7\text{-}41)$$

式中，D_a 为由高性能混凝土结构层与栓钉两类构件的力学性能退化所引起的附加损伤度；D_e 为结构总损伤度，该损伤度可由试验数据与式(7-40)所确定；D_o 为结构在完好状态下(不考虑栓钉与高性能混凝土损伤对结构力学性能的影响)，焊接构造细节自身的疲劳损伤，此损伤度可由数值计算结果与式(7-40)确定。

　　附加损伤度随作用次数的演化规律如图 7-55 所示。在疲劳试验前期(阶段 I 与阶段 II)，附加损伤度处于较低的水平，并且随作用次数的增加近似线性增长。在阶段 III，随荷载幅的进一步增大，附加损伤度的增长速率明显增加，但仍处于较为稳定的线性增长阶段。在阶段 IV，附加损伤度随作用次数的增加呈非线性增长，表明此阶段结构力学性能退化较为明显，这可归因于栓钉疲劳开裂所引起的钢-混组合效应劣化。焊缝开裂前，钢-UHPC 组合桥面板试验件的附加损伤为 0.29，钢-ECC 组合桥面板试验件的附加损伤为 0.38。研究表明，关键受力构件的疲劳损伤对组合桥面板疲劳性能有显著的影响。

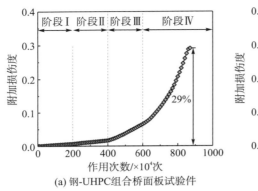
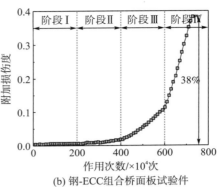

(a) 钢-UHPC组合桥面板试验件   (b) 钢-ECC组合桥面板试验件

图 7-55 附加损伤度随作用次数变化

现行疲劳设计规范，如 Eurocode 3 与 AASHTO LRTFD，在疲劳评估流程中均未考虑关键受力构件力学性能退化对焊接细节疲劳性能的影响。在此，引入损伤放大系数 λ：

$$\lambda = \frac{D_e}{D_o} \tag{7-42}$$

在 1.5 倍 C 型轮载作用下、当循环作用次数达到 200 万次时，钢-UHPC 组合桥面板试验件与钢-ECC 组合桥面板试验件的损伤放大系数分别为 1.22 与 1.31。在实际工程中，结构的实际疲劳损伤度可通过基于规范所得出的损伤度 D_o 与损伤放大系数的乘积进行确定。

7.3.2 纵桥向疲劳性能研究

1. 试验方案

综合考虑结构的受力特性与测试的便利性，共设计了 2 类纵桥向疲劳试验件：钢-UHPC 组合桥面板试验件与钢-ECC 组合桥面板试验件。试验模型尺寸如图 7-56 所示，试验模型长 6300mm、宽 2400mm，试验件由钢桥面板与高性能混凝土结构层组成。钢桥面板纵向设置 3 道 18mm 厚横隔板(沿 y 向分别命名为横隔板-A、横隔板-B 与横隔板-C)，横向设计两个 8mm 厚大纵肋(沿 x 向分别命名为 R1 与 R2)，大纵肋采用 U-450×330×8(肋宽×肋高×壁厚，单位：mm)。钢桥面板上浇筑一层高性能混凝土结构层，UHPC 与 ECC 结构层厚度 h_1 分别为 60mm 与 85mm。高性能混凝土结构层内设置一层直径为 10mm 的 HRB400 钢筋网，钢筋网纵向及横向布置间距均为 75mm。钢桥面板与高性能混凝土结构层通过短栓钉的连接形成整体结构，UHPC 与 ECC 内短栓钉的尺寸与前述章节均保持一致。

如图 7-56 所示，横隔板底部为弹性支撑，针对不同的桥面构造参数，横隔板下方的弹性刚度均不相同，为保证试验件在疲劳加载过程中的稳定性，此处对横隔板下方的约束进行了简化，假定横隔板下方为固结约束。试验件加载如图 7-57 所示，试验件底部与三个钢梁栓接，钢梁与试验室地面锚固。试验件采用分配梁两点对称加载，两加载点对称于横隔板-B，单点加载面积为 600mm（横桥向）×200mm（纵桥向），两加载点纵向间距为 1200mm，试验件加载对应于《公路钢结构桥梁设计规范》（JTG D64—2015）中的疲劳模型Ⅲ。

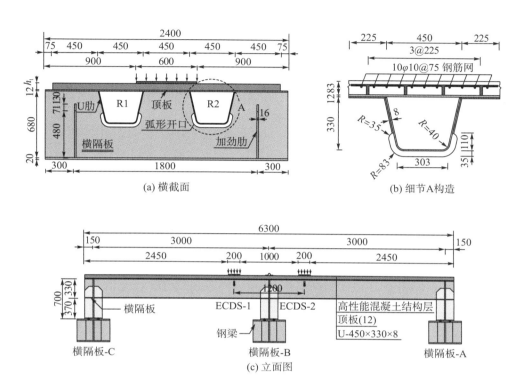

(a) 横截面　　　　　　　　　　　　　　　(b) 细节A构造

(c) 立面图

图 7-56　试验模型构造图（单位：mm）

图 7-57　试验加载示意图

疲劳试验采用分阶段加载，两加载点采用恒幅加载（$\Delta P = P_{max} - P_{min}$）。疲劳加载参数如表 7-12 所示，需要说明的是表 7-12 给出的荷载值为单点加载荷载，在前两个加载阶段，两类试验件具有相同的加载参数，表 7-12 中未加括号的加载参数对应于钢-ECC 组合桥面板试验件，钢-UHPC 组合桥面板试验件的加载参数用括号表示。

试验中所施加的荷载对应于《公路钢结构桥梁设计规范》（JTG D64—2015）中的疲劳模型Ⅲ。对于疲劳模型Ⅲ，车辆轴距及轴重分别为 1200mm 与 120kN，疲劳试验所采用的荷载幅为规范车辆轴重的 1.25～3.00 倍。试验前 200 万次循环加载（阶段Ⅰ）用于验证组合桥面板纵桥向的疲劳性能，阶段Ⅱ～阶段Ⅵ用于研究组合桥面板纵桥向的疲劳开裂模式和失效机理。需要说明的是，由于本次试验着重疲劳开裂机理研究，不针对具体的车流量和车型，参照《公路钢结构桥梁设计规范》（JTG D64—2015）中疲劳模型Ⅲ的相关规定，偏保守地假定由上述因素所引起的等效损伤系数为 1.25，在疲劳试验验证阶段（阶段Ⅰ），试验中所施加的荷载幅为规范车辆轴重的 1.25 倍。

表 7-12 疲劳试验加载参数

阶段	疲劳荷载 $P_{min} \sim P_{max}$/kN	荷载幅 ΔP/kN	加载次数 $N/10^4$ 次	加载频率 f/Hz
Ⅰ	10～160	150	200	4.5
Ⅱ	10～220	210	200	4.2
Ⅲ	10～280	270	200（250）	4.0
Ⅳ	10～310	300	100（110）	3.8
Ⅴ	10～340	330	100（0）	3.5
Ⅵ	10～370	360	100（0）	3.2

图 7-58 所示为纵桥向疲劳试验件测点布置。如图 7-58（a）所示，在跨中横隔板上方高性能混凝土结构层表面布置了应变测点；如图 7-58（b）所示，为监测高性能混凝土结构层在负弯矩作用下的裂缝宽度，在跨中横隔板上方高性能混凝土表面布置了 4 个 Pi 位移传感器（量程：$-2 \sim 2$mm，精度：0.5μm），传感器编号沿试验件横向命名为 Pi-1～Pi-4；U 肋与横隔板连接焊缝是本试验需重点关注的焊接构造细节，如图 7-58（c）所示，在试验件 U 肋与横隔板连接焊缝焊趾处布置了大量的应变测点，应变测点距焊趾 8mm。高性能混凝土开裂状态在一定程度上可通过开裂处钢筋应变进行表征，因此，在纵向钢筋上布置了应变测点，应变测点沿纵桥向与横桥向共布置了 10 行、5 列，钢筋应变测点布置如图 7-58（d）所示。在试验开始前，进行一次静力测试以掌握结构基准状态的力学行为。疲劳试验过程中，每间隔一定的作用次数（约为 10 万次），对试验件进行静力测试以掌握结构力学性能随加载作用次数的变化。

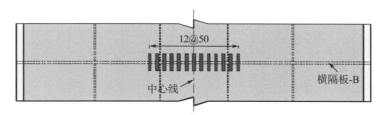

(a) 高性能混凝土应变测点

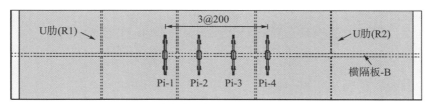

(b) 高性能混凝土裂缝宽度测点

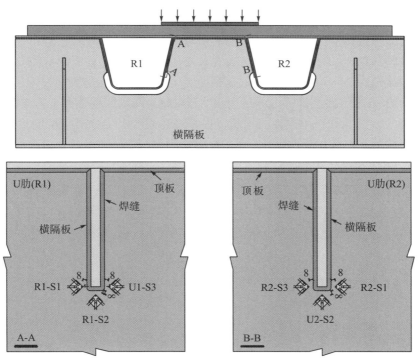

(c) U肋与横隔板连接焊缝应变测点

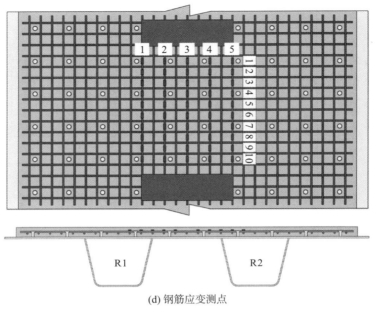

(d) 钢筋应变测点

图 7-58　纵桥向疲劳试验件测点布置（单位：mm）

2. 试验结果

1）疲劳开裂模式

在疲劳试验前期，UHPC 与 ECC 结构层未发现可见裂纹。对于钢-UHPC 组合桥面板试验件，当加载至约 20 万次时，在横隔板截面上方 UHPC 结构层表面发现可见裂纹。对于钢-ECC 组合桥面板试验件，当加载至约 10 万次时，在横隔板截面上方 ECC 结构层表面发现可见裂纹。随加载作用次数的增长，更多细小裂纹产生并沿横桥向扩展。图 7-59 所示为高性能混凝土结构层表面裂纹分布，UHPC 裂缝分布相对集中，多分布于跨中横隔板负弯矩处，ECC 裂缝分布较广、数目较多。

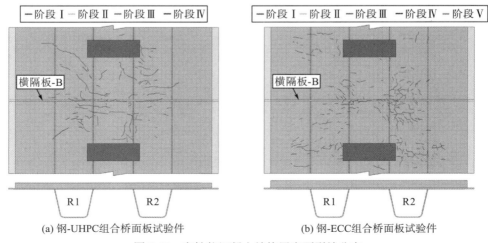

(a) 钢-UHPC组合桥面板试验件　　　　　　　(b) 钢-ECC组合桥面板试验件

图 7-59　高性能混凝土结构层表面裂缝分布

　　图 7-60 为高性能混凝土纵向应变分布。需要说明的是，应变片在混凝土开裂后相继破坏，因此图中仅给出开裂前的数据。跨中横隔板上方高性能混凝土纵向应变分布基本对称于桥面板中心线，UHPC 与 ECC 应变分布略有不同，这可归因于高性能混凝土材料力学性能与结构构造参数的差异。UHPC 与 ECC 静载开裂应变约为 600με 与 2000με，在阶段 I，高性能混凝土实测应变接近于其静载开裂应变，随作用次数的增长，高性能混凝土纵向应变逐渐降低，在经历了短暂的循环加载后，高性能混凝土结构层开裂。

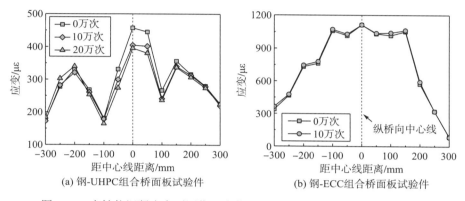

(a) 钢-UHPC组合桥面板试验件　　　　(b) 钢-ECC组合桥面板试验件

图 7-60　高性能混凝土在不同作用次数下的纵向应变分布随作用次数变化

　　图 7-61 为高性能混凝土裂缝宽度随作用次数变化的曲线。研究表明，在经历了 200 万次循环加载后，UHPC 与 ECC 最大裂缝宽度均未超过 0.05mm。研究表明，UHPC 与 ECC 结构层满足耐久性设计要求。在阶段 I，高性能混凝土裂缝宽度随作用次数的增加基本保持不变，随疲劳荷载幅的进一步增大，裂缝宽度虽有所增长，但其增长速率却基本保持不变，这可归因于高性能混凝土中纤维的桥连效应与钢筋网对裂缝宽度的限制作用。

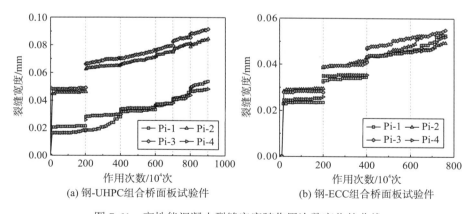

(a) 钢-UHPC组合桥面板试验件　　　　(b) 钢-ECC组合桥面板试验件

图 7-61　高性能混凝土裂缝宽度随作用次数变化的曲线

　　如图 7-62 所示，试验结束后对高性能混凝土结构层进行了拆除，并对埋入其中的栓钉剪力连接件群进行了裂纹检测。检测结果表明，两类组合桥面板中的栓钉均未发生疲劳开裂。

(a) UHPC中栓钉

(b) ECC中栓钉

图 7-62　高性能混凝土中短栓钉切面

　　如图 7-63 所示，当加载至 520 万次时，钢-UHPC 组合桥面板试验件 U 肋与横隔板连接焊缝检测到疲劳裂纹。疲劳裂纹萌生于焊缝焊趾处，继而裂纹分别向焊趾两侧母材方向扩展，左右两侧裂纹的扩展形态基本对称于横隔板中心线。图 7-64 为裂纹扩展长度随作用次数的变化曲线。研究表明，裂纹扩展长度在开裂初期缓慢增加，继而随作用次数的增加呈指数增长，左右两侧裂纹的扩展速率基本一致。对于钢-ECC 组合桥面板试验件，当加载至 900 万次时仍未发现疲劳开裂，这可归因于焊接初始缺陷的随机性及焊缝疲劳强度的离散性。

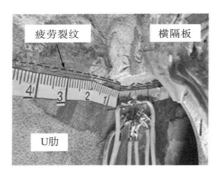
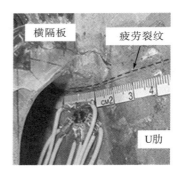

图 7-63　U 肋与横隔板连接焊缝疲劳裂纹

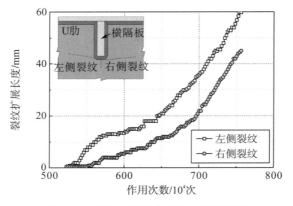

图 7-64　裂纹扩展长度随作用次数变化

试验结果表明，大纵肋正交异性钢-高性能混凝土组合桥面板纵桥向的疲劳破坏过程可分为两个阶段：①高性能混凝土结构层表面裂纹的萌生与扩展；②U 肋与横隔板连接焊缝的疲劳开裂。

2）结构局部力学性能劣化

图 7-65 与图 7-66 分别为 UHPC 与 ECC 内纵向钢筋应力分布随作用次数的变化。研究表明，纵向钢筋最大应力出现在横隔板截面；钢筋应力基本沿跨中横隔板对称分布；随作用次数及荷载等级的增加，钢筋应力持续增大，而其分布并未发生显著的变化；在相同的加载幅作用下，UHPC 中钢筋应力高于 ECC 中钢筋。

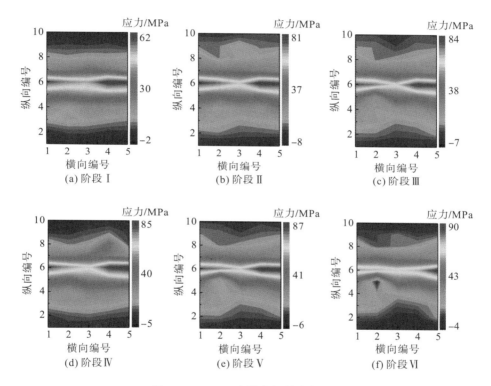

图 7-65　UHPC 内纵向钢筋应力分布

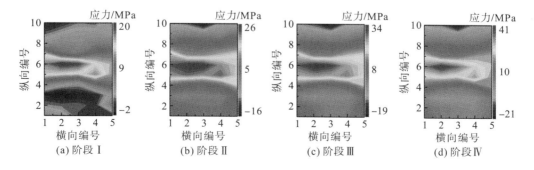

图 7-66　ECC 内纵向钢筋应力分布

图 7-67 为钢-UHPC 组合桥面板试验件 U 肋与横隔板连接焊缝测点应变随作用次数的变化。试验件焊缝测点应变随荷载的增加近似线性变化，卸载后应变归零；应变峰值在阶段Ⅰ和Ⅱ基本保持不变，但在阶段Ⅲ由于 U 肋与横隔板连接焊缝疲劳开裂，开裂焊缝的应变释放效应引起测点应变急剧降低。图 7-68 为钢-ECC 组合桥面板试验件 U 肋与横隔板连接焊缝应变随作用次数的变化情况。试验结果表明，U 肋与横隔板连接焊缝测点应变随荷载的增加近似线性变化，卸载后应变归零，且应变峰值随作用次数的增加基本保持不变，表明焊缝处并未出现明显的疲劳损伤。

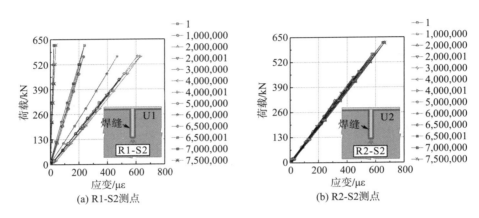

图 7-67　钢-UHPC 组合桥面板试验件焊缝应变随作用次数变化

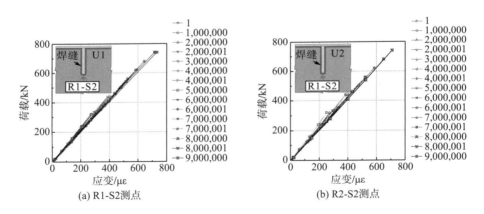

图 7-68　钢-ECC 组合桥面板试验件焊缝应变随作用次数变化

图 7-69 为加载点竖向位移随作用次数的变化。在阶段Ⅰ，两加载点的竖向位移近似相同，随作用次数的增加，位移基本保持不变。在随后的加载阶段中，试验件位移虽有缓慢的增加，但其增长速率并未发生显著的变化。

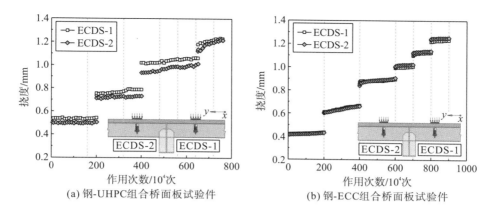

图 7-69　试验件加载点竖向挠度随作用次数变化

加载点下方组合桥面板的局部刚度定义为所施加的荷载与竖向位移的比值。图 7-70 为试验件局部刚度随作用次数变化的曲线，两类试验件局部刚度随作用次数的增加均表现出退化的趋势，然而针对不同的高性能混凝土结构层，结构局部刚度表现出不同的退化规律。对于钢-UHPC 组合桥面板试验件，结构局部刚度在试验前期保持稳定，继而呈缓慢下降的趋势。对于钢-ECC 组合桥面板试验件，结构局部刚度在疲劳试验前期缓慢降低，随作用次数与荷载等级的增加，结构局部刚度呈初期快速降低继而保持稳定的变化趋势。相比而言，钢-UHPC 组合桥面板试验件局部刚度退化速率低于钢-ECC 组合桥面板试验件，这可归因于高性能混凝土材料力学特性与结构层构造参数的差异。

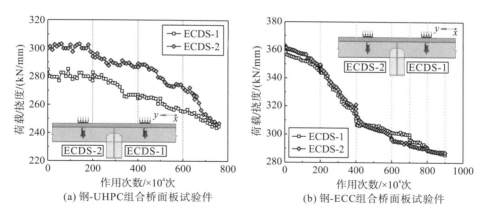

图 7-70　试验件加载点刚度随作用次数变化的曲线

3）数值分析

上文试验研究表明，高性能混凝土结构层开裂对组合桥面板的局部力学行为有一定的影响。然而，由于试验采用了阶段性加载，试验结果中包含了由静力破坏所引起的力学性能退化与由疲劳损伤所引起的力学性能退化两部分。为定量分析高性能混凝土疲劳开裂对钢桥面板焊接构造细节疲劳性能的影响，需明确结构未产生疲劳损伤时的受力特性，这将通过下文有限元模型分析进行确定。需要说明的是，由于钢-ECC 组合桥面板试验件未发生疲劳破坏，下文将主要围绕钢-UHPC 组合桥面板试验件展开相关研究。

　　所建立的 ABAQUS 精细化有限元模型如图 7-71 所示。采用六面体实体单元(C3D8R)模拟 UHPC、栓钉与钢梁，钢筋采用桁架单元(T3D2)进行模拟，忽略了钢筋与 UHPC 间的相对滑移，采用"Embedded"的约束方式将钢筋与 UHPC 结构层进行耦合，采用面-面接触模拟钢-UHPC 与栓钉-UHPC 界面间的相互作用，接触界面间的摩擦系数均取为0.4[39,40]。整体模型的网格划分尺度约为 20mm，在 U 肋与横隔板连接焊缝部位，采用 1mm 的网格尺寸以便准确把握该部位的应力集中效应。利用试验件几何及加载的对称性，在有限元模型分析中仅建立了 1/2 模型。在模型对称面上约束了 x 方向的平动自由度，y、z 方向的转动自由度，以及试验件底板与钢梁耦合全部平动自由度，钢梁底部采用固结约束。采用塑性损伤模型模拟 UHPC 开裂对结构力学性能的影响，UHPC 受拉与受压的应力-应变关系采用图 7-51 所示的本构模型。钢桥面板、钢梁、栓钉与钢筋均采用线弹性模型。

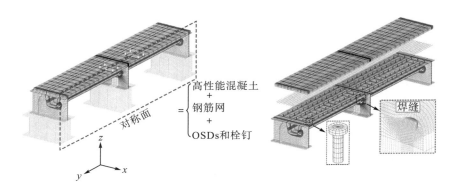

图 7-71　钢-UHPC 组合桥面板试验件有限元模型

　　图 7-72 为 U 肋与横隔板连接焊缝应力幅随作用次数变化的规律。在焊缝疲劳开裂前，U 肋与横隔板连接焊缝应力幅随作用次数的增加基本保持不变，焊缝疲劳开裂后，应力释放效应引起焊缝应力幅值迅速减小。有限元数值计算结果与试验实测值对比如图 7-72(b) 所示。对比结果表明，数值模拟结果与试验实测值基本一致，可作为后续研究的依据。

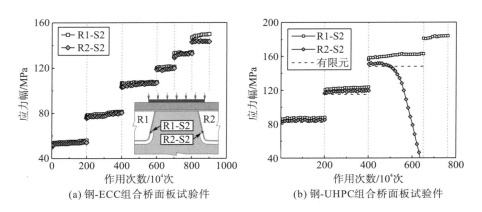

(a) 钢-ECC组合桥面板试验件　　　　　(b) 钢-UHPC组合桥面板试验件

图 7-72　U 肋与横隔板连接焊缝应力幅随作用次数变化的规律

　　鉴于大纵肋正交异性钢-高性能混凝土组合桥面板提出的初衷是为了改善钢桥面板各焊接构造细节的疲劳性能，因此，将结构整体的疲劳开裂准则定义为 U 肋与横隔板连接焊缝的疲劳开裂。基于 Minner 准则，采用式(7-39)将试验变幅疲劳等效至 200 万次常幅疲劳。对于钢-UHPC 组合桥面板试验件，U 肋与横隔板连接焊缝的等效疲劳强度为162MPa。将 U 肋与横隔板连接焊缝的等效疲劳强度与 Eurocode 3 中所推荐的 S-N 曲线进行对比，对比结果如图 7-73 所示。对比结果表明[41]，U 肋与横隔板连接焊缝的疲劳强度高于 Eurocode 3 中 71 类细节的疲劳强度，说明此焊接细节的疲劳性能满足设计要求。

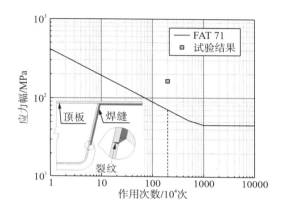

图 7-73　纵肋与横隔板连接构造细节疲劳强度曲线

　　由于本次试验仅有钢-UHPC 组合桥面板试验件加载至结构疲劳开裂，下文将针对钢-UHPC 组合桥面板试验件展开附加损伤度计算。附加损伤度按式(7-41)计算，开裂焊缝附加损伤度随作用次数变化的规律如图 7-74 所示。在阶段 I，附加损伤度处于较低的水平，并且随作用次数的增加近似线性增长。在阶段 II，荷载幅增大后，附加损伤度随作用次数增长的速率相比阶段 I 稍有增加。在阶段III，由于 U 肋与横隔板连接焊缝疲劳开裂所引起的应力释放效应，附加损伤度有所减小。试验结束后，钢-UHPC 组合桥面板试验

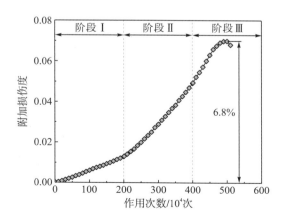

图 7-74　附加损伤度随作用次数变化

件的附加损伤度为 0.068。采用式 (7-42) 对损伤放大系数展开计算，试验件在经历了 200 万次循环加载后，由 UHPC 开裂所引起的损伤放大系数为 1.06。研究表明[42]，得益于高性能混凝土中纤维的桥连效应以及纵向钢筋对裂缝宽度的限制作用，高性能混凝土开裂对组合桥面板纵桥向的疲劳性能影响有限。

7.4 典型工程应用

7.4.1 工程背景

7.4.1.1 桥梁概况

中山西环高速公路 (含小榄支线) 联石湾大桥位于广东省中山市坦洲镇，于 2023 年 1 月建成通车，如图 7-75 所示。大桥为独塔双层桥面钢桁梁斜拉桥，桥跨布置为 2×206m=412m，上层连通高速公路，设计为双向六车道，设计速度为 100km/h，下层设计为双向四车道，如图 7-75 所示，索塔采用门式混凝土塔，在索塔下横梁处设置竖向支座和横向抗风支座，全桥采用半漂浮体系。

图 7-75 中山西环高速公路联石湾大桥

7.4.1.2 大纵肋正交异性钢-高性能组合桥面板方案

联石湾大桥上、下层桥面均为密横梁钢桥面系，桥面板均采用大纵肋正交异性钢-UHPC 组合桥面，如图 7-76 所示，其中钢顶板厚 14mm，UHPC 层厚 70mm，UHPC 层上铺设防水层和 40mm 的 SMA 沥青混凝土，纵向加劲肋采用大尺寸 U 形纵肋，U 肋上宽 400mm，高 330mm，钢板厚 8mm，相邻两纵肋的中心距为 760mm，横隔板板厚为 18mm，间距为 3000mm[43,44]。UHPC 层中布置纵横向双向增强钢筋网片，纵横向钢筋均采用直径为 12mm 的 HRB 400 钢筋，横向钢筋布置于上层，纵向钢筋布置于下层，钢筋保护层厚度 20mm[45]。栓钉连接件的长度和直径分别为 50mm 和 16mm[46]。

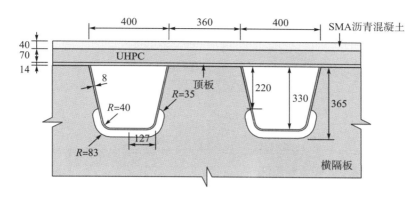

图 7-76　联石湾大桥长寿命组合桥面板方案(单位：mm)

7.4.2　组合桥面板性能实测验证

本项目是我国首个采用大纵肋正交异性钢-高性能混凝土组合桥面的实际工程案例，为了解其在实际车辆荷载作用下典型疲劳易损细节的疲劳损伤情况和抗疲劳性能，在桥面铺装施工完成后开展了实桥原位荷载试验，以确定其真实力学行为并为实桥长期监测确定初始状态。

7.4.2.1　测点选择与布置

1. 测点位置的选择

对钢桥面板开展疲劳易损细节应变监测首先应当明确应变测点布置位置。为便于后续实施方案，选取该桥的控制横断面，参照桥梁的断面位置将传感器设备安装的区域划分为四个测区，并对其进行编号，如图 7-77 所示，四个测区分别为右半侧下层桥面小里程跨跨中断面、左半侧下层桥面大里程跨跨中断面、右半侧上层桥面主塔处断面、左半侧上层桥面主塔处断面。在确定桥梁纵桥向控制横断面后，需要再对桥梁横桥向的位置进行划分编号，本节确定从外侧主桁到内侧桥梁中心线的纵肋依次从 1 开始编号。并且根据以往的实桥监测疲劳研究可以表明：重车道的车流量较大，同时超载的比例最大，重车道位置下方的焊接构造细节疲劳损伤最为严重。针对这一现象，本节选择在该桥上下两层的重车道下方布置用于监测的电阻应变片传感器。该桥上层设计为双向六车道，并且每条车道宽 3.75m，白色虚线车道线宽度为 15cm。如图 7-78 所示，参照图纸进行编号排序，位于上层重车道下方的纵肋从外(主桁)到内(桥梁中心线)分别为 6#、7#、8#、9#纵肋，即这四个纵肋为主要的研究对象。同理可得，该桥下层设计为双向四车道，位于下层重车道下方的纵肋从外到内分别为 11#、12#、13#、14#纵肋。

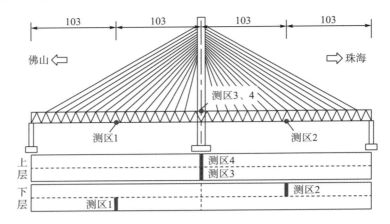

图 7-77　测试区域分布图（单位：m）

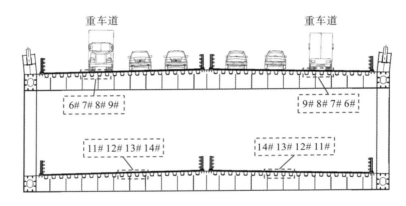

图 7-78　上下层桥面测试纵肋编号

2. 典型疲劳易损细节测点布置

该桥采用新型大纵肋正交异性钢桥面板，纵肋宽度和高度均较传统纵肋有所增大，但主要构造细节设计与传统纵肋基本一致。由于该桥为双层桥面布置，桥梁下方有交通线路，为避免出现高强螺栓松动脱落而引起的安全事故，钢桥面板纵肋对接处全部采用对接焊接头连接。本节中的正交异性钢桥面板主要包含三类典型的疲劳易损细节：纵肋与顶板连接构造细节、纵肋对接连接构造细节、纵肋与横隔板连接构造细节。疲劳易损细节疲劳性能评估的主控力学指标为构造细节处控制开裂的疲劳应力幅，为掌握正交异性钢桥面板中疲劳易损细节在服役期内的疲劳损伤状态，该桥建立了针对桥面结构的健康监测系统，该系统中包含了针对以上三类构造细节的局部应力响应测点。

1) 纵肋与顶板连接构造细节

该桥钢桥面板中顶板与纵肋对接接头采用了双面焊工艺，如图 7-79 所示。针对该细节三类开裂模式，基于名义应力法布置局部应变测点，其中开裂模式 RTD-2 位于纵肋内部，人工无法布设应变测点，故仅在纵肋外侧布置测点，且理论计算表明开裂模式 RTD-1 和 RTD-2 疲劳损伤累积速率较为接近，故模式 RTD-2 的监测数据能够代表这两类开裂模式的疲劳损伤状态。由此，可确定如图 7-79 所示的纵肋与顶板连接构造细节接头局部应变测点布置方案，两测点均采用单向电阻应变片，垂直于受测焊缝布置，顶板外侧焊趾处测点距外侧焊趾距离 1.0 倍顶板厚度，即 14mm；纵肋外侧焊趾处测点距纵肋焊趾距离 1.0 倍纵肋厚度，即 8mm。

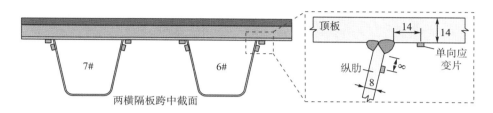

图 7-79　纵肋与顶板连接构造细节测点布置示意图(单位：mm)

2) 纵肋与横隔板连接构造细节

纵肋与横隔板连接构造细节的典型疲劳开裂模式如图 1-19 所示,其中开裂模式 RTF-3 主要出现在早期横隔板较薄(10～12mm)且弧形开孔边缘采用火焰切割工艺的钢桥面板中，该桥横梁厚度均不小于 18mm，且采用线切割工艺进行加工制造，故开裂模式 RTF-3 可认为不会出现。综上，本节对纵肋与横隔板连接构造细节疲劳损伤的监测主要针对开裂模式 RTF-1 和 RTF-2。根据这两类模式的疲劳开裂机理，设计如图 7-80 所示的应变测点，其布置在 7#纵肋右侧和 6#纵肋左侧。对于开裂模式 1，在包角焊端部的纵肋腹板上距离焊趾 8mm 处垂直于焊趾布置一个测点；对于开裂模式 2，在横隔板上距离包角焊端部的隔板焊趾 5mm 处成对布置两个垂直于纵肋-隔板焊缝的单向应变片，以测试横隔板面内和面外变形引起该焊趾处的局部应变。

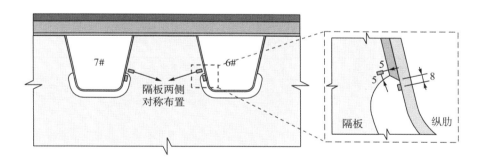

图 7-80　纵肋与横隔板连接构造细节测点布置示意图(单位：mm)

3) 纵肋对接连接构造细节

纵肋对接焊接头由于现场仰位焊接，其焊接质量离散性较大，疲劳强度的离散性也较大，故较易出现疲劳开裂。已有研究表明，该构造的疲劳开裂模式如图 1-21 所示，疲劳裂纹多起裂于纵肋底部或纵肋圆弧段处对接焊缝的焊根或焊趾处，并沿着对接焊缝的焊线快速扩展。为兼顾应变测点对疲劳裂纹感知敏感性和测点数量，设计该构造细节的应变测点布置方案如图 7-81 所示，轮迹线范围内的每个纵肋底部对称地布置两个单向应变片，应变片垂直于对接焊缝焊趾布置，两个应变测点均位于纵肋弧线段端部，且测点距对接焊缝焊趾 5mm。

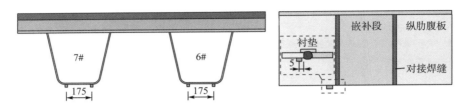

图 7-81　纵肋对接连接构造细节测点布置示意图（单位：mm）

3. 测点编号

上述内容详细描述了每类构造细节及每种开裂模式对应的局部应变测点布置，由于实桥监测测点数量大，测点种类繁多，应对上述的每类测点进行数量统计及编号规则制定。由应变测点数量统计结果可知，每一测试区域测点布置数量为 36 个，考虑到每个测点还需布置一个温度补偿片，故一共需要 72 个电阻应变片。应变测点编号规则制定为：测试区域号-构造细节-纵肋号+布置方向-开裂模式。其中，测试区域号以 C3 表示；细节号以 RTD 代表纵肋与顶板连接构造细节，RTR 代表纵肋对接连接构造细节，RTF 代表纵肋与横隔板连接构造细节；纵肋号则为 6、7、8、9，由于每个纵肋处应变测点布置在纵肋的两侧，故需明确其布置方向，以 W 代表靠主桁侧，以 N 代表靠中央分隔带侧，对于纵肋隔板构造细节处横隔板上成对布置的测点，还需明确其在隔板两侧的位置，以 F 代表朝佛山侧，以 Z 代表朝珠海侧；开裂模式则根据每一测点对应的疲劳开裂模式编号，M 代表模式。由此，可得到如表 7-13 所示的测点编号规则。

表 7-13　测点编号规则

测试区域	细节	纵肋号	布置方向	开裂模式
	RTD	6、7 8、9	主桁侧（W） 中央分隔带侧（N）	M2 M3
测区 3 （C3）	RTR	6、7 8、9	主桁侧（W） 中央分隔带侧（N）	M1
	RTF	6、7 8、9	主桁侧（W）、佛山侧（F）、 中央分隔带侧（N）、珠海侧（Z）	M1 M2

4. 测点实桥布设

依照前节所述，该桥四个测区共安装电阻应变片 288 片，其中 144 片为温度补偿片，144 片为结构应变监测片（每个测区 36 片，共计 144 片），采用惠斯通电桥半桥方式进行采集。在确定测点位置后，进行应变传感器布置。首先根据设计方案及图纸找准测点布置位置，用红色记号笔标记，而后用打磨机对粘贴区域进行打磨，用 502 胶水将电阻应变片和温度补偿片粘贴于打磨平整且擦拭干净的钢结构上，再用硅橡胶密封，最后用环氧胶进行固化，现场布测如图 7-82 和图 7-83 所示。

(a) 纵肋与顶板连接构造细节

(b) 纵肋与横隔板连接构造细节

(c) 纵肋对接连接构造细节

图 7-82　实桥测点布设实景

(a) 纵肋与顶板连接构造细节

(b) 纵肋与横隔板连接构造细节

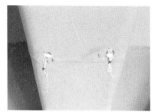
(c) 纵肋对接连接构造细节

图 7-83　测点布设情况

7.4.2.2　实桥原位跑车试验

1. 加载方案

考虑到我国在役正交异性钢桥面系的疲劳开裂及铺装层损坏病害主要出现在超载较为严重的重车道，故本节选择在该桥上层桥面重车道进行局部加载。试验加载方案如图 7-84 所示，关注截面为主塔截面，以测试区域所在的横隔板节间为中心，加载车辆的前轮自测试节间前 1.5 个节间距离开始，以 5km/h（拟静态）的速度缓慢向前行进，直至加载车辆的后轮行驶至测试节间后 1.5 个节间距离为止。横向加载位置根据车道线布置和车辆轮迹线范围确定，根据《公路钢结构桥梁设计规范》（JTG D64—2015）可知，车辆荷载沿车道中心线的横向位置分布概率如图 7-84 所示。由此可确定车辆轮迹线范围如图中蓝色箱线图所示，故以轮迹线范围下方的 6# 纵肋为加载关注对象，进行图 7-84 中所示的三类典型横向工况下的加载。

原位荷载试验主要分为测点布置、加载准备和加载与测试三个阶段，试验测区的应变监测测点布置已在前期桥梁结构健康监测系统设备安装时完成。在加载准备阶段，首先要按照图 7-84 所示试验方案确定三个横向工况的加载位置，并采用醒目标志物进行标记，在标识加载位置的同时，联系加载车辆，参照试验方案，选定用于加载的三轴货车，并到指定砂石场进行装载，之后用地秤分别对三轴货车的后轴组和总重进行称量，记录称量后的后轴组重为 48.7 吨，总重为 58.4 吨，与试验方案差距不大。完成上述加载准备工作后，开始拟静态加载试验，指引货车司机缓速驾驶，沿着加载标识通过加载区域，同时进行应变响应数据的采集，最终完成三个横向工况的加载试验及数据采集（图 7-85）。

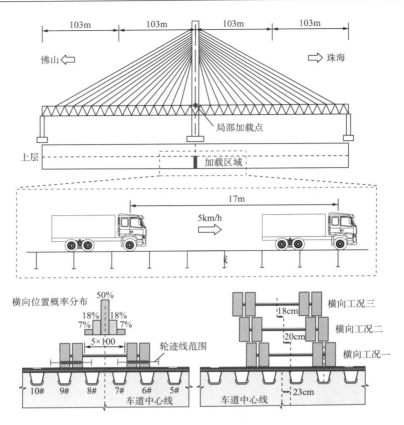

图 7-84　加载方案示意

(a) 车辆装载

(b) 加载车辆称重

(c) 实桥横向位置标记

(d) 实桥跑车加载

图 7-85　现场原位加载过程

2. 实测结果与分析

由于车辆荷载横向工况均是以 6#纵肋为参考来确定，也即 6#纵肋对应的构造细节疲劳应力幅将最不利，故大纵肋正交异性钢桥面板构造细节疲劳性能分析主要针对 6#纵肋上的测点。

1)纵肋与顶板连接构造细节

图 7-86(a)中所示的顶板与纵肋连接构造细节顶板焊趾测点(C3-RTD-06-N-M2)和纵肋焊趾测点(C3-RTD-06-N-M3)在三个典型横向工况下的局部应变历程分别如图 7-86(b)～(g)所示。其中，顶板焊趾测点以受拉为主，加载车辆的前轴和后双联轴分别在应变历程中引起一个响应峰值，且后双联轴引起的峰值显著大于前轴；纵肋焊趾测点则以受压为主，加载车辆每一荷载轴均引起一个响应峰值，说明该构造细节对车辆轴载较为敏感。横向工况一下，两类测点的应变实测值均与理论值吻合良好，而横向工况二和三下，两类测点的应变历程实测值形态与理论值基本相当，但峰值偏小。顶板与纵肋连接构造细节疲劳应力幅在 2.0 倍的超载系数下仍低于该构造细节的疲劳截止限(28MPa)，说明该构造细节满足无限疲劳寿命设计要求，在服役期内无疲劳开裂风险。

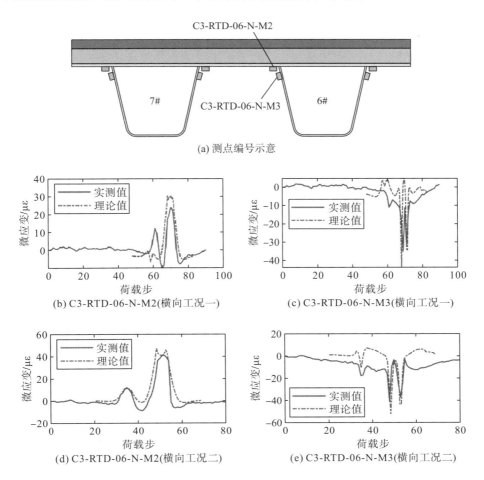

(a) 测点编号示意

(b) C3-RTD-06-N-M2(横向工况一)

(c) C3-RTD-06-N-M3(横向工况一)

(d) C3-RTD-06-N-M2(横向工况二)

(e) C3-RTD-06-N-M3(横向工况二)

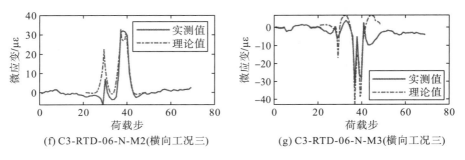

(f) C3-RTD-06-N-M2(横向工况三)　　　(g) C3-RTD-06-N-M3(横向工况三)

图 7-86　轮迹线下最不利顶板与纵肋连接构造细节应变历程结果

2)纵肋与横隔板连接构造细节

图 7-87(a)中所示的纵肋与横隔板连接构造细节处端部焊趾测点(C3-RTF-11-N-M1)和横隔板焊趾测点(C3-RTF-11-N-M2)在三个典型横向工况下的局部应变历程如图 7-87(b)~(g)所示。由图示结果可知，纵肋与横隔板连接构造细节端部测点在车辆荷载作用下以受拉为主，加载车辆引起一次显著的应力循环，车辆各轴仅引起大应力循环中次应力循环，说明该开裂模式纵向影响线范围较长，对车辆轴载不敏感；纵肋与横隔板连接构造细节横隔板焊趾测点则以受压为主，加载车辆的前轴和后双联轴分别在应变历程中引起一个响应峰值。三类典型工况下，纵肋与横隔板连接构造细节应变实测值均明显小于实测值，这与该构造细节局部应力梯度大、测试结果对测点距焊趾距离敏感有关，实际布设测点时由于操作空间狭小而难以准确定位测点位置，故建议该构造细节按照理论值进行保守评估。在按理论值进行评估的条件下，纵肋与横隔板连接构造细节在 2.0 倍的超载系数下最大应力幅达到 27MPa，疲劳应力幅不超过该构造细节的疲劳截止限(28MPa)，故能够满足无限疲劳寿命设计要求。

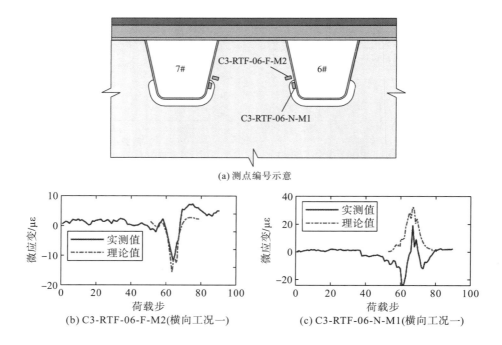

(a) 测点编号示意

(b) C3-RTF-06-F-M2(横向工况一)　　(c) C3-RTF-06-N-M1(横向工况一)

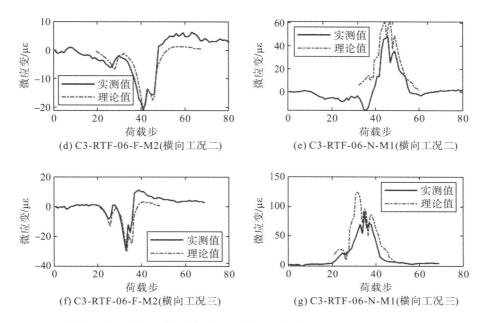

(d) C3-RTF-06-F-M2(横向工况二)

(e) C3-RTF-06-N-M1(横向工况二)

(f) C3-RTF-06-F-M2(横向工况三)

(g) C3-RTF-06-N-M1(横向工况三)

图 7-87　轮迹线下最不利纵肋与横隔板连接构造细节应变历程结果

3）纵肋对接连接构造细节

图 7-88(a) 中所示的纵肋对接连接构造细节测点 C3-RTR-06-N-M1 和 C3-RTR-06-W-M1 在三个典型横向工况下的局部应变历程如图 7-88(b)～(g) 所示。由图示结果可知，纵肋对接连接构造细节在车辆荷载作用下以受拉为主，加载车辆的前轴和后双联轴分别在应变历程中引起一个响应峰值，且后双联轴引起的峰值显著大于前轴。三类典型工况下，纵肋对接连接构造细节应变实测值均与理论值吻合良好。纵肋对接连接构造细节实测疲劳应力幅在 2.0 倍的超载系数下最大应力幅达到 39 MPa，即在标准疲劳荷载下的疲劳应力幅则为 19.5 MPa，也即当车辆轴载不超过 12 t 时，纵肋对接连接构造细节疲劳应力幅不超过该构造细节的疲劳截止限（28 MPa），能够满足无限疲劳寿命设计要求；当存在超载情况时，该构造细节存在一定的疲劳开裂风险，需根据实桥监测数据对该构造细节的疲劳损伤状态进行追踪和评估。

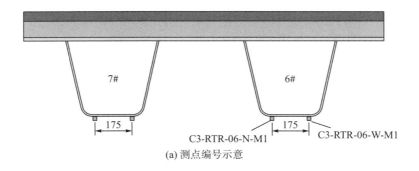

(a) 测点编号示意

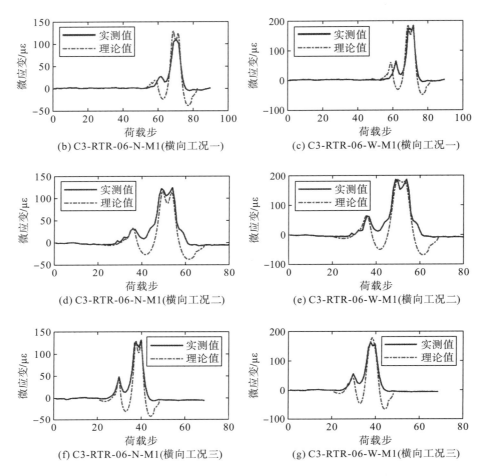

图 7-88　轮迹线下最不利纵肋对接连接构造细节应变历程结果

7.4.2.3　实桥长期监测损伤评估

1. 数据采集系统

通过比较，综合考虑经济性和准确性，选用 100Hz 采样频率来进行桥面系结构长期监测较为合适。

该桥共安装采集卡 31 块，其中用于应变监测传感器的采集卡共有 20 块，主要安装于右半侧下层桥面小里程跨跨中断面、左半侧下层桥面大里程跨跨中断面、右半侧上层桥面主塔处断面、左半侧上层桥面主塔处断面四个区域，每个测区各安装 5 块。如图 7-89（a）～（b）所示，采集机柜放置于下横梁上，机柜内安装工控机 1 台，硬盘录像机 1 台，4G 路由器 1 台，用于数据采集和远程传输。

2. 数据采集与处理

完成配套设备调试后，于 2023 年 3 月 15 日 15 时开始对实桥进行数据采集，最初的采样频率为 20Hz，每 5 分钟自动创建一个 txt 文档文件，用以存储采样的数据，txt 文档命名方式为"年-月-日-时-分"，如"2023-03-15-15-00""2023-03-15-15-05"。每个文档内存储一个 6000 行 9 列的矩阵，第 1 列用以记录时间，第 2~9 列分别记录了一个采集卡 8 个通道的采集数据。传感器采集得到的数据使用该桥现场工控机的硬盘存储，动态称重系统获取的实时车流信息数据则建立了 MySQL 数据库，使用数据库可以进行远程查询和下载车流信息，并且工控机中装设了远程控制系统，通过远程控制系统可以实现远程的数据换盘和拷贝。

(a) 应变长期监测采集系统　　　　　(b) 采集数据远程传输系统

图 7-89　应变长期监测数据采集与传输系统

本节对疲劳易损构造细节的原始应变数据以天为单位进行统计计算。动态称重系统采集到的应变数据一般包含以下三个成分：①由车辆荷载引起的应变；②由温度变化产生的应变；③数据采集设备产生的随机扰动。

1) 温度效应消除

获取测点 C3-RTR-06-W-M1 (2023 年 3 月 24 日 20Hz) 原始应变数据，如图 7-90(a) 所示。由温度变化引起应变的频率远小于由车辆荷载或采集设备随机扰动引起的应变频率，因此将温度变化引起的应变看作趋势项，本节采用滑动平均法进行处理，从中提取温度变化产生的应变，消除温度效应对应变的影响，如图 7-90(b) 所示。

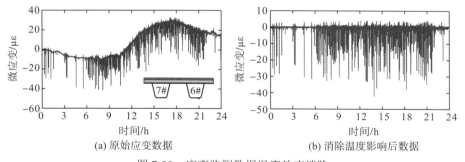

(a) 原始应变数据　　　　　　　(b) 消除温度影响后数据

图 7-90　应变监测数据温度效应消除

2) 滤波处理

低通滤波方法能阻隔、减弱超过设定临界值的高频信号，本节在滑动平均法的基础上，对消除温度变化影响后的应变数据进行低通滤波处理，去除数据中的随机扰动和噪声并使数据平滑化。提取 2023 年 5 月 23 日 9 时 22 分 58.00 秒时一辆 3 轴货车通过该桥上层桥面对测点 C3-RTR-06-W-M1 产生的应变响应历程(当日采样频率为 200Hz)，进行滤波处理，如图 7-91 所示。

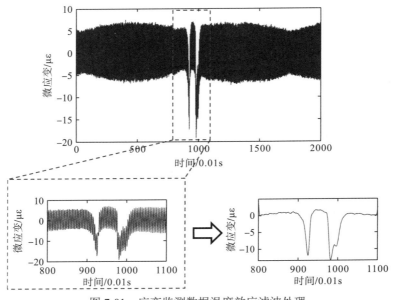

图 7-91　应变监测数据温度效应滤波处理

3. 疲劳易损细节损伤评估

电阻应变传感器采集设备从 2023 年 3 月 15 日开始采样至 2023 年 4 月 10 日，采样频率为 20Hz。基于上述研究，综合考虑后，于 2023 年 4 月 10 日 12 时提高设备应变数据采样频率为 100Hz。应变数据的存储命名及方式和之前相同，区别在于每 5 分钟自动生成的 txt 文件中的数据存储行数变为 30000 行，后续以 100Hz 的采样频率对该桥进行实时应变监测，并且基于这部分的实测应变数据对联石湾大桥上层一体化桥面系进行损伤评估。

1) 疲劳易损构造细节疲劳应力谱

基于前节所述的统计方法，对该上层的 4 个纵肋全部测点进行统计处理，本节着重给出了 6#纵肋中三种疲劳易损构造细节的疲劳应力谱，如图 7-92～图 7-94 所示

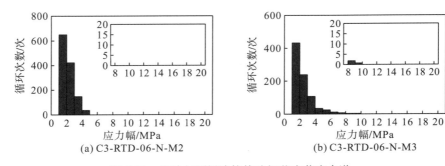

(a) C3-RTD-06-N-M2　　　　　　　　(b) C3-RTD-06-N-M3

图 7-92　纵肋与顶板连接构造细节疲劳应力谱

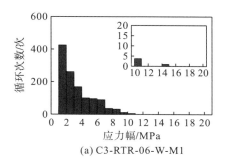
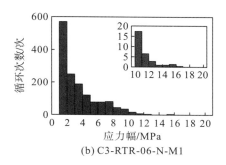

(a) C3-RTR-06-W-M1　　　　　　　　(b) C3-RTR-06-N-M1

图 7-93　纵肋对接连接构造细节疲劳应力谱

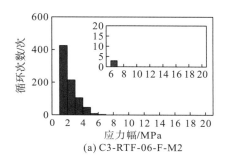
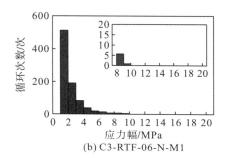

(a) C3-RTF-06-F-M2　　　　　　　　(b) C3-RTF-06-N-M1

图 7-94　纵肋与横隔板连接构造细节疲劳应力谱

比对分析上述三种疲劳易损构造细节的疲劳应力谱,可以发现:三种疲劳易损构造细节应力幅循环次数均随着应力幅的增大逐渐减小,并且 0~10MPa 应力幅的循环次数占据了全部循环次数的 90% 以上,纵肋与顶板连接构造细节和纵肋与横隔板连接构造细节在统计的时间内没有超过 10MPa 的应力幅,纵肋对接连接构造细节存在部分应力幅处于 10~20MPa 的区间,但三种疲劳易损细节在统计时间内均未发现超过 20MPa 的应力幅。

三种易损构造细节实际运营状态下的最大应力幅均小于欧洲规范中疲劳细节类别 71MPa 所对应的常幅疲劳极限。相较于传统沥青铺装钢桥面板和 UHPC 后期加固的钢桥面板,本节中该桥的钢-UHPC 一体化桥面系起到了显著改善疲劳易损部位应力状态的作用。纵肋对接连接构造细节的选取的两测点均分布于 6#纵肋的内外两侧,外侧距离重车道到应急车道的车道线较近,内侧距离重车道中心线较近,6#纵肋内侧承受轮载作用产生的响应更大,因此上述结果也符合实际情况。

三种疲劳易损构造细节的应力幅循环次数随着应力幅的增加而减少;并且在该桥梁结构实际运营中,大部分的应力循环(超过 90%)发生在 0~10MPa 的应力幅范围内,纵肋与顶板连接构造细节和纵肋与横隔板连接构造细节在统计时间内没有超过 10MPa 的应力幅,纵肋对接连接构造细节存在部分应力幅处于 10~20MPa 的区间,三种疲劳易损细节在统计时间内均未发现超过 20MPa 的应力幅,三种易损构造细节实际运营状态下的最大应力幅均小于欧洲规范中疲劳细节类别 71MPa 所对应的常幅疲劳极限。

2) 疲劳易损构造细节疲劳损伤特征

本节选取了 2023 年 5 月到 2024 年 2 月的实测应变数据,考虑到实际监测存在一定不可抗力的问题(例如设备故障等)，因而在设备采集稳定的情况下，共选取了其中 184 天的实测应变数据，参照上述方法根据实测应变数据按天计算疲劳损伤度，汇总 6 个易损构造细节测点的损伤时程结果如图 7-95～图 7-97 所示。

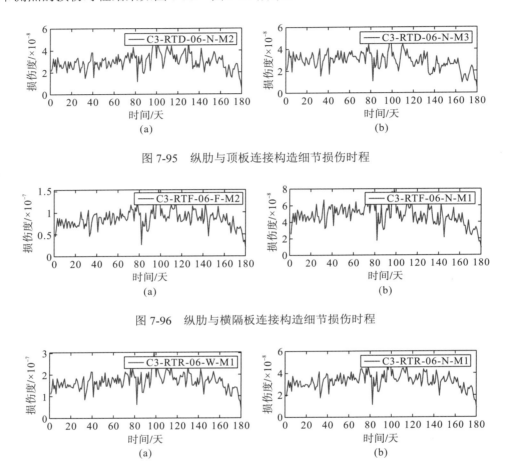

图 7-95　纵肋与顶板连接构造细节损伤时程

图 7-96　纵肋与横隔板连接构造细节损伤时程

图 7-97　纵肋对接连接构造细节损伤时程

由上述三类易损构造细节的损伤时程曲线可以发现：三类易损构造细节损伤度随天数变化的趋势大致相同，但损伤度变化的幅度各有不同。并且纵肋与顶板连接构造细节易损部位的损伤度均处于 10^{-8} 这一数量级，纵肋与横隔板连接构造细节横隔板存在部分天数损伤度达到 10^{-7} 数量级，而纵肋与横隔板连接构造细节端部焊趾的损伤度均处于 10^{-8} 数量级，三类易损细节中损伤度最大的是纵肋对接连接构造，本节中统计的两个测点损伤度均大于 $1×10^{-7}$，并且两个测点中距离重车道中心线距离更近的测点(即 C3-RTR-06-N-M1)损伤度更大。

在确定合适的采样频率后，对该桥上层桥面开展了大约 9 个月的应变监测，按天计数，共获取了 180 天的有效应变监测数据，分析三种典型易损构造细节的损伤时程，可以发现：三类易损构造细节损伤度随天数变化的趋势大致相同，但损伤度变化的幅度各有不同。纵肋对接连接构造的损伤度最高，均处于 10^{-7} 数量级，靠近重车道中心线的测点损伤更为严重。纵肋与横隔板连接构造细节端部焊趾在某些天数显示出较高的损伤度，而纵肋与顶板连接构造细节则相对较低，小于 $1×10^{-7}$。

7.5　小　　结

本章以长寿命组合桥面板结构为研究对象，针对波形顶板-UHPC 组合桥面板和大纵肋正交异性钢-高性能混凝土组合桥面板的力学行为开展了大量研究工作。主要结论如下：

（1）通过纵、横向推出试验对 UHPC 中组合销的力学性能开展研究，确定了弹性极限、弹性刚度、极限承载力和极限滑移等关键力学指标值；基于非线性有限元分析方法，揭示结构的荷载传递历程，阐明结构的破坏机理；依据组合销纵、横向推出试验与有限元分析结果，建立了纵向极限承载力的简化计算公式，对比了各角钢极限承载能力的计算公式在计算组合销横向极限承载力上的适用性。

（2）在正、负弯矩作用下，结构的破坏形式均为弯曲破坏并表现出良好的延性特征；消除摩擦对正负弯矩作用下抗弯承载力降低幅值分别为 4.3%和 4.2%，纵向配筋率是负弯矩作用下结构抗弯性能的另一个关键影响因素，抗弯极限承载力降低幅值为 7.6%；所建立的理论分析方法物理含义明确，理论分析结果与试验结果吻合较好，可为新型波形顶板-UHPC 组合桥面板的结构设计和抗弯承载力分析提供理论依据。

（3）开展了基于 UHPC 和 ECC 两种高性能混凝土材料的大纵肋组合桥面板疲劳性能试验与理论研究，结构横向和纵向疲劳性能差异显著：横向疲劳失效过程先后顺序为高性能混凝土结构层裂缝的产生与扩展、栓钉连接件的疲劳损伤和钢桥面板焊接构造细节的疲劳开裂，纵向疲劳失效过程先后顺序为高性能混凝土结构层裂缝的产生与扩展、U 肋与横隔板连接焊缝的疲劳开裂；高性能混凝土结构层和栓钉连接件两类构件的疲劳损伤对焊接构造细节的劣化效应，对于横向疲劳性能为 29%（基于 UHPC 材料）和 38%（基于 ECC 材料），对于纵向疲劳性能为 6.8%（基于 UHPC 材料）。

（4）开展了 UHPC 和 ECC 两类高性能混凝土中栓钉连接件的抗剪推出试验，试验结果表明：ECC 中短栓钉属于延性剪力件，可采用塑性设计方法，UHPC 中短栓钉属于刚性剪力件，应采用弹性设计方法；ECC 中短栓钉的疲劳强度显著低于 UHPC 中短栓钉的疲劳强度，其原因为 ECC 中栓钉根部局部变形量大、弯曲拉应力大导致其主应力较 UHPC 中栓钉大。

（5）开展了大纵肋正交异性钢-UHPC 组合桥面板结构体系实桥试验和长期监测，实桥应用表明：对于案例桥梁所采用的大纵肋正交异性钢-UHPC 组合桥面板，纵肋与顶板连接构造细节和纵肋与横隔板连接构造细节在 2 倍标准疲劳荷载下仍然能够满足无限疲劳寿命设计条件；纵肋对接连接构造细节在标准疲劳荷载下能够满足无限疲劳寿命设计条件，当存在大于 1.4 倍标准疲劳荷载的超载车辆时，该细节存在疲劳开裂风险。因此，大纵肋正交异性钢-UHPC 组合桥面板是实现钢桥面板长寿目标的有效途径。

参 考 文 献

[1] 邵旭东, 曹君辉, 李嘉. 钢-STC 轻型组合桥面板: 设计原理与工程实例[M]. 北京: 科学出版社, 2021.

[2] 陈艾荣, 阮欣. 桥梁维护、安全与运营管理: 技术与挑战[M]. 北京: 人民交通出版社, 2013.

[3] 孟凡超, 张清华, 谢红兵, 等. 钢桥面板抗疲劳关键技术[M]. 北京: 人民交通出版社, 2018.

[4] 张清华, 卜一之, 李乔. 正交异性钢桥面板疲劳问题的研究进展[J]. 中国公路学报, 2017, 30(3): 14-30, 39.

[5] Battista R C, Pfeil M S, Carvalho E M L. Fatigue life estimates for a slender orthotropic steel deck[J]. Journal of Constructional Steel Research, 2008, 64(1): 134-143.

[6] 程震宇, 张清华, 邓鹏昊, 等. UHPC 中 MCL 形组合销的抗剪性能[J]. 中国公路学报, 2021, 34(8): 205-217.

[7] 张清华, 程震宇, 邓鹏昊, 等. 新型钢-UHPC 组合桥面板抗弯承载力模型试验与理论分析方法[J]. 土木工程学报, 2022, 55(3): 47-64.

[8] 卜一之, 刘欣益, 张清华. 基于截面应力法的钢-UHPC 组合板初裂荷载计算方法研究[J]. 工程力学, 2020, 37(10): 209-217.

[9] 村越潤, 木ノ本剛, 春日井俊博, 等. 既設鋼床版の SFRC 舗装による補強工法と耐久性評価に関する実験的検討[J]. 土木学会論文集 A1 (構造・地震工学), 2013, 69(3): 416-428.

[10] 児玉孝喜, 一瀬八洋, 加形護, 等. 実橋における鋼床版 SFRC 舗装によるひずみ低減効果[J]. 構造工学論文集 A, 2010, 56: 1249-1258.

[11] 丁庆军, 张锋, 林青, 等. 轻质混凝土钢桥面铺装研究与应用[J]. 中外公路, 2006, 26(4): 188-190.

[12] 邵旭东, 樊伟, 黄政宇. 超高性能混凝土在结构中的应用[J]. 土木工程学报, 2021, 54(1): 1-13.

[13] 刘扬, 曾丹, 曹磊, 等. 钢-UHPC 组合结构桥梁研究进展[J]. 材料导报, 2021, 35(3): 3104-3113.

[14] Liu Y M, Bao Y, Deng L, et al. Experimental and finite element investigations on shear behaviors of stud connectors embedded in Engineered Cementitious Composite (ECC) [J]. Engineering Structures, 2022, 277, 115438: 1-16.

[15] Liu Y M, Zhang Q H, Bao Y, et al. Static and fatigue push-out tests of short headed shear studs embedded in engineered cementitious composites (ECC) [J]. Engineering Structures, 2019, 182: 29-38.

[16] 张清华, 刘益铭, 卜一之, 等. 大纵肋正交异性组合桥面板疲劳性能研究[J]. 中国公路学报, 2017, 30(3): 226-235.

[17] Zhang Q H, Liu Y M, Bao Y, et al. Fatigue performance of orthotropic steel-concrete composite deck with large-size longitudinal U-shaped ribs[J]. Engineering Structures, 2017, 150: 864-874.

[18] Zhang Q H, Jia D L, Cheng Z Y, et al. Analytical study on internal force transfer of perfobond rib shear connector group using a nonlinear spring model[J]. Journal of Bridge Engineering, 2017, 22(10): 04017081.

[19] Zhang Q H, Pei S L, Cheng Z Y, et al. Theoretical and experimental studies of the internal force transfer mechanism of perfobond rib shear connector group[J]. Journal of Bridge Engineering, 2016, 22(2): 04016112.

[20] Richard P, Cheyrezy M. Composition of reactive powder concretes[J]. Cement and concrete research, 1995, 25(7): 1501-1511.

[21] 张清华, 刘益铭, 卜一之, 等. 大纵肋正交异性组合桥面板疲劳性能试验研究[J]. 中国公路学报, 2017, 30(3): 226-235.

[22] Seidl E, Viefhues J, Berthellemy I, et al. Prefabricated enduring composite beams based on innovative shear transmission (PRECO-BEAM), Publications Office, Luxembourg, 2013.

[23] 丁楠, 邵旭东. 轻型组合桥面板的疲劳性能研究[J]. 土木工程学报, 2015, 48(1): 74-81.

[24] 廖贵星. 新型波形顶板正交异性钢板-RPC 组合桥面板疲劳性能研究[D]. 成都: 西南交通大学, 2016.

[25] 邵旭东, 罗军, 曹君辉, 等. 钢-UHPC 轻型组合桥面结构试验及裂缝宽度计算研究[J]. 土木工程学报, 2019, 52(3): 61-75.

[26] 中华人民共和国住房和城乡建设部. 混凝土结构设计规范: GB 50010—2010[S]. 北京: 中国建筑工业出版社, 2011.

[27] EN 1994-1-1: 2004 Eurocode 4 Design of composite steel and concrete structures, Part 1-1: general rules and rules for buildings[S]. Brussels: European Committee for Standardization, 2004.

[28] Rafiee A. Computer modeling and investigation on the steel corrosion in cracked ultra high performance concrete[D]. Kassel, Germany: Kassel University, 2012.

[29] Maghsoudi A A, Bengar H A. Flexural ductility of HSC members[J]. Structural Engineering and Mechanics, 2006, 24(2): 195-212.

[30] El-Refaie S A, Ashour A F, Garrity S W. Sagging and hogging strengthening of continuous reinforced concrete beams using carbon fiber-reinforced polymer sheets[J]. ACI Structural Journal, 2003, 100(4): 446-53.

[31] 张哲, 邵旭东, 李文光, 等. 超高性能混凝土轴拉性能试验[J]. 中国公路学报, 2015, 28(8): 50-58.

[32] 杨剑, 方志. 超高性能混凝土单轴受压应力-应变关系研究[J]. 混凝土, 2008(7): 11-15.

[33] Teixeira de Freitas S, Kolstein H, Bijlaard F. Fatigue assessment of full-scale retrofitted orthotropic bridge decks[J]. Journal of Bridge Engineering, 2017, 22(11): 04017092.

[34] Luo J, Shao X D, Cao J H, et al. Transverse bending behavior of the steel-UHPC lightweight composite deck: Orthogonal test and analysis[J]. Journal of Constructional Steel Research, 2019, 162: 105708.

[35] Luo J, Shao X D, Fan W, et al. Flexural cracking behavior and crack width predictions of composite (steel + UHPC) lightweight deck system[J]. Engineering Structures, 2019, 194: 120-137.

[36] International Federation for Structural Concrete (fib). Model Code 2010, First complete draft, Volume 1&2: fib Model Code 2010[S]. Lausanne, Switzerland: Federal Institute of Technology Lausanne-EPFL, 2010.

[37] Charron J P, Denarié E, Brühwiler E. Transport properties of water and glycol in an ultra high performance fiber reinforced concrete (UHPFRC) under high tensile deformation[J]. Cement and Concrete Research, 2008, 38(5): 689-698.

[38] Feng Z, Li C X, He J, et al. Static and fatigue test on lightweight UHPC-OSD composite bridge deck system subjected to hogging moment[J]. Engineering Structures, 2021, 241: 112459.

[39] Liu Y M, Zhang Q H, Meng W N, et al. Transverse fatigue behaviour of steel-UHPC composite deck with large-size u-ribs[J]. Engineering Structures, 2019, 180: 388-399.

[40] Liu Y M, Zhang Q H, Bu Y Z, et al. Static and fatigue performance of steel bridge decks strengthened with air-cured UHPC[J]. Structures, 2022, 41: 203-214.

[41] 刘益铭. 大纵肋正交异性钢-高性能混凝土组合桥面板疲劳失效机理研究[D]. 成都: 西南交通大学, 2019.

[42] 程震宇. 高性能混凝土组合桥面板疲劳性能经时演化机制与理论分析方法[D]. 成都: 西南交通大学, 2023.

[43] Wei C, Zhang Q H, Yang Z X, et al. Flexural cracking behavior of reinforced UHPC overlay in composite bridge deck with orthotropic steel deck under static and fatigue loads[J]. Engineering Structures, 2022, 265, 114537: 1-13.

[44] Bu Y, Li M, Wei C, et al. Experimental and analytical studies on flexural behavior of composite bridge decks with orthotropic steel deck and ultra-high-performance concrete (UHPC) slab under negative moment[J]. Engineering Structures, 2023, 274: 115190.

[45] 魏川. 组合桥面中配筋超高性能混凝土薄层结构受拉力学性能与计算方法[D]. 成都: 西南交通大学, 2024.

[46] Wei C, Zhang Q H, Zhou Y L, et al. Static and fatigue behaviors of short stud connectors embedded in ultra-high performance concrete[J]. Engineering Structures, 2022, 265, 114888: 1-14.